AMRA

STEVEN M. GREER

OFFIZIELL GELEUGNET!

[DAS BUCH ZUR NETFLIX-SENSATION **UNACKNOWLEDGED**]

AUFRUF ZUM HANDELN

DAS GRÖSSTE GEHEIMNIS
DER REGIERUNGEN ENTHÜLLT:
WIR SIND NICHT ALLEIN!

Unter Mitarbeit von *NEW YORK TIMES* Bestsellerautor

STEVE ALTEN

Aus dem Amerikanischen von
Sabina Trooger & Vincenzo Benestante

AMRA

Besuchen Sie uns im Internet:
www.AmraVerlag.de

Ihre 80-Minuten-Gratis-CD erwartet Sie.
Unser Geschenk an Sie … einfach anfordern!

Amerikanische Originalausgabe:
Unacknowledged. An Exposé
of the World's Greatest Secret

2020 erstmals Deutsch im AMRA Verlag
Auf der Reitbahn 8, D-63452 Hanau
Telefon: + 49 (0) 61 81 – 18 93 92
Kontakt: Info@AmraVerlag.de

Herausgeber & Lektor	Michael Nagula
Umschlaggestaltung	Guter Punkt
Covermotiv	Steven M. Greer
Layout & Satz	Birgit Letsch
Druck	CPI books GmbH

ISBN Printausgabe 978-3-95447-363-2
ISBN eBook 978-3-95447-364-9

Beachten Sie bitte die Filmdokumentation *Unacknowledged* mit vielen Zeugnissen der in diesem Buch vorgestellten Experten, zu finden auf *Netflix*, weiteres Video-Material dazu auf *YouTube*.

Dieses Buch ist unseren Kindern und unseren Urenkeln gewidmet, in der Hoffnung, dass die Beendigung der illegalen Vertuschung und die Veröffentlichung der Technologien zur Rettung unseres Planeten und unseres Lebens, die in den »offiziell geleugneten Projekten« unter Verschluss waren, endlich dazu führen, eine gerechte, friedliche und nachhaltige Zivilisation auf der Erde zu gründen, die das Universum in Frieden erforschen darf.

In Erinnerung an Lynne DeLuca (1950-2017)

meiner engen und ältesten Freundin, Seelenschwester, Pionierin und Gründungsmitglied im Aufsichtsrat des Zentrums für das Studium außerirdischer Intelligenz (CSETI)

Inhalt

»Die UFO-Forschung führt uns trotz unseres Sträubens in die Wissenschaft des einundzwanzigsten Jahrhunderts.«

– J. Allen Hynek –

Anerkennung für Steven M. Greer

von Dr. Brian O'Leary, Apollo-Astronaut

Das Experiment Mensch auf dem Planeten Erde steht kurz vor der Selbstzerstörung. Angesichts der Bedrohung durch einen Atomkrieg, der chemischen und biologischen Umweltzerstörung, der zunehmenden Waffenstationierungen auf der Erde und im Weltraum, der Gier der Großkonzerne, der abstoßenden Vettern- und Misswirtschaft der Regierung der Vereinigten Staaten, des aufgeblähten Militärbudgets und der zunehmenden Aggression, der Ablenkungen durch unsere kulturelle Konditionierung, der Verbreitung von Angst und Unwissenheit, der Unterdrückung lebensrettender Technologien und des Missverhältnisses zwischen Arm und Reich, das unter uns herrscht, ist es erstaunlich, dass wir überhaupt noch hier sind. Mit knapper Not.

Gibt es noch Hoffnung für uns? Meine Antwort darauf ist: Wir können uns nur darum bemühen. Und wenn wir uns bemühen, woher bekommen wir Antworten? Diese Frage führt uns zu Dr. Steven Greer.

Ich lernte Steve Greer vor fast zwanzig Jahren kennen, als ich in der Unity Church in Arden, North Carolina, einen Vortrag hielt. Ich hatte meiner Karriere als etablierter Weltraumwissenschaftler an der Princeton University und in der Science Applications International Corporation (SAIC) den Rücken gekehrt und befreite mich allmählich von den Einengungen und Vorgaben der westlichen Wissenschaft. Außerdem befasste ich mich sehr intensiv mit dem Phänomen der UFOs und der Außerirdischen, das die meisten meiner wissenschaftlichen Kollegen ablehnten. Nun besaß ich die Freiheit, unsere transzendente Realität zu erforschen und zum Ausdruck zu bringen.

Steve ging es genauso. Er war ein brillanter, junger Notarzt, der Erfahrungen mit UFOs und Außerirdischen gemacht hatte, und bei unserer ersten Begegnung unterhielten wir uns bis tief in die Nacht. Wir fingen an, Zusammenhänge herzustellen, die wir beide gerade erst erahnten: dass Besuche von Außerirdischen nicht nur tatsächlich stattfanden, sondern uns sogar bei der Überwindung unserer vom Menschen verursachten, globalen Krise helfen können. Seitdem hat Steve erstaunliche Führungsqualitäten bewiesen und ist immer tiefer in die Geheimnisse des Phänomens und auch in die dunklen Winkel der US-Regierung und der Konzerne vorgedrungen, die das Ganze vertuschen. Dabei hat sich Dr. Greer immer wieder als furchtloser, energiegeladener Krieger erwiesen, der an vorderster Front für eine globale Veränderung kämpft.

Zunächst gründete er das Center for the Study of Extraterrestrial Intelligence (CSETI: Zentrum für das Studium außerirdischer Intelligenz) und führte das Konzept der Botschafterfunktion ein, die Menschen gegenüber außerplanetarischen Kulturen erfüllen können – nur handelte es sich dabei *nicht* um Science-fiction. An UFO-Hotspots auf der ganzen Welt veranstaltete er nächtelange Workshops. Mit Hilfe von Lichtern, Klängen und Visualisierungen gelang es seinen Gruppen, Flugobjekte zu lokalisieren und herbeizurufen. Greer nannte diesen Vorgang »CE-5« (»Close Encounters of the Fifth Kind«, dt. Unmittelbare Begegnungen der fünften Art). Diese Workshops werden Interessierten heute noch angeboten.

Dann machte er sich an die schwierige Aufgabe, im Rahmen des *Disclosure Project* (Offenlegungsprojekt) mehr als hundert Mitarbeiter der US-Regierung aufzuspüren, die bereit waren, vor laufender Videokamera ihr Wissen über UFOs und Außerirdische zu bezeugen. Das Ganze gipfelte in einer großen Pressekonferenz, die im Mai 2001 in Washington, D.C., stattfand. Dabei wurde nicht nur die lange, schmutzige Geschichte der Geheimhaltung durch die Regierung und die Medien enthüllt, sondern auch die Tatsache, dass wir Technologien wie Mikroeletronik, Antischwerkraftantriebe und die sogenannte »freie« oder Nullpunktenergie von unseren Besuchern übernommen haben. Diese massive Vertuschung findet nun schon seit beinah siebzig Jahren statt, nämlich seit dem UFO-Absturz in der Nähe von Roswell, Neumexiko, im Juli 1947: ein Ereignis, bei dem es sich definitiv nicht um einen Wetterballon handelte, wie die Air Force der Vereinigten Staaten behauptete. Derartige Märchen glauben nur die Unwissenden – oder die Mächtigen und ihre Untertanen.

Dr. Greers enthüllende Pionierarbeit führte unweigerlich zu einer neuen Anerkennung der Tragweite und Glaubwürdigkeit von Berichten über Begegnungen mit Außerirdischen. Sie wirft auch ein neues Licht auf die Vertuschungen selbst, zum Beispiel auf die »mehr als höchste Sicherheitsfreigabe«, der die Forschungen in der Nähe des berüchtigten Groom Lake in Nevada und auch andernorts unterliegen.

Steve Greer ist ein spiritueller Krieger mit einer hohen Berufung, der sich den als »Vereinigte Staaten« auftretenden Kräften entgegenstellt. Letztere sind Kriminelle, die man vor Gericht bringen muss – und jetzt, während wir den Untergang des amerikanischen Imperiums erleben, begreifen immer mehr Menschen, wie viele Gründe es dafür gibt. Dr. Greer hat mehr eindeutige Beweise für die Verschleierung der Anwesenheit von UFOs und Außerirdischen gesammelt als jeder andere, und jetzt liegt es an uns, diese anzuerkennen.

Es ist ernüchternd, wenn wir uns vor Augen führen, dass die modernen Sichtungen, Kontakte und Technologie-Übernahmen erst stattfinden, seit die Vereinigten Staaten 1945 das Atomzeitalter einläuteten, indem sie Hiroshima und Nagasaki so entsetzlich verheerten. Die Langstrecken-Atombomber waren in Roswell stationiert, die Bombe wurde in Los Alamos hergestellt, die erste Explosion fand in Almagordo statt und die Trägerraketen für die Bomben wurden in White Sands getestet: Alles blieb auf Neumexiko beschränkt, einem Nexus der Rüstungsindustrie. War es reiner Zufall, dass der UFO-Absturz von 1947 ausgerechnet dort stattfand? Ich möchte es bezweifeln, denn der Horror der Atomtechnologie würde jede Anteil nehmende außerirdische Rasse dazu veranlassen, in das betreffende Gebiet zu eilen, was seither auch an anderen Orten mit militärischen und atomaren Einrichtungen geschehen ist. Vielleicht wollen die Außerirdischen nicht mit ansehen, wie unverantwortliche Menschen dieses Grauen entfesseln, und helfen uns deshalb dabei, dies zu verhindern.

Wir Erdlinge brauchen jede Hilfe, die wir bekommen können. Warum haben wir unsere kulturellen Vorurteile nicht überwunden und das Phänomen als das angenommen, was es ist: ein staunenswertes Wunder? Nur durch eine Erweiterung unseres Wissens und mit Hilfe politischer Maßnahmen können wir den nötigen Kurswechsel einschlagen – und genau darin leistet Dr. Greer großartige Arbeit.

In gewisser Weise enthüllt uns das UFO-Phänomen mehr über uns selbst als über die geheimnisvollen Besucher. Das Spiegelbild, das sie uns entgegenhalten, ist erschreckend – aber wenn wir Dr. Greers Worten glauben, birgt es dennoch Hoffnung. Greer unterstützt Erfinder, die an revolutionären, neuen Energie-Technologien arbeiten, durch deren Anwendung unserer Welt saubere, billige und dezentralisierte Energie zur Verfügung stünde – und damit hätten nicht nur das Zeitalter des Öls, der Kohle und der Atomkraft ein Ende, sondern auch die vom Menschen verursachte Umweltverschmutzung und der Klimawandel.

An dem Abend, an dem ich Steven Greer kennenlernte, schenkte mir Chad O'Shea, der Pastor der Unity Church, einen Autoaufkleber, auf dem stand: »Die Wahrheit macht dich frei, aber zuerst ärgert sie dich.« Erst, wenn wir es uns selbst erlauben, unserem Ärger über unsere desolaten Umstände Luft zu machen, statt das alles zu verdrängen, können wir uns endlich um Lösungen bemühen – und dann hat unsere Zivilisation vielleicht doch noch eine Chance.

Diese Arbeit erfordert Mut und ist nichts für Feiglinge. Viele führende Wissenschaftler wurden bedroht, ermordet oder durch andere Mittel unterdrückt und sind persönlichen Angriffen und einer Flut von gezielten Fehlinformationen über ihre Person ausgesetzt. Dr. Greer hat das alles auf sich genommen, um uns zu helfen.

Dr. Brian O'Leary

2005 (1940-2011)

Wissenschaftler, Autor, ehemaliger Apollo-Astronaut

»Wir besitzen heute bereits die Möglichkeit, zwischen den Sternen zu reisen, aber diese Technologien werden in ›Schwarzen Projekten‹ versteckt gehalten, und es wäre schon ein göttlicher Gnadenakt erforderlich, um sie jemals zum Wohle der Menschheit freizubekommen.«

– Ben Rich, ehemaliger Chef von Lockheed Skunkworks (1975-1991) –

Festrede vor den Absolventen der Ingenieurfakultät an der University of California, Los Angeles, 23. März 1993

Einleitung des Autors

Dieses Buch enthält Informationen, die vor amtierenden US-amerikanischen Präsidenten, Senatoren, Kongressmitgliedern, Bundesstaatspräsidenten, Generalstabschefs und vielen anderen Personen geheim gehalten wurden. Ich weiß das, weil in vielen Fällen ich derjenige war, der sie ihnen zugänglich machte.

In den letzten drei Jahrzehnten habe ich gelernt, dass es zwei US-Regierungen gibt: die von uns gewählten Volksvertreter sowie eine Schattenregierung, die aus Funktionsträgern auf mittlerer Ebene besteht und deren Wurzeln bis zu einer in den 1940er Jahren von Präsident Truman gegründeten, verdeckten Gruppe namens Majestic-12 zurückreichen. Ihr Auftrag bestand darin, die Wahrheit über die erstaunlichste Entdeckung der Weltgeschichte vor der Öffentlichkeit geheim zu halten: **UFOs und die Existenz außerirdischen Lebens**.

Aber dieses geheime Regime hat nicht nur die Wahrheit über UFOs und Außerirdische »geschützt«, sondern auch interstellare Technologien zurückgehalten, die über zwanzig auf der Erde gestrandeten, außerirdischen Flugobjekten (gemeinhin UFOs genannt) entnommen wurden und für eigene Zwecke Verwendung fanden. Die beiden ersten UFOs stürzten im Juli 1947 in der Nähe des Air-Force-Stützpunkts Roswell in Neumexiko ab, nachdem man sie mit einer frühen elektromagnetischen Schwingungswaffe beschossen hatte. Roswell und andere, ähnliche Stützpunkte übten aufgrund der zunehmenden Verbreitung von Atomwaffen eine große Anziehungskraft auf sie aus.

Den meisten von uns fällt es schwer, das Konzept von UFOs und außerirdischen Wesen ernst zu nehmen. Mit unserer Logik können wir zwar akzeptieren, dass das Universum, dessen Größe unsere Vorstellungskraft weit übersteigt, mit Sicherheit zahllose andere Rassen hervorbringen könnte – nach Schätzungen der NASA umfasst allein unsere Milchstraße zwischen einhundert und vierhundert Milliarden Sternensysteme. Aber wir wurden unser ganzes Leben lang darauf konditioniert zu glauben, dass UFOs nicht real sind und dass jeder, der an Außerirdische glaubt, verrückt ist. In gewisser Weise ist somit das UFO-Phänomen selbst seine eigene beste Tarnung, denn wenn man daran glaubt oder gar – um Himmels willen! – tatsächlich etwas Derartiges sieht und dann auch noch mit Bekannten darüber redet, macht man sich lächerlich.

Und doch haben viele von uns diese Flugobjekte gesehen und möchten ihr Schweigen brechen.

Ich selbst hatte meine erste diesbezügliche Begegnung an einem sonnigen Nachmittag in den frühen 1960er Jahren. Mit dreien meiner gleichaltrigen Freunde stromerte ich durch unser Wohnviertel in Charlotte, North Carolina, als am südwestlichen Himmel plötzlich ein Objekt auftauchte: ein ovaler, silbrig schimmernder Flugkörper, der ganz offensichtlich weder ein Flugzeug noch ein Hubschrauber war. Er schien nahtlos aus einem Stück zu bestehen, bewegte sich vollkommen lautlos und war mit nichts, was wir je zuvor gesehen hatten, zu vergleichen. Nachdem das Objekt für kurze Zeit bewegungslos dort geschwebt hatte, verschwand es plötzlich von einem Augenblick zum anderen.

Wie vorauszusehen, tat meine Familie das Ganze als kindliche Spinnerei ab. Aber meine Spielkameraden und ich wussten, dass wir etwas äußerst Ungewöhnliches gesehen hatten. Mit dieser Erfahrung fühle ich mich heute noch tief verbunden.

Im Gegensatz dazu reagierte ich allerdings zunächst völlig ungläubig auf die Dinge, über die Sie in diesem Buch lesen werden: all die Lügen, Geheimhaltungen und Verschwörungen, die mit dem, was viele als »Neue Weltordnung« oder »Kabale« bezeichnen, zusammenhängen. Ich möchte gleich eingangs klarstellen, dass ich weder NASA-Wissenschaftler noch Mitglied irgendeiner Geheimorganisation bin. Ich bin Notarzt und ehemaliger Leiter der Abteilung für Notfallmedizin im Caldwell Memorial Hospital in North Carolina. Ehrlich gesagt sah ich mich damals mit der Entscheidung konfrontiert, ob ich eine einträgliche Karriere um einer »größeren Wahrheit« willen aufgeben wollte oder nicht, und erhielt dann eine Bestätigung nach der anderen, häufig von völlig unabhängiger Seite. Schließlich war ich nicht nur davon überzeugt, dass die Informationen, in die ich eingeweiht wurde, der Wahrheit entsprachen, sondern war obendrein noch erschüttert und fassungslos.

Dieses Buch ist eine Zusammenfassung von Geheimakten und Geheimdokumenten sowie bisher unveröffentlichten Abschriften meiner Interviews mit Augenzeugen und belegt zahlreiche Begegnungen mit UFOs und Außerirdischen. Viele meiner Gesprächspartner arbeiteten für Geheimdienste oder in verschiedensten Sparten der Streitkräfte und waren Geheimnisträger höchster Ordnung, während andere bei privaten, vertraglich mit dem US-Verteidigungsministerium verbundenen Rüstungsunternehmen beschäftigt waren. Die heutige Menschheit steht vor einer Grundsatzentscheidung, von der das Überleben unserer gesamten Spezies abhängt, und dass sich diese Männer und Frauen im entscheidenden Moment freiwillig als Zeugen meldeten, beweist großen Mut. Unglaublicherweise enthält dieses Buch nicht einmal *ein* Prozent all der Zeugenaussagen, die wir in unseren Interviews mit mehr als achthundert Skandalaufdeckern und ehemaligen Mitarbeitern der Regierung, des Militärs und der Industrie zusammengetragen haben. Filmische Aufzeichnungen von über hundert Interviews enthalten Hunderte von Stunden mit Zeugenaussagen, deren Abschriften viele tausend Seiten umfassen. Weitere Videos mit Zeugenaussagen, Dokumente und sonstiges relevantes Material zu diesen Ereignissen, die in einem Zeitraum von über sechzig Jahren stattfanden, finden Sie auf www.SiriusDisclosure.com. Wir möchten den Lesern einen Überblick über dieses komplexe Thema und die illegalen Geheimhaltungsmethoden vermitteln, mit denen das alles in verschiedene Abteilungen aufgespalten wird, und der Frage nach den Gründen dafür nachgehen. Überdies ermutigen wir alle Menschen, die in irgendeiner Weise mit UFOs und/oder Außerirdischen zu tun hatten, ihre Zeugnisse, Dokumente und Beweise ebenfalls zugänglich zu machen. In meinem Buch *Disclosure: Military and Government Witnesses Reveal the Greatest Secrets in Modern History* (»Aufdeckung: Mitarbeiter des Militärs und der Regierung bezeugen die bestgehüteten Geheimnisse der modernen Geschichte«) finden sich weitere relevante Fakten.

Dass wir diese Informationen der Öffentlichkeit zugänglich machen, hat drei Beweggründe:

Erstens wollen wir mit Hilfe der von uns gesammelten Fakten den zeitlichen Ablauf der geheim gehaltenen Ereignisse aufdecken, die zur größten Vertuschung der menschlichen Zivilisation seit dem Beginn der Geschichtsschreibung führten. Unser Ziel ist nicht etwa, die Leser davon zu überzeugen, dass unser Planet von zahlreichen außerirdischen Intelligenzen besucht worden ist, denn das können Zehntausende oder gar Millionen von Menschen bezeugen. Uns geht es vielmehr um die Zerstörung der Tabus um das Thema UFOs und Außerirdische, die uns von Geheimdiensten verschiedenster Couleur auferlegt wurden – denn deren Aufgabe war (und ist) es, die Wahrheit über »des Kaisers neue Kleider« zu verschleiern, indem sie jeden entehren, der darauf hinzuweisen versucht, dass der Kaiser »ja gar nichts an hat«. Wir werden offenlegen, dass Außerirdische unsere Erde schon seit einiger Zeit besuchen. Sie stellen *keine* Gefahr für uns dar! Vielmehr geht die Gefahr von *uns* aus und richtet sich nicht nur gegen Außerirdische, sondern auch gegen unsere eigene Rasse – und definitiv auch gegen unsere Überlebenschancen, denn es sind unsere Taten, die unseren Planeten zerstören.

Zweitens werden unsere Zeugen aufdecken, auf welche Weise ein während des Kalten Krieges vor den Augen der Öffentlichkeit verborgenes, wissenschaftliches Vorhaben vom Militärisch-Industriellen Komplex, einem Konglomerat von Rüstungsindustriekonzernen, gekapert wurde. Dieses Unternehmen kam während der Präsidentschaft Eisenhowers an die Macht und hat sich seither zu einer verdeckten Regierung innerhalb der US-Regierung entwickelt: der Kabale, die nun jährlich Steuergelder zwischen achtzig und einhundert Milliarden Dollar in die USAPs leitet – die Unacknowledged Special Access Projects, offiziell geleugnete Projekte unter speziellem Zugriff. Diese Kabale muss demaskiert werden, damit die Technologien, die gezielt unter dem Vermerk »Geheimakte« eingelagert und verborgen wurden, für die Allgemeinheit zugänglich werden und der Welt kostenlose, saubere Energie zur Verfügung stellen können. Die Zeit der Debatten ist vorbei: Wenn wir fossile Brennstoffe nicht durch saubere Energie ersetzen, werden wir letzten Endes unsere eigene Zerstörung zu verantworten haben.

Drittens, und das ist der wichtigste Punkt: Indem wir diese Informationen der Öffentlichkeit zugänglich machen, hoffen wir auf eine breite Unterstützung aus der gesamten Bevölkerung, um die Freigabe dieser unterdrückten, kostenlosen, sauberen Energietechnologien zu erzwingen – insbesondere der Nullpunktenergien und der Antischwerkraft-Technologien. Diese kostenfreien Energiesysteme wurden unter anderem von Nikola Tesla und T. Townsend Brown entdeckt, aber die entsprechenden Patente werden seit nunmehr über einem Jahrhundert verweigert. Das Werk dieser Wissenschaftler wurde beschlagnahmt und ihr Leben ruiniert, in einigen Fällen sogar vorzeitig beendet, um den fossilen Brennstoffen den Wettstreit mit diesen Energiesystemen zu ersparen.

Die Nullpunktenergie wird das ganze Spiel verändern und unseren Planeten revolutionieren. Kein Hunger mehr, keine Armut, keine Umweltgifte und kein Klimawandel, dafür aber große Fortschritte im Transportwesen, in der Medizin, den Reisemöglichkeiten, der Unterhaltung und den Wissenschaften. All dies wird die globale Ökonomie in ungeahnte Höhen katapultieren.

Deshalb machen wir nun die verbotene, verdeckte Geschichte der UFOs und Außerirdischen publik, insbesondere die Nullpunktenergie und die Antischwerkraft-Technologien, die den Technologien der seit den Roswell-Abstürzen im Juni und Juli 1947 gestrandeten, außerirdischen Raumschiffe entstammen und nachgebaut wurden.

Vielleicht denken Sie jetzt, was für ein Schwachsinn, das kann doch unmöglich wahr sein. Wer würde eine giftfreie Energiequelle geheim halten, die der ganzen Welt zugute käme?

Die Macht würde so etwas tun – die Macht, für die Geld nichts weiter als ein Symbol ist.

Bereits 1901 entdeckte der Erfinder Nikola Tesla, wie man das Nullpunktenergiefeld anzapft. Dadurch wären sämtliche Kraftwerke veraltet gewesen. Aber J. P. Morgan, damals der einflussreichste US-amerikanische Unternehmer und Privatbankier, gefiel das Konzept einer kostenlosen Energiequelle nicht, denn er hatte gerade viel Geld in Kupferkabel zur Stromversorgung investiert.

Also veranlasste der Industrielle seine Kumpane in Washington dazu, Tesla auszugrenzen und seine Arbeit zu konfiszieren.

Seitdem wurde kein einziges Patent für irgendwelche Erfindungen oder Energiesysteme anerkannt, die den Status quo in Gefahr brachten. (Wer hat in den Vereinigten Staaten wohl das Elektroauto verhindert?)

Ein Jahrhundert später ist unsere Entwicklung stagniert. Unsere Fahrzeuge laufen immer noch mit benzinabhängigen Verbrennungsmotoren, unsere Polkappen schmelzen, Krebs ist verbreiterter denn je, weil täglich mehr sinnloses Gift in unsere Umwelt gepumpt wird, und achtzig Prozent der Weltbevölkerung lebt in extremer Armut.

Das hätte niemals passieren dürfen.

WIR, DAS VOLK, können die Welt verändern und zu einem unendlich viel besseren Ort für uns alle machen, indem wir kostenlose Nullpunktenergie fordern. Genau wie bei den Computertastaturen, die die Schreibmaschinen ersetzten, und den Handys, die Telefonleitungen überflüssig machten, kann auch diese Neuerung Schritt für Schritt eingeführt werden und sich zu einer Flut entwickeln, die jedes gestrandete Boot wieder flottmachen wird.

Wenn wir darauf warten, dass unsere politischen Anführer etwas tun, wird nie etwas geschehen.

Wenn wir zulassen, dass die Wall Street diese Neuerungen kontrolliert, werden sie übergangen.

Nur der Wille der Massen war in der Lage, die Berliner Mauer zum Einsturz zu bringen!

Und nur der Wille der Massen kann uns weiterbringen.

Die Zukunft ist bereits da – wenn wir sie einfordern. Wie Ben Rich, der ehemalige Chef der Firma Lockheed Skunkworks, sagte: »Wir besitzen jetzt die Fähigkeit, E.T. nach Hause zu bringen.«

Um es deutlich zu sagen: Nullpunktenergie und Antischwerkraft-Antriebssysteme *existieren bereits.*

Dieses Buch wird Ihnen genau erläutern, wo sich diese Technologien befinden und wie wir an sie herankommen.

Die Außerirdischen wollen, dass wir es schaffen! Mit Hilfe der Informationen in diesem Buch werden Sie feststellen, dass sie keine Feinde, sondern Verbündete sind. Aber sie haben der Menschheit eine Bedingung gestellt, die wir erfüllen müssen, um eine interplanetarische Zivilisation zu werden, und zwar, dass wir uns auch wirklich zivilisiert verhalten, friedlich miteinander leben, Massenvernichtungswaffen ablehnen und im Bewusstsein eines universellen Friedens unbewaffnet in den Weltraum starten.

Genau hier beginnt der Konflikt, denn diese fortgeschrittenen Technologien befinden sich in den Händen der Rüstungsindustrie – und deren Ziel ist es, die Menschheit in einem fortdauernden Kriegszustand zu halten.

Krieg ist profitabel.

Krieg sorgt dafür, dass ein Prozent der Bevölkerung weiterhin Macht über die übrigen neunundneunzig Prozent ausübt.

Krieg hält den Status quo aufrecht und verhindert die Evolution unserer Spezies.

Hört sich das nach einem Albtraum á la Orwell an? Es wird sogar noch schlimmer! Der letzte Akt, den die Kabale, dieser eingeschworene Haufen von Intriganten, sich ausgedacht hat, gipfelt nämlich in einem vorgetäuschten Ereignis und zielt auf einen derart gigantischen Großalarm ab, dass sich die Katastrophe vom 11. September dagegen wie ein kleiner Blechschaden ausnehmen wird.

Dieses Buch enthüllt alle perfiden Einzelheiten.

Ich habe die Informationen in fünf Abschnitte eingeteilt:

Teil 1 – UFOs und Außerirdische: die Geheimakten
Historische Tatsachen und Zeugenaussagen

Teil 2 – Unmittelbare Begegnungen
Von Menschen herbeigeführte friedliche Kontakte mit Außerirdischen

Teil 3 – Der Weg zur Offenlegung
Vom Landarzt zum Präsidentenberater

Teil 4 – Kosmische Täuschungen
Der ultimative Fehlalarm

Teil 5 – Ein Aktionsplan
Die Zukunft sichern, die wir uns wünschen

Ein Sprichwort sagt, dass ein ganzes Dorf nötig ist, um ein Kind zu erziehen – und ebenso ist eine ganze Volksbewegung nötig, um die Welt zu verändern. Der erste Schritt besteht darin, hinter den Vorhang zu spähen und die Wirklichkeit so zu sehen, wie sie ist.

Dr. Steven Greer

TEIL 1

UFOs und Außerirdische: die Geheimakten

Historische Tatsachen und Zeugenaussagen

UFO-Begegnungen vor dem Zweiten Weltkrieg

Kommentar von Dr. Steven M. Greer

Sichtungen von UFOs lassen sich bis zu den Höhlenmalereien, den ägyptischen Hieroglyphen, biblischen Ereignissen und den uralten vedischen Schriften zurückverfolgen und finden sich auch auf Gemälden aus dem sechzehnten Jahrhundert, die fliegende Objekte in der Form von Untertassen zeigen.

Die erste moderne Begegnung mit Außerirdischen fand angeblich 1942 auf einer belebten Straße in China statt. Ein Fotograf, der Souvenirfotos an Touristen verkaufte, wurde plötzlich auf den Himmel aufmerksam, wo ein großes, dunkles, scheibenförmiges, lautloses Objekt schwebte. Der agile Fotograf fokussierte seine Kamera auf das Objekt und machte ein hervorragendes, gestochen scharfes Foto davon. Ein Militäroffizier, der vor dem Zweiten Weltkrieg im China-Feldzug diente, befand sich ebenfalls auf der Straße. Er kaufte das Foto und klebte es angeblich in ein Album, das er während seiner Stationierung in China zusammenstellte. Jahrelang beachtete es niemand, bis ein japanischer Zivilist das alte Album mit den Fotos von 1942 entdeckte.

Stephen Brickner diente als Sergeant im US-Marinecorps und war im August 1942 auf den Salomon-Inseln stationiert, als er das Erscheinen mehrerer unkonventioneller, aber geräuschvoller, fliegender Objekte beobachtete. Brickner beschrieb in seinen Bericht mehr als einhundertfünfzig »schwankende« Objekte, die in Formation flogen: jeweils zehn bis zwölf Flugkörper in einer Reihe.

Doch die unmittelbaren Begegnungen mit UFOs begannen während der heißesten Phase des Zweiten Weltkriegs, als amerikanische, britische und deutsche Bomberpiloten sowie ihre Mannschaften auf außerweltliche Objekte trafen, die als »Foo Fighters« bekannt wurden.

»Meine These besagt, dass Fliegende Untertassen real sind und dass sie Raumschiffe aus einem anderen Sonnensystem sind. Ich glaube, dass sie möglicherweise von intelligenten Beobachtern bemannt sind, die einer Rasse angehören, die die Erde vielleicht schon seit Jahrhunderten erforscht hat. Ich denke, man hat sie wahrscheinlich ausgesandt, um eine systematische, großflächige Untersuchung durchzuführen, die sich zunächst auf Menschen, Tiere und Pflanzen konzentrierte und in jüngerer Zeit auf atomare Zentren, Waffendepots und Zentren der Rüstungsindustrie.«

– Professor Hermann Oberth (1894-1989) –

Deutscher Raketeningenieur und Begründer des Weltraumzeitalters
aus: »Flying Saucers Come from a Distant World«
(Fliegende Untertassen entstammen einer fernen Welt)
The American Weekly, 24. Oktober 1954

Geheime UFO-Akte

Begegnungen mit »Foo Fighters« (1941-1945)

Zeugenaussagen

- Master Sergeant Dan Morris, Agent der NRO (National Reconnaissance Office: Nationales Aufklärungsamt) mit Cosmic Clearance (kosmischer Sicherheitsfreigabe)
- Sergeant Clifford Stone, U.S. Army Retrieval Unit (Bergungseinheit der US-Armee)

Kommentar von Dr. Steven M. Greer

Sowohl über den europäischen und pazifischen Kriegsschauplätzen des Zweiten Weltkriegs als auch über Indien tauchten während mancher Luftkämpfe plötzlich seltsame, kugelähnliche Lichtobjekte in der Nähe der Bomber beider Seiten auf. Amerikanische Air-Force-Piloten und Geheimdienstoffiziere, die Deutschland und insbesondere das Rheintal überflogen, berichteten von roten oder orangefarbenen Lichtern, die allem Anschein nach abrupt in die lineare Raumzeit einbrachen und diese ebenso plötzlich wieder verließen. Sie umkreisten die Flugzeuge, erschienen aber auf keinem einzigen Radarschirm. Manchmal flogen sie in Formation neben einer Militärmaschine her, manchmal jagten sie mit fantastischer Geschwindigkeit über den Himmel. Die Objekte wurden als »Energie-Drohnen« beschrieben. Oft störten sie die Elektronik der

Kampfflugzeuge und beeinflussten auch die Schwerkraft. Gelegentlich *durchdrangen* sie im Vorbeiflug sogar ein Flugzeug auf transdimensionale Weise, worauf die betroffene Mannschaft völlig durchdrehte.

Diese Objekte wurden als »Foo Fighters« bekannt – vielleicht, weil das französische Wort *feu*, »Feuer«, ähnlich klingt, wenn ein Amerikaner es ausspricht. Oder vielleicht, weil laut einem anderen Bericht ein amerikanischer Pilot den Titel des aktuellen Comicstrips seiner Tageszeitung etwas abwandelte und zitierte: »Wo Foo ist, da ist auch Feuer.« Jedenfalls setzte sich der Name durch (und die gleichnamige Rockband übernahm ihn viele Jahre später).

Das Auftauchen dieser Energiebälle war kein einmaliges Ereignis, denn sie erschienen zwischen 1943 und 1945 immer häufiger. 1944 beobachteten zwei P-47-Piloten unabhängig voneinander einen »Foo Fighter« bei hellem Tageslicht. Einer der Piloten, der gerade das Umland von Neustadt in Deutschland überflog, berichtete, er habe »einen goldfarbenen Ball mit metallischer Oberfläche« beobachtet. Der andere Pilot, ebenfalls in der Gegend um Neustadt unterwegs, beschrieb eine »phosphoreszierende goldene Kugel« mit einem Durchmesser von einem bis anderthalb Metern.

Im Mai 1945 meldete die amerikanische Soldatin Lynn R. Momo einen »Feuerball von höchst verblüffender Natur« über Ohrdorf in Deutschland. »Er war größer als jeder Stern, sogar größer als der Planet Venus. Innerhalb von zwei Sekunden überquerte er den Himmel von einem Horizont zum anderen. Seine Flugbahn durchschnitt den Zenith, also muss seine Geschwindigkeit gewaltig gewesen sein, wie hoch er auch geflogen sein mag.« Momo erklärte weiter, das Objekt habe kein Geräusch verursacht und seine Flugbewegungen seien »aufsteigend und sinkend« gewesen, während es den Himmel mit unmöglicher Geschwindigkeit durchquerte.

Präsident Roosevelt fürchtete, die Nazis hätten eine neue Waffe entwickelt und entsandte General Jimmy Doolittle zum Spektakel der alliierten Unternehmungen in Europa. Doolittle berichtete, die Objekte seien »von interplanetarischer Natur«.

General Douglas MacArthur gründete 1943 die Interplanetary Phenomena Research Unit (Einheit zur Erforschung interplanetarischer Phänomene), die sich mit dem Thema befassen sollte und heute noch existiert.

Sie zielt darauf ab, Objekte unbekannter Herkunft, insbesondere nicht irdischer Herkunft, zu bergen, zieht vor Ort Erkundigungen ein und gibt die Ergebnisse an die »Hüter dieser Informationen« weiter.

Zeugenaussage

Dan Morris ist pensionierter Berufssoldat und diente als Master Sergeant bei der U.S. Air Force. Er war viele Jahre lang an UFO-Projekten beteiligt. Nachdem er die Air Force verlassen hatte, rekrutierte ihn die ultrageheime National Reconnaissance Office (NRO: Nationales Aufklärungsamt). Dort arbeitete er spezifisch an Projekten, die sich mit außerirdischen Zusammenhängen beschäftigten. Er besaß eine als Cosmic Clearance bezeichnete universelle Sicherheitsfreigabe, die achtunddreißig Stufen höher liegt als »Top Secret«. Er sagt, dass seines Wissens keinem einzigen US-Präsidenten jemals diese Sicherheitsfreigabe zuerkannt wurde.

Meine Sicherheitsfreigabe lag achtunddreißig Stufen über Top Secret und war universell – das ist die höchste aller Sicherheitsfreigaben überhaupt. Sie ist für die Arbeit mit UFOs und Außerirdischen unabdingbar. Bisher hatte noch kein Präsident diese Sicherheitsfreigabe, Eisenhower kam ihr am nächsten. Es gibt verschiedene Geheimdienste: einen bei der Army, einen bei der Air Force, einen bei der Navy [also bei Armee, Luftwaffe und Marine]. Und dann gab es noch mehrere »geheime Geheimdienste«. Einer davon war so geheim, dass er offiziell gar nicht existierte – das war die NRO. Man durfte die NRO keinesfalls erwähnen. Sie ist ein militärischer Nachrichtendienst. Wenn man diese Sicherheitsfreigabe hat, erfährt man von einer weltweiten Organisation namens ACIO, der Alien Contact Intelligence Organization, einem Geheimdienst für außerirdische Kontakte. Wenn die Regierung ihren Beitrag leistet und die Regeln befolgt, wird es ihr erlaubt, von den Informationen dieser Organisation zu profitieren. Manche Leute nennen das die »Oberste Grenze«. Der Navy-Geheimdienst nennt sich manchmal auch so. Die Geheimdienste der Air Force und der Navy sowie die NRO arbeiten alle zusammen und waren eine Zeit lang sogar alle auf dem Air-Force-Stützpunkt Fort Langley in Virginia stationiert. Die meisten Satellitenbild-Deuter waren dort, und die meisten Deuter der geheimdienstlichen Informationen von Air Force, Army und Navy ebenfalls. Sie alle werteten dort Informationen aus.

Die Nazis haben zwei UFOs geborgen – das war 1931 oder 1932. Sie brachten sie nach Deutschland und fingen an, ihre Technologie nachzubauen. Sie schafften es auch und hatten kurz vor Kriegsbeginn ein funktionierendes UFO. Ich glaube, die beiden Prototypen hießen »How-na-boo« [phonetisches Englisch] 1 und 2. Nummer zwei war etwa zehn oder zwölf Meter breit. An seiner Unterseite hingen drei Bälle, die es beim Landen abfederten.

Die Foo Fighters waren unbemannt, aber ihre Traktion erlaubte es ihnen, einen Kurs direkt vor der Tragflächenabschirmung des Piloten zu halten, und er konnte ihnen absolut nicht ausweichen – sie blieben einfach dort. Und das Wichtige war, dass sie mitten durch unsere Formationen fliegen und die Motoren unserer Bomber und Kampfflugzeuge lahmlegen konnten, und das ist heute noch so. Wenn ein UFO Sie überfliegt, könnte es Ihren Automotor ausschalten oder auch ein Kraftwerk oder ein Atomraketensilo, denn die arbeiten mit elektromagnetischem Antischwerkraft-Antrieb. Das haben wir zum ersten Mal in den Bomber-Formationen erlebt. Und man konnte absolut nichts tun, um sie abzuschütteln. In den Archiven haben wir eine Menge Dokumentarfilme darüber. Und nach dem Krieg bekamen wir noch mehr Filme, denn wir haben nicht nur Wernher von Braun aus Deutschland herübergeholt, sondern auch Viktor Schauberger und einige Elektromagnetismus-Spezialisten, die an den UFOs gearbeitet hatten. Die haben uns einen großen Vorsprung vor allen anderen Ländern verschafft.

Auch die Russen haben sich einige Leute geholt, aber wir hatten die wichtigsten. Schauberger half uns in White Sands und an anderen Orten in und um Neumexiko. Dann bekam er das Gefühl, wir hätten ihm Unrecht getan und kehrte nach Hause zurück, und zwei Wochen später wurde er umgebracht.

Zeugenaussage

US-Sergeant Clifford Stone hat im Lauf seiner Dienstzeit sowohl lebende als auch tote Außerirdische gesehen, denn er arbeitete mit einem Army-Team, das abgestürzte außerirdische Flugkörper barg. Er hatte Zugang zu Stützpunkten, die verdeckte Operationen durchführten, und zu Geheimprojekten.

Der 26. Februar 1942 wird bei uns meist »die Schlacht von Los Angeles« genannt. Unser Team stellte fest, dass sich zwischen sechzehn und zwanzig Flugkörper über Los Angeles befanden. Wir reagierten sofort und versuchten, die Objekte abzuschießen.

Die 37th Coastal Artillery Group (37. Küstenartillerieeinheit) feuerte 1.430 Schüsse ab. Wir machten uns auf die Suche nach einem eventuellen geheimen Stützpunkt der Achse, von dem diese Flugkörper vielleicht gestartet waren – irgendein ziviler Flughafen, wo man sie möglicherweise untergebracht hatte. Wir haben nicht das Geringste gefunden. Alle unsere Bemühungen blieben ergebnislos.

Gleichzeitig haben die Kameraden im Pazifik dasselbe Phänomen erlebt: die sogenannten Foo Fighters. General MacArthur befahl seinen Spionen, herauszufinden, was da vor sich ging. Ich habe Grund zu der Annahme, dass MacArthur es 1943 tatsächlich herausgefunden hat: nämlich, dass es sich hierbei um Objekte handelte, die nicht von dieser Erde waren, und dass unser Planet Besuch von irgendeinem anderen Planeten bekam und dass diese Besucher die Ereignisse beobachteten, die wir den Zweiten Weltkrieg nennen. Eines von MacArthurs Problemen bestand darin, dass wir, falls dies stimmte und falls sie sich als feindlich erwiesen, nur sehr wenig über sie wussten, und dass wir nur sehr begrenzte Verteidigungsmöglichkeiten gegen sie hatten.

MacArthur gründete die Interplanetary Phenomena Research Unit (Einheit zur Erforschung interplanetarischer Phänomene). Später hat General Marshall sie übernommen. Und sie blieb die ganze Zeit aktiv, bis zum heutigen Tag. Namen wurden verändert und die Akten sind immer noch nicht aufgetaucht. Die Armee versucht zu behaupten, es sei keine offizielle Organisation zur Erforschung von UFOs gewesen. Aber ein General hat diese Einheit organisiert, und sie hat Ergebnisse erbracht, und die gezogene Schlussfolgerung war sehr unpopulär, denn sie lautete: interplanetarische Raumschiffe. Die Einheit setzte ihre Arbeit unverändert fort, und ist heute noch aktiv. Im Verbund mit vielen anderen Geheimdiensten organisiert sie die Bergungen unbekannter Objekte, besonders wenn sie nicht von der Erde stammen. Ihre Aufgabe besteht darin, auf diese Informationen zuzugreifen, Fakten aus erster Hand vor Ort zu sammeln und die Daten dann in ein nützliches Dossier zu verwandeln. Dieses wird denjenigen Leuten zugänglich gemacht, die davon Kenntnis haben müssen, und natürlich den sogenannten »Hütern der Informationen«.

Einer seiner Air-Force-Generäle sagte zu MacArthur, »was wir hier haben, stammt nicht von dieser Erde«. Ich nehme stark an, zu diesem Zeitpunkt wussten sogar die Deutschen, dass wir Besuch bekommen hatten und dafür in irgendeiner Form physische Beweise besaßen. MacArthur besaß definitiv greifbare Beweise. Als ich in der Armee auf diesem Gebiet arbeitete, habe ich zwar Dokumentationen darüber gesehen, aber sie enthielten keine näheren Angaben darüber, welcher Art diese physischen Beweise waren, sondern hielten nur fest, dass es sie gab.

»Es wäre sinnvoll [UFOs zu studieren], aber bevor wir dem zustimmen, müssen wir darauf bestehen, dass uns die geborgenen Untertassen uneingeschränkt zugänglich gemacht werden. Im Fall von Los Angeles hat sich die Armee das Objekt angeeignet und uns nicht einmal eine oberflächliche Untersuchung gestattet.«

– J. Edgar Hoover –

Brief an Clyde Tolson vom 15. Juli 1947

Geheime UFO-Akte

Roswell (FBI-Dokument)

Dokument

- FBI-Dokument von Guy Hottel, Field Agent (Agent im Feldeinsatz) – 22. März 1950

Zeugenaussagen

- Master Sergeant Dan Morris, Agent der NRO (National Reconnaissance Office: Nationales Aufklärungsamt) mit Cosmic Clearance (kosmischer Sicherheitsfreigabe)
- Richard Doty, Special Agent des Air Force Office of Special Investigations (AFOSI: Air-Force-Büro für Sonderermittlungen)
- Colonel Philip S. Corso sen.
- Astronaut Gordon Cooper
- A. H., anonymer Zeuge, Boeing Aircraft

Kommentar von Dr. Steven M. Greer

Die UFO-Sichtungen nahmen zu, nachdem die Atombomben über Hiroshima und Nagasaki abgeworfen worden waren, und ein großer Teil des interstellaren Luftverkehrs konzentrierte sich auf Neumexiko.

Warum Neumexiko?

Die ersten Atombomben wurden in Los Alamos gebaut und in Almagordo und White Sands getestet. Beide Orte liegen in Neumexiko.

Und dann gab es auch noch Roswell.

Man wird Roswell wohl immer mit den »angeblichen« UFO-Abstürzen verbinden, von denen Ende Juni 1947 berichtet wurde. Zur Zeit dieser Ereignisse war auf dem Air-Force-Stützpunkt Roswell die 509th Bomber Squadron (509. Bomberstaffel) stationiert – das einzige Geschwader der Welt, dessen Nutzlast Atomwaffen waren.

Der Geist der Atomkraft war sozusagen aus seiner sprichwörtlichen Flasche befreit worden, und bald darauf bemerkten die militärischen und zivilen Belegschaften der Nuklearfabriken, Atombombenherstellungsbetriebe, Flughäfen und Testgebiete, dass unsere außerirdischen Besucher sich aufgrund der Dinge, die wir da taten, große Sorgen machten. Wie ein hoher britischer Geheimagent einmal sagte: »Als wir anfingen, Atombomben und später Wasserstoffbomben zu zünden, war das so, als seien wir Kinder, die in ein Hornissennest getreten waren. Jetzt besitzen wir die Fähigkeit, den gesamten Planeten zu zerstören, und deshalb machen sich die Erwachsenen, die in unserer Nähe wohnen, große Sorgen.«

Trotz aller Vertuschungen seitens der Regierung und des Militärs gibt es immer noch eine Unmenge von Augenzeugen sowie dokumentierte Beweise dafür, dass die Ereignisse in Roswell tatsächlich stattgefunden haben – unter anderem auch das FBI-Memo eines Agenten im Feldeinsatz, das an den FBI-Direktor gerichtet war und von den »drei sogenannten Fliegenden Untertassen« handelte, die in Neumexiko geborgen worden waren. Dieses weiter unten abgedruckte Dokument gibt an, dass »die Untertassen in Neumexiko gefunden wurden, weil die Regierung in der Gegend ein besonders leistungsfähiges Radarsystem unterhält, und man nimmt an, dass Radar die Kontrollmechanismen der Untertassen stört«.

Ich versichere Ihnen: Wenn eine Zivilisation zu interstellaren Reisen fähig ist, macht ihr ein Radarsignal bestimmt nichts aus.

Was damals in Roswell aktiviert wurde, war höchstwahrscheinlich eine Skalar- oder Longitudinalwellen-Waffe.

Longitudinalwellen-Waffen sind nicht auf die Lichtgeschwindigkeit (299.792.458 Meter pro Sekunde) beschränkt, sondern bewegen sich mit mehrfacher Lichtgeschwindigkeit. Jahrzehntelang experimentierten Geheimprojekte mit dieser Technologie, und 1947 (die meisten Leute sind überrascht, wenn sie das hören) waren wir ohne Weiteres in der Lage, eine effektive, elektromagnetische Waffe dieses Systems herzustellen.

Am 24. Juni 1947 machte plötzlich eine UFO-Sichtung internationale Schlagzeilen. Acht Nächte später kreisten drei außerirdische Flugobjekte über dem Air-Force-Stützpunkt Roswell und veranlassten das Militär dazu, ein Abwehrsystem einzusetzen, das höchstwahrscheinlich Skalarwellen aktivierte.

Die UFOs stürzten ab. Zwei wurden sofort gefunden, das dritte einige Jahre später.

Internes Memorandum

REGIERUNG DER VEREINIGTEN STAATEN

An: Direktor des FBI
Datum: 22. März 1950
Von: Guy Hottel, SAC, Washington
Betreff: Fliegende Untertassen, relevante Information

Die folgende Information wurde dem SAC (Strategic Air Command: Strategisches Luftkommando) zugänglich gemacht. Ein Ermittler der Air Force erklärte, dass drei sogenannte Fliegende Untertassen in Neumexiko geborgen worden seien. Der Beschreibung nach waren sie kreisrund, ihre Zentren waren gewölbt, und sie hatten einen Durchmesser von etwa fünfzehn Metern. Jedes Objekt wurde von drei Lebewesen begleitet, die menschlich geformt, aber nur etwa beunzig Zentimeter groß waren. Ihre Kleidung bestand aus einem sehr fein gewebten metallischen Stoff. Ihre Körper waren auf eine Weise bandagiert, die an die von Hochgeschwindigkeits- und Testpiloten getragenen Anti-G-Anzüge erinnerten.

Laut Mr. XXXXXX (Informant) wurden die Untertassen in Neumexiko deshalb gefunden, weil die Regierung in dieser Gegend ein sehr leistungsfähiges Radarsystem unterhält, und man nimmt an, dass Radar ihre Steuerungsmechanismen negativ beeinflusst.

Dokument 1: FBI-Memo (Abschrift)

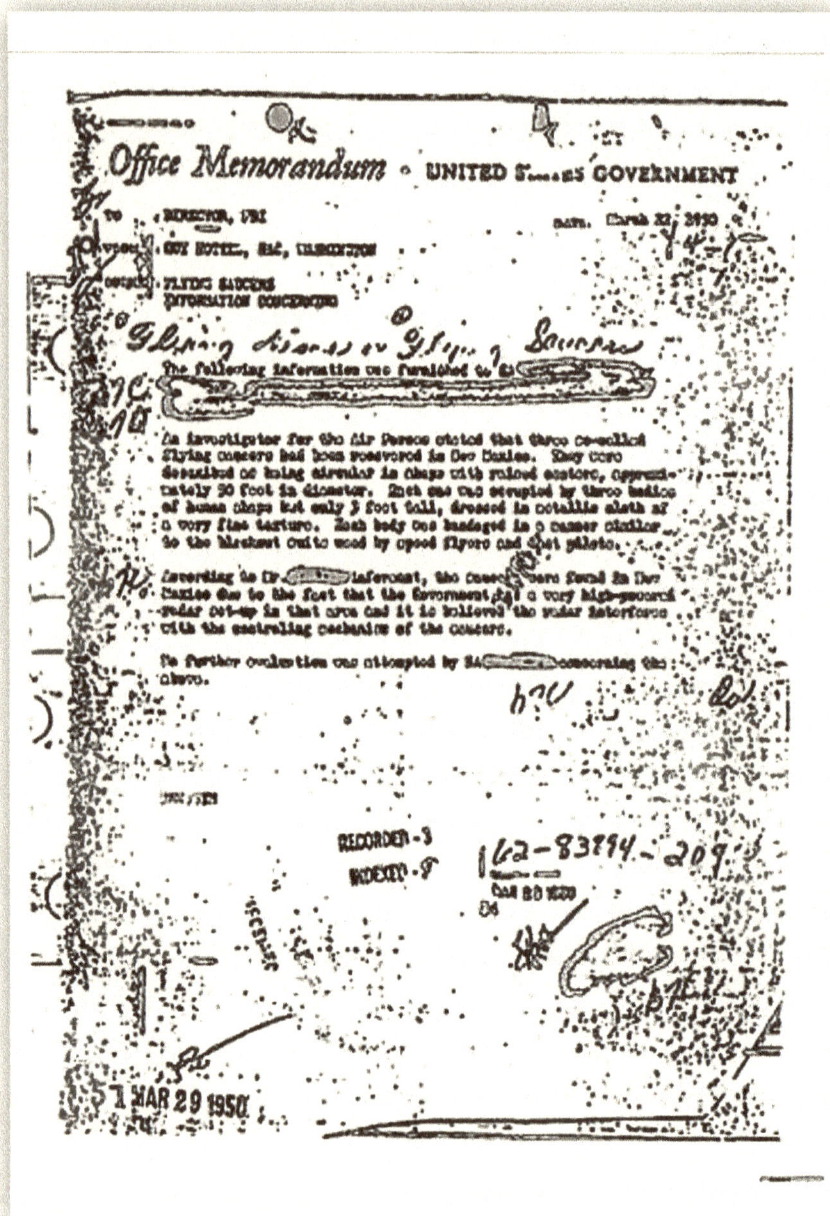

Office Memorandum • UNITED STATES GOVERNMENT

TO: DIRECTOR, FBI DATE: March 22, 1950

FROM: GUY HOTTEL, SAC, WASHINGTON

SUBJECT: FLYING SAUCERS
INFORMATION CONCERNING

The following information was furnished to SA [redacted]

An investigator for the Air Forces stated that three so-called flying saucers had been recovered in New Mexico. They were described as being circular in shape with raised centers, approximately 50 feet in diameter. Each one was occupied by three bodies of human shape but only 3 feet tall, dressed in metallic cloth of a very fine texture. Each body was bandaged in a manner similar to the blackout suits used by speed flyers and test pilots.

According to Mr. [redacted] informant, the saucers were found in New Mexico due to the fact that the Government has a very high-powered radar set-up in that area and it is believed the radar interferes with the controlling mechanism of the saucers.

No further evaluation was attempted by SA [redacted] concerning the above.

RECORDED - 3
INDEXED - 8

62-83894-209

MAR 29 1950

Dokument 2: FBI-Memo (Original)

Zeugenaussage

Dan Morris ist pensionierter Berufssoldat und diente als Master Sergeant bei der U.S. Air Force. Er war viele Jahre lang an UFO-Projekten beteiligt. Nachdem er die Air Force verlassen hatte, rekrutierte ihn die ultrageheime National Reconnaissance Office (NRO: Nationales Aufklärungsamt). Dort arbeitete er spezifisch an Projekten, die sich mit außerirdischen Zusammenhängen beschäftigten. Er besaß eine als Cosmic Clearance bezeichnete universelle Sicherheitsfreigabe, die achtunddreißig Stufen höher liegt als »Top Secret«. Er sagt, dass seines Wissens keinem einzigen US-Präsidenten jemals diese Sicherheitsfreigabe zuerkannt wurde.

Folgendes ist [in Roswell] passiert: Wir fanden heraus, dass leistungsstarkes Radar die Stabilität der UFOs beeinträchtigt, denn wir konnten zusehen, wie die Leistungsverstärker und Stabilisatoren nachließen, sobald sie tiefer und langsamer flogen. Das Radar beeinflusste die UFOs, wenn sie tief und langsam flogen. Wir wussten das, wir wussten es schon vor 1947, bevor sie abgestürzt sind. Wo war unser Radar am stärksten? In White Sands und unten in Roswell. Wer war in Roswell stationiert? Die einzige Atombombenstaffel der Welt. Sie waren also daran interessiert, und wir hatten eine Menge Radar dort, denn wir wollten die Anlage so gut wie möglich schützen. Nun ja, wir richteten mehrere große, leistungsstarke Radarsysteme auf sie aus, und dadurch sind zwei von ihnen zusammengestoßen. Eines davon stürzte auf der Ranch ab, das andere auf der Böschung, und es hatte zwei Außerirdische an Bord. [Sie lagen] draußen, als wir dort ankamen. Einer war verwundet oder verletzt und auch der andere lebte zwar noch, aber bevor wir ihn irgendwohin transportieren konnten, war er bereits gestorben. Drüben in Los Alamos hatten wir allerdings drei Jahre lang einen anderen Außerirdischen von dem anderen Absturz. Dann wurde er krank. Wir sandten Signale auf jeder erdenklichen Frequenz aus und taten alles, um zu melden, dass er krank war und dass wir nichts damit zu tun hatten und dass sie kommen und ihn abholen sollten, aber er starb, bevor sie eintrafen. Sie kamen und nahmen seine Leiche mit, und das war der Anlass für ihren Formationsflug über Washington: Sie wollten seine Leiche bergen.

Zeugenaussage

Richard Doty war Special Agent bei der Spionageabwehr der Air Force und gehörte dem Air-Force-Büro für Sonderermittlungen (AFOSI) an. Er war auf dem Air-Force-Stützpunkt Kirtland in Neumexiko, dem Air-Force-Stützpunkt Nellis (der sogenannten Area 51) und andernorts stationiert und konzentrierte seine Arbeit acht Jahre lang auf UFOs und Außerirdische.

Der Roswell-Absturz fand eigentlich gar nicht in Roswell statt, sondern südlich von Corona in Neumexiko. Die zweite Absturzstelle wurde auf der Horse Mesa westlich von Magdalena entdeckt, ebenfalls in Neumexiko. Die Roswell-Absturzstelle wurde im Juni 1947 gefunden, die zweite Absturzstelle in Magdalena erst ungefähr 1949.

Während meiner Einweisung zeigte man uns einen 16-mm-Film von der [Roswell-]Bergung. Selbstverständlich unterlag der Film der Geheimhaltung. Er zeigte Angehörige des Militärs bei der Bergung sowohl von außerirdischen Leichen als auch von dem Fluggerät vor Ort. Und ein lebender Außerirdischer wurde ebenfalls dort gefunden. Man sagte uns, dass dieser zum Air-Force-Stützpunkt Kirtland und danach für einige Zeit nach Los Alamos gebracht wurde. Der Film erklärte nicht, was genau mit diesem Außerirdischen passierte, sondern nur, dass er starb. Ich glaube 1952. Die Leichen der [toten] Außerirdischen wurden tiefgefroren und zum Militärflughafen Wright-Patterson in Dayton, Ohio, geflogen.

Das Fluggerät war mehr oder weniger oval oder eiförmig. Es war nicht wie eine Untertasse geformt. Die Wesen waren etwa ein Meter zwanzig groß. Einige von ihnen waren verstümmelt, schwer verletzt, ihre Körper in Fetzen gerissen. Zwei Leichen waren ziemlich unversehrt, aber falls man eine Autopsie vorgenommen hat, wurde nicht darüber gesprochen. Anscheinend hatten sie keine Ohren. Statt der Nase hatten sie eine Einbuchtung, und sehr große Augen. Sie trugen sehr eng sitzende Anzüge, so dass sie fast aussahen, als seien sie nackt. Ihre Hände hatten keine Daumen, nur vier Finger mit Saugvorrichtungen an den Fingerspitzen. Und eines der beiden Wesen trug einen Apparat – vielleicht einen Helm oder eine Art Kopfhörertelefon oder irgendein anderes Kommunikationsgerät.

In dem Flugkörper wurden mehrere verschiedene Objekte gefunden, darunter etwas Rechteckiges aus einem Material, das man zunächst für Plexiglas hielt. Jahrelang hat man es studiert, bis man endlich herausfand, dass es das Fluggerät mit Energie versorgte.

Man zeigte uns auch die Bergung des Fluggeräts, das 1949 auf der Horse Mesa gefunden wurde. Es war zur selben Zeit abgestürzt wie die anderen, nämlich 1947, aber weil der Ort so abgelegen ist, wurde es erst zwei Jahre später gefunden, und zwar von einem Ranchbesitzer, auf dessen Grundstück es lag. Inzwischen waren die Leichen schon verwest, aber das Fluggerät war vom selben Typus wie der Fund von Corona, Neumexiko.

Was den genauen zeitlichen Ablauf und den exakten Fundort dieser Bruchlandungen angeht, weiß niemand wirklich Bescheid. Für Leute, die in dieses Programm eingewiesen wurden, ist es sehr frustrierend, dass man nicht allzu viele Fakten erfährt. Zwischen den verschiedenen Organisationen, die mit UFOs befasst sind, herrscht entweder krasse gegenseitige Fehlinformation oder ein sehr geringer Informationsfluss. Neunzig Prozent der Leute, die Bücher über Roswell geschrieben haben, gehörten weder dem Militär noch dem Geheimdienst an und besaßen auch keinerlei Sicherheitsfreigabe. Sie verließen sich auf Informationen aus zweiter, dritter oder vierter Hand, die nur dazu dienten, Interessierte ebenfalls falsch zu informieren. Die Bruchlandung des angeblich im Juli abgestürzten Fluggeräts fand schon Ende Juni statt, aber die Bergungsarbeiten zogen sich bis in den Juli. Einige Leute haben versucht, die Fakten korrekt darzustellen, aber man hat sich über sie lustig gemacht und ihre Informationen nicht geglaubt.

Weil der Absturz auf der Horse Mesa erst 1949 entdeckt wurde, glauben die Leute, es habe sich um einen völlig anderen Fluggerät-Typus gehandelt. In Wahrheit war es genau derselbe Typus wie der Flugkörper von Corona. In dem Film wurden Skizzen der beiden Flugobjekte nebeneinander gezeigt, und es sah definitiv so aus, als seien sie zusammengestoßen. Ich glaube, der überlebende EBEN (Extraterrestrial Biological Entity: außerirdisches biologisches Wesen) hat vermutlich erläutert, wie das passiert war, aber man hat mir die Erklärung des EBENs für den Absturz der beiden Flugkörper nie anvertraut.

Die Fluggeräte maßen etwa zehn mal zwölf Meter. Das Schiff verfügte über keinerlei Schalthebel oder Flugelektronik – nichts, was wir als Flugkontrollsysteme hätten erkennen können. Im Laufe der Zeit hat man schließlich herausbekommen, wie es funktionierte. Die Wesen legten ihre Hände auf die Kontrollen und trugen diese kopfhörerartigen Geräte, und diese Geräte kontrollierten offenbar irgendwie das Fluggerät oder unterstützten die Piloten bei der Kontrolle. Man hat die Schiffe nach Wright-Patterson gebracht, wo Top-Wissenschaftler sie nachbauten, um ihre Funktionsweise verstehen zu lernen.

Im Jahr 1981 gab es einen inzwischen verstorbenen Wissenschaftler bei der Air Force, der mir eine alte Armeetruhe hinterließ. Sie war voller Fotos von den Außerirdischen, die bei dem Absturz in Corona umgekommen waren. Wir fuhren hin, um seine Hinterlassenschaft abzuholen, und da stießen wir auf diese Bilder, die anscheinend von einer Autopsie stammten. Die Organe lagen alle draußen, und ich sagte: »Das sieht nicht wie ein Herz aus … das sieht nicht wie eine Lunge aus.« Wir haben dann herausgefunden, dass diese EBENs ein Organ besaßen, das aus Herz und Lunge zugleich bestand, ein einziges Organ. Und sie hatten mehrere verschiedene Mägen für unterschiedliche Verdauungsprozesse. Und sie hatten ein Organ, das all ihrer Nahrung auch das letzte bisschen Feuchtigkeit entzog, so dass sie nicht viel Flüssigkeit zu trinken brauchten.

Unter jedem Foto standen eine Fallnummer und ein Datum. Die Daten stammten alle vom September 1947, und die Fallnummern konnte ich mit nichts in Zusammenhang bringen, mit dem ich je zu tun gehabt habe. Schließlich erhielt ich ein Briefing von einem Wissenschaftler, einem Arzt. Er kam vom Armed Forces Institute of Pathology [Institut für Pathologie der bewaffneten Streitkräfte] in Washington und gab uns sozusagen einen Anfängerkurs in außerirdischer Anatomie. Und er bestätigte, dass dies die Autopsiefotos aus Corona waren.

Sie hatten elf verschiedene Gehirnlappen. Und wo ihr Rückgrat auf das Gehirn traf, hatten sie zwei kleine Knollen, an jeder Seite eine, und wir konnten einfach nicht herausfinden, was das war. Die Augen waren sehr komplex, und der Sehnerv führte zu einem anderen Gehirnbereich, als es beim Menschen der Fall ist.

Was die Fortpflanzungsorgane angeht, waren sie alle männlich. Ich glaube, das Wesen hat unseren Leuten irgendwann gesagt, dass sie auch Frauen hätten, aber in diesen Fluggeräten waren keine. Die männlichen

Wesen hatten eine Fortpflanzungsdrüse im Körper … Ich nehme an, die kam im geeigneten Moment hervor.

Ihre Muskeln waren extrem faserig, besonders die Beinmuskeln. Die waren nicht massiv, aber sehr stark. Ich gehe davon aus, dass sie aufgrund dieser Faserstruktur kräftiger waren als wir mit unseren Muskeln. Sie hatten keine Ohren, aber einen Gehörgang mit einem Organ oder einer Drüse – eine kleine Knolle, mit der sie hören konnten. Aber sie hatten keine Stimmbänder wie wir. Ich habe ein Briefing gelesen, das ich faszinierend fand. Darin stand, als dieses Wesen gefunden wurde, konnte es nur mit Handzeichen kommunizieren. Als es ins medizinische Zentrum nach Los Alamos gebracht wurde, hatten die Ärzte keine Ahnung, was sie da untersuchten. Irgendwann konnten wir dann mit Hilfe einer Signalsprache miteinander kommunizieren. Später entdeckte jemand, wie man eine Stimmbandoperation ausführen oder irgendetwas implantieren konnte, so dass das Wesen sprechen oder Geräusche von sich geben konnte. Jahre später fand ich heraus, dass sie telepathisch kommunizierten.

Dieser EBEN blieb am Leben. Man kommandierte einen Captain der Air Force ab, der sich ausschließlich mit ihm beschäftigte. Dieser Captain war Linguist und außerdem Geheimdienstoffizier. Er konnte einen richtig guten Austausch mit dem EBEN aufbauen und besser mit ihm kommunizieren als alle anderen. Tatsächlich hat er drei bis vier Jahre mit diesem Außerirdischen zusammengelebt – so lange, bis dieser starb.

Ich habe gehört, dass dieser EBEN auf verschiedene Stützpunkte geschickt wurde. Von Fort Detrick in Maryland, Wright-Patterson und dem Huntsville Redstone Arsenal weiß ich das mit Sicherheit. Falls es noch irgendwo anders war, weiß ich davon nichts.

Wir haben bei einem verstorbenen Wissenschaftler, der klassifizierte Informationen über Autopsien von Außerirdischen bei sich zu Hause hatte, vor Ort Ermittlungen durchgeführt. Er besaß Fotos, Autopsieberichte und ausführliche Mitschriften der Autopsien, die von den ausführenden Ärzten diktiert worden waren. Dieser Mann, ursprünglich Militärarzt und Internist, war irgendwie geheimnisvoll. Er hätte dieses Material nicht in einer ungesicherten Umgebung aufbewahren dürfen – aber ich habe das alles selbst gesehen.

Zeugenaussage

Colonel Philip S. Corso sen. von der United States Army Intelligence (USAI: Nachrichtendienst der Armee der Vereinigten Staaten) diente in Präsident Eisenhowers National Security Council, dem nationalen Sicherheitsrat. Er hat persönlich sowohl verstorbene Außerirdische vom Roswell-Absturz aus dem Jahr 1947 als auch ein UFO auf einem Air-Force-Stützpunkt gesehen. Als er in der Abteilung für Forschung und Entwicklung arbeitete, gab man ihm Fragmente außerirdischer Technologien von diversen Abstürzen mit dem Auftrag, die irdische Industrie damit zu »befruchten«.

Ich war 1947 nicht in Roswell. In diesem Jahr war ich gerade erst aus Italien zurückgekommen, wo ich Sicherheitschef des Geheimdienstes in Rom gewesen war. Ich gehörte zum MI-19. Nach meiner Rückkehr war ich in Fort Riley, Kansas, stationiert. Eines Nachts war ich der ranghöchste diensthabende Offizier vor Ort. Das bedeutete, dass ich in dieser Nacht die Verantwortung hatte, und ich überprüfte alle Wachsoldaten, alle Sicherheitsbereiche … Ich überprüfte den ganzen Stützpunkt.

Ich ging auch in die tiermedizinische Abteilung, wo ich den Wachsergeanten kannte. Er informierte mich, dass fünf Lastwagen gerade bei uns Station machten, die von Neumexiko zum Air-Force-Stützpunkt Wright-Patterson unterwegs waren, und fragte, ob ich die Fracht sehen wollte. Ich ging hin und fand fünf oder sechs Kisten vor. Ich hob einen der Deckel und sah eine Leiche, die in Flüssigkeit schwamm. Zuerst dachte ich, es sei ein Kind, weil es so klein war. Aber der Kopf war anders, die Arme waren dünn und der Körper war grau, darum dachte ich gleich in diesem Moment: Ich habe keine Ahnung, was das ist. Ich sah es mir ungefähr zehn bis fünfzehn Sekunden lang an, bestimmt nicht viel länger, klappte den Deckel wieder zu und sagte: »Sergeant, verschwinden Sie von hier. Ich als diensthabender Offizier bin berechtigt, mich hier aufzuhalten, aber Sie könnten Schwierigkeiten bekommen, wenn Sie noch mal hier auftauchen.«

Der Außerirdische ist ein bisschen anders als wir. Wenn ein solches Wesen in unsere Welt kommt, trägt es einen hautengen Anzug. Seine Haut wie auch sein Anzug sind atomar angepasst. Dies dient zur Abwehr schädlicher Strahlungen und anderer Einwirkungen – auch zur Abwehr von kosmischer Strahlung. Da sie keine Luft atmen, tragen diejenigen, die unsere Welt betreten, eine Art Helm. Und da der Außerirdische nicht spricht, hat er wahrscheinlich auch keine Stimmbänder, sondern irgendetwas, das eine Übermittlung verstärkt, damit er überhaupt kommunizieren kann.

Das Fluggerät, das ich sah, befand sich auf dem Air-Force-Stützpunkt. Die Maschine war eigentlich fast eine Art biologischer Struktur, denn der Außerirdische passte genau hinein.

Zehn Jahre später hielt ich mich in befehlshabender Funktion in Neumexiko auf, und zwar auf der militärischen Raketenabschussbasis in White Range, ganz in der Nähe von Trinity. Ich hatte dort punktgenau gebündeltes Radar zur Verfügung, das das Ziel erfasste, und die Jungs sagten, die Geschwindigkeit dieser Objekte liege zwischen 4.500 und 6.000 Stundenkilometern. Danach arbeitete ich vier Jahre lang im Weißen Haus, wo ich ständig Berichte empfing. Da ich die nötige Sicherheitsfreigabe besaß, hatte ich Zugang dazu – sogar zu kodierten Berichten. Einmal erhielt ich die Meldung, dass die NASA Signale aus dem Weltraum empfing, die nicht nur Grundrauschen waren, und auch keine unentschlüsselten Signale oder irgendetwas anderes, das man nicht dechiffrieren konnte – es waren echte, perfekte Signale und sahen aus, als würden sie eine echte Botschaft enthalten. Aber wir haben es nie geschafft, sie zu entschlüsseln. Es war eine sehr koordinierte Botschaft, kein Grundrauschen oder Datengewirr oder irgendetwas Derartiges und auch nicht irgendwelche Grundgeräusche, die wir da empfingen. Diese Signale folgten einem ganz bestimmten Muster.

General Trudeau hatte meine Versetzung veranlasst. Er hatte ein Forschungs- und Entwicklungsprojekt organisiert. Als ich dort anfing, war ich ein Special Assistent. Aber eine Woche später rief er eine Abteilung für fremde Technologie ins Leben und setzte mich dort als Leiter ein.

Daraufhin erhielt ich Autopsieberichte über Außerirdische (aus dem Pathologielabor des Walter Reed Hospital) und bekam nach und nach weitere Berichte über die Absturzstellen, und auch Gegenstände. Wir ließen keinerlei Kopien kursieren. Alle Kopien mussten zu uns zurückgeschickt werden, denn es war ja unser Labor und wir finanzierten das alles. Allmählich häuften sich die Beweise dafür, dass es tatsächlich einen

Absturz gegeben hatte. Natürlich schwieg ich mich fünfunddreißig Jahre lang darüber aus. Ich hatte General Trudeau einen Schwur geleistet und verriet keine Namen.[1]

Zeugenaussage

Gordon Cooper, Mercury-7-Astronaut und der letzte Mensch allein im Weltraum.

Diese Objekte [UFOs] kamen immer wieder. Sie flogen in der gleichen Formation, die wir für unsere Kampfflugzeuge über Deutschland benutzten. Sie flogen über uns hinweg und führten die gleichen Flugmanöver aus wie wir [in unseren F-86-Maschinen]. Nur ab und zu brach eines der UFOs blitzschnell in eine Flugbewegung aus, die einem konventionellen Jet nicht möglich gewesen wäre. Wir konnten sie nicht erreichen. Sie flogen höher und schneller als wir. Es waren keine zufälligen Manöver. Sie flogen ganz offensichtlich in kontrollierten Kampfformationen.

Sie hatten die Form von Untertassen oder Doppeluntertassen und sahen metallisch aus. Sie hatten keine Flügel oder dergleichen. Im Grunde ähnelten sie den Objekten, die wir in Deutschland gesehen hatten. In jedem Flugobjekt saß ein Pilot, und sie standen ganz offensichtlich miteinander in Kontakt, denn sie beschrieben enge Kurven, die ohne Koordination nicht möglich gewesen wären.

Während meiner Stationierung auf dem Air-Force-Stützpunkt Edwards ließ ich einige Kameraleute präzise Landungen filmen. Eine Untertasse flog direkt über ihnen, fuhr drei Landungsfahrwerke aus und landete auf dem trockenen Grund des Sees. Die Kameraleute gingen mit ihren Apparaten auf das UFO zu. Dieses hob ab, zog die Fahrwerke wieder ein, flog mit sehr hoher Geschwindigkeit davon und verschwand.

Als dies geschah, war ich an einem Forschungs- und Entwicklungsprojekt beteiligt und leitete geheime Projekte in der Zentrale. Ich wusste, dass wir zu der Zeit keine solchen Fluggeräte besaßen. Ich bin mir zu

[1] Unser aufrichtiger Dank gilt James Fox, der uns dieses Interview zugänglich machte.

99,9 Prozent sicher, dass auch die Russen nichts Derartiges hatten. Zu diesem Zeitpunkt zweifelte ich nicht daran, dass dieser Flugkörper nicht hier auf der Erde hergestellt worden war.[2]

Zeugenaussage

A. H. erhielt beachtliche Mengen von Informationen aus den mit UFOs und Außerirdischen befassten Gruppen innerhalb unserer Regierung, des Militärs und der zivilen Auftragsfirmen. Er hat Freunde in der NSA, CIA, NASA, im JPL, ONI, NRO, in Area 51, der Air Force sowie in den Firmen Northrop, Boeing und anderen. Früher war er bei der Firma Boeing als Oberflächentechniker beschäftigt.

Ich arbeitete als Oberflächentechniker bei der Boeing Aircraft Company in Long Beach, Kalifornien, und zwar in der kommerziellen wie auch in der militärischen Abteilung (vormals McDonell Douglas Aircraft Company). Man stellte mich dem Vier-Sterne-General Curtis Lemay vor. Er war Stabschef der Air Force.

Ich fuhr zu seinem Wohnort Newport Beach. Wir setzten uns zum Gespräch in sein Wohnzimmer. Ich fragte ihn, wie viele von allen UFO-Sichtungen bisher unidentifiziert seien. Er antwortete, fünfunddreißig Prozent hätten nicht identifiziert werden können. Als ich ihn nach dem Grund fragte, sagte er: »Weil die Fluggeräte zu verdammt schnell waren. Wir konnten sie nicht abfangen.«

Danach fragte ich ihn nach dem Roswell-Absturz und ob dieser tatsächlich stattgefunden habe. Er sah mich an und nickte bestätigend: Der Absturz sei wirklich geschehen, und es seien keine Militärmaschinen gewesen. Ich interessierte mich besonders für die merkwürdigen Schriften, die innerhalb des Flugobjekts gefunden worden waren, und fragte, ob sie jemals entziffert wurden. Er sagte nein – zumindest nicht während seiner Amtszeit.

---

2 Unser aufrichtiger Dank gilt James Fox, der uns dieses Interview zugänglich machte.

»Ich kann Ihnen versichern, dass Fliegende Untertassen, falls sie existieren, von keinem Staat auf der Erde gebaut werden.«

– Präsident Harry S. Truman –

10. April 1950, Pressekonferenz im Weißen Haus

Geheime UFO-Akte

Die Truman-Ära (1945-1953)

Zeugenaussagen

- Philip Corso jr., Sohn von Colonel Philip Corso sen., Geheimdienst der U.S. Army
- Lieutenant Colonel Charles Brown, *Project Grudge*
- Sergeant Clifford Stone, U.S. Army Retrieval Unit (Bergungseinheit der US-Armee)
- Master Sergeant Dan Morris, Agent der NRO (National Reconnaissance Office: Nationales Aufklärungsamt) mit Cosmic Clearance (kosmischer Sicherheitsfreigabe)
- Don Phillips, U.S. Air Force, Auftragnehmer bei Lockheed Skunkworks und der CIA
- Graham Bethune, Navy Commander Pilot mit Sicherheitsfreigabe »Top Secret«

Kommentar von Dr. Steven M. Greer

Der Abschuss und die Bergung des Außerirdischen-UFOs im Umkreis des Stützpunkts Roswell waren erst der Anfang. Zwischen Juli 1947 und September 1952 schossen EMS-Waffen (elektromagnetische Skalar-Waffen) des Militärs dreizehn außerirdische UFOs ab – elf davon in Neumexiko und je eines in Nevada und Arizona. Zwei andere UFOs stürzten in Mexiko ab und eines in Norwegen. Fünfundsechzig Leichen wurden geborgen, außerdem ein lebender Außerirdischer vom ersten Absturz, der drei Jahre lang am Leben erhalten wurde.

Nicht genug, dass Präsident Harry S. Truman den Kalten Krieg gegen die Sowjets und das Wettrennen zwischen den beiden Supermächten um die Wasserstoffbombentests managen musste – nun sollte er sich auch noch mit Fliegenden Untertassen beschäftigen. Schnell stellte er ein Team zusammen, um dieses Thema zu untersuchen. Darunter befanden sich auch Dr. Vannevar Bush, der das Atombombenprogramm geleitet hatte, Edward Teller und J. Robert Oppenheimer.

Die erste geheime Einsatzgruppe zur Untersuchung des Außerirdischen-Phänomens wurde nun unter dem Namen *Project Sign* (Projekt Zeichen) organisiert und erweiterte sich ein Jahr später zum *Project Grudge* (Projekt Groll). Auch ein etwas niedriger eingestuftes Desinformationsprojekt namens *Blue Book* wurde ins Leben gerufen, um die Öffentlichkeit mit falschen Informationen zu füttern. Inzwischen wurden sogenannte »Blue Teams« dazu ausgebildet, die abgeschossenen Außerirdischen-UFOs zu bergen. Später entwickelten sich diese zu Alphateams im Rahmen des *Project Pounce* (Projekt Überfall).

Wie funktionierten die außerirdischen Antriebssysteme? Gab es Waffen an Bord? Unmittelbar nach dem Zweiten Weltkrieg, als der Kalte Krieg begann, machte man sich große Sorgen, dass wir womöglich hinter den Sowjets herhinkten. Was würde geschehen, wenn diese neuen Technologien bekannt würden? Die Aussage, dass uns ein Quantensprung in der Technologie bevorstünde, wäre eine Untertreibung. Natürlich wollten wir diese Technologien für uns behalten. Die nationale Sicherheit verlangte, die ganze Angelegenheit geheim zu halten. Um dies zu gewährleisten, wurden keine Kosten gescheut.

Da gab es allerdings ein ziemlich langes Haar in der Suppe: Die Außerirdischen flogen durch den US-amerikanischen Luftraum, manchmal im Formationsflug, und das vor Tausenden von Zeugen.

Wie vertuscht man so etwas?

Die Antwort lautet: Diese Arbeit leistet das Gehirn. Im Verlauf früherer psychologischer Kriegsführungen wurde in echter Orwellscher Manier festgestellt, dass die Öffentlichkeit eine Lüge, wenn sie oft genug von einer genügend großen Anzahl »respektierter« Autoritätspersonen wiederholt wird, glaubt. Einer der wahren Meister psychologischer Kriegsstrategie wurde während des Zweiten Weltkriegs in den 1940er Jahren mit der Leitung dieses Ablenkungsmanöver beauftragt: General

Walter Bedell Smith. Er half bei der Koordination der psychologischen Kriegsführung um das Außerirdischen-Problem und lancierte die große Lüge: UFOs existieren nicht, auch wenn Tausende von Menschen berichten, sie gesehen zu haben.

Zu jeder Sichtung, die durchsickerte, veröffentlichte man von offizieller Stelle einen Widerspruch. Noch schlimmer war, dass die Zeugen lächerlich gemacht wurden. Donald Menzel, ein Astronom an der Harvard University, trat auf Geheiß der Regierung an die Öffentlichkeit und gab der Welt bekannt, dass UFOs *nicht* existierten – all das sei ein Produkt der Massenhysterie und nichts anderes als peinlicher Unsinn.

Während diese Leugnungskampagne um sich griff, wurde in einem streng geheimen, unterirdischen Bunker eine außerirdische Spezies »verhört«.

Der überlebende Außerirdische aus dem ersten Absturz von Roswell wurde als EBEN bezeichnet, eine Abkürzung für Extraterrestrial Biological Entity (außerirdisches biologisches Wesen). Seine innere Anatomie basierte auf Chlorophyll: Sie wandelte Nahrung in Energie um und produzierte Ausscheidungsmaterial auf dieselbe Weise wie Pflanzen. Wir haben von diesem EBEN eine Menge gelernt, und man trug die ganze Information in das sogenannte *Yellow Book* (»Gelbes Buch«) ein.

Leider wurde das EBEN Ende des Jahres 1951 krank. Ein Team von medizinischen Spezialisten, geleitet von einem Botaniker, wurde damit beauftragt, das Wesen zu behandeln. Als die Vereinigten Staaten begriffen, dass der Außerirdische im Sterben lag, begann man, Funksignale in den Weltraum zu senden – ein Versuch, einer überlegenen Spezies unsere friedlichen Absichten zu demonstrieren. Die Gruppe, die dieses Projekt unter dem Codename SIGMA leitete, war die NSA (National Security Agency: Nationale Sicherheitsbehörde). SIGMA wurde am 4. November 1952 aufgrund eines Befehls von höchster Stelle unter strenger Geheimhaltung ins Leben gerufen. Die NSA hatte den Auftrag, jegliche Kommunikation – sowohl menschlichen als auch außerirdischen Ursprungs – zu überwachen und zugleich die Geheimhaltung der Anwesenheit von UFOs zu gewährleisten. Die CIA und die NSA erhielten beide ihre Handlungsbefähigung durch eine Reihe von Memoranden des Nationalen Sicherheitsrates und von Executive Orders [Dekrete, also Verfügungen mit Gesetzeskraft, des US-Präsidenten oder des Gouverneurs eines Bundesstaates].

Am 2. Juni 1952 starb der Außerirdische. Steven Spielbergs Film *E.T. – Der Außerirdische* (1982) basiert mehr oder weniger auf diesen Geschehnissen. Präsident Truman kontaktierte unsere Alliierten, um ihnen über den Vorfall zu berichten. Er reichte sogar der Sowjetunion die Hand. Wie es sich herausstellte, wurden deren streng geheime Waffenstützpunkte ebenfalls von außerirdischen Fluggeräten überflogen.

Präsident Truman und die anderen von ihm eingeweihten Staatsführer beschlossen, dass Geheimhaltung wichtiger sei als die Weitergabe der entsprechenden Informationen an die diversen Regierungsgremien, da sonst ein »Sicherheitsleck« entstehen könnte.

Eine neue Weltordnung war vonnöten – eine Weltordnung, die von keiner Kontrollinstanz überwacht wurde.

Zeugenaussage

Philip Corso jr. ist der Sohn von Colonel Philip S. Corso sen. vom Geheimdienst der U.S. Army, der in Präsident Eisenhowers nationalem Sicherheitsrat diente. Sein Vater hat persönlich sowohl verstorbene Außerirdische vom Roswell-Absturz aus dem Jahr 1947 als auch ein UFO auf einem Air-Force-Stützpunkt gesehen. Als er in der Abteilung für Forschung und Entwicklung arbeitete, gab man ihm Fragmente außerirdischer Technologien aus diversen Abstürzen mit dem Auftrag, die irdische Industrie damit zu »befruchten«.

Mein Vater wusste aus den Berichten, dass der Außerirdische von Roswell gestorben war. Das ursprünglich blaue Wesen hatte sich braun verfärbt und war verschieden wie ein Fisch auf dem Trockenen.

Jetzt werde ich Ihnen etwas über diesen Außerirdischen erzählen. Mein Vater sprach oft von einer gewissen Tür im Pentagon, die einer Gefängnistür ähnelte. Man schob sie auf, um hindurchzugehen, durfte aber weder Bleistift und Papier noch irgendwelche anderen Aufzeichnungsgeräte mitnehmen. Man erhielt dort zwar Einsicht in Dokumente, aber man nahm nur die Information mit, die man im Kopf behalten konnte. Ein oder zwei Mal deutete er an, dass in diesen Räumen noch irgendetwas anderes aufbewahrt wurde, das ebenfalls Information hätte vermitteln können. Er besaß auch einen Faden von der Kleidung eines Außerirdischen und sagte, dass die Außenfläche des Raumschiffs und die Kleidung des Außerirdischen aus ähnlichen Materialien bestanden.

Und mein Vater wusste ganz sicher über weitere Abstürze Bescheid. Er sagte, die Deutschen hätten ihm erzählt, dass es auch bei ihnen einen Absturz gegeben hatte und dass ein Großteil ihrer Technologie, ihrer weitentwickelten Materialien und ihrer Forschung daher stammte. Diese Deutschen gehörten zu einem Team, mit dem er täglich arbeitete. Er sagte auch, dass in Corona, Neumexiko, ein ähnliches Schiff abgestürzt sei.

Zeugenaussage

Lieutenant Colonel Charles Brown kehrte als Held der U.S. Air Force aus dem Zweiten Weltkrieg zurück. Anschließend wurde er dem Office of Special Investigations (Büro für Sonderermittlungen) unterstellt und dem »Project Grudge« zugeteilt. Dort war er für die UFO-Untersuchungen verantwortlich.

Ich bin Lieutenant Colonel a.D. der U.S. Air Force. Ich diente ungefähr dreiundzwanzig Jahre lang beim Militär und bekleidete in den letzten sieben Jahren meiner Dienstzeit die Position eines Senior Foreign Service Officer, eines leitenden Offiziers im Auswärtigen Dienst. Im Juli 1942 begann meine Ausbildung zum Piloten und im April 1943 verlieh man mir den Pilotenrang eines Second Lieutenant. Danach begann mein Training zum Chefpiloten einer B-17. Anfang November 1943 wurde ich nach Europa geschickt und flog am 13. Dezember 1943 meine erste Kampfmission als befehlshabender Pilot. Mein 29. und letzter Flugeinsatz fand am 11. April 1944 statt. Die Kampfhandlungen in dieser Zeit waren ziemlich heftig. Ich habe gerade eine Auflistung meiner Missionen zusammengestellt und dabei gesehen, dass wir bei jedem Einsatz Verluste erlitten. Und ich hatte großes Glück, sie alle zu überleben.

Aufgrund meiner Ausbildung in der Spionageabwehr und meiner Arbeit als Militärpolizist in einer Air-Force-Einheit namens Office of Special Investigations (Büro für Sonderermittlungen) wurde ich mit vielen Untersuchungen beauftragt. Zu meinem Aufgabenbereich gehörten ungewöhnliche Flugzeugunfälle, bei denen Sabotage vermutet wurde. Dadurch lernte ich einige hervorragende Wissenschaftler kennen und arbeitete im Air Technical Intelligence Center (Luftfahrttechnisches Geheimdienstzentrum) bei einem Projekt namens *Grudge* mit. Man beauftragte uns mit der Untersuchung von Fluggeräten, die später unter dem Namen *Unidentifizierte Flugobjekte* (UFOs) bekannt wurden.

Ich war im Distrikt D-05 des Air-Force-Stützpunkts Wright-Patterson stationiert, wo wir UFO-Berichte aus der ganzen Welt empfingen. Ich war dafür verantwortlich, diese Berichte eigenhändig ins technische Zentrum zu bringen, sie mit dem Projektleiter zu koordinieren und außerdem diejenigen Ermittlungsfragen zu beantworten, die in meinem Kenntnisbereich lagen. Diese Aufgabe erfüllte ich ungefähr zwei Jahre lang, bis zum Herbst 1951.

Normalerweise steht am Anfang einer Ermittlung eine Behauptung oder, im Fall eines UFOs, eine Sichtung. Dann führt man die Untersuchung durch und gelangt zu einer Schlussfolgerung und zu einem Ergebnis.

Wenn ein Objekt sich mit einer Geschwindigkeit von einigen tausend Stundenkilometern bewegt, sind zwölf bis vierzehn Minuten eine lange Zeit. Ich erinnere mich an Geschwindigkeiten von 6.400 bis 8.000 Stundenkilometern und mehr – weit schneller als jedes Flugzeug, das wir oder unsere Feinde besaßen. Als Geheimdienstoffizier oblag es mir unter anderem, die Fähigkeiten des Feindes und seiner Ausrüstung zumindest ungefähr einzuschätzen.

Einmal flogen ich und ein anderer Pilot in einer *Gooney Bird* (C-47A *Skytrain*) zum Air-Force-Stützpunkt Nellis. Der Himmel war vollkommen klar. Und da durchkreuzte rechts von mir ein Flugobjekt den ganzen sichtbaren Himmel von Südwesten nach Nordosten in weniger als fünfzehn Sekunden und verschwand dann aus unserem Sichtfeld. Es bewegte sich mit einer Geschwindigkeit, die ich noch nicht einmal berechnen konnte. Es war ganz bestimmt kein Satellit. Es war ein gesteuertes Flugobjekt.

Manche der gemeldeten Objekte wurden vom Radar aufgezeichnet. Die Meldungen wurden auf vierfache Weise bestätigt: Bodensichtung, Bodenradar, Luftsichtung und Luftradar. Exaktere Belege kann es meiner Ansicht nach nicht geben. So etwas hat überhaupt nichts mit der

Einbildungskraft irgendwelcher Individuen zu tun. Und in dieser Zeit hörte ich auch Aussagen sogenannter Experten, die von der Air Force einberufen worden waren und blödsinnige Geschichten über Sumpfgas und dergleichen erzählten. Sobald es sich um ein Luftfahrzeug mit Flügeln handelt, gelten die Gesetze der Aerodynamik, und man kann es nicht augenblicklich anhalten und um 180 Grad drehen. Doch genau solche Dinge geschahen.

Später, als ich in Großbritannien war, hielt die NATO ein Manöver über dem Nordseegebiet ab. Und einige dieser freundlichen Lichtkugeln gerieten in die Flugrouten. Sie können sich sicher vorstellen, was passierte, als sie über einen Flugzeugträger hinweg flogen, ohne zu landen. Die Navy war völlig bestürzt. Nun ja, und die Zeitungen hatten Wind davon bekommen. Damals konnten Reporter noch direkt mit den beteiligten Matrosen und Piloten reden. Alle verlangten dringend nach einer Untersuchung.

Präsident Truman wusste von diesen Objekten. Ich habe Radarfotos von offensichtlich in Formation fliegenden Lichtern gesehen, von Lichtkugeln, die über das Weiße Haus hinweg flogen. Die Sichtung dieser Objekte war eindeutig, doch als unsere Jets eintrafen, waren sie weg. Sie konnten anscheinend verschwinden, wann auch immer sie wollten.

Truman sah die ganzen Zeitungsschlagzeilen und sagte: »Ich will den Mann sprechen, der für die Untersuchung dieser Dinger verantwortlich ist.« Jemand sagte: »General Sanford ist der Leiter des Air-Force-Geheimdienstes.« Der Präsident fragte: »Ist er derjenige, der die Untersuchungen leitet?« Man antwortete ihm: »Nein, Sir. Das ist ein Mann auf dem Air-Force-Stützpunkt Wright-Patterson.«

Also wurde ich nach Washington geflogen.

Es ist schon merkwürdig: Wir schicken Menschen ins Gefängnis und wir richten Menschen hin, weil es Zeugen gibt, die sie gewisser Verbrechen bezichtigen. Darauf beruht ein Großteil unseres Justizsystems. Dennoch scheint es in meiner fünfzigjährigen Erfahrung mit der Untersuchung ungewöhnlicher Phänomene in der Luft immer einen Grund gegeben zu haben, selbst die glaubhaftesten Zeugen unglaubwürdig zu machen, wenn sie aussagten, irgendetwas sei unidentifiziert. Nun ja – wenn es jemanden gäbe, der tatsächlich alles am Himmel identifizieren könnte, dann müsste es Jesus Christus sein. Es ist mir egal, wie hoch der technische Wissensstand eines Menschen ist – wenn er nicht selbst zum Zeitpunkt der Sichtung an Ort und Stelle gewesen ist und trotzdem behauptet, es habe sich in Wahrheit um dieses oder jenes gehandelt, ist das lächerlich. Es ist purer Blödsinn. Und meine Frage lautet: Worauf basiert dann seine Einstufung als Experte? Damit habe ich ernsthafte Schwierigkeiten.

Ich glaube wirklich, dass diese Phänomene unseren Planeten schon lange vor der Entstehung von *Project Grudge* heimgesucht haben. Es gibt meiner Meinung nach genügend Beweise dafür. Und je mehr wir über das Universum lernen, desto deutlicher erkennen wir, wie wenig wir eigentlich darüber wissen. Die Wissenschaft muss weiter entwickelt werden und wir müssen weiterhin immer wieder Neues lernen.

Zeugenaussage

US-Sergeant Clifford Stone hat im Lauf seiner Dienstzeit sowohl lebende als auch tote Außerirdische gesehen, denn er arbeitete mit einem Army-Team, das abgestürzte außerirdische Flugkörper barg. Er hatte Zugang zu Stützpunkten, die verdeckte Operationen durchführten, und zu Geheimprojekten.

In den 1950er Jahren unterhielt die U.S. Air Force eine Eliteeinheit, die außerhalb des Projekts *Blue Book* UFOs untersuchte. Die Teammitglieder von *Blue Book* glaubten zwar, diese Einheit arbeite mit ihnen zusammen, aber das war nicht der Fall. Ursprünglich handelte es sich um die 4602nd Air Intelligence Service Squadron (4602. Luftaufklärungs-Geschwader). In Friedenszeiten gehörte diese Organisation zur *Operation Blue Fly* (Operation Blaue Fliege). Die Aufgabe dieser Einheit war die Bergung von Objekten unbekannten Ursprungs, die auf die Erde stürzten. Vergessen Sie bitte nicht, dass es sich dabei wirklich um unbekannte Objekte handelte, die auf die Erde fielen, denn zu dieser Zeit hatten wir keine Raumschiffe im All. Deshalb gab es auf dem Stützpunkt Wright-Patterson Beobachter, die etwaige UFO-Berichte sehr genau studierten, um festzustellen, ob man Teams zur Bergung abgestürzter Trümmer aussenden musste.

Die Air Force behauptet, sie habe kein derartiges Personal eingesetzt. Ich versichere Ihnen aber, dass sie das sehr wohl getan hat. Ich weiß es genau. In Friedenszeiten bestand die Aufgabe von *Project Blue Fly* explizit darin, Objekte zu bergen, die auf die Erde aufprallten. Später, im Jahr 1957, wurde dieser Aufgabenbereich erweitert und schloss nun *alle* Objekte unbekannten Ursprungs, also auch Raumschiffe, mit ein. Im Oktober 1957 wurde diese Organisation dem sogenannten *Project Moon Dust* (Projekt Mondstaub) angegliedert.[3]

Project Moon Dust wurde ins Leben gerufen, um zwei Kategorien von Objekten zu bergen: erstens Objekte, die den Wiedereintritt in die Erdatmosphäre überstanden hatten und nicht US-amerikanischen Ursprungs waren, und zweitens Objekte unbekannten Ursprungs. Natürlich waren wir aus wissenschaftlich-technischen, geheimdienstlichen Gründen daran besonders interessiert, denn wir wollten die technischen Fähigkeiten etwaiger Feinde einschätzen. Die UdSSR, der uns bekannte Feind, schickte in dieser Zeit Flugkörper in den Weltraum.

Wir wissen inzwischen, dass es verhältnismäßig viele Objekte unbekannten Ursprungs gab, die weder mit bekannten Weltraumstarts noch mit errechneten Zeitpunkten des Wiedereintritts in die Erdatmosphäre, noch mit sonst irgendwelchen auf die Erde abgestürzten Trümmern in Verbindung gebracht werden konnten.

Kurz gesagt haben wir in den Projekten *Moon Dust* und *Blue Fly* (Projekt Blaue Fliege) außerirdische Trümmer geborgen.

Unsere Einstufungskategorien haben sich im Laufe der Jahre verändert. Vom Zweiten Weltkrieg bis etwa 1969 gab es bis zu elf Einstufungskategorien. Heute gibt es nur noch drei: »Confidential«, »Secret« und »Top Secret«, also vertraulich, geheim und streng geheim. Falls es sich allerdings um heikle Informationen handelt, die sogar über diese Kategorien hinausgehen, unterliegen sie den Special Access Programs, den Programmen unter speziellem Zugriff. Derartige Informationen erreichen die Öffentlichkeit nur mit offizieller Genehmigung.

Im Laufe von UFO-Untersuchungen wird sich jeder früher oder später die Frage stellen: Kann irgendeine Regierung überhaupt Geheimnisse bewahren – ganz zu schweigen von der Regierung der Vereinigten Staa-

[3] Siehe das Marilyn-Monroe-Dokument.

ten? Die Antwort darauf lautet eindeutig: ja. Doch eine der effektivsten Waffen der Geheimdienste ist die Neigung des amerikanischen Volkes, der Politiker und der Skeptiker, Informationen über UFOs *angeblich* als falsch zu entlarven. Und sofort hört man die Beschwichtigung: »Ach, wir können doch ohnehin keine Geheimnisse bewahren.« Die Wahrheit ist jedoch, dass wir das sehr wohl können.

Das National Reconnaissance Office (Nationales Aufklärungsbüro) blieb viele, viele Jahre lang geheim. Seine bloße Existenz war geheim. Auch die Entwicklung der Atombombe war geheim – bis zum ersten Test, denn nach der Detonation blieb nichts anderes mehr übrig, als die Existenz der Waffe zumindest einigen Leuten anzuvertrauen.

Dazu kommt, dass wir aufgrund unserer eigenen Paradigmen darauf konditioniert sind, die Möglichkeit des Besuchs einer hochentwickelten, außerirdischen Zivilisation nicht zu akzeptieren. Es gibt zwar Hinweise aus höchst glaubwürdigen Berichten über Sichtungen sowohl von UFOs als auch von den Wesen, die sich innerhalb der UFOs befanden. Dennoch suchen wir eine plausiblere Erklärung und tun Beweisstücke, die unserem Weltbild nicht entsprechen, als gegenstandslos ab. Mit anderen Worten, das Geheimnis bewahrt sich selbst. Es liegt offen vor aller Augen und bleibt dennoch verborgen. Es käme politischem Selbstmord gleich, an die Geheimdienste heranzutreten und sie aufzufordern, diese Information öffentlich zu machen. Deshalb werden die meisten Kongressmitglieder bei diesem Thema auf stur schalten und ihre Zusammenarbeit verweigern. Ich weiß das, denn ich habe in diesen Zusammenhängen mit vielen von ihnen zu tun gehabt. Ich könnte Ihnen drei Kongressmitglieder namentlich nennen, die man direkt dazu aufgefordert hat, eine Kongressuntersuchung der Geschehnisse auf Roswell einzuleiten.

Eine der absurdesten Ausreden, die ich hörte, war, dass nur ein Vorsitzender so etwas veranlassen könnte. Ich fragte also einen Senator aus Mississippi, ob er dazu bereit sei, und er antwortete mit einem kategorischen Nein. Ich fragte ihn, ob er mir das schriftlich bestätigen würde. Das tat er tatsächlich, möchte das Schriftstück aber ungern veröffentlicht sehen. Ihnen würde ich es zeigen, aber sonst niemandem, denn ich habe ihm versprochen, es nicht zu tun.

Wir müssen Zugriff auf die Dokumentationen in den Regierungsakten bekommen. Wir müssen diese Dokumente veröffentlichen, bevor sie vernichtet werden. Ein gutes Beispiel hierfür sind die *Blue Fly-* und *Moon Dust-*Akten. Ich besaß geheime, von der Air Force legitimierte Dokumente. Als ich einige Kongressmitglieder dazu brachte, mir bei der Einsichtnahme in weitere Akten zu helfen, wurden diese augenblicklich vernichtet. Das kann ich beweisen.

Irgendwann könnten die politischen Machthaber dieses Material sichten und dabei erkennen, dass diese Information die Sicherheit der Vereinigten Staaten gefährden würde, falls sie an die Öffentlichkeit gelangte. Die Berichte müssen geschützt werden, um zu gewährleisten, dass nur einige wenige Personen beschränkten Zugriff darauf erhalten. Das sind so wenige Individuen, dass alle ihre Namen auf ein einziges Blatt Papier passen würden. Deshalb gibt es die USAPs, die Programme unter speziellem Zugriff. Etwaige Kontrollsysteme, die diese Programme eigentlich überwachen sollten, existieren nicht. Als der Kongress die Mechanismen untersuchte, mit deren Hilfe Dokumente geschützt und unsere Geheimprogramme durchgeführt werden, entdeckte man Spezialzugriffsprogramme innerhalb von Spezialzugriffsprogrammen. Im Prinzip war es also dem Kongress gar nicht möglich, sie alle zu kontrollieren. Und ich kann Ihnen heute versichern, dass es im Grunde *überhaupt* unmöglich ist, sie alle zu kontrollieren.

Das Gleiche gilt im Fall der UFOs. Deshalb überwacht ein kleiner Kern von weniger als hundert – nein, sogar unter *fünfzig* – Personen die *gesamte* diesbezügliche Information. Sie untersteht also weder dem Kongress noch irgendeiner anderen Kontrollinstanz der Regierung. Darum müsste der Kongress aggressive Fragen stellen und eine offizielle Anhörung einberufen.

Ich könnte ziemlich viele Missionen beschreiben, aber vor Allem war ich an Aktionen beteiligt, deren Zweck es war, abgestürzte außerirdische Objekte zu bergen. Viele Leute glauben, dass man in seiner Einheit einfach hinter den Kulissen auf den nächsten UFO-Absturz oder die nächste UFO-Landung wartet, um dann hinzufahren und die Trümmer einzusammeln. Aber so funktioniert das nicht. Man hat sein normales Leben. Man ist beim Militär und hat seinen Job. Ist man aber in einem Gebiet stationiert, in dem ein solches Ereignis stattfindet, und gehört zu einer Gruppe, die solche Vorkommnisse untersucht, dann wird man dazu abkommandiert.

Zeugenaussage

Dan Morris ist pensionierter Berufssoldat und diente als Master Sergeant bei der U.S. Air Force. Er war viele Jahre lang an UFO-Projekten beteiligt. Nachdem er die Air Force verlassen hatte, rekrutierte ihn die ultrageheime National Reconnaissance Office (NRO: Nationales Aufklärungsamt). Dort arbeitete er spezifisch an Projekten, die sich mit außerirdischen Zusammenhängen beschäftigten. Er besaß eine als Cosmic Clearance bezeichnete universelle Sicherheitsfreigabe, die achtunddreißig Stufen höher liegt als »Top Secret«. Er sagt, dass seines Wissens keinem einzigen US-Präsidenten jemals diese Sicherheitsfreigabe zuerkannt wurde.

Als ich auf dem Air Proving Ground (Luftfahrt-Testzentrum) in Florida stationiert war, wollte man mich mit einem Team und den zwei leistungsfähigsten Radargeräten, die wir zu dieser Zeit besaßen, zum Air-Force-Stützpunkt Warner Robins schicken. Und SAC, das Strategische Luftkommando der NATO befand sich damals ständig in höchster Alarmbereitschaft. Sie wollten zu Testzwecken Eindringungsmissionen gegen uns fliegen. Die gesamte dortige Belegschaft unterlag strenger Geheimhaltung. Nicht einmal der Kommandant des Stützpunkts wusste von dieser Einheit, sondern glaubte, wir seien ein Wettergeschwader – aber wir hatten absolut nichts mit dem Wetter zu tun.

Jedenfalls bauten wir unsere Geräte auf dem Stützpunkt Warner Robins auf und begannen mit der Arbeit. Als wir ungefähr einen Monat dort verbracht hatten, waren wir eines Tages mit der routinemäßigen Wartung des Towers beschäftigt. Fünf von uns waren oben auf dem Turm und zwei unten im Kontrollraum. Jemand sagte: »Seht mal, UFOs!« Ein anderer brummte: »Na klar doch.« Ich glaube nicht, dass jemand sich auch nur umdrehte, um hinzusehen. Das war zu der Zeit von *Blue Book*, und wenn man damals behauptete, ein UFO gesehen zu haben, wurde man unverzüglich auf die psychiatrische Krankenstation geschickt. Dort untersuchten einen dann etliche Psychiater, um herauszufinden, warum man die Air Force verlassen wollte. Oder man wäre einfach mitten ins Nirgendwo geschickt und so zum Schweigen gebracht worden. Dann hätte sich J. Allen Hynek, der technische Berater des Spielberg-Films

Unheimliche Begegnung der dritten Art (1977), der offiziell von *Blue Book* engagiert worden war, irgendetwas ausgedacht, das jedem den Mund stopfte. Meist sprach er von Autosuggestion, Massenhypnose oder Sumpfgas – das waren seine drei liebsten Aussagen.

Auf jeden Fall rief jemand: »Dreht euch doch einfach um und schaut hin!« Also drehten wir uns um – und siehe da: Ungefähr anderthalb Kilometer vom Turm entfernt schwebten drei silberne UFOs in etwa einem Kilometer Höhe. Wir gingen alle nach vorn an die Observationsgrenze und sagten: »Ja, das sind tatsächlich UFOs.« Und ich sagte: »Okay, aber was sagen wir, wenn Hynek hier auftaucht oder ein Team herschickt?« Jemand antwortete: »Es gibt ungefähr zwanzigtausend Zivilisten und zehntausend Militärs auf diesem Stützpunkt. Irgendjemand muss diese UFOs gesehen haben. Wir sollten in den Kontrollraum hinuntergehen und die Radargeräte einschalten, denn sonst wird nichts von alledem aufgezeichnet. Nur als Beweis, falls jemand vom Stab behauptet, es sei Massenhypnose, Autosuggestion oder Sumpfgas gewesen.«

Also gingen wir alle hinunter. Ich fragte die beiden Männer, die im Kontrollraum waren, »Habt ihr eure Fotoapparate da, eure offiziellen Air-Force-Kameras? Geht raus, macht Aufnahmen und sagt mir, was ihr seht.« Als sie zurückkamen, sagten sie: »Da sind UFOs, die in Formation schweben!« Ich sagte: »Also los, macht Aufnahmen, holt eure Apparate und macht Aufnahmen!« Den beiden anderen befahl ich, die Radarkameras einzuschalten, denn die konnten ebenfalls Fotos machen.

Alles stand bereit und in dem Gebäude, in dem wir uns befanden, gab es eine ganze Wand aus Glastüren. Wenn man also den Radarschirm einschaltete, konnte man sehen, dass da draußen UFOs waren. Ich rief das Hauptquartier an und sagte: »Wir haben Kontakt.« Der Mann dort fragte: »Wollen Sie damit sagen, dass SAC eine Eindringungsmission angeordnet hat?« Ich antwortete: »Nicht SAC, nicht SAC!« Er fragte: »Ja, wer denn dann?« Ich sagte: »Kosmos.« Er sagte: »Warten Sie mal – beschreiben Sie das am Telefon.« Es gab einen Schalter, mit dem man jedes Gespräch verschlüsseln konnte. »Gut«, sagte ich, »mein Telefon ist verschlüsselt. Ihres auch?« »Ja, meines auch«, versicherte er. »Was meinen Sie damit, dass Sie kosmischen Kontakt haben?« »Ich meine«, sagte ich, »dass da draußen drei UFOs schweben.« »Machen Sie Fotos?« »Wir machen Fotos.« »Machen Sie Radaraufnahmen?« »Wir machen Radaraufnahmen, wir machen echte

Aufnahmen.« Er sagte: »Okay, sagen Sie kein Wort mehr, ich schicke einen Kurier zu Ihnen. Er wird in ungefähr sechs Stunden dort sein. Übergeben Sie ihm alles.« Und ich sagte: »Okay.«

Etwa sechs Stunden später kam der Kurier an. Wir hatten schon alles für ihn zusammengestellt und ich überreichte es ihm. Er fuhr zur Kommandozentrale des Air Proving Grounds zurück, aber wir bekamen nie eine offizielle Bestätigung dafür, dass sie die Aufnahmen erhalten hatten. Es wurde verschwiegen, es wurde geheim gehalten, als sei es niemals geschehen. Aber wir hatten Kopien der Aufnahmen, also sagte ich den fünf beteiligten Männern: »Okay, Leute, nun gebe ich jedem von euch Kopien. Bewahrt sie für eure Enkelkinder auf.«

Soviel ich weiß, wurde die ganze Mission beendet. Aber genau das weckte unser Interesse, denn wir hatten konkrete Tatsachen gesehen, nicht nur Radaraufnahmen oder verschlüsselte Nachrichten. Wir waren an Ort und Stelle gewesen, wir hatten Fotos von den UFOs.

Als sie anfingen, sich zu bewegen und die Radarantennen kreisten – der Anzeigerstrahl bewegt sich vier Mal pro Minute über den Schirm –, flogen sie außer Sichtweite, bevor wir sie richtig markieren konnten. Sobald sie sich bewegten, *zack!*, hoben sie sich vertikal und verschwanden von unserem Schirm. Unser Radarschirm hatte eine Reichweite von 420 Kilometern. Wenn Sie das ausrechnen, ist es verdammt schnell. Wir hatten damals überhaupt keine Flugzeuge, die so schnell fliegen konnten. [Das war in den 1940er Jahren.]

Wissen Sie, warum wir mit den Atombombentests aufgehört haben? Weil die Außerirdischen vom Sternsystem Orion es uns befahlen. Von Orion! Sie kamen zu uns und sagten: »Hört mal, ihr könnt euch nun selbst vernichten, aber das lassen wir nicht zu. Wenn ihr das tut – wenn ihr euren Planeten in die Luft sprengt – denn dazu seid ihr nun in der Lage ...« Damit hatten wir ihre Aufmerksamkeit erregt, also kamen sie und sagten: »Wir lassen euch euren Planeten nicht zerstören und wir verlangen, dass ihr keinerlei Nuklearwaffentests mehr durchführt.« Sie hatten uns bereits daran gehindert, Atomwaffen einzusetzen und befahlen uns dann: »Keine Atomtests mehr.« Sowohl wir als auch die Russen glaubten inzwischen, dass die Außerirdischen zu allem, was sie androhten, auch tatsächlich fähig waren. Alle konnten sich erinnern, dass UFOs über Washington, D.C., geflogen waren und wir unsere Kampfjets hinaufgeschickt hatten. Jedes Mal, wenn einer davon den UFOs nahekam, *zack!*, flogen sie blitzartig weg, oder sie verschwanden in eine andere Dimension. Sobald die Jets dann gelandet waren, erschienen die UFOs augenblicklich wieder über Washington. Dort waren alle zu Tode erschrocken – was werden die Außerirdischen uns antun?

Zeugenaussage

Don Phillips, Angehöriger der U.S. Air Force und Auftragnehmer bei Lockheed Skunkworks und der CIA, hat mit Kelly Johnson bei Lockheed Skunkworks am Entwurf und Bau der Aufklärungsflugzeuge U-2 und SR-71 Blackbird zusammengearbeitet. Während eines bedeutenden UFO-Zwischenfalls gehörte er der U.S. Air Force an und war auf dem Air-Force-Stützpunkt Las Vegas stationiert.

Wir wussten, dass sich einige gekaperte UFOs in Roswell, Neumexiko, befanden. Oh ja, die waren echt. Es stimmt auch, dass wir einige Technologien von ihnen übernommen haben und diese ebenfalls einsetzten.

Gleich nach der Highschool schrieb ich mich im College ein, aber gleichzeitig arbeitete ich bei der Lockheed Aircraft Corporation. Meine Studiengebiete waren Design, Ingenieurwesen, Mechanik, Elektrotechnik und Aerodynamik. Schon damals war ich außerdem Privatpilot und bin es immer noch.

Im Jahr 1961 trat ich meinen neuen Job bei der Firma Lockheed an, in der Abteilung, die sich »Skunkworks« nennt. Als ich zum Militär ging, wusste ich schon, dass ich diese Arbeit nach Beendigung meiner Dienstzeit wieder aufnehmen wollte.

1965 meldete ich mich freiwillig beim Militär und hatte einige Einsätze in der Nähe von Las Vegas in Nevada, wo wir unsere Flugzeuge testeten, und zwar in dem Gebiet, das allgemein als Area 51 bezeichnet wird. Wir nannten es allerdings Dreamland (Traumland), Hog Farm (Schweinefarm) oder Lake (See). Die Leute wollen immer wissen, was dort geschieht. Wir testen Flugzeuge – ganz besondere Flugzeuge, wie die SR-71 *Blackbird*, auf die ich sehr stolz bin, denn sie ist meine Schöpfung. Heute noch halten einige ihrer Flugeigenschaften den Weltrekord.

Das Militär unterhielt im besagten Gebiet Radareinrichtungen, die dem Air-Force-Stützpunkt Nellis angegliedert waren. Nellis ist ein Flugzeugerprobungs- und Testpilottrainingszentrum der U.S. Army. Nördlich von Las Vegas, ganz oben am nordwestlichen Punkt von Gunnery Range, befindet sich das Gebiet, das wir als Area 51 bezeichnen. Auf der anderen Seite der Autobahn, die von Las Vegas nach Norden führt, befindet sich eine Radareinrichtung namens Angels Peak (Engelsgipfel). Sie deckt sowohl Area 51 als auch einige andere Bereiche ab – zum Beispiel das Testgelände der Atomenergiekommission im Westen und Norden.

Angels Peak war eine geheime Radarstation. Wir überwachten die Flugzeuge, die von Las Vegas in Richtung Area 51 unterwegs waren, und auch sonst alles, das vorbei flog. Und die letztere Kategorie wurde 1966 eines Nachts plötzlich sehr interessant. Um etwa ein Uhr morgens hörte ich einen gewaltigen Tumult.

Wir befanden uns 2.438 Meter über Normalnull, die Radarkuppel erhob sich bis etwa 3.200 Meter. Ich beschloss, aufzustehen und ging zur Hauptstraße in der Nähe meines Büros. Dort standen fünf Leute und starrten in die Luft. Als ich ebenfalls nach oben blickte, sah ich einige beleuchtete Objekte, die mit enormer Geschwindigkeit flogen, und zwar über dem Gebiet nordnordwestlich von Mount Charleston. In diesem Moment sah ich diese Dinger da oben. Ich schätzte ihre Geschwindigkeit auf zwischen 4.800 und 6.400 Stundenkilometer – und dabei machten sie auch noch scharfe Wendungen in der Luft. Aufgrund meiner speziellen Kenntnisse durch meine Arbeit in der Forschungs- und Entwicklungsabteilung bei Skunkworks wusste ich, dass diese Flugobjekte nicht von uns stammten. Als Pilot fragte ich mich: Falls sich Personen in diesen Flugobjekten befinden, welche Beschleunigungskräfte belasten dann ihre Körper?

Die Flugmanöver dauerten noch ungefähr anderthalb Minuten. Danach gruppierten sich die Objekte in der Luft, Hunderte von Kilometern in westlicher Richtung. Sie bildeten einen Kreis, rotierten und verschwanden anschließend. Ich dachte: Mann! Was für eine Vorstellung!

Der Security Sergeant war gerade zufällig im Dienst. Wir alle sahen einander an und sagten: »Wow, das war ja gewaltig.« Und er meinte: »Wir sollten wahrscheinlich nicht darüber sprechen.«

Ein Kumpel von mir war ein Leitender Radar-Bediener namens Anthony Kasar. Er war der Erste, der aus dem Bus ausstieg, als die Tür aufging. Ich sah ihn an und er war so ernst, wie jemand nur sein kann, und weiß wie ein Bettlaken. Er stieg aus, sah mich an und fragte: »Hast du die gesehen?« Ich antwortete: »Ja, wir haben sie beobachtet … manche Männer seit vier oder fünf Minuten, ich etwas länger als neunzig Sekunden.« Er sagte: »Wir haben sie auf dem Radarschirm gesehen und dokumentiert. Das sind keine Schreckgespenster und auch keine Luftspiegelungen. Es sind reale, solide Objekte.«

Und das mussten sie natürlich auch sein, da wir sie auf dem Radarschirm mit festen Positionen sichten konnten.

Er hatte sechs oder sieben dokumentiert. Die Radar-Bediener schätzten ihre Geschwindigkeit auf zwischen 6.100 und 6.750 Stundenkilometer. Diese Objekte flitzten über den Himmel, hielten plötzlich an und vollführten Drehungen von sechzig oder fünfundvierzig oder zehn Grad. Und dann wiederholten sie das alles in umgekehrter Reihenfolge.

Als ich bei Skunkworks arbeitete, unterzeichneten wir alle Abkommen mit der National Security Agency, dem National Security Council und der CIA. Wir bewahrten eisern unser Stillschweigen, denn diese Geheimdienste wussten immer, wo wir waren und was wir taten. Ich spürte natürlich auch den Teamgeist – wir waren wie eine große Familie. Ich war auch sehr stolz darauf, denn ich arbeitete direkt mit Kelly Johnson [einem der besten amerikanischen Flugzeugkonstrukteure dieser Zeit].

Das Antischwerkraftantriebssystem – ich hatte davon gehört, dass es tatsächlich existierte. Allerdings wusste die linke Hand nicht, was die rechte tat, und zwar aus gutem Grund. Sie wollten nicht, dass wir Fragen stellten, sondern uns ausschließlich auf die Projekte konzentrieren, an denen wir arbeiteten.

Zeugenaussage

Graham Bethune ist ein Navy-Befehlshaber a. D. mit der Sicherheitsfreigabe »Top Secret«. Er war Kommandant eines VIP-Flugzeuges und flog die meisten hochrangigen Offiziere und Zivilisten von und nach Washington, D.C.

Ich heiße Graham Bethune. Ich bin Commander und Pilot der Navy im Ruhestand und habe das übliche Pilotentraining der Navy durchlaufen. Alle Navy-Piloten werden auch als Navigatoren ausgebildet. Das ist wichtig, denn wir müssen alle Sternensysteme kennen. Nachdem ich 1943 in Pensacola, Florida, mein Training absolviert hatte, wurde ich im Südatlantik stationiert, um deutsche U-Boote zu jagen. Unsere Missionen waren immer Nachtflüge.

Im Jahr 1950 wurde ich zur Air Transport Squadron One (Lufttransportgeschwader 1) versetzt und nach Keflavik in Island geschickt, zusammen mit zwei anderen Offizieren. Sie kamen direkt von einem Treffen in Washington, D.C., auf dem sie erfahren hatten, dass in Island mehrere UFO-Sichtungen gemeldet worden waren und dass die Isländer deshalb Truppenverstärkung angefordert hatten. [Das Verteidigungsministerium hatte sie davon überzeugt, dass es sich um experimentelle russische Bomber handelte.]

Normalerweise hätte die Flugzeit zehn Stunden betragen, aber wir hatten starken Gegenwind von sechzehn Knoten. Es war 1 Uhr morgens und wir waren etwa 480 bis 640 Kilometer von Argentia in Neufundland entfernt, als ich am Horizont über dem Wasser etwas entdeckte, das aussah wie die Lichter einer Stadt, wenn man sich ihr nachts nähert. Es war ein diffuses Licht und man konnte keine einzelnen Lichtquellen erkennen. Ich machte meinen Kopiloten, der damit beschäftigt war, meine Route zu überprüfen, darauf aufmerksam. Er sah sich das an und konnte es auch nicht erklären. Wir hatten das Wachschiff bereits überflogen – damals gab es ein ständiges Wachschiff zwischen Island und Neufundland. Das Wetter war klar, es gab keine Nordlichteraktivität und wir hatten die Routenpläne sämtlicher Schiffe. In unserer Umgebung *gab* es keine Schiffe. Also haben wir die Zentrale kontaktiert und sie gebeten, uns zu orten und zu bestätigen, dass wir uns auf dem richtigen Kurs befanden. Wir dachten, wir seien vielleicht abgedriftet und sahen nun womöglich Labrador oder die Spitze von Grönland. Aber laut der Zentrale waren wir genau auf Kurs.

Also beobachteten wir diese Lichter eine Weile und drifteten rechts davon. Unser Flugpfad betrug 222 bis 225 Grad und unsere Höhe 3.050 Meter. Als wir ungefähr noch vierzig bis fünfzig Kilometer entfernt waren, konnten wir klar definierte Lichter und ein Muster auf dem Wasser erkennen. Das Muster war kreisförmig … und sehr groß.

Vielleicht war die Navy in geheimer Mission unterwegs, um etwas aus dem Ozean zu bergen, oder irgendetwas Derartiges?

Ich schickte also den Crewchef nach hinten, um Al Jones, den anderen Flight Commander, zu holen, weil wir ja in Argentia landen sollten. Es waren einunddreißig Passagiere an Bord, dazu zwei VIP-Mannschaften mit eigenen Piloten, und außerdem die Piloten unserer Patrouillenflugzeuge.

Hinter mir standen der Navigator, der Funker und der Captain des Flugzeugs. Das Cockpit war also voll. Als sie alle nach vorn kamen, erloschen die Lichter auf dem Wasser. Wir waren nun von völliger Dunkelheit umgeben.

Und dann erschien ein sehr kleiner, gelber Lichtnimbus in ungefähr fünfundzwanzig Kilometern Entfernung. Plötzlich, innerhalb von Sekundenbruchteilen, hatte er sich uns um 3.050 Meter genähert. Er befand sich auf unserer Höhe und ich dachte, er würde direkt durch uns hindurch schießen! Ich schaltete also den Autopiloten aus und zog die Nase des Flugzeugs nach unten, denn ich wollte im gleichen Winkel unter dem Licht passieren, in dem es auf mich zukam.

Sobald ich dieses Manöver beendet hatte, konnte ich außerhalb des Cockpits nur noch diesen Flugkörper sehen. Ich wusste nicht mehr, in welche Richtung ich fliegen sollte. Und dann hörte ich Lärm. Ich schrie: »Fred, was zum Teufel war das?« Er sah sich um und sagte, dass alle sich im Achterdeck des Flugzeugs zusammendrängten, dass sie alle dorthin gerannt waren.

Ich sah wieder hin – und das Flugobjekt war nicht mehr da. Fred sagte: »Es ist hier drüben, rechts von uns.«

Das Objekt war nun etwa eins Komma sechs Kilometer von uns entfernt. Es flog gemächlich weiter, bis es ungefähr acht Kilometer vor uns war, und hielt diese Entfernung ziemlich lange. Es befand sich immer noch über dem Horizont und wir konnten die Flanke und die Kuppel und sogar die Farbe am Rand des Objekts sehen.

Jetzt wussten wir, dass das eine freundliche Begegnung war. Wir wussten, dass *sie* wussten, dass wir dort waren. Und wir wussten, dass sie extra gekommen waren, um uns zu sehen. Zu diesem Zeitpunkt dachten wir allerdings nicht daran, dass sie das vielleicht taten, um uns zu demonstrieren, wovon die Isländer gesprochen hatten.

Wir beobachteten das Objekt eine Weile, dann kam Al und löste mich als Pilot ab. Er schaltete sofort den Autopiloten aus und wollte das Objekt verfolgen. Jetzt hatten wir einen Gegenwind von etwa sechzig Knoten, also betrug unsere Grundgeschwindigkeit lediglich 120 bis 130 Knoten. Al würde diesem UFO also nicht allzu weit folgen können.

Unterdessen ging ich nach achtern, um zu sehen, wie es den Passagieren ging. Ich sprach zuerst den Arzt an und fragte ihn, was er da gerade gesehen hatte. Er sah mir direkt in die Augen und sagte: »Das war eine Fliegende Untertasse. Ich habe sie aber nicht angeschaut, weil ich an solche Dinge nicht glaube.«

Ich brauchte einige Sekunden, um zu kapieren, was er da gerade gesagt hatte. Als Psychiater war es ihm nicht gestattet, an solche Dinge zu glauben. Ich ging also wieder ins Cockpit und sagte: »Al, was auch immer du tust, sag niemandem, dass wir irgendetwas gesehen haben. Sonst sperren sie uns in die Klapse, sobald wir landen.« Er sagte: »Zu spät. Ich habe gerade die Zentrale in Gander angefunkt und gefragt, ob sie dieses Objekt auf ihrem Radar erfassen konnten.«

Als wir in Argentia landeten, war die Air Force bereits dort, um uns zu verhören. Der verhörende Captain hatte eindeutig schon öfter Befragungen über diese Art von Begegnungen durchgeführt. Er schrieb einen positiven Bericht, der an das Air-Force-Hauptquartier in Washington, D.C., weitergereicht wurde.

Anfangs war die Farbe des UFOs gelb. Inzwischen habe ich von Experten in den oberen Etagen erfahren, warum wir verschiedene Farben sahen, als das UFO sich uns näherte. Die Farben umgaben den Rand des Objekts. Sie wechselten von Gelb zu Orange, von Orange zu einem fast feurigen Rot und schließlich zu Purpurrot. Sie sagten, dies habe mit der Energiemenge zu tun, die benutzt oder ausgestoßen wird – mit anderen Worten, mit der Antriebsdynamik. Wenn sich das UFO also in unserer Nähe verlangsamte, wechselte die Farbe innerhalb von Sekundenbruchteilen ins Gelbe. Dann wurde es um den Rand des UFOs neblig, als würden dort Plasmadämpfe oder etwas Ähnliches austreten.

Als wir nach der Größe des UFOs befragt wurden, meinte ich, es habe einen Umfang von etwa einhundert Metern gehabt. Jahre später sah ich die Berichte in den Archiven und darin stand, alle hätten ausgesagt, dass der Umfang zwischen 76 und 107 Metern gewesen sei.

Als es von uns wegflog, wurde die Geschwindigkeit des UFOs auf 1.600 bis 3.200 Stundenkilometer geschätzt. Im Bericht hatte Al Jones 2.900 Stundekilometer geschätzt. Meine Schätzung lag bei 1.600, die eines anderen Crewmitglieds bei 2.400 Stundenkilometern ... alles in diesem Bereich. Der Radarbericht verzeichnete 2.900 Stundenkilometer.

Zu dieser Zeit besaßen wir nichts, was diese Geschwindigkeiten hätte erreichen können. Ich war ja damals im Flugtestzentrum der Navy stationiert. Dort hatten wir unsere Schule für Testpiloten und führten auch alle geheimen Probeflüge mit den Flugzeugen durch. Nach meinen Kenntnissen besaßen wir weder irgendetwas, das diese Geschwindigkeiten auch nur annähernd erreichen konnte, noch irgendetwas Kreisförmiges.

Dieses Fluggerät hatte fünfundzwanzig Kilometer in ein bis zwei Sekunden zurückgelegt. Wenn man bedenkt, wie schnell es auf uns zukam und dann plötzlich direkt vor uns stoppte ... Bei einem Objekt mit einem Umfang von einhundert Metern sieht man da vom Cockpitfenster aus nicht viel.

Als ich den Autopiloten wieder einschalten wollte, schwang die magnetische Kompassnadel, die in der Mitte der Steuerkonsole montiert war, hin und her. Ich sagte zu Fred: »Hast du das gesehen?« Er antwortete: »Du hättest es sehen sollen, als das UFO nahe bei uns war. Die Nadel rotierte pausenlos.«

Wir überprüften die anderen Kompasse, als das Fluggerät etwa acht Kilometer von uns entfernt war. Wir hatten auch sogenannte Bird Dogs (Spürhunde) – das sind Radiokomponenten im niedrigen Frequenzbereich, die die Sendequelle anzeigen, wenn man sie anpeilt. Diese beiden Bird Dogs zeigten auf das UFO. Wir hatten zwei weitere Kompasse – einer davon war ein Fernkompass, der am Flügel unseres Flugzeugs montiert war. Der schlug aus. Es gab insgesamt fünf Richtungsgyroskope im Flugzeug. Drei davon spielten verrückt.

Ich wurde darüber informiert, dass das UFO vom Radar verfolgt wurde und dass der Bericht an das Air-Force-Hauptquartier in Washington, D.C., gesandt wurde. Normalerweise wird er von dort an den Stützpunkt Wright-Patterson weitergeschickt. Mein Vorgesetzter fand den Bericht in den *Project Blue Book*-Archiven in Wright-Patterson, nachdem er mit Colonel Watson gesprochen hatte, und bestätigte die Geschwindigkeit von 2.900 Stundenkilometern. »Wo haben Sie das erfahren?«, fragte ich. Er antwortete: »Das stand in einem Radarbericht.« Irgendetwas geschah also mit dem Radarbericht, bevor er auf Mikrofilm aufgenommen wurde, denn ich habe den Mikrofilm aus den Archiven und der Radarbericht fehlt!

Ein Freund von mir auf dem Stützpunkt Wright-Patterson sagte mir, dass Steven Spielberg für seinen Film *Unheimliche Begegnungen der dritten Art* Einsicht in die *Blue Book*-Berichte und den Mikrofilm bekommen hatte. Das bedeutet, dass Steven Spielberg eine ziemlich hohe Sicherheitsfreigabe besaß. Er muss also mit einigen Personen in der… na ja, Sie wissen schon, in der Kontrollgruppe ziemlich gut bekannt gewesen sein.

Der Beleg, den ich gefunden habe,[4] war das offizielle, von der Air Force zusammengestellte Dokument. Ursprünglich wurde es dem *Project Grudge* zugeordnet. Auf der ersten Seite steht jedoch *Project Twinkle* (Projekt Blinzeln). Dort ordneten sie viele Berichte ein, die sie verschwinden lassen wollten.

Laut der Archive umfasste das Dokument achtzehn Seiten. Zu dieser Zeit war Admiral McCormick, der Eisenhower abgelöst hatte, der NATO-Kommandant, der Supreme Allied Commander [der Oberkommandierende des strategischen NATO-Kommandos]. Seine Adjutanten hatten mich angesprochen. Jeder schien über dieses Ereignis Bescheid zu wissen. So auch Admiral Radford, der zum ersten gemeinsamen Stabschef ernannt wurde, und auch seine Adjutanten, weil er mit mir darüber gesprochen hatte. Es gab also relativ viele Personen, die davon wussten.

Später im Mai kam ein Geheimdienstoffizier zu mir nach Hause und zeigte mir Fotos von dem abgestürzten UFO – die ersten, die ich jemals gesehen hatte. Es gab nichts, aber auch gar nichts, was dem ähnelte. Eines davon war etwa dreißig Komma fünfzig Meter im Durchmesser. Es sah nicht so aus, als sei es ernsthaft beschädigt.

Ich fragte ihn, was mit diesen Berichten geschehen würde. Er sagte: »Es gibt einen gemeinsamen Ausschuss der Geheimdienste, und der entscheidet, wo die Berichte landen.«

---

[4] Siehe Anhang 4.

Sie kamen oft zu mir und zeigten mir Fotos. Viele Bilder sahen aus wie das, was wir Foo Fighters nennen – also wie eine Art runde, leuchtende Scheibe.

Ich war ein sogenannter VIP-Flugkommandant in der Flag Division, einer Einheit, die die meisten hochrangigen Offiziere und Zivilisten aus Washington, D.C., transportierte. Einige dieser Amtspersonen sagten mir, was sie gesehen hatten. Zum Beispiel waren einmal zwei Flugzeuge zusammen über dem Pazifik geflogen. Eine leuchtende Scheibe tauchte neben einem von ihnen auf, blieb eine Weile dort und flog um die Maschine herum.

Unser Büro unterstand dem Hauptquartier von Wright-Patterson. Es war eine Zentrale, wo auch Pilotentreffen stattfanden. Ein oder zwei Mal monatlich ging ich hin und nahm an diesen Treffen teil. Auch besuchte ich dort zwei oder drei Mal im Jahr Seminare. Die dauerten jeweils etwa eine Woche.

Einmal, während wir noch auf der Landebahn waren, wo wir unser Flugzeug geparkt hatten, befanden wir uns in der Nähe eines Gebäudes, das aussah wie ein Flughangar aus Wellblech. Er stand meistens offen. Jedes Mal, wenn ich zusammen mit meinem Chef daran vorbeiging, verstand er nicht, warum ich kein Interesse daran hatte, hineinzugehen, um zu sehen, was sich hinter der Metallwand befand. Er sagte mir, dass man dort ein UFO aufbewahrte – und außerdem Leichen von Außerirdischen.

Er war keineswegs der Erste, der mir das gesagt hatte.

Nach Besprechungen zwischen ihm und Admiral Forney – unserem Raketenchef, der auch eine Zeitlang in White Sands stationiert gewesen war – gelangte er zu der Überzeugung, dass Raumschiffe von anderen Planeten uns besuchten. Er sagte, General Wilson habe ihm gestattet, viele einschlägige Akten zu sichten, und ihm auch gesagt, was sie dort aufbewahrten [das UFO und die Leichen], und mein Chef konnte nicht verstehen, warum ich kein Interesse daran hatte.

Ich sagte ihm: »Ich bin nicht interessiert, weil ich darüber niemals werde sprechen dürfen.«

Aufgrund von all dem, was ich sonst gesehen habe, weiß ich allerdings, dass sich in Wright-Patterson ein UFO befand, das irgendwo abgestürzt war, und dass die Leichen, von denen er sprach, außerirdisch waren.

»In den Regierungsrängen müssen wir uns vor der Bemächtigung unberechtigten Einflusses – ob gewollt oder ungewollt – des Rüstungsindustriekomplexes hüten. Das Potenzial für den verheerenden Aufstieg unangebrachter Macht existiert und wird auch weiter bestehen. Wir dürfen niemals zulassen, dass der Druck dieser Kombination unsere Freiheiten oder unsere demokratischen Prinzipien gefährdet.

Wir sollten nichts für selbstverständlich halten. Nur eine aufmerksame und aufgeklärte Bürgerschaft kann die korrekte Verschmelzung der industriellen und militärischen Verteidigungsmaschine mit unseren friedlichen Methoden und Zielen erzwingen, damit Sicherheit und Freiheit zusammen gedeihen können.«

– Dwight D. Eisenhower –

US-Präsident, Januar 1961

»Natürlich sind Fliegende Untertassen real, und sie sind interplanetarisch.«

– Air Chief Marshal Lord Downing –

Leiter der Royal Air Force im Zweiten Weltkrieg, zitiert von der internationalen Presseagentur Reuters, August 1954

Geheime UFO-Akte

Die Eisenhower-Ära (1953-1961)

Zeugenaussagen

- A. H., anonymer Zeuge, Firma Boeing
- Don Phillips, U.S. Air Force, Auftragnehmer bei Lockheed Skunkworks und der CIA
- Philip Corso sen., U.S. Army, militärischer Geheimdienst
- »Dr. B.« ist ein Wissenschaftler und Ingenieur, der an streng geheimen Projekten arbeitete

Kommentar von Dr. Steven M. Greer

Im Anschluss an die Ereignisse von Roswell hatte man sich sowohl einen lebendigen Außerirdischen angeeignet als auch viele verstorbene, intelligente Angehörige einer interstellaren Spezies und überdies mehrere außerirdische Raumschiffe, angefüllt mit einer Vielfalt weit fortgeschrittener Technologie, die nachgebaut werden konnte. Es fanden gewaltige Veränderungen statt – wenige Wochen nach dem Roswell-Ereignis wurden nicht nur die CIA gegründet, sondern auch die U.S. Air Force, ein neuer Zweig der regulären Luftwaffe der amerikanischen Armee.

Ich habe die Kopie eines streng geheimen kanadischen Dokuments vom 21. November 1950 beschafft. Es wurde von Radioingenieur W. B. Smith verfasst und war an das kanadische Verkehrsministerium adressiert. Darin erklärt Smith:

»Durch diskrete Befragung des Stabs der kanadischen Botschaft in Washington erhielt ich folgende Information:

a. Das [UFO-]Thema ist das bestgehütete Geheimnis der US-Regierung. Die Sicherheitsfreigabe liegt noch höher als bei der Atombombe.
b. Fliegende Untertassen existieren.«[5]

Dwight D. Eisenhower übernahm die Präsidentschaft 1953. Er wusste, dass er die Initiative ergreifen musste, ohne den Kongress einzuschalten. Um die nationale Sicherheit neu zu organisieren, erbat er deshalb Hilfe von Nelson Rockefeller, einem Freund und Kollegen des CFR (Council on Foreign Relations: Rat für Auswärtige Angelegenheiten). Der Kalte Krieg gegen die Sowjets war in vollem Gange, in Kuba war eine Revolution ausgebrochen und im Iran hatte die CIA den Schah an die Macht gebracht. Rockefeller beschloss, dass eine neue Behörde, die sich ausschließlich mit UFO-Begegnungen beschäftigen sollte, vonnöten war. Gleichzeitig sollte diese neue Organisation die unglaublichen Technologien überwachen, die nun durch den Nachbau der außerirdischen Raumschiffe zur Verfügung standen.

Ein Jahr später wurde Majestic-12 ins Leben gerufen, eine unabhängige Behörde, die durch ein »schwarzes« Budget finanziert wurde. Diverse Quellen bezeugen, dass die ersten Mitglieder dieser Organisation Verteidigungsminister Rockefeller, CIA-Direktor Charles E. Wilson, Staatssekretär Allen Dulles, Außenminister John Foster Dulles, Stabschef-Vorsitzender Admiral Arthur Radford sowie FBI-Direktor J. Edgar Hoover waren. Außerdem wurden sechs Mitglieder des Rates für auswärtige Beziehungen ausgewählt sowie sechs Männer der JASON-Gesellschaft, einer wissenschaftlichen Gruppe, die während des *Manhattan Project* gegründet worden war. Jegliches Vorgehen konnte nur durch eine Mehrheit von zwölf Stimmen in Kraft treten – daher der Name »Majestic-12«.

Gegen Ende der Eisenhower-Ära entglitten die UFO/Außerirdischen-Projekte dem Kontrollbereich der gesetzlichen, verfassungsmäßigen Befehlskette immer mehr. Augenzeugen haben uns berichtet,

[5] Das komplette Dokument finden Sie in Anhang 5.

dass der Präsident darüber sehr aufgebracht war. Schließlich hatte er, ein ehemaliger Fünf-Sterne-General, die außerirdischen Raumschiffe und Leichen persönlich gesehen – und nun sollte er nicht mehr auf dem Laufenden gehalten werden?

Präsident Eisenhower begriff bald, dass er die Kontrolle über sein »Frankenstein-Monster« verloren hatte.

Zeugenaussage

A. H. erhielt beachtliche Mengen von Informationen aus den mit UFOs und Außerirdischen befassten Gruppen innerhalb unserer Regierung, des Militärs und der zivilen Auftragsfirmen. Er hat Freunde in der NSA, CIA, NASA, im JPL, ONI, NRO, in Area 51, der Air Force sowie in den Firmen Northrop, Boeing und anderen. Früher war er bei der Firma Boeing als Oberflächentechniker beschäftigt.

Im Grunde wurden diese Projekte von der Gruppe »Majestic-12« geleitet. Jetzt wird sie allerdings nicht mehr MJ-12 genannt. Ich versuche, den neuen Namen der Gruppe herauszufinden.

Meine frühere Kontaktperson in Area 51 kennt den Namen, weigert sich aber, ihn mir zu nennen.[6] Im Prinzip ist es eine Kontrollgruppe, die mit dem Nationalen Sicherheitsrat und der Nationalen Sicherheitsplanung in Washington, D.C., verbunden ist.

Ihre Kontrolle ist absolut. Die Präsidenten haben über diese Gruppen keine Macht mehr. Es sind selbständige Institutionen. Das General Accounting Office, der Rechnungsausschuss, weiß nicht, was dort geschieht und wohin das Geld fließt. Es verschwindet in schwarzen Projekteinsätzen.

Sie wollen keine Informationen darüber preisgeben, woher die Außerirdischen kommen. Aber manche der Orte befinden sich hier auf der Erde. Es gibt unterirdische Stützpunkte, die die Außerirdischen vor langer Zeit hier gebaut haben – so wie ich es verstehe, geschah das lange,

6 MJ-12 hat die Namen SECOR, MAJIC und P.I. 40 benutzt und seit Neuestem auch MAJI – Majority Intelligence Committee.

bevor Kolumbus Amerika entdeckte. Diese Informationen würden beträchtliche Unruhe auslösen.

Die NSA wird davor gewarnt, solche Informationen freizugeben. Wenn es um die Verfolgung und das Abfangen von UFOs geht, arbeitet die NSA auch mit der NRO (National Reconnaissance Office: Nationales Aufklärungsamt) zusammen. NORAD (North American Aerospace Defense Command: Nordamerikanischen Luft- und Weltraum-Verteidigungskommando), Air Force und Army sind ebenfalls daran beteiligt. All dies hängt mit einer äußerst geheimen Gruppe namens MAJI-Control zusammen.

MAJI-Control wird vom ONI (Office of Naval Intelligence) beaufsichtigt, dem Geheimdienst der Marine. Wie die CIA und die NSA ist das eine streng geheime Sammelgruppe. Tatsächlich funktioniert das ONI genauso wie die CIA. Es ist eine höchst geheime Organisation innerhalb der Marine, ähnlich wie die NSA und das CID. Sämtliche Informationen sind verschlüsselt.

Das ONI hat eigene Geheimagenten, die Informationen sammeln, genau wie die CIA. Es ist alles sehr, sehr geheim.

Zeugenaussage

Don Phillips, Angehöriger der U.S. Air Force und Auftragnehmer bei Lockheed Skunkworks und der CIA, hat mit Kelly Johnson bei Lockheed Skunkworks am Entwurf und Bau der Aufklärungsflugzeuge U-2 und SR-71 Blackbird zusammengearbeitet. Während eines bedeutenden UFO-Vorfalls gehörte er der U.S. Air Force an und war auf dem Air-Force-Stützpunkt Las Vegas stationiert.

Wir haben Aufzeichnungen aus dem Jahr 1954, aus denen hervorgeht, dass hier in Kalifornien Treffen zwischen unseren eigenen Staatschefs und Außerirdischen stattfanden. So wie ich die Dokumente verstehe, wurden wir gefragt, ob wir es den Außerirdischen erlauben würden, hier zu bleiben und Forschungen anzustellen.

Ich habe gelesen, dass unsere Antwort lautete: »Nun, wie könnten wir Sie daran hindern? Sie sind technologisch weiter fortgeschritten als wir.«

Und ich sage hier vor dieser Kamera und in dieses Mikrofon [Interview] aus, dass besagtes Treffen mit Präsident Eisenhower stattfand. Und es wurde gefilmt, genau wie dieses Interview jetzt.

Der NATO-Bericht erklärte, dass es zwölf verschiedene Rassen gäbe. Um eine endgültige Zusammenfassung zu erstellen, musste man Kontaktleute zu diesen Rassen schicken, die Genaueres darüber herausfinden sollten, wer sie sind, was sie tun und was zu tun sie in der Lage sind. Der Bericht ging nicht ins Detail, aber er bestätigte jedenfalls, dass sie nicht erst seit ein paar Jahren hier sind, sondern schon seit Jahrhunderte, vielleicht sogar seit Jahrtausenden. Das steht im Text des Berichts.

Zeugenaussage

Philip Corso jr. ist der Sohn von Colonel Philip S. Corso sen. vom Geheimdienst der U.S. Army, der in Präsident Eisenhowers nationalem Sicherheitsrat diente. Sein Vater hat persönlich sowohl verstorbene Außerirdische vom Roswell-Absturz aus dem Jahr 1947 als auch ein UFO auf einem Air-Force-Stützpunkt gesehen. Als er in der Abteilung für Forschung und Entwicklung arbeitete, gab man ihm Fragmente außerirdischer Technologien aus diversen Abstürzen mit dem Auftrag, die irdische Industrie damit zu »befruchten«.

Im Jahr 1957 übernahm mein Vater das Kommando des 552nd Missile Battalion, eines Raketenbataillons. Dort hatte er mehrere Begegnungen mit Außerirdischen.

Die erste fand in einer Höhle im Red Canyon statt, einem abgelegenen Gebiet in der Nähe von White Sands, Neumexiko. Soldaten hatten meinem Vater die Höhle gezeigt, damit er sich dort von der Wüstenhitze erholen konnte. An diesem Tag, sagte mein Vater, hatte er sich zurückgelehnt und döste. Doch dann schrak er auf, zog seine Handfeuerwaffe und zielte auf eine nicht genau erkennbare Lebensform. Er fragte: »Freund oder Feind?« Die Lebensform antwortete telepathisch: »Weder noch.«

Das Wesen trug einen Helm mit einer Art Stein in der Mitte des Kopfes. Es bat meinem Vater, die Radargeräte eine Viertelstunde lang auszuschalten.

Mein Vater dachte: »Woher weiß dieses Ding, dass ich als Einziger die Befehlsgewalt habe, die Radargeräte auszuschalten?« Er fragte den Außerirdischen: »Warum sollte ich? Was bringt mir das?«

Das Wesen antwortete telepathisch. »Eine neue Welt … wenn Sie sie handhaben können.«

Mein Vater konnte damals mit der Antwort nicht viel anfangen. Trotzdem trat er aus der Höhle, rief Sergeant Rex an und befahl ihm, die Radargeräte abzuschalten.

Als mein Vater fortgehen wollte, sah er den Außerirdischen am Höhleneingang stehen. Das Wesen machte eine Handbewegung, die weder ein militärischer Gruß noch eine Abschiedsgeste war, aber mein Vater salutierte dennoch zurück. Damit endete die erste Begegnung.

Später im selben Jahr erfassten die Radargeräte des 552nd Missile Battalion einen Flugkörper, der mit mehr als 4.800 Stundenkilometern durch die Atmosphäre flog. Er kam in der Nähe vom Red Canyon herunter.

Mein Vater hatte ein Leichtflugzeug auf dem Stützpunkt. Er rief den Piloten zu sich, und sie überflogen das Gebiet, wo sie ein leuchtendes Objekt auf dem Boden sahen. Mein Vater dachte, es sei besser, wenn er das allein untersuchte, also schickte er den Piloten wieder zum Stützpunkt zurück. Dann holte er eines der alten Stabsautos heraus und fuhr noch einmal zu der Stelle.

Das Luftfahrzeug war nahtlos, glatt und eiförmig, aber mehr wie eine Zigarre als wie eine Untertasse geformt. Es lehnte seitwärts an einem Felsen und wurde abwechselnd sichtbar und wieder unsichtbar.

Mein Vater dachte, er halluzinierte. Es gelang ihm, einen dürren Steppenläufer-Strauch unter das UFO zu werfen, bevor es sich wieder ausblendete. Als es sich erneut materialisierte, war der Strauch darunter zerquetscht, also wusste er nun, dass es ein fester Gegenstand war. Er sagte mir auch, dass sich rings um das UFO herum Fußspuren befanden.

Ich habe immer das Gefühl gehabt, dass mir mein Vater einen Teil dieser Geschichte verheimlichte. Man sieht keine Fußabdrücke in der Nähe eines Flugobjekts, ohne dass eine zweite Begegnung stattfindet. Das ist aber nur meine persönliche Meinung.

Mein Vater sagte, das Schiff habe plötzlich zu vibrieren begonnen. Er erschrak, stieg hastig ins Auto und legte den Rückwärtsgang ein. Das

Auto schoss nach hinten, dann starb der Motor ab. Inzwischen stieg das UFO in die Luft, drehte sich und schob sich in eine Art Kuvert, als hätte es sich hineingefaltet.

Später erzählte mein Vater Wernher von Braun und Hermann Oberth, was er gesehen hatte. Beide Männer gehörten zu seinen wissenschaftlichen Teams. Er kannte sie, weil er *Operation Paperclip* geleitet hatte. [*Paperclip* = »Büroklammer« hieß das Geheimprogramm der Vereinigten Staaten, das nach dem Zweiten Weltkrieg ausgewählte Nazi-Wissenschaftler nach Amerika gebracht hatte.]

Mein Vater diskutierte diese Angelegenheiten mit einer handverlesenen Gruppe, zu der Senator Strom Thurman und FBI-Direktor J. Edgar Hoover, leitende Angehörige der CIA, Mitglieder aller Zweige der Streitkräfte und des Geheimdienstes sowie einige Stabschefs gehörten.

Und ja – später hielt er diese Informationen vor einigen Präsidenten geheim.

Mein Vater sagte, nur er und die dreißig führenden Generäle, darunter General Trudeau, hatten Kenntnis von der Geheimhaltung der UFOs und Außerirdischen. Sie alle wussten, dass es Stalins Hauptziel war, die Technologie von Roswell zu stehlen, und sie waren fest entschlossen, das zu verhindern. Deshalb trafen sie Vorkehrungen, um sie zu verbergen. Sie hatten das Gefühl, dass die CIA unterwandert war. Sie befürchteten, dass ihre Finanzierung eines Tages gestoppt werden und die Technologie einfach brachliegen würde, wenn sie irgendwelche Unterlagen hinterließen.

Darum gab es keinen schriftlichen Erlass, sondern nur einen verbal von diesen schlachterprobten Offizieren geleisteten Eid. Ich glaube, dass ein geschworener Eid unter Kampfgenossen so gültig ist wie ein unterschriebener Vertrag mit dem lieben Gott.

Ich weiß, dass mein Vater mit keinem Menschen jemals darüber gesprochen hat – dessen bin ich mir ganz sicher.

Nach dem Tod von General Trudeau behandelte mein Vater viele Einzelheiten in seinem Buch. Das Abkommen, das sie damals getroffen hatten, lautete nämlich: Der letzte Überlebende durfte alles erzählen.

Vor 1992 wurde kein Wort davon erwähnt.

Zeugenaussage

»Dr. B« ist Wissenschaftler und Ingenieur und war an streng geheimen Projekten beteiligt, die sich mit Antischwerkraft, chemischer Kriegsführung, abgesicherter Telemetrie und Kommunikation sowie mit weltraumbasierten und extrem hochenergetischen Lasersystemen und elektromagnetischen Impulstechnologien beschäftigten.

Ich wurde 1943 geboren. Mein Vater war ein weltberühmter Wissenschaftler. Er arbeitete mit Henry Ford und Howard Hughes zusammen. Ich hatte also großes Glück, denn die Wissenschaft lag mir im Blut. Mit neun Jahren arbeitete ich bereits an der Universität von Michigan in Ann Arbor an wissenschaftlichen Projekten mit.

Mit fünfzehn Jahren verließ ich Michigan. Die Regierung wollte mich in die Air Force holen. Als ich sechzehn war, brachte man mich nach Little Rock, Arkansas, und quartierte mich direkt neben einen Armeestützpunkt ein, der für chemische und bakteriologische Kriegsführung verantwortlich war. Als ich siebzehn wurde, trat ich ins Militär ein und erhielt meine Ausbildung auf dem Air-Force-Stützpunkt Lackland. Danach wurde ich erst auf dem Air-Force-Stützpunkt Keesler stationiert und kam anschließend zum Frühwarnradarsystem in Point Arena, das dem Institut der US-Streitkräfte unterstand.

Wir hatten ein ANF-PS35-Radarsystem. Diese Anlage ist neun Stockwerke hoch und hat eine 142 Meter hohe Antenne. Die benötigte Energie betrug fünf Megawatt und lag damit wesentlich niedriger als bei HARP (High Altitude Research Project: Projekt zur Erforschung der Ballistik von Wiedereintrittskörpern). Die Reichweite betrug 735 Kilometer. Damals waren all diese Informationen streng geheim.

Eine solche Einrichtung wurde Suchraster genannt. Jede Nacht beobachteten wir den Himmel über Nordkalifornien, und Tausende von Bogies [UFOs] kamen ungefähr 32 Kilometer von Point Arena entfernt herunter – und zwar mit einer Geschwindigkeit von 32.300 Stundenkilometern. Sie flogen fast bis Baja, drehten dann nach links ab und setzten ihren Weg fast jede Nacht über Mexiko hinweg fort. Dort hat man sie gesehen und festgestellt, dass sie 8.045 Stundenkilometer schnell waren. Wir hatten ein Zimmer mit sogenannten PPI Scopes (Planned Position Indicator Scopes: Zielpositionindikator-Sichtgeräte). Falls irgendetwas an der Ausrüstung nicht richtig funktionierte, war es meine Aufgabe, etwaige Fehler zu beheben.

Man reichte die üblichen »DDS Form 332s«-Formulare ein. Diese wurden dem diensthabenden Sergeant der Sicherheitswache ausgehändigt, denn es war ein zweifach geschütztes, streng geheimes Sicherheitsgebiet. Allerdings wurde die Hälfte der Berichte über UFOs zerrissen und eingestampft. Wir waren ein Geschwader des SAC (Strategic Air Command: Luftwaffenkommandozentrale). Das ganze Jahr hindurch ging das so. Das war ungefähr um 1960.

Später wurde ich Berater bei einigen Firmen. Ich fuhr immer zu EG&G [ein amerikanisches Dienstleistungsunternehmen, das im Bereich der Entwicklung, Wartung und Betreuung von Militärprojekten tätig ist], nach Las Vegas, wenn sie Area 51 besuchten. Ich arbeitete bei der Atomenergiekommission in Amarillo, Texas, und besuchte auch die Bell-Telefongesellschaft in Murray Hill – zusammen mit all den verdeckten CIA-Agenten. Oft reiste ich im Auftrag der CIA nach Langley und auch nach Quantico, Virginia, wo ich für das FBI arbeitete. Ich war so ziemlich überall mit dabei. Sie fragen sich, warum ich bei all diesen Firmen war? Weil ich Spezialist für Messgerätetechnik bin – und damals war ich verdammt gut.

Ich hatte eine eigene Firma, die Scopes Unlimited. Davor arbeitete ich für das Forschungslabor EH Research. Ich verdiente sehr gut, bis ich 1971 in Rente ging.

Als ich noch bei Autonetics war – vor meiner Zeit bei der NASA im Rahmen des Rockwell-Vertrags –, arbeitete ich an einem Projekt namens *Eyeglass* (Brille). Es handelte sich um ein Lasersystem mit einer Stärke von Milliarden Watt, das wir vom Weltraum aus starteten, um außerirdische Flugkörper abzuschießen. Das System generiert Elektroplasma-Lichtstrahlen. Es wird auf Plattformen im Weltraum installiert, inzwischen aber auch in 747-Flugzeugen. Eines davon wurde auf dem Titelblatt der Zeitschrift *Popular Science* abgebildet. Es ist ein neu entwickeltes Laser-Plasmagerät.

Außerdem habe ich in der Skunkworks-Abteilung der Firma Lockheed gearbeitet. Ich besuchte viele Industrieanlagen von EG&G – unter anderem in Las Vegas. Ich war so häufig dort, weil wir während meiner

Zeit in der Pulsgeneratorenforschung bei EH Research an der sogenannten Einzelschuss-Erprobung arbeiteten. Die Technologie, die wir entwickelten, wurde später als EMP (elektromagnetischer Puls) bezeichnet. Ich war einer der Pioniere bei der Entwicklung dieser Art von Messgeräten, und das war bei EH Research.

Martin Marietta, TRW ... Ich arbeitete bei all diesen Firmen. In den 1950er Jahren entwickelten wir in Kanada das Magnetprojekt. Wie ich in meinem Buch erklärt habe, fand das nördlich der Großen Seen statt. Wir haben Wright-Patterson und Martin Marietta in Denver damit ausgestattet. Auch in der Ball-Brothers-Fabrik bin ich oft gewesen. Dort werden nicht nur Einweckgläser hergestellt, sondern auch ziemlich beeindruckende Geräte für die Luft- und Raumfahrt. Rockwell, Lockheed, Douglas, Northrop Grumman Aircraft, TRW ... Hughes Aircraft war sehr darin involviert. Ich arbeitete auch in einem Hughes-Betrieb in Los Angeles, hier in Fullerton. Damals war ich in beiden Anlagen an vielen streng geheimen Projekten beteiligt.

Es ging um Antischwerkraft. Ich fuhr oft zu Hughes Aircraft nach Malibu. Dort unterhielt die Firma eine große Denkfabrik. Großangelegte Antischwerkraftprojekte. Ich hielt dort viele Vorträge und gab ihnen Denkanstöße, denn sie kauften ihre Ausrüstung bei mir. Darüber wird allerdings die amerikanische Öffentlichkeit niemals, niemals das Geringste hören.

Ich habe Kameraden, die in der Luft- und Raumfahrttechnologie arbeiten. Wir treffen uns ab und zu. Ein Freund von mir hat eine Untertasse geflogen. Wahrscheinlich haben Sie diesen Flugkörper gesehen – es ist die Fliegende Untertasse von Area 51. Sie hat einen kleinen Plutoniumreaktor, der den Strom erzeugt, um die speziellen Antischwerkraftplatten zu betreiben. Außerdem haben wir die nächste Generation der Antriebssysteme entwickelt: das virtuelle Feld. Im Prinzip handelt es sich dabei um Hydrodynamikwellen. Im Labor benutzen wir zwölf verschiedene Laser in einem Plasmasystem, um Hydrodynamikwellen zu erzeugen. So haben wir die dreieckigen Flugkörper erschaffen, die Sie fotografiert haben. Sie wurden bei Bentwaters in England gebaut, und dort werden sie auch erprobt.

Die NASA habe ich auf folgende Weise verlassen: Ich begann, über Raumschiffe zu sprechen. Mit einigen Freunden arbeitete ich in Seal

Beach an der Konstruktion der zweiten Stufe der Saturn-II-Rakete. Und ich begann, mich zu fragen, was machen wir hier eigentlich? Es ist unsinnig [Raketenantrieb zu benutzen]. Wernher von Braun und seine »Sturmtruppen« waren auch mit dabei. Die trugen immer schwarze Jacketts, Skihosen und goldfarbene Helme. Ich meine, diese Kerle zogen sich wie Nazis an. Wirklich! Auf jeden Fall führten wir intensive Gespräche darüber, wie dumm das Saturn-Projekt war und dass wir endlich anfangen sollten, Antischwerkraft-Antriebstechnologie anzuwenden. Dieses Thema führten wir vor einigen recht hochgestellten Leuten der NASA aus. Und ich geriet dadurch in ziemlich ernste Schwierigkeiten. Man warnte mich, das Thema nicht mehr anzuschneiden.

In der Nacht, als wir die Saturn-Rakete zum ersten Mal aus dem Hangar schoben, saß ich an der Computerkonsole und schlief. Es war vier Uhr morgens. Einer meiner Ingenieure kam herein und rüttelte mich wach. »Dr. B., kommen Sie mit nach draußen. Da ist etwas Großes im Gange. Sie hatten ja vorausgesagt, dass das passieren würde.«

Sie hatten die Rakete gerade ins Freie gerollt und fotografierten sie, als eine große Scheibe in Seal Beach, Kalifornien, herunterkam. Ich habe kein Foto von dem Mutterschiff, das über der Scheibe schwebte, aber sie landete um vier Uhr morgens im April 1966, und vierhundert Mitarbeiter haben sie gesehen.

Wie ist das alles geheim gehalten worden? Ich weiß, dass einige Leute, mit denen ich gearbeitet habe, verschwunden sind. Man hat nie wieder etwas von ihnen gehört. Mein Freund bei Lockheed Skunkworks war eine sehr gute Kontaktperson. Er hat mir alles über die *Aurora* erzählt. Er fing an, ziemlich viel zu erzählen – und dann verschwand er. Er ist nicht mehr aufzufinden und seine Wohnung wurde versiegelt. Er ist einfach über Nacht verschwunden.

»Es existiert eine Schattenregierung mit eigener Luftwaffe und Marine, mit eigenen Finanzierungsmöglichkeiten und der Macht, ihre Auffassung der nationalen Sicherheit umzusetzen, ohne Kontrollinstanzen und völlig außerhalb der Reichweite des Gesetzes.«

– Senator Daniel K. Inouye –

Geheime UFO-Akte

Majestic-12

Zeugenaussage

- A. H., anonymer Zeuge, Firma Boeing

Kommentar von Dr. Steven M. Greer

Die von Präsident Eisenhower und Nelson Rockefeller im Jahr 1956 gegründete Organisation namens Majestic oder MJ-12 ist mittlerweile zur weltweit größten RICO geworden (Racketeer Influenced and Corrupt Organization: durch Erpressung beeinflusste und korrupte Organisation). Ihr Name wurde inzwischen geändert, sie heißt jetzt SECOR oder PI-40 und neuerdings MAJIC – jedenfalls verbirgt sich dahinter keineswegs nur eine einzelne Gruppe. Es gibt umfassende Verschwörungstheorien, die die Freimaurer, die Bilderberger, die Trilaterale Kommission und das Auswärtige Amt dahinter vermuten. Ich kenne Leute aus all diesen Organisationen und die meisten wissen nichts darüber. Die Wahrheit ist viel prosaischer und subtiler. Die Drahtzieher fühlen sich bedroht, weil die Veröffentlichung und Einführung der Nullpunkt-Energie die Macht der auf Öl beruhenden Ökonomie dezentralisieren würde. Wir haben Aussagen über die Pläne besagter Organisationen von Leuten aus dem inneren Kreis, und manche davon sind schlicht erschreckend.[7]

[7] Siehe Teil 4: *Kosmische Täuschungen.*

Die Infrastruktur, die nötig ist, um die Geheimhaltung sowohl zu festigen als auch so weit zu fassen, dass Präsidenten, CIA-Direktoren, ranghohe Kongressabgeordnete, europäische Staatschefs und ähnlich hohe Funktionsträger getäuscht werden, ist immens – und illegal. Ich möchte hier Folgendes klarstellen: Die Organisation, die die UFO-Informationen und die damit verbundenen Technologien verwaltet, besitzt mehr Macht als jede Einzelregierung und jeder individuelle Staatschef der Welt. Diese Intrigenclique ist hybrid, nominell teils ein Arm der Regierung und teils privat. Sie ist international und arbeitet jenseits der Zuständigkeitsbereiche jeglicher Einzelbehörden oder Regierungen, die *alle* bewusst uninformiert gehalten werden. Stattdessen werden die Informationen von einer handverlesenen und streng kontrollierten, in verschiedene Abteilungen untergliederten »schwarzen« Projektgruppe verwaltet. Der Zugriff erfolgt ausschließlich durch Zugehörigkeit – und wenn man *nicht* dazugehört, ist es egal, ob man Direktor der CIA, Präsident der Vereinigten Staaten, Vorsitzender des Außenministeriums oder UN-Generalsekretär ist, denn man wird weder Zugang zu diesen Projekten haben noch wissen, dass sie überhaupt existieren.

Die Situation ist tatsächlich so prekär, dass hochgestellte Stabschefs im Pentagon, die ich informiert habe, genauso davon ausgeschlossen sind wie jeder Normalbürger – es sei denn, sie gehören zum »inneren Kreis«. Aber das ist äußerst selten, denn diese geheime Verwaltung arbeitet teils innerhalb eines extrem streng geheimen, internationalen Regierungsprogramms und teils als private Verbrecherorganisation. Insofern ähnelt sie eher einer geheimen Mafia als einem Regierungsunternehmen.

Um ein solches Maß an Macht zu erlangen und daran festzuhalten, sind alle nur erdenklichen Schritte unternommen worden. Ich muss dabei an ein Gedicht von Robert Frost denken, in dem er schrieb: »What a tangled web we weave … « (Welch ein verworrenes Netz wir weben …) Aber wie kann man eine Einrichtung aus einem solchen Netz der Geheimhaltung, der Lügen und der Gehorsamsverweigerung befreien?

Um es präzise auszudrücken: Diese Gruppe hat Macht und Befugnisse an sich gerissen, die ihr gesetzlich nicht zustehen. Sie ist nicht nur in den USA und in Großbritannien, sondern auch international verfassungswidrig. Damit ist sie eine kriminelle und verschwörerische Vereinigung ersten Ranges. Zusätzlich hat sie in einem enormen Umfang Verbrechen begangen, darunter Attentate, Morde, Entführungen, Technologiediebstahl und andere Großdelikte.

Ich räume zwar die Möglichkeit ein, dass diese geheime Unternehmung zumindest anfangs ins Leben gerufen wurde, um in der intensivsten Phase des Kalten Krieges die Geheimhaltung aufrechtzuerhalten und Instabilität zu verhindern. Aber aufgrund der Risiken einer unbeabsichtigten Verbreitung von Informationen oder gar des offiziellen Beschlusses eines Staatsoberhauptes, alles offenzulegen, wurde das Netz immer enger geknüpft und die Arbeitsweisen wurden immer illegaler. Und nun hat das Netz die Organisation selbst im Würgegriff.

Das heißt: Die Komplexität der in verschiedene Abteilungen untergliederten Projekte, das Ausmaß der verfassungswidrigen und illegalen Aktivitäten, die »Privatisierung« (sprich: Diebstahl) fortgeschrittener Technologien durch die zivilen Industriepartner des Militärs sowie das kontinuierliche Belügen legal gewählter und ernannter Volksvertreter und der Öffentlichkeit haben zur psychologischen Notwendigkeit einer fortdauernden Geheimhaltung geführt, denn eine Offenlegung würde den größten Skandal in der Menschheitsgeschichte enthüllen.

Wie würde die Öffentlichkeit darauf reagieren, dass Billionen Tonnen Kohlendioxid unnötigerweise in die Atmosphäre gepumpt werden, was sich negativ auf die Gesundheit aller Spezies auf Erden auswirkt, die Luft atmen? Und den Zerfall des Ökosystems vorantreibt? Und bereits den durch Verschmutzung verursachten, unwiederbringlichen Verlust Tausender Spezies von Pflanzen und Tieren bewirkt hat, die auf der Erde nun ausgestorben sind?

Wie würde die amerikanische Gesellschaft reagieren, wenn sie erführe, dass über die Jahre Billionen Dollar für ungenehmigte, verfassungswidrige Projekte ausgegeben worden sind? Dass dieses Geld der Steuerzahler von den Industriepartnern des Militärs dazu benutzt wurde, heimlich Technologien zu entwickeln, die auf in UFOs geborgenen Gegenständen beruhen? Überdies wurden diese Technologien später patentiert und haben der Industrie gewaltige Profite eingebracht. Nicht nur wurden die Steuerzahler betrogen, sie mussten auch noch eine Prämie für solche »bahnbrechenden Entwicklungen« bezahlen, obwohl diese das Ergebnis von Forschungen waren, die ohnehin von den Steuerzahlern finanziert worden sind! Ganz zu schweigen vom Diebstahl des intellektuellen Eigentums derartiger Technologien. Während die problemlose Erzeugung von Energie und die sauberen Antriebstechnologien zurückgehalten wurden, haben diese Industriepartner aus anderen Entwicklungen und Verbesserungen in den Bereichen der Elektronik, der Minimalisierung sowie auf weiteren Gebieten immense Profite geschlagen. Derartige verdeckte Transfers stellen einen Technologie-Diebstahl in mehrfacher Billionenhöhe dar, denn natürlich müssten besagte Technologien allgemein erhältlich sein, zumal die Steuerzahler sie finanziert haben.

Auch fragt man sich, wie die Öffentlichkeit reagieren würde, wenn allgemein bekannt wäre, dass unser viele Billionen Dollar teures Weltraumprogramm ein primitives und sinnloses Experiment ist, da wesentlich weiter fortgeschrittene Technologien und Antriebssysteme bereits existierten, bevor wir zum ersten Mal auf dem Mond gelandet sind. Im Großen und Ganzen sind die NASA und die mit ihr verknüpften Behörden, genau wie der Rest der Regierung und die Öffentlichkeit, Opfer dieser Geheimhaltung geworden. Nur eine sehr kleine, auf verschiedene Bereiche verteilte Gruppe von Menschen in der NASA weiß von den außerirdischen Technologien, die in den verdeckten Projekten versteckt sind.

Die unausweichliche Realität ist folgende: Dieses verdeckte Unternehmen – egal, wie gut es ursprünglich auch gemeint gewesen sein mag – ist von seiner eigenen, geheimen Macht korrumpiert worden und betrügt uns durch diesen Machtmissbrauch seit siebzig Jahren um unsere Zukunft.

Aber in Wirklichkeit ist die Situation noch viel schlimmer, denn die verborgene Gruppe, die die mit UFOs zusammenhängenden, verdeckten Operationen leitet, übt exklusiven Einfluss auf unsere außerirdisch-menschlichen Beziehungen aus. Und sie ging mit diesem Einfluss auf tragische Weise um, was fast zu einer echten, globalen Katastrophe geführt hat. Denn: Was geschieht, wenn eine nicht gewählte, selbsternannte, militärisch orientierte Gruppe die Beziehungen zwischen Außerirdischen und Menschen steuert? Aufgrund ihrer militaristischen Sichtweise wird jede neue, unkontrollierte Entwicklung als potenzielle oder akute Bedrohung gesehen. Eine so unangemessen und inzestuös kontrollierte Gruppe ist von Natur aus homogen in ihrer Auffassung der Welt und in ihrer Denkweise. Macht und Kontrolle sind Eigenschaften, die alles andere ausschließen. Eine so extreme Geheimhaltung erschafft eine äußerst gefährliche Atmosphäre, in der gegenseitige Überprüfung und Kompromissbereitschaft völlig fehlen. In einer solchen Umgebung können äußerst gefährliche Entscheidungen getroffen werden, die uns alle angehen – und dies ist zweifellos auch längst geschehen.

Wir haben festgestellt, dass dieses Milieu der extremen Geheimhaltung, des Militarismus und des Verfolgungswahns zu enorm gefährlichen Maßnahmen gegen Außerirdische geführt hat. Tatsächlich verfügen wir über Quellen aus dem inneren Kern, die uns über die Verwendung immer fortschrittlicherer Technologien informiert haben. Diese zielen darauf ab, außerirdisches Eigentum aufzuspüren, anzuvisieren und zu zerstören. Falls auch nur eine zehnprozentige Möglichkeit besteht, dass dies wahr ist (und ich bin davon überzeugt, dass es zu einhundert Prozent wahr ist), dann haben wir es zurzeit mit einer globalen, diplomatischen und gesellschaftlichen Krise zu tun, die sich unserer Kontrolle entzieht, aber den gesamten Planeten gefährdet.

Wer sind die Mitglieder dieser verborgenen Gruppe? Es gibt ein Komitee aus zwei- bis dreihundert Leuten, die das Richtliniengremium bilden. Eines der Mitglieder ist Admiral Bobby Ray Inman, der einstige Leiter der National Security Agency (NSA), nun im Vorsitz der SAIC – eines der »Kronjuwelen« dieses verdeckten Unternehmens. Außerdem sind Admiral Harry Trane, George Bush sen., Cheney und Rumsfeld beteiligt, ebenso die Bankiersfamilie Liechtenstein. Das Firmenimperium der Mormonen hat enormes Interesse an diesem Sachgebiet und besitzt in dieser Angelegenheit mehr Macht als das Weiße Haus und das Pentagon. Es gibt sogar geheime Zellen innerhalb des Vatikans.

Ich habe mit Fraktionen innerhalb dieser Gruppe konferiert und einige der »Guten« kennengelernt. Viele Leute glauben, es handle sich um eine monumentale Verschwörung, aber sie irren sich. Ungefähr fünfzig bis sechzig Prozent der in den streng geheimen Projekten involvierten Personen möchten inzwischen, dass diese erstaunliche Technologie freigegeben wird. Sie wissen, dass das Öl knapp wird, dass China sich zur Industrienation entwickelt und dass die Polkappen schmelzen. Und sie wissen auch, dass diese außerirdische Technologie, selbst wenn sie noch heute an die Öffentlichkeit käme, trotzdem erst in zehn bis zwanzig Jahren umfassend genug implementiert wäre, um eine ökonomische, strategische, geopolitische und ökologische Katastrophe zu verhindern. Sie sehen das ein und möchten die Situation retten, werden aber von einer rücksichtslosen, soziopathischen Minderheit überstimmt – einer Minderheit, die weder vor der Ermordung ihrer Feinde noch vor der ihrer eigenen Leute zurückschreckt.

Murder Incorporated – die Mord GmbH

CIA-Direktor William Colby war irgendwann in Majestic involviert, aber er war dabei, sich abzusetzen. Er wollte uns solide Technologien übermitteln und uns obendrein mit fünfzig Millionen Dollar unterstützen. Er wusste, dass meine Verbindungen mir dabei helfen würden, die Technologien öffentlich zugänglich zu machen.

In derselben Woche, in der er sich mit mir und einem engen Freund treffen wollte, trieb er tot den Potomac-Fluss hinunter. Man hatte an ihm ein Exempel statuiert.

Ein Colonel, der Colbys engster Freund war und das Treffen arrangiert hatte, bestätigte, dass es sich dabei um einen Mordauftrag gehandelt hatte. Sogar Colbys Ehefrau sagte in einer CNN-Sendung: »Wissen Sie, es war seltsam, denn er hätte niemals in der Nacht die Haustür offen und den Kaffeeautomaten und den Computer eingeschaltet gelassen, um dann mit einem Kanu auf dem vom Regen angeschwollenen, überfluteten Potomac in die Nacht hinauszupaddeln. Das passt einfach nicht zu Bill.«

Danach gerieten wir in den Fokus der Kabale.

Etwa zu der Zeit, als Colby starb, wurde bei meiner engsten Assistentin und Freundin Shari Adamiak metastasierender Brustkrebs diagnostiziert. Steve Schiff, der republikanische Kongressabgeordnete von Neumexiko, versuchte, eine vollständige Enthüllung der Roswell-Vorgänge einzuleiten und erhielt ebenfalls eine tödliche Krebsdiagnose. Ich selbst erkrankte an einem bösartigen Melanom, einer Krebsart, die ebenfalls tödlich ist, wenn sie anfängt, Metastasen zu bilden. Da standen wir nun: drei junge, gesunde Menschen, die alle im selben Monat eine tödliche Krebsdiagnose erhielten, während wir uns aktiv für die Offenlegung von Informationen über Außerirdische einsetzten!

Das war einfach zu offensichtlich, um bloßer Zufall zu sein.

Zeugenaussage

A. H. erhielt beachtliche Mengen von Informationen aus den mit UFOs und Außerirdischen befassten Gruppen innerhalb unserer Regierung, des Militärs und der zivilen Auftragsfirmen. Er hat Freunde in der NSA, CIA, NASA, im JPL, ONI, NRO, in Area 51, der Air Force sowie in den Firmen Northrop, Boeing und anderen. Früher war er bei der Firma Boeing als Oberflächentechniker beschäftigt.

Majestic existiert wirklich. Der Name wurde geändert, aber die Positionen blieben dieselben.

Henry Kissinger weiß genau, was sich dort abspielt. Laut einem Freund von mir, der bei der NSA arbeitete, war er stets auf dem Laufenden. Mein Freund sah Kissingers Name auf MJ-12-Dokumenten.

Dieser NSA-Zeuge diente von 1974 bis 1985 beim Militär. Er sagte, dass Henry Kissinger in den 1950er Jahren in die Gruppe involviert war, um festzustellen, mit was für Konsequenzen und Auswirkungen man rechnen musste, wenn diese Informationen durch glaubhafte Quellen veröffentlicht würden. Man wollte die Situation analysieren und geheime Informationen an bestimmte Studiengruppen von außen weitergeben, zum Beispiel an die Rand Corporation und andere, ähnliche Denkfabriken. Er hat auch den Namen George Bush sen. auf einigen dieser Dokumente gesehen. Bush war als ehemaliger Direktor der CIA auf die Situation aufmerksam gemacht worden.

Es gibt auch in London einen Stützpunkt, der mit Hilfe des MI-5 und des MI-6 die Außerirdischen-Situation überwacht. Unser Zeuge sagte mir, dass Präsident Jimmy Carter über einige Ereignisse, die im Ausland stattfanden, informiert worden war. Der NSA-Zeuge hatte die Übermittlung persönlich in die Wege geleitet. Carter wurde im Zusammenhang mit einigen knapp vermiedenen Unfällen im Irak und im Iran auf den neuesten Stand gebracht. Einige iranische Kampfjets, die wir ihnen verkauft hatten, jagten ein UFO und ihre Instrumente spielten verrückt, so dass einer der Jets beinahe abgestürzt wäre. Doch der Pilot zog seine Maschine von dem UFO ab – es war ein riesiges, kreisförmiges Objekt – und gewann die Kontrolle über sein Flugzeug zurück.

Im Großen und Ganzen hielt man Carter jedoch im Dunkeln, denn die Mitglieder der Kontrollgruppe vertrauten ihm nicht. Sie befürchteten, er würde den Medien gegenüber Pauschalaussagen machen.[8] Dennoch wurde Carter von den Stabschefs über die Geschehnisse im Iran und Irak informiert. Die Außerirdischen überwachen unsere Kriegsschauplätze, besonders im Zusammenhang mit Atomwaffen und anderen Experimenten.

Ungefähr 1978 wurde Präsident Reagan über die Anwesenheit Außerirdischer informiert. Dieser wiederum erzählte Michail Gorbatschow etwa drei Viertel dessen, was er selbst darüber wusste. Danach wurde Gorbatschow uns gegenüber sehr, sehr freundlich. Das finde ich äußerst merkwürdig.[9]

Als Gorbatschow zum zweiten Mal in die Vereinigten Staaten kam und man ihn interviewte, fragte ihn ein Journalist des CNN: »Glauben Sie, dass wir uns aller unserer Atomwaffen entledigen sollten?« Frau Gorbatschow trat nach vorn und sagte: »Nein, ich glaube nicht, dass wir uns aller unserer Atomwaffen entledigen sollten, wegen der außerirdischen Raumschiffe.«

CNN strahlte diese Reportage während der ersten halben Stunde der aktuellen Nachrichtensendung aus. Ich hörte gerade zu, sprang sofort auf und schob ein leeres Videoband in das Gerät, um die nächste halbe Stunde aufzunehmen. Die Reportage verschwand jedoch – und Sie wissen bestimmt, wer dahinter steckte. Es war die CIA, denn ich weiß, dass sie zu dieser Zeit sowohl CNN als auch sämtliche internationalen Schlagzeilen überwachte. Man hat die Reportage unterdrückt, aber ich hatte sie bereits gesehen. Daraus schließe ich, dass meine Informationen über Ronald Reagan, die aus meiner Quelle bei der NSA stammen, korrekt sind. Diese Geheimhaltung ist meiner Meinung nach einfach maßlos übertrieben. Und der Kongress sollte von den Informationen Kenntnis erhalten.

Diese Projekte werden von Majestic-12 kontrolliert. Das ist eine Aufsichtsgruppe, die mit dem National Security Council (Nationalen Si-

---

[8] Siehe in Teil 1: »Das Verbergen der Wahrheit im Offensichtlichen« – Zeugenaussage von Daniel Sheehan.

[9] Reagan wurden bewusst Falschinformationen gegeben, damit er das sogenannte *Star-Wars*-Verteidigungsprogramm unterstützt. – *Steven M. Greer*

cherheitsrat) und der National Security Planing Group (Planungsgruppe für Nationale Sicherheit) in Washington, D.C., verbandelt ist und die alles überwacht. Sie haben alles komplett unter Kontrolle. Sie müssen sich weder vor dem Kongress noch vor sonst jemandem rechtfertigen. Ich habe keine Ahnung, woher ihre Finanzierung kommt. Eines kann ich Ihnen jedoch sagen: Das General Accounting Office (Oberster Rechnungshof) hat keine Ahnung, was da vor sich geht.

»Der sogenannte ›leere Raum‹ ist in Wahrheit gar nicht leer. Er ist voller Energie. Er ist nicht mit einem leeren Grundstück zu vergleichen, sondern eher mit dem Schaum am Fuß eines Wasserfalls.«

– Dr. Hall Puthoff –

Theoretischer/experimenteller Physiker

»Die Energiemenge in einem Kubikmeter des Raumzeit-Kontinuums betrug 10^{26} Joule pro Kubikmeter, also 100.000.000.000.000.000.000.000.000. Somit enthält eine Kaffeetasse genug Energie, um sämtliche Ozeane der Welt zum Kochen und Verdampfen zu bringen.«

– anonymer Quantenphysiker –

Geheime UFO-Akte

Nullpunktenergie

Zeugenaussagen

- Richard Doty, Special Agent des Air Force Office of Special Investigations (AFOSI: Air-Force-Büro für Sonderermittlungen)
- Master Sergeant Dan Morris, Agent der NRO (National Reconnaissance Office: Nationales Aufklärungsamt) mit Cosmic Clearance (kosmischer Sicherheitsfreigabe)
- Lieutenant Colonel Charles Brown, *Project Grudge*

Kommentar von Dr. Steven M. Greer

Die Abschottung der Special Access Programs (SAPs oder offiziell geleugnete Projekte mit Sonderzugriff) bezüglich der UFOs und Außerirdischen wurde in den frühen 1950er Jahren exponenziell ausgebaut, als die Projektleiter plötzlich begriffen, was ihre Wissenschaftler da nachbauten. Im Prinzip enthielten die abgestürzten UFOs so etwas wie den Rosette-Stein einer neuen Physik: die Erzeugung von Energie und Antriebskraft, die interstellaren Weltraumflug ermöglichen. Dieses neue System könnte mit Leichtigkeit alle auf Erden vorhandenen Energieerzeugungs- und Antriebssysteme ersetzen – und somit auch die gesamte geopolitische und ökonomische Ordnung auf unserem Planeten umwälzen.

Wir wollen die letzte Aussage einen Moment lang betrachten.

Eine ausgewählte Gruppe von Individuen hatte Zugang zu einer Technologie erhalten, durch die jedes Haus, jedes Geschäft, jede Fabrik und jedes Fahrzeug mit einer eigenen, kostenlosen und unerschöpflichen Kraftquelle ausgestattet werden könnte.

Das bedeutet:

- Keine externen Brennstoffquellen mehr.
- Kein Bedarf mehr an Öl, Gas, Kohle, Atomkraftwerken oder Verbrennungsmotoren.
- Kein Bedarf mehr an Straßen. Diese Energiegeräte könnten Antischwerkraftfelder erzeugen, wodurch sich alle Fahrzeuge in der Luft bewegen könnten, gewissermaßen als fliegende Autos.
- Überhaupt keine Umweltverschmutzung mehr.

Die Quelle dieser Energie, als Nullpunktenergie definiert, ermöglicht interstellare Raumfahrt. Und doch war diese außerordentliche und unendliche Energiequelle dem Menschen bis dahin nicht unbekannt.

Nullpunktenergie – eine kurze Einführung

Unser physisches, dreidimensionales Universum schwimmt buchstäblich in einem allumfassenden Ozean der Quantenenergie – aber wie unwissende Fische sind wir uns der Existenz dieses »Wassers« nicht bewusst. Die Wissenschaftler haben seit mehr als einem Jahrhundert Hinweise dafür entdeckt, doch um das zu verstehen, man muss das Schubladendenken ablegen.

Dr. Howard Puthoff von der Universität Cambridge war der erste, der dieses »Quantenmeer« von Energie erforschte. Minus 273 Grad Celsius oder 0 Grad Kelvin ist die absolut tiefste Temperatur im ganzen Universum. Nach den Gesetzen der Newtonschen Physik hört bei dieser Temperatur jegliche Molekularbewegung auf und es dürfte keine Energie mehr existieren. Allerdings haben Wissenschaftler früher die gleiche Aussage bezüglich des Meeresbodens gemacht: kein Licht, keine Energie, kein Leben. Dann haben wir eine tauchfähige Sonde hinuntergeschickt, um die dortige Umgebung zu untersuchen, und siehe da: Wir fanden Energie, die aus hydrothermischen Spalten sprudelte, und entdeckten obendrein eine ganze Nahrungskette, die durch Chemosynthese existiert: die »Ursuppe«, die das Leben auf diesem Planeten hervorbrachte.

Dr. Puthoff entdeckte Ähnliches. Als er die absolute Nulltemperatur maß, fand er zu seiner Verblüffung statt eines leeren Vakuums einen »siedenden Kessel« von Energie vor – einen Weltraum, in dem jeder Quadratmillimeter mit Materie erfüllt war. Passenderweise nannte er dies die Nullpunktenergie. Diese Nullpunktenergie bewirkt, dass subatomare Teilchen sich bewegen und buchstäblich zwischen Existenz und Nicht-Existenz hin und her springen. Genauer gesagt kollidieren Photonen miteinander und werden von andern subatomaren Teilchen absorbiert. Dieser Prozess versetzt sie in einen höheren Energiezustand, und dadurch entsteht ein Energieaustausch zwischen dem vierdimensionalen Nullpunkt-Energiefeld und unserer dreidimensionalen Welt. Obwohl sie nur während einer Tausendstel oder Millionstel Sekunde erscheinen, beweist ihr Auftauchen, dass etwas wahrhaft Grandioses knapp außerhalb unseres physischen Existenzbereichs und den Begrenzungen unserer fünf Sinne existiert, *nämlich eine unerschöpfliche Quelle kostenloser Energie.*

Zwei weitere Experimente haben die Existenz des Nullpunktfelds bewiesen. Das erste ist der Casimir-Effekt. Hendrick Casimir stellte zwei Scheiben aus leitenden Metallen einander gegenüber in einem Vakuum auf. Seine Theorie besagte: Wenn das Nullpunktfeld tatsächlich existiert, wäre die Gesamtmenge der Energie zwischen den Scheiben weniger als anderswo, und dadurch würden sie sich gegenseitig anziehen. Genau das geschah tatsächlich.

Ein wesentlich dramatischeres Experiment, das Quantenphysiker scherzhaft als »schräge Wissenschaft und verdammte Magie« bezeichnen, hat mit einem Phänomen der ZPE (Zerlegung in Primelemente) zu tun, das als Sonolumineszenz bezeichnet wird: die Verwandlung von Klangwellen in Lichtenergie. Ein kleines, kugelförmiges Fläschchen wird mit Wasser gefüllt und dann mit Klangwellen von 20 Kilohertz in Schwingung versetzt. Wenn anschließend eine winzige Luftblase in das Zentrum des Fläschchens introduziert wird, heizt sich diese durch den Schwingungsrhythmus auf unglaubliche 30.000 Grad Celsius auf, bevor sie in einem ultrakurzen Lichtblitz implodiert.

Dreidimensionale kontra vierdimensionale Stromkreise

In den Wänden Ihres Hauses befindet sich ein Stromkreis aus Kupferdraht. Elektrischer Strom fließt wie ein Fluss durch diesen Kupferdraht. Die Strombewegung wird durch die Trennung der positiv geladenen Protonen in den Kupferatomen von den negativ geladenen Elektronen in den Drähten verursacht. Wenn wir das Kabel einer Lampe an eine Steckdose anschließen und der Strom durch die Kupferdrähte in das Filament der Lampe fließt, bekommen wir Licht. Diese Trennung der Atome entsteht durch den Dipol, eine elektromagnetische Vorrichtung.

Alle unsere jetzigen Energiequellen, von Batterien über Kohle bis zu Atomkraftwerken, haben ein gemeinsames Problem. Sobald der elektrische Strom zu der Quelle, die ihn erzeugt hat (das elektromagnetische Gerät oder der Dipol), zurückgeführt wird, zerstört er das Gerät. Dadurch wird die Energie im Magnetfeld verringert, so dass lediglich dreißig Prozent davon übrigbleiben. Damit sind die Energieerzeugungssysteme, die wir seit mehr als hundert Jahren benutzen, ineffizient. Natürlich wollen die kommerziellen Stromversorger, dass dies so bleibt, denn sie profitieren von jedem Ampere, das wir konsumieren. Die fossilen Brennstoff- und Kernkraftindustrien verdienen daran ebenfalls gewaltig, denn es sind ihre Erzeugnisse, die den Dipol mit Energie versorgen.

Um herauszufinden, wann wir auf diese Abwege gerieten, statt der richtigen Spur zu folgen, wollen wir auf die vorletzte Jahrhundertwende zurückblicken. Damals erkannte der brillante Wissenschaftler Nikola Tesla, dass der Mensch zwar in drei Dimensionen existiert und denkt, dass aber die Natur (und die Elektrizität) vorzugsweise in vier Dimensionen arbeitet. Die vierte Dimension ist das Raumzeit-Kontinuum. Tesla setzte ein elektromagnetisches Feld in gegenläufig rotierender Fließrichtung einem Hochspannungssystem aus und erlebte, dass die Natur den Fluss der elektrischen Ladungen in der Vakuumröhre eines Generators in Lichtgeschwindigkeit reorganisierte. Damit kamen im Prinzip die vierdimensionalen Aspekte der Nullpunktenergie zum Tragen. Ferner entdeckte Tesla, dass sich der Energiefluss im Vakuum nicht verringerte, sondern ewig weiter fließen würde, ohne auch nur ein Quäntchen seiner Ladung einzubüßen. Der Effekt ist einer Erdölquelle vergleichbar: Sobald der Geysir anfängt zu sprudeln, braucht man nicht mehr zu bohren, denn alles Weitere erledigt der Druck. Tesla entdeckte auch, dass die Verwendung eines permanenten Magneten als Dipol den Rückfluss in den Magneten sichert, was seine Vernichtung verhindert, sofern er mit dem Material verschweißt ist.

Teslas letzte Herausforderung bestand darin, herauszufinden, wie man diese ewig fließende, kostenlose Energiequelle einfangen konnte. Seine Lösung war relativ einfach. Er fand ein Material, das das Magnetfeld, das unaufhörlich aus dem Magneten fließt, von dem Magnetfeldvektor trennte. Dadurch ergab sich ein Energiestrom, der Jahrmilliarden und länger weiter fließen würde – ein wahres Über-Einheitssystem.

Im Jahre 1901 arbeitete Tesla an einer Methode, das Magnetfeld unseres Planeten selbst als Dipol zu verwenden, um Energie an Schiffe auf dem Ozean zu senden, ohne Drähte verwenden zu müssen. Dieses Experiment hätte zu kostenloser Energie und damit zu einer völligen Veränderung der Welt geführt. Doch der reiche Industrielle J. P. Morgan griff ein. Er hatte nämlich in Kupferdraht als Energieträger für Häuser und Fabriken investiert und entschied, dass es unamerikanisch wäre, die Menschen kostenlos mit Energie zu versorgen.

Bevor Tesla sein Experiment durchführen konnte, gelang es J. P. Morgan mithilfe seiner Freunde in der Regierung, dies zu verhindern und sämtliche Papiere und Erfindungen Teslas zu beschlagnahmen. Der Wissenschaftler blieb mittellos zurück.

Dieses Muster wiederholt sich durch unsere gesamte Geschichte. Jeder Wissenschaftler, dem es jemals gelang, ein System der kostenlosen Energieerzeugung zu entwickeln, wurde bestochen, lahm gelegt oder von höheren Mächten zum Schweigen gebracht (= umgebracht). Es genügt nämlich nicht, ein echtes Über Einheitssystem zu erfinden. Man muss es auch an die richtigen Leute verkaufen, nämlich an jemanden, der es *nicht* einfach verschwinden lässt. Andernfalls müsste der Erfinder seine Prototypen selbst herstellen, was enorm viel Geld kostet. Außerdem braucht man in jedem Fall eine Patenturkunde, und darin liegt das zweite Problem. Die Patentgesetze der Vereinigten Staaten erlauben es der Regierung, zu entscheiden, ob eine Technologie oder ein Gerät eine Bedrohung der nationalen Sicherheit darstellt. Im Laufe der Jahre haben gewisse Gruppen innerhalb des Verteidigungsministeriums, der CIA, der

NSA, der Bundeshandelskommission und des Energieministeriums diesen Aspekt des Gesetzes missbraucht und Tausende von Patenten verweigert, um den Status quo der Welt zu schützen – beziehungsweise, um die gewaltigen Profite durch den Verkauf von Energie zu sichern.

T. Henry Morays bahnbrechendes Werk wurde vom Patentamt ignoriert und anschließend sein Labor durchwühlt. T. Townsend Brown, einer der Entdecker des Elektrogravitationsprinzips, stellte fest, dass er durch die Verwendung einer hohen Stromspannung von 20.000 bis 200.000 Volt auf Nullpunktenergie zugreifen konnte. Dadurch verloren seine geladenen Kondensatoren ihre Masse und schwebten vom Boden hoch – wie ein UFO! Die Ölindustrie war alles andere als begeistert über die Konkurrenz, also verweigerte die Obrigkeit Brown das Patent und konfiszierte seine gesamte Arbeit.

Andere Erfinder wurden dazu verlockt, Partnerschaften mit Scheinfirmen einzugehen, die ihre Erfindungen dann auf Nimmerwiedersehen wegsperrten. John Keely, Viktor Schauberger und Otis Carr wurden angegriffen und ermordet. Professor John Searl, ein Elektrogravitationsphysiker, wurde von zwei CIA-Agenten bedrängt, die ihn vergiften wollten. Adam Trombly erlebte das Gleiche.

In den 1980er Jahren arbeitete Stan Meyer als Ingenieur in einer Fabrik, die Mikrowellensysteme herstellte. Ihm fiel auf, dass sich Wasser bei sehr niedrigen Frequenzen sofort in Sauerstoff und Wasserstoff spaltete. Basierend auf dieser Beobachtung half ihm sein Zwillingsbruder Steve, eine Schaltung zu entwickeln, mit deren Hilfe er eine Elektrode ins Wasser tauchen und bei einer bestimmten Spannung das sogenannte »Brown's Gas« erschaffen konnte – eine magnetisch geladene Mischung aus Wasserstoff und Sauerstoff, die Benzin durch Wasser ersetzen konnte. Um zu beweisen, dass das funktionierte, bauten die Brüder Meyer einen Strandbuggy um, und das Ergebnis sprach sich herum.

Nun traten CIA-Agenten auf den Plan und behaupteten, sie wollten Meyer damit beauftragen, einen Learjet ebenso umzufunktionieren. Stan war zu Recht nervös und bestand darauf, sich mit ihnen in der Öffentlichkeit zum Mittagessen zu treffen, und zwar in einem Restaurant der »Crackerbarrel«-Kette. Stan nahm einen einzigen Schluck seines Getränks, griff sich an die Kehle und stieß hervor: »Ich bin vergiftet worden!« Er rannte auf den Parkplatz hinaus, brach zusammen und starb.

Bis zum Ende des Jahres 2010 gab es 5.135 Erfindungen, die auf Befehl der NSA konfisziert worden waren (*Secrecy News*, 21. Oktober 2010).

Es ist wichtig zu wissen, dass diese kostenlosen Energiesysteme ***bereits existieren*** und dass wir, die Bürger, sie mit Steuergeldern in Billiardenhöhe, die in Geheimprogramme flossen, finanziert haben. Die gesamten Vermögenswerte an Kohle, Öl, Uran – Hunderte von Billiarden Dollar wert – sind überholt. Manche fragen nun vielleicht: »Bedeutet das nicht, dass die ganze Geheimhaltung doch ihr Gutes hat?« Aber das käme der Aussage gleich, dass wir niemals das Automobil hätten entwickeln sollen, weil wir damit die Pferdewagenhersteller arbeitslos gemacht haben. Auch den Computer hätten wir nicht erfinden sollen, denn dadurch mussten die Schreibmaschinenfabriken schließen.

Die makroökonomische Ordnung der Fossilbrennstoffe und die wenigen Privilegierten, die aus diesem Trog fressen, werden keinesfalls zulassen, dass die freien Energiesysteme Fuß fassen, ungeachtet dessen, wie viele Milliarden diese Technologien uns ersparen würden – ganz zu schweigen davon, dass sie unseren Planeten retten könnten. Und wenn man sich gegen diese Elite stellt, wird man schneller verschwinden, als man »Kopf ab!« sagen kann.

Wir versuchen, dieses Dilemma durch die Erschaffung des New Earth Energy Incubator (Energie-Inkubator für die Neue Erde) zu lösen. Dies ist ein öffentliches Forschungs- und Entwicklungsprojekt, das sich mit Nullpunktenergie (ZPE: Zero Point Energy) befasst. In diesem Rahmen existieren weder Patenturkunden noch geistiges Eigentum.[10]

Zeugenaussage

Richard Doty war Special Agent bei der Spionageabwehr der Air Force und gehörte dem Air-Force-Büro für Sonderermittlungen (AFOSI) an. Er war auf dem Air-Force-Stützpunkt Kirtland in Neumexiko, dem Air-Force-Stützpunkt Nellis (der sogenannten Area 51) und andernorts stationiert und konzentrierte seine Arbeit acht Jahre lang auf UFOs und Außerirdische.

[10] Siehe in Teil 5: » Der Fonds New Earth Incubator« – das Konzept.

Später im Verlauf meiner Karriere las ich in Washington einen Bericht, der beschrieb, wie sich die Wissenschaftler der Vereinigten Staaten das rechteckige, plexiglasähnliche Objekt, das an Bord des UFOs gefunden worden war, erklärten. Es war ein Energiegerät, das Nullpunktenergie benutzte. Und es war so geschaltet und verbunden, dass es alles, von einer Taschenlampe bis zu einer ganzen Stadt, mit Strom versorgen konnte. Jedes UFO besaß ein solches Gerät, aber der Apparat aus dem im Westen von Horse Mesa abgestürzten Raumschiff war größer als derjenige, der bei Corona gefunden wurde. Ich glaube nicht, dass die Wissenschaftler wussten warum, aber beide Geräte funktionierten in derselben Weise.

Zeugenaussage

Dan Morris ist pensionierter Berufssoldat und diente als Master Sergeant bei der U.S. Air Force. Er war viele Jahre lang an UFO-Projekten beteiligt. Nachdem er die Air Force verlassen hatte, rekrutierte ihn die ultrageheime National Reconnaissance Office (NRO: Nationales Aufklärungsamt). Dort arbeitete er spezifisch an Projekten, die sich mit außerirdischen Zusammenhängen beschäftigten. Er besaß eine als Cosmic Clearance bezeichnete universelle Sicherheitsfreigabe, die achtunddreißig Stufen höher liegt als »Top Secret«. Er sagt, dass seines Wissens keinem einzigen US-Präsidenten jemals diese Sicherheitsfreigabe zuerkannt wurde.

UFOs sind sowohl außerirdisch als auch vom Menschen gebaut. Die Jungs, die daran arbeiteten, waren keine heurigen Hasen – und T. Townsend Brown gehörte zu denjenigen, die fast mit den Deutschen gleichzogen. Also hatten wir ein Problem: Wir mussten Townsend Brown und alles, was er im Bereich der Antischwerkraft- und elektromagnetischen Antriebssysteme getan hatte, geheim halten.

Selbst damals zu Teslas Zeiten besaßen wir kostenlose Energie, die sich transferieren ließ. Man musste lediglich eine Antenne aufstellen und einen Pfahl in den Boden rammen, und schon konnte man sein Haus beleuchten und hatte alle Energie zur Verfügung, die man sich nur wünschen konnte. Aber was ist unsere Energiegrundlage? Im letzten Jahrhundert war es Erdöl. Wer kontrolliert das Erdöl dieser Welt? Viele Leute glauben, das seien der Irak, der Iran und Saudi-Arabien. Aber das stimmt nicht. *Wir* kontrollieren es – wir und die Briten. Nun ja, manche Menschen nennen dies die »Geheimregierung«: eine Gruppe der reichsten Männer der Erde, die die Ölvorräte der Welt kontrollieren. Niemand braucht ein Auto, das keinen Verbrennungsmotor hat. Aber wenn man eines dieser (Nullpunktenergie-)Geräte hat, das etwa vierzig Zentimeter lang und zwanzig Zentimeter breit und fünfundzwanzig Zentimeter tief ist, dann braucht man seine örtliche Stromversorgungsgesellschaft nicht. Diese Geräte verbrennen nichts – es gibt keine Schadstoffe. Sie verschleißen auch nicht, weil sie keine beweglichen Teile enthalten, denn das Einzige, was sich darin bewegt, sind die Elektronen im Schwerkraftfeld und im elektronischen Feld, und die drehen sich gegenläufig, okay? Wenn sie eines davon in ein Auto einbauen, dann würde die Karre längst vor lauter Rost auseinanderfallen, bevor dieses Gerät Abnutzungserscheinungen zeigen würde.

Wie würde sich das wohl auf eine weltweite Ökonomie auswirken, die auf Erdöl beruht?

Zeugenaussage

Lieutenant Colonel Charles Brown kehrte als Held der Air Force aus dem Zweiten Weltkrieg zurück. Anschließend wurde er dem Air Force Office of Special Investigations, dem Air-Force-Büro für Sonderermittlungen (AFOSI), unterstellt und Project Grudge zugeteilt. Dort war er für die UFO Untersuchungen verantwortlich.

Ich wusste aus den Handbüchern für Ingenieure und auch aufgrund der Forschungen des Technologieinstituts von Massachusetts, dass man die Effizienz eines Motors um zwei Prozent verbessern konnte, wenn man aus völlig trockener Luft völlig saturierte Luft machte. [Während dieses Projekts entdeckten wir], dass man die Effizienz eines Verbrennungsmotors sogar um zwanzig bis dreißig Prozent steigern kann, einfach nur, indem man die Luft feucht hält.

Die Ingenieure und Wissenschaftler konnten es kaum glauben. Und da ich es nicht besser wusste, verkaufte ich dann diese Geräte, die die Motorleistung so erstaunlich verbesserten. Doch auf einmal begannen seltsame Dinge zu passieren, und Regierungsbehörden traten auf den Plan, besonders die Federal Trade Commission, die Bundeshandelskommission. Die Umweltschutzbehörde (EPA) war davon überzeugt, dass das Gerät funktionierte. Aber wir erhielten keine Unterstützung von der Regierung. Schließlich fragte die Umweltschutzbehörde den Direktor ihres Forschungslabors in North Carolina, ob er mit mir zusammenarbeiten würde. Ich wusste gar nichts von diesem Gespräch und kam mit einem Diesel dort an, der spektakuläre Ergebnisse erzielt hatte. So viel ich weiß, war es der Erste je in einem amerikanischen EPA-Labor getestete Dieselmotor, der sowohl sämtliche Aspekte der messbaren Dieselemissionen reduzierte als auch den Kraftstoffverbrauch um bis zu 23 Prozent verringerte. Soweit ich weiß, hat niemand anders diese Ergebnisse erzielt.

Später tat die Bundeshandelskommission buchstäblich etwas Illegales. Dem Anwalt eines Großhändlers in Washington schrieb sie in einer Stellungnahme wörtlich: »Uns ist egal, ob es funktioniert oder nicht. Wir wollen nur nicht, dass die Leute diese großen amerikanischen Autos kaufen.«

Als ich diesen Bericht erhielt, konnte ich mir einfach nicht vorstellen, dass ein leitender Mitarbeiter einer Regierungsbehörde der Vereinigten Staaten (1979/1980) so etwas sagte.

Also flog ich nach Washington und besuchte den Kongress. Ich traf mich mit einem Senator des Komitees für Wissenschaft und Technologie sowie mit jemandem aus der Rechtsabteilung.

Man setzte mich einer langen Befragung aus. Ich hatte Begleitunterlagen dabei. Danach sagten sie mir, dass sie handeln würden. Als ich die beiden auf das unfaire Verhalten der Bundeshandelskommmission hinwies, schrieben sie einen aufgebrachten Brief an diese Behörde, von dem sie mir eine Kopie schickten.

Nach diesem Treffen verlor ich innerhalb von drei Wochen mein Fahrzeug sowie Ausrüstung im Wert von etwa 100.000 Dollar, und ein Testfahrzeug wurde gestohlen. Ich hatte das Rennteam der Army mit einem kleinen Sprite-Rennwagen gesponsert. Unmittelbar nachdem wir das Rennen gewonnen hatten, wurde mein Gerät aus diesem Auto gestohlen. Der Chef des Army-Rennteams war ein Master Sergeant. Wir hatten ein Super-Auto erschaffen. Und dieses Auto wurde der Army im kalifornischen Van Nuys entwendet.

Drei Wochen später war ich also finanziell und psychisch am Ende. Hier geht es nicht nur um Gerede. Es gibt eine reale Welt da draußen. Und nachdem ich neun Jahre meines Lebens in einer Kampfzone oder zumindest in ihrem Umfeld verbracht hatte, musste ich nach meiner Rückkehr in die Heimat so etwas erleben. Es war ziemlich traumatisch.

Mit der Verwaltung der U.S. Navy arbeiteten wir außerdem an einem Projekt, das sehr erfolgreich war. Letzten Endes lief es darauf hinaus, dass ich entweder zwanzig Prozent Pferdestärken hinzufügen konnte oder zwanzig Prozent weniger Kraftstoff benötigte und dabei die Emissionen um vierzig Prozent verringerte.

Zwei Monate vor Beendigung dieses Projekts sagte man mir: »Unsere Vereinbarung gilt nicht mehr. Wir werden das Projekt beenden.« Ich sagte: »Das können Sie nicht machen.« Sie sagten: »Doch, wir haben es bereits getan.«

Also sagte ich: »Ich werde das Projekt jedenfalls zu Ende führen«, und dann bezahlte ich die letzten beiden Monate tatsächlich aus eigener Tasche.

Sie sagten: »Wir werden die Testergebnisse nicht veröffentlichen. Wir verlangen die Herausgabe aller Ihrer Notizen und Aufzeichnungen.«

Darauf ich: »Dazu haben Sie kein Recht.« Und die Antwort war: »Oh doch, das haben wir. Wir haben dafür bezahlt.« Da man sich besser nicht mit der Regierung anlegt, machte ich Kopien von allen Unterlagen, die ich hatte – mehrere Kopien. Diese verteilte ich an mehrere Stellen und schickte ihnen dann sämtliche Originale. Zu der Zeit ergab sich etwas, was ich nicht vermutet hätte. Ich versuchte nämlich, den Chefingenieur, der das ganze Projekt organisiert hatte, anzurufen, aber er war nie erreichbar. Auch der Ingenieur Nummer Zwei war nicht erreichbar. Also rief ich schließlich den Rechnungsprüfer an. Und der sagte: »Die arbeiten nicht mehr für uns.« Ich sagte: »Wovon reden Sie überhaupt?« Und er sagte: »Man hat die gesamte Forschungsabteilung der U.S. Navy aufgelöst.«

Irgendjemand wollte ganz offensichtlich nicht, dass dieses Projekt Erfolg hatte.

Später erhielt ich während einer Geschäftsreise um zwei Minuten nach Mitternacht, als gerade mein Geburtstag begann und ich in meinem Hotelzimmer zu Bett gehen wollte, einen Anruf. Eine Stimme sagte: »Bitte verlassen Sie augenblicklich Ihr Zimmer.« Ich sagte: »Wenn Sie mir sagen, wer Sie sind und warum ich das tun soll, gehe ich hinaus.« »Hier spricht der Empfang. Wir haben soeben einen Anruf erhalten, dass sich eine Bombe in Ihrem Zimmer befindet.«

Ich legte auf und ging hinaus. Inzwischen evakuierten sie bereits das ganze Motel. Also sagte ich: »Ich werde in einem Holiday Inn einchecken«, und das tat ich dann auch.

Ich parkte dort mein verbeultes, altes Auto direkt vor dem Eingang, wo alles hell erleuchtet war. Im Wagen hatte ich Ausrüstung im Wert von mehreren tausend Dollar, denn ich wollte zur Purdue University fahren, um dort einige Lufttests durchzuführen.

Jedenfalls schaute ich am nächsten Morgen um viertel vor sieben aus dem Fenster und sah statt meines Autos nur Leere. Jemand hatte mein Auto gestohlen. Die Polizei fand es zwei oder drei Wochen später wieder. Man hatte Löcher in den Benzintank gebohrt, und meine gesamte Testausrüstung war verschwunden.

Ich hatte einen Vergaser-Prototyp gebaut ... Der war weg. Und wieder erlebte ich einen psychischen Tiefschlag.

Nun ja, es war also ein Anruf gekommen, dass in meinem Zimmer eine Bombe sei. Jemand verfolgte mich. Mein Telefon wurde abgehört. Daran bestand kein Zweifel. Und es gab keinen logischen Grund dafür. Ein gewisser Autohändler hatte meiner Einheit beim Kauf von neuen Autos, Lastern oder Lieferwagen erhebliche Vergünstigungen angeboten. Ich selbst hatte die Bedingung hinzugefügt, dass es sich um amerikanische Fabrikate handeln musste.

Es gibt Moleküle, die die Verbrennung stimulieren, und während dieses Prozesses entstehen Radikale. Man erzeugt eine Art Gewitter auf engstem Raum, und dabei entstehen Moleküle, die die Kraftstoffeffizienz stark verbessern und zugleich Schadstoffe verringern.

Mein Konzept lässt sich auch als Zusatzsystem in alte Autos installieren, deren Besitzer keinen Neuwagen wollen. Aber besonders gut funktioniert es bei denjenigen Fahrzeugen, die die meisten Schadstoffe verursachen, nämlich bei großen Lastzügen, mit Diesel betriebenen Autos und Stadtbussen, Schleppkähnen und Hochseeschiffen. Aufgrund von Forschungen des Max-Planck-Instituts in Deutschland sowie in England und andernorts in Europa glaube ich, dass das System sich potenziell auch bei Kraftwerken anwenden ließe. Dann würde man keinen weißen Rauch mehr aus den Kraftwerkschornsteinen austreten sehen. Ich bin zu neunzig Prozent davon überzeugt, dass man dies ohne größere Investitionen umsetzen könnte.

Jedenfalls sieht mein Konzept unter anderem vor, dass man die Luft mit Sauerstoff anreichert. Das Einzige, das dazukommt, ist ein Oxidationsmittel. Das hilft dem Planeten. Es reduziert sogar Kohlendioxid, denn wenn man weniger Brennstoff verbraucht, sinkt auch das CO_2. Soweit ich weiß, ist es wahrscheinlich das fehlerloseste Konzept.

Und falls ich tatsächlich all das erreichen kann, was ich behaupte, wäre es überdies, wie mir eine US-amerikanische Regierungsbehörde vor einigen Jahren versicherte, ein ganz neuer Wissenschaftszweig. Nun ja, das wusste ich eigentlich schon, da ich nirgendwo irgendwelche rivalisierenden Konzepte entdecken kann. Es ist eine Methode, die Verbrennungsluft beziehungsweise die aufgeladene Luft innerhalb der Zyklen jedes beliebigen Verbrennungsmotors anzureichern. Ich habe sie nicht nur in Testläufen von vielen Millionen Meilen mit Diesel- und Benzinmotoren geprüft, sondern auch mit Propan. Ich habe Benzin zwischen 92 und 75 Oktan getestet. Ich kann ein Fahrzeug, das normalerweise 92 Oktan benötigt, ohne Leistungseinbußen mit 75 Oktan betreiben – und das alles über drei Testmonate hinweg. Aber was das gesamte Potenzial dieser Technologie angeht, habe ich bisher lediglich die Oberfläche angekratzt.

Hätten mich die Ölgesellschaften vor fünfundzwanzig Jahren voll unterstützt, wären wahrscheinlich die Ölvorkommen auf diesem Planeten, die ja nicht unbegrenzt sind, wesentlich langsamer abgebaut worden.

»Einigen Schätzungen nach lassen sich Transaktionen in Höhe von zwei Komma drei Billiarden Dollar nicht nachverfolgen.«

– Verteidigungsminister Donald Rumsfeld –

am 10. September 2001

»Wir sind tatsächlich von außerirdischen Wesen kontaktiert und vielleicht sogar besucht worden, und die Regierung der Vereinigten Staaten ist übereinstimmend mit anderen nationalen Machthabern der Erde entschlossen, diese Informationen nicht der Öffentlichkeit zugänglich zu machen.«

– Victor Marchetti –

ehemals Sonderassistent des Direktors der CIA

Geheime UFO-Akte

USAPs – Unacknowledged Special Access Projects: Offiziell geleugnete Projekte unter speziellem Zugriff

Zeugenaussagen

- John Maynard, Spionageabwehr (DIA)
- W. H., Sergeant der U.S. Air Force, technische Abteilung
- William John Pawelec, U.S. Air Force, Computer- und Programmierungsspezialist
- Sergeant Clifford Stone, U.S. Army Retrieval Unit (Bergungseinheit der US-Armee)

Kommentar von Dr. Steven M. Greer

Am Ende der Eisenhower-Ära wurden die geheimen UFO- und Alien-Projekte zunehmend in verschiedene Abteilungen aufgespalten und verschwanden in einem komplizierten militärisch-industriellen Labyrinth, das von Insidern des Verteidigungsministeriums erschaffen worden war. Diese transferierten Milliarden Dollar an Steuergeldern, die für »verdeckte Operationen« vorgesehen waren, auf die Konten einiger der weltweit größten privaten Rüstungsunternehmen.

Diese Projekte mit Sonderzugriff unterlagen somit nicht mehr der Aufsicht des Kongresses und wurden unter dem Namen USAPs (Unacknowledged Special Access Projects: Offiziell geleugnete Projekte unter speziellem Zugriff) bekannt.

Was ist ein USAP? Es ist ein streng geheimes, in verschiedene Abteilungen aufgespaltenes Projekt, auf das selbst Inhaber der höchsten Sicherheitsfreigabe nur mit einer Sondergenehmigung Zugriff haben – und es wird offiziell geleugnet, das heißt, sein Vorhandensein wird nicht eingestanden. Falls man also von seinen Vorgesetzten oder sogar vom Präsidenten darüber befragt wird, antwortet man, dass ein derartiges Projekt nicht existiert. Mit anderen Worten: Man lügt. Die Mitarbeiter von USAPs sind fest entschlossen, ihre Projekte geheim zu halten und bereit, alles zu tun, um diese Geheimhaltung auch aufrecht zu erhalten.

Und der Großvater sämtlicher USAPs ist der Themenbereich UFOs und Außerirdische.

Die Mehrheit der Mitarbeiter hat keine Ahnung von diesen illegalen Machenschaften. »Plausibles Leugnen« existiert auf vielen Ebenen. Dank der extremen Spezialisierung und der gegenseitigen Abschottung wissen bei einigen Projekten und praktischen Missionen nicht einmal die unmittelbar Beteiligten, dass ihre Arbeit mit UFOs und Außerirdischen zusammenhängt.

Diejenigen, die Bescheid wissen, werden durch große finanzielle Anreize bei der Stange gehalten, und wenn jemand die Geheimhaltung verletzt, drohen drakonische Strafen. Ein hochgestellter, damals beteiligter Zeuge hat uns erzählt, dass mindestens zehntausend Menschen jeweils über zehn Millionen Dollar Schmiergeld empfangen haben und dass »Befehle zur vollständigen Auslöschung« gegen Individuen und ihre Familien verhängt wurden, von denen man befürchtete, sie könnten ihr Schweigegelübde brechen.

Nicht eingeweihte Präsidenten haben Warnungen ausgesprochen und Zurückhaltung gefordert. Im Juni 1963 flog Präsident John F. Kennedy nach Berlin, wo er seine berühmte Rede Ich bin ein Berliner hielt. Mit an Bord der Präsidentenmaschine befand sich ein Angehöriger des Militärs, der Folgendes berichtete:

»Irgendwann während des langen Fluges schnitt Kennedy das Thema UFOs an. Er gab zu, zu wissen, dass UFOs real sind und dass er Beweise dafür gesehen hatte, aber dann fügte er hinzu: ›Die ganze Sache liegt nicht in meinen Händen, und ich weiß gar nicht warum.‹ Kennedy sagte, er wolle die Wahrheit ans Licht bringen, könne das aber nicht. Und dies war der Präsident der Vereinigten Staaten und der Oberste Befehlshaber der Streitkräfte – und er sagte, die Sache läge nicht in seinen Händen und er kenne nicht den Grund.«

Ich frage mich, ob er es noch herausgefunden hat, bevor er später im selben Jahr umgebracht wurde.

Mein eigenes Leben wurde mehrfach bedroht, und ich habe enge Freunde und geschätzte Kollegen dadurch verloren, dass sie getötet wurden.

Wie konnten die Dinge dermaßen außer Kontrolle geraten?

Habgier steht mit Sicherheit ganz oben auf der Liste – das jährliche USAP-Budget wird auf achtzig bis hundert Milliarden Dollar geschätzt. Billiarden von Steuer-Dollars wurden im Laufe der letzten sieben Jahrzehnte in verschiedenste Kanäle umgeleitet und für folgende Zwecke verwendet:

- *Nachbau außerirdischer Technologien*
- *Experimente mit nicht linearen Antriebs- und Kommunikationssystemen*
- *Herstellung reproduzierter außerirdischer Fluggeräte, die von Menschen nachgebaut wurden*
- *Massive Kampagnen zur Desinformation der Öffentlichkeit*
- *Inszenierung getürkter und/oder simulierter Zwischenfälle mit Außerirdischen, um die Öffentlichkeit irrezuführen*
- *Bau und Instandhaltung geheimer unterirdischer Basen ohne Aufsicht, Genehmigung und Wissen unserer gewählten Volksvertreter*
- *Bewaffnung des Weltraums*
- *Bestechungsgelder in Milliardenhöhe*

Ich gebe Ihnen diesen kurzen Einblick in die Welt der Rüstungsindustrie und ihrer Auftragsvergabe, um zu veranschaulichen, wie die USAPs Gelder in Scheinprojekten verschwinden lassen, während die Finanzen eigentlich höchst geheimen Zwecken zugeführt werden, die weder dem Kongress noch dem Präsidenten oder dem amerikanischen Volk bekannt sind.

Im Jahr 1994 saß Dick D'Amato unter dem damaligen Senatspräsidenten Byrd im Vorsitz des Finanzausschusses. Er hat mir selbst erzählt, dass vierzig bis achtzig Milliarden Dollar für Projekte bewilligt wurden, in die niemand Einsicht hatte – nicht einmal Leute mit höchster Sicherheitsfreigabe unter Vorlage eines Senatsbeschlusses. Er sagte, er sei ganz sicher, dass Geld in die mit UFOs zusammenhängenden Projekte floss, aber der Senat konnte sich keinen Einblick verschaffen. Ich weiß noch, dass er mich warnte: »Steven, du hast es mit der Elitemannschaft aller verdeckten Operationen zu tun … Viel Glück.«

Er ist nicht der einzige Zeuge, mit dem ich mich unterhielt und der von solchen Komplotten wusste. In einem Gespräch mit Lord Hill-Norton, dem früheren Chef des Verteidigungsministeriums von Großbritannien, das im Juli 1995 stattfand, stellte ich fest, dass er ebenfalls nicht eingeweiht war – und dabei war er der Chef des britischen Geheimdienstes MI-5 und des Verteidigungsministeriums.

Die Regierung der Vereinigten Staaten selbst baut praktisch nichts. Der Stealth-Bomber B-2 wird nicht vom Militär hergestellt, sondern von einem privaten Rüstungsunternehmen *im Auftrag* des Militärs. Private Unternehmen hüten Geheimnisse wesentlich besser als die Regierung, wodurch USAPs so gut wie undurchdringlich werden. Versucht man, über den privaten Sektor an sie heranzukommen, stößt man auf rechtliche Schranken, und wenn man sich ihnen über das Verteidigungsministerium annähert, verliert man sich in einem Labyrinth der Geheimhaltung.

Wie können diese Gruppen sich öffentliche Gelder aneignen, um ihre Projekte zu finanzieren?

Ich nenne Ihnen ein Beispiel. Eine unserer Zeuginnen arbeitete bei SAIC, der Science Applications International Corporation, einer Firma für angewandte Wissenschaften in La Hoya, Kalifornien. Die SAIC gehört zu den Kronjuwelen der Privatunternehmen und beinhaltet Firmen innerhalb von Firmen innerhalb anderer Firmen … und so ist das Ganze strukturiert. Diese spezielle Zeugin war von der Firma als Mitarbeiterin angeworben worden und saß in einem Büro, das im Prinzip lediglich eine Menge Aktenschränke enthielt. Ihre Aufgabe bestand darin, Millionen von Dollars zu verwalten, die aus Subventionen und Forschungszuschüssen stammten. Diese Gelder flossen zur Vordertür in die Büros hinein und zur Hintertür wieder hinaus, in irgendwelche verdeckten Projekte. Die entsprechenden Berichte für die Rechnungsprüfer der Regierung waren von A bis Z gefälscht.

Dies ist eindeutig Betrug, aber es ist nur ein kleines Beispiel dafür, wie das System funktioniert: Der Bau eines B-2-Stealth-Bombers mag in Wahrheit lediglich ein paar hundert Millionen Dollar kosten. Dem Kongress gegenüber wird jedoch behauptet, die Kosten betrügen zwei Milliarden Dollar pro Stück. Die übrigen eins Komma drei Milliarden Dollar fließen in USAPs, wie zum Beispiel elektromagnetische Schwerkraftanwendungen (EMG). So wird es nun einmal gemacht, und weil der streng geheime, in spezielle Abteilungen untergliederte Nachrichtendienst (TS-SCI = Top Secret Special Compartmented Intelligence) nun einmal so funktioniert, wird man, wenn man nicht gerade in der betreffenden Abteilung sitzt, einem Außenstehenden kaum etwas berichten, ganz egal, um wen es sich dabei handelt, und ganz sicher nicht dem Haushaltsplanungsbüro des Senats oder den Rechnungsprüfern ... wer es auch ist, man wird ihn nicht informieren.

Deshalb sagte Rumsfeld: »Der Verbleib von zwei Komma drei Milliarden ist ungeklärt.« Nur zur Erinnerung: Diese Äußerung stammt von einem konservativen, republikanischen Verteidigungsminister unter Präsident George W. Bush und seinem Vize Dick Cheney. Also, falls Sie mir nicht glauben, dann glauben Sie vielleicht ihm. Der Verbleib ist einfach ungeklärt, aber so wird das nun einmal gemacht ... und das ist nur ein kleines Beispiel. Häufig wird auch einfach zu viel in Rechnung gestellt. Man hört ja oft von gewaltigen Kostenexplosionen, bei denen das Budget um 500 Prozent überschritten wird – aber es handelt sich dabei nicht um gewöhnliche Überschreitungen der Haushaltspläne. Teilweise fließt das Geld einfach weiter in verdeckte Projekte oder es wird umgeleitet, und das nicht nur innerhalb des Verteidigungsministeriums oder der CIA. Ich kenne Menschen, die unter dem ersten Präsidenten Bush, George Bush sen., gearbeitet haben und mir berichteten, sie hätten Gelder aus dem Budget für Stadtentwicklung und Wohnraumbeschaffung abgezweigt. Auch andere Ämter haben das getan. Dazu kommen überzogene Preise, wobei die Differenz in verdeckte Projekte umgeleitet wird. Solche Praktiken sind reine Routine.

Und es gibt noch finsterere, ruchlosere Methoden.

Im Jahr 1997, gleich nachdem wir uns im Pentagon mehrmals mit Kongressmitgliedern und Admiral Wilson, dem J-2-Chef genannten Leiter des Spionagenetzes der gemeinsamen Stabschefs, getroffen hatten, begegnete ich einen ehemaligen Kongressabgeordneten, der zugleich Vorstandsmitglied der SAIC war. Ich besuchte ihn in seiner Eigentumswohnung in der Nähe des Flughafens von Crystal City. Dieser Kongressabgeordnete, der einst George Bush sen. »informell« beraten hatte, fragte mich eindringlich, ob mir eigentlich bewusst sei, wie gefährlich diese Gruppe ist.

Beide Männer baten mich, ihren Namen nicht zu erwähnen. Und selbst wenn Sie mich unter Sodium-Pentothal setzen würden, bliebe es dabei ... Aber ich sage Ihnen die Wahrheit. Sie sagten: »Wir benutzen diese Antischwerkraft-Geräte ... Sie werden in den frühen Morgenstunden an verschiedenen Orten gestartet ... und dann transportieren sie heimlich illegale Drogen und Waffen im Wert von vielen Milliarden Dollar um die ganze Welt.« Der eine sagte, es gäbe da eine Gruppe, die einer kleinen Armee ähnelte: achttausend Mann, die mit dem weltweiten Transport von Schmuggelware befasst sind, und da alle Zahlungen in bar erfolgten, könnte niemand sie zurückverfolgen ... und dass sie schon zweitausend dieser Männer wegen geringer Verstöße gegen die Sicherheitsvorschriften getötet hätten.

Dies ist keine Verschwörungstheorie. Es handelte sich hier um zwei Mitspieler ersten Ranges, die Wissen aus erster Hand besaßen und mich vor den Dingen warnten, in die diese Gruppe tatsächlich verwickelt war.

Wer bildet tatsächlich die Regierung?

Die fragliche Gruppe ist in gewisser Weise ein Teil der Regierung, in gewisser Weise aber auch ein Privatunternehmen, und sie operiert international. Die meisten ihrer Aktivitäten konzentrieren sich auf Auftragsprojekte privater Unternehmen, die mit dem Verstehen und der Anwendung außerirdischer Technologien zu tun haben. In den Aufgabenbereich verwandter, aber sorgfältig voneinander getrennter Einheiten, die ebenfalls den USAPs angehören, fallen Desinformation, Irreführung der Öffentlichkeit, sogenannte UFO-Entführungen und Tierverstümmelungen, Auskundschaftung und UFO-Aufklärung, Weltraumwaffensysteme sowie die Organisation spezialisierter Kontaktgruppen.

Stellen Sie sich dieses Unternehmen als eine große, koordinierte Intrige vor, die sich unter anderem aus mit USAPs verbundenen Agenten des Militärs und des Nachrichtendienstes sowie sogenannten »verdeckten Einheiten« innerhalb gewisser Hightech-Firmen, ausgewählten Kontaktleuten zu internationalen Gesetzgebern und politischen Analytikern, bestimmten religiösen Gruppierungen, Ölgesellschaften, Privatbanken, Wissenschaftlern und den Medien zusammensetzt. Einige dieser Körperschaften und Individuen sind uns namentlich bekannt, doch die meisten bleiben unbenannt.

Ungefähr zwei Drittel derjenigen Menschen, die die Entscheidungen treffen, sind inzwischen dafür, die Öffentlichkeit in irgendeiner Form über diese Dinge zu informieren. Dabei handelt es sich vor allem um jüngere Menschen, die mit den früheren Exzessen nichts zu tun hatten. Die übrigen Entscheidungsträger sind unbelehrbar und einer baldigen Enthüllung gegenüber feindlich oder ambivalent eingestellt. Leider haben sie immer noch die Kontrolle.

Im Augenblick scheinen Vorgehensweisen und Entscheidungsgewalt hauptsächlich im privaten, zivilen Sektor zu liegen und nicht bei den mit USAPs verbundenen Militärs und Nachrichtendienstlern, obwohl einige Informationen darauf hinweisen, dass es in gewissen Bereichen der ganzen Operation signifikante Entscheidungsfreiheit gibt. Aktuell haben wir den Eindruck, dass im Zusammenhang mit gewissen verdeckten Operationen immer heftiger über die Ratsamkeit einer Enthüllung debattiert wird.

Offizielle Mitarbeiter des Weißen Hauses, militärische Führungskräfte, führende Kongressmitglieder, Mitglieder der Vereinten Nationen und Staatsoberhäupter anderer Länder werden normalerweise nicht über dieses Thema informiert. Falls jemand Fragen stellt, erfährt er oder sie nichts über diese Aktivitäten, und selbst die Existenz solcher Aktivitäten wird geleugnet. Grundsätzlich gewährleistet die Struktur dieses verdeckten Unternehmens, dass die Führungspersönlichkeiten nicht einmal wissen, an wen sie ihre Anfragen richten sollen.

Im Großen und Ganzen existiert dabei eine internationale Zusammenarbeit, auch wenn laut einiger Zeugen gewisse Länder, insbesondere China, entschlossen sind, ihre eigenen Agenden zu verfolgen. Abgesehen von verschiedensten privaten Zentren gehören unter anderem der Air-Force-Stützpunkt Edwards in Kalifornien, der Air-Force-Stützpunkt Nellis in Nevada (besonders S4 und die angrenzenden Einrichtungen), Los Alamos in Neumexiko, Fort Huachuca in Arizona (das Hauptquartier des militärischen Abschirmdienstes) sowie das Redstone Arsenal in Alabama zu den wichtigen Operationsbasen – und außerdem eine relativ neue, ständig wachsende, unterirdische Einrichtung in einem abgelegenen Gebiet von Utah, das man nur durch die Luft erreichen kann. In anderen Ländern befinden sich weitere Anlagen und Operationszentren, etwa in Großbritannien, Australien und Russland. Zahlreiche Nachrichtendienste, darunter NRO, NSA, CIA, DIA, sowie die Abschirmdienste der Luftwaffe, der Marine, der Armee und des Heeres, das FBI und eine Gruppe namens MAJI-Control haben verdeckte Agentengruppen in diese Operationen eingeschleust. Die wissenschaftlichen und technischen Verfahren, die mit fortgeschrittener Technologie zu tun haben, sind vor allem in zivilen Herstellungs- und Forschungsfirmen konzentriert. Die beträchtliche und oft tödliche Bewachung erfolgt durch private Sicherheitsfirmen.

Im Jahr 1994 sagte mir Senator Barry Goldwater, dass die Geheimnistuerei um das ganze Thema Außerirdische »schon damals ein blöder Fehler war und heute ein noch blöderer Fehler ist«. Ich bin geneigt, dem Senator hier zuzustimmen – aber der Drang danach, das alles zu verbergen, wurzelt nicht gänzlich in Dummheit. Sondern, meiner Meinung nach, in Angst und in mangelndem Vertrauen.

Ich mag zwar eigentlich kein psychologisches Gewäsch, aber ich glaube, dass die Psychologie hier sehr wichtig ist. Meiner Meinung nach ist Geheimnistuerei, besonders wenn sie so extrem ist wie in diesem Fall, immer das Anzeichen einer Krankheit. Falls es innerhalb Ihrer Familie Geheimnisse gibt, dann handelt es sich dabei um eine Krankheit, die aufgrund von Angst, Unsicherheit und mangelndem Vertrauen ausbrach. Ich denke, dass sich dieses Prinzip auch auf Berufsgruppen, Firmen und eine ganze Gesellschaft anwenden lässt. Letzten Endes ist der Drang zur Geheimhaltung das Symptom einer tiefer liegenden Störung, die auf einem grundsätzlichen Vertrauensmangel und einer Menge Angst und Unsicherheit basiert.

Im Fall der UFOs und Außerirdischen waren jene frühen Tage in den 1940er und 1950er Jahren stark von Angst und Unsicherheit geprägt. Damals erweiterte die Sowjetunion ihr Territorium und bewaffnete sich bis an die Zähne mit immer tödlicheren Atomwaffen. Die Sowjets hatten den *Sputnik* gestartet und schienen uns im Rennen um den Weltraum zu schlagen. Und plötzlich erschienen diese außerirdischen Raumschiffe, die mit toten (und lebenden) Lebensformen an Bord geborgen wurden. Panik. Angst. Verwirrung. Zahllose unbeantwortete Fragen, alle durchsetzt von Furcht.

Warum sind sie hier? Wie wird die Öffentlichkeit reagieren? Wie können wir uns ihre Technologie sichern und diese vor unseren Todfeinden schützen? Wie sollen wir den Leuten beibringen, dass die mächtigste Luftwaffe der Welt ihren eigenen Luftraum nicht kontrollieren kann? Was wird aus dem religiösen Glauben? Aus der Ökonomie? Aus der politischen Stabilität? Aus den Hütern der aktuellen Technologie?

Meiner Meinung nach waren die ersten Tage der Geheimhaltung vorhersehbar, sogar verständlich – und vielleicht sogar entschuldbar. Aber als die Jahrzehnte ins Land gingen, und besonders seit dem Ende des Kalten Krieges, ist Angst allein keine ausreichende Erklärung mehr für die Geheimhaltung. Schließlich ist 2017 nicht 1947! Wir haben das All erreicht, sind auf dem Mond gelandet, haben Planeten anderer Sonnensysteme und die Bausteine des Lebens im fernen Weltraum entdeckt und etwa die Hälfte der Bevölkerung glaubt, dass es UFOs wirklich gibt. Und überdies ist die Sowjetunion zusammengebrochen.

Ich glaube, dass nun drei signifikante Faktoren eine Rolle spielen: Habgier, Kontrollsucht und die Eigendynamik, die sich aus den Jahrzehnten der Geheimhaltung ergibt.

Habgier und Kontrollsucht sind leicht zu verstehen, aber die bürokratische Eigendynamik einer großen Geheimorganisation ist etwas komplizierter. Wie soll eine derartige Gruppe nach jahrzehntelangen Geheimprojekten, Lügen, Irreführungen der Öffentlichkeit und Schlimmerem all die trügerischen Netze entwirren, die sie selbst gewoben hat?

Manche Leute empfinden eine geheime Machtposition als verführerisch und werden süchtig danach: Die Tatsache, dass sie Geheimnisse kennen und bewahren, macht sie stark. Und dann gibt es ja auch noch das Schreckgespenst eines kosmischen Watergate-Skandals, in dessen Verlauf verschiedenste Leute alle möglichen Köpfe rollen lassen würden. So gesehen ist es einfacher, den Status Quo aufrecht zu erhalten – und das können Bürokraten ja sowieso am besten.

Doch selbst jetzt existiert noch die Angst. Nicht nur die Angst davor, im Zeitalter der sozialen Medien bloßgestellt zu werden, sondern auch eine Art Fremdenfeindlichkeit, eine Angst vor dem Unbekannten. Wer sind diese Außerirdischen, warum sind sie hier, wie können sie es wagen, unseren Luftraum ohne Genehmigung heimzusuchen? Die Menschheit blickt auf eine lange Tradition der Angst und des Hasses auf alles Andersartige, Unbekannte zurück, dass von anderswoher kommt. Denken Sie nur an die immer noch ungezügelten rassistischen, ethnischen, religiösen und nationalistischen Vorurteile und Hassgefühle, die die menschliche Welt verwüsten. Fremdenfeindlichkeit ist eine geradezu instinktive Reaktion auf alles Unbekannte, Andersartige. Und es steht fest, dass Außerirdische sich stärker von uns unterscheiden als zum Beispiel irische Protestanten von irischen Katholiken.

Ich habe einmal einen Physiker, der mit militärischen und nachrichtendienstlichen Operationen im Zusammenhang mit UFOs zu tun hatte, danach gefragt, warum wir es darauf anlegten, diese Raumschiffe mit ihren fortgeschrittenen Weltraumwaffen zu zerstören. Er regte sich darüber sehr auf und sagte: »Die Cowboys, die hier das Sagen haben, sind so arrogant und so außer Kontrolle, dass sie meinen, der Eintritt eines UFOs in unseren Luftraum sei ein Akt, auf den man nur mit Feindschaft reagieren könne. Wenn wir nicht aufpassen, hetzen sie uns in einen interplanetarischen Konflikt ...«

Und so geht es immer weiter. Angst vor dem Unbekannten. Habgier und Kontrollsucht. Die Eigendynamik der Institutionen. Dies sind meiner Meinung nach einige der Hauptkräfte, die hinter unserer gegenwärtigen Geheimhaltung stecken.

Aber wie soll es nun weitergehen?

Wie können wir diese Situation verändern und statt extremer Geheimhaltung eine Offenlegung erreichen?

Ein altes chinesisches Sprichwort sagt: »Wenn wir nicht die Richtung ändern, kommen wir wahrscheinlich dort an, wo wir hingehen.« Wie wahr. Und dort, wo wir in diesem Fall hingehen, ist es ungeheuer gefährlich. Extreme Geheimhaltung, besonders wenn es um etwas so Weitreichendes und Wichtiges geht, untergräbt die Demokratie, unterläuft die Verfassung, konzentriert gewaltige technologische Macht in den Händen einiger Weniger, die nicht vom Volk gewählt wurden, und bringt den gesamten Planeten in Gefahr.

Die Geheimhaltung muss enden – die Massen müssen eine völlige Offenlegung verlangen.

Regierungsbehörden der Vereinigten Staaten, die involviert waren oder sind:

Alle Aktivitäten werden aufgeteilt und an verschiedene Abteilungen höchst geheimer USAPs delegiert. Das bedeutet, dass sie niemandem zusammenhängend bekannt sind – nicht einmal denjenigen, die einen höheren Rang bekleiden.

NRO (National Reconnaissance Office: Nationales Aufklärungsamt)
NSA (National Security Agency: Nationale Sicherheitsbehörde)
CIA (Central Intelligence Agency: Auslandsgeheimdienst der USA)
Militärische Spionageabteilungen (U.S. Army, U.S. Air Force, U. S. Navy)
AFOSI, manchmal auch OSI (Air Force Office of Special Investigations: Air-Force-Büro für Sonderermittlungen)
DARPA (Defense Advanced Research Projects Agency: Agentur für fortgeschrittene Verteidigungsforschungsprojekte)
FBI (Federal Bureau of Investigations: Bundesbehörde für Ermittlungen)
AFSPC (Air Force Space Command: Weltraumkommando der Air Force)
sowie weitere Stellen

Private Unternehmen, deren Beteiligung angenommen wird:

Northrop Grumman
Boeing Aircraft Company
Lockheed Martin (verschiedene Einrichtungen, darunter das Forschungszentrum in Denver)
BDM (vormals Braddock, Dunn & McDonald)
E-Systems Inc.
EG&G Inc. (Edgerton, Germeshausen & Grier Inc.)
Wackenhut Corporation
Village Supercomputing, Phoenix, Arizona
Phillips Laboratory
McDonnell Douglas
TRW Inc.
Rockwell International
Booz-Allen & Hamilton Inc.
MITRE Corporation
SAIC (Science Applications International Corporation)
Bechtel Corporation
und andere Firmen[11]

Zeugenaussage

John Maynard war Analytiker des militärischen Nachrichtendienstes bei der Defense Intelligence Agency (DIA), dem Geheimdienst des Verteidigungsministeriums. Während seiner Arbeit dort lernte er den Prozess der Bereichsbildung kennen, der die Geheimhaltung gewährleistet.

Die NRO (National Reconnaissance Office: Nationales Aufklärungsamt) untersteht im Prinzip der Air Force. Aus dem, was ich Gesprächen

[11] Anhang 13 enthält eine komplette Liste der Projekte und Einrichtungen, die mit UFOs und Außerirdischen zu tun haben, sowie eine Liste der Privatunternehmen, von deren Beteiligung ausgegangen wird.

mit mir bekannten Personen entnehmen konnte, die ich seit meiner Pensionierung geführt habe, schließe ich jedoch, dass die NRO wesentlich mehr Verantwortung trägt – insbesondere, was UFOs und die Aktivitäten von Außerirdischen betrifft.

Man könnte sagen, dass die NRO da angesetzt hat, wo *Blue Book* aufhörte. *Blue Book* war eigentlich ein reines Air-Force-Projekt, aber letzten Endes fiel es in den Bereich des National Reconnaissance Office.

Nun ist die Zuständigkeit im Prinzip aufgeteilt, aber federführend sind die Air Force und die Stabschefs. Ihre Arbeit ist äußerst bedenklich. Man weiß nie genau, was sie eigentlich tun, und sie betreiben den Nachfolger des SR-71, angeblich ein Flugzeug der Delta-Klasse, das innerhalb von etwa achtzehn Minuten von Los Angeles nach London fliegen kann – es kommt dabei dem Weltraum sehr nahe. Das ist ziemlich schnell. Satellitenbilder sind in den Hintergrund getreten. Aber es gibt immer noch *Talent Keyhole*. Es gibt immer noch *Omni*. Außerdem gibt es aktuell noch einige andere Überwachungsunternehmen, deren Codenamen ich nicht mehr kenne – und die meisten Erkundungen werden per Flugzeug ausgeführt.

Was Antischwerkraft angeht, arbeiten sie schon sehr lange daran, soviel weiß ich – und ich habe selbst einen Magnetimpuls-Motor gesehen. Sein Flugverhalten ist unverkennbar. Er wird mit herkömmlichem Brennstoff betrieben, aber außerdem ist ein Magnetimpuls installiert. Er erzeugt einen sehr typischen Kondensstreifen.

Wie jeder weiß, erstreckt sich der Einfluss der Regierung auf viele Bereiche, bis hin zum Privatleben sämtlicher Menschen auf dem ganzen Planeten. Dasselbe gilt für das Thema UFOs und Außerirdische, aber nur sehr wenige Leute wissen wirklich genau, was da vor sich geht. Dieses Wissen wird von verdeckten Operationen strengstens gehütet. Falls Sie sich einen Einblick verschaffen möchten, können Sie sich an eine zivile Einrichtung außerhalb der NSA wenden – etwa ein Privatunternehmen wie Drydon Industries, das direkt mit der NSA zusammenarbeitet. Warum werden SR-71-Flugzeuge mit Piloten, die der Navy angehören, auf Erkundungsflüge geschickt? Wonach suchen sie?

Und da wir schon dabei sind: Wonach sucht die NSA?

Warum diese Flüge?

Es geht dabei jedenfalls nicht um Training.

Was die Kommandoebene der Organisation angeht, wage ich zu behaupten, dass ein nationaler Sicherheitsberater, wenn er sich einschaltet, von der Führungsspitze der NSA sehr zuvorkommend behandelt und sicherlich auch eingeweiht werden wird. Dennoch ist sein Wissen begrenzt, denn er ist lediglich ein Beauftragter, und in diesem Bereich gilt dasselbe für Beauftragte der CIA. Sie besitzen zwar gewisse Kenntnisse, aber diese sind begrenzt. Nur sehr wenige Menschen innerhalb der verdeckten Organisationen dürften genau wissen, was vor sich geht.

Man weiß einfach nicht allzu viel über die NRO. Es ist eine jener Organisationen, die sich möglichst bedeckt halten. Sobald jemand die genauen Aufgabenbereiche hinterfragt, erhält er die Antwort, dass es sich um Erkundungsflüge der Air Force handelt. Basta. Viele Fragen bleiben offen. Aber dennoch ist die NRO in den Bereichen UFOs, Außerirdische und der entsprechenden geheimdienstlichen Informationen führend – ich würde sogar sagen, dass selbst der Präsident nur begrenztes Wissen darüber besitzt. Ich weiß, dass Carter keine Ahnung davon hatte, denn ich habe während seiner Präsidentschaft in dieser seiner Organisation gearbeitet. Man hat das Ganze sehr effektiv aufgespalten und an verschiedene Abteilungen delegiert.

Ich glaube, dass man in Roswell einen Fehler gemacht hat. Statt zuzugeben, was sich dort abspielte, hat man es verschleiert, und zwar, weil die Aktivitäten der UFOs und Außerirdischen schon wesentlich länger stattgefunden hatten, als die Regierung zugeben wollte.

Ich fand es sehr komisch, dass George W. Bush den Schwarzen Peter Dick Cheney zuschob, indem er sagte, wenn irgendjemand mehr als alle anderen darüber wüsste, dann sei es Cheney. Er hütet ein sehr interessantes Wissen.

Von den beteiligten Privatfirmen gehört die Atlantic Research Corporation zu den größten. Man hört nur sehr selten etwas von diesem Unternehmen. Es gehört zum inneren Kreis, hält sich bedeckt und hat vor allem mit geheimdienstlichen Informationen zu tun. Auch die Firmen TRW, Johnson Controls und Honeywell waren zu irgendeinem Zeitpunkt in geheimdienstliche Tätigkeiten verwickelt. Man beauftragte sie mit gewissen Aktivitäten. Atlantic Research gehörte vor langer Zeit ebenfalls dazu. Diese Unternehmen wurden von Mitarbeitern des Pentagons gegründet, erhielten Subventionen und Gelder und wurden mit gewissen Projekten beauftragt, die so geheim und verdeckt waren, dass nur ungefähr vier Leute wussten, worum es dabei wirklich ging. Es wurde alles sehr streng kontrolliert.

Sie müssten Unternehmen unter die Lupe nehmen, die von ehemaligen Angehörigen des Militärs gegründet wurden. Nehmen Sie zum Beispiel Admiral Bobby Inman und seine kleine Kontrollgruppe da draußen in Kalifornien [SAIC]. Sie könnten auch fragen: Wer kontrolliert JPL [Jet Propulsion Laboratory, eine Firma, die für die NASA Satelliten und Raumsonden baut und steuert] wirklich? Wann wurde JPL gegründet? Eine andere relevante Firma ist Ames Laboratories in Fort Detrick. Aus Fort Detrick kommen sehr interessante Dinge. Und Harry Diamond Laboratories … Die gibt es schon sehr, sehr lange. Man hört nicht viel über sie, denn sie arbeiten im Grunde ausschließlich für das Militär und haben ein besonderes Spezialgebiet.

Ich weiß nicht, ob Sie jemals die Notizen von Ingenieuren gesehen haben, in denen dokumentiert wird, was sie genau tun – alles, was damit zusammenhängt. Sie sind einzigartig. Sie könnten einen Ingenieur danach fragen, wie diese spezifischen Aufzeichnungen zustande kommen. Sie sind so detailliert, dass man sie als Grundlage benutzen könnte, um das betreffende Gerät zu bauen. Man müsste es auseinandernehmen, um herauszufinden, wie es funktioniert.

Dazu fallen mir einige Errungenschaften ein, die wir Roswell zu verdanken haben. Mitte der 1950er Jahre gab es auch einen Absturz in Kanada, der total geheim gehalten wurde. Es gab definitiv einige Projekte, bei denen Ingenieure an diesen Dingen gearbeitet haben.

Weltraumwaffen sind immer noch ein großes Rätsel. Die verdeckten Operationen haben schon immer versucht, etwas Derartiges zu verwirklichen. Die sogenannte »Krieg der Sterne«-Aufrüstung war reine Zeit- und Geldverschwendung. Das meiste davon existierte gar nicht. Es stand alles nur auf dem Papier. Laserwaffen sind jedoch eine andere Sache. Auf diesem Gebiet sind gewaltige Fortschritte erzielt worden. Es gibt nicht nur Laserwaffen, die schneiden, sondern auch gepulste Laser, die im Prinzip alles zerstören, auf das sie treffen.

Ich bin sicher, dass wir Weltraumwaffen haben. Daran habe ich absolut keinen Zweifel. Man hat schon lange vor dem »Krieg der Sterne« an ihrer Entwicklung gearbeitet, damals in den späten 1960ern und frühen 1970ern. Nixon wollte so etwas haben, er wollte Waffen im Weltraum haben, und das Projekt begann unter seiner Ägide. Viele Leute wollten das verwirklichen.

Großbritannien, die Vereinigten Staaten und Kanada waren die größten Mitwisser dieser Geheimnisse. Später haben sie auch die Australier dazu rekrutiert.

Bei den Angehörigen des inneren Kreises läuft es immer wieder auf dasselbe hinaus. Kriegt man sie dazu, etwas zu sagen? Nein. Damit verdienen sie schließlich ihre Brötchen. Sie werden einander nicht auf die Zehen treten und sich nicht gegenseitig schaden. In Wahrheit halten sie Informationen wie die über UFOs und Außerirdische bereits seit vielen Jahren vor uns geheim – nicht nur in der gegenwärtigen Epoche, sie machten es schon vor hundert Jahren. Es gibt diese Dinge wirklich. Es wird Zeit, dass sie es zugeben und uns sagen: »He, so sieht es aus.«

Zeugenaussage

W. H. diente von 1963 bis 1977 als Sergeant im technischen Dienst der U.S. Air Force. Am 19. Juni 1963 flog er mit Präsident Kennedy zum Air-Force-Stützpunkt Wiesbaden in Deutschland.

Im Sommer 1966, als ich in Colorado Springs stationiert war, wurde ich nach Washington, D.C., zurückbeordert, um eine Entourage hoher Militärs und Wissenschaftler der Air Force abzuholen. Wir flogen vom Air-Force-Stützpunkt Andrews in Washington, D.C., zum Air-Force-Stützpunkt Wright-Patterson in Dayton, Ohio. Man brachte uns zum sogenannten »Blue Hangar«. Und darin befanden sich die Überreste der verschiedenen UFOs, mit denen sie experimentiert hatten. Bell Labs und General Electric waren daran beteiligt, und eine Reihe von Hightech-Firmen bezog ihr Wissen daraus. Zum Beispiel das elektromagnetische Antriebssystem – wissen Sie, wo das zum ersten Mal eingesetzt wurde? Bei der Einschienenbahn in Disneyworld.

Im Blue Hangar sah ich ein Raumschiff von der Form einer Untertasse. Ich schätze, es hatte einen Durchmesser von neun bis zwölf Metern und war etwa drei bis vier Meter hoch. Es war nicht irdischen Ursprungs und stammte von einer der Absturzstellen in Neumexiko. Einer der einweisenden Offiziere informierte uns, dass es in Neumexiko, in der Gegend, wo vier Bundesstaaten aneinander grenzen, über hundert Abstürze gegeben hatte. Er sagte, der Grund dafür sei eine große Radarkuppel, die dort stand, und immer wenn das Radarsystem lief und diese Flugkörper durch den Radarbereich flogen, verloren sie total die Kontrolle, und schließlich stürzten die Fluggeräte ab.

Das außerirdische Raumschiff hatte eine Öffnung, eine Vertiefung, die zum Eingang führte. Es gab keine Fenster. Es schien nahtlos aus einem Stück zu bestehen und war aluminiumfarben.

Von dort aus reisten wir nach Los Angeles, und am nächsten Morgen flogen wir weiter zum Air-Force-Stützpunkt Hickam in Hawaii. Später stellten wir fest, dass wir in Wahrheit auf Kauai gelandet waren und uns in einem höchst geheimen, extrem abgesicherten Navy-Stützpunkt namens Barking Sands befanden. Man führte uns hinaus zu einem Beobachtungsposten mit Blick nach Westen. Hinter uns war die Sonne aufgegangen. Etwa in diesem Moment schrie jemand: »Flugobjekt!«

Das Fluggerät war aus dem Wasser auftaucht, flog von links nach rechts direkt an uns vorbei und blieb dann etwa hundert Meter vor uns und sechzig Meter über der Wasseroberfläche stehen. Es war ebenfalls untertassenförmig, aber im Zentrum befand sich ein oszillierendes Licht, das sich hin und her bewegte. Ich sah keine Luken, keine Fenster, nichts dergleichen. Es verschwand so schnell, wie es gekommen war. Und dann redeten wir alle gleichzeitig, bis jemand schrie: »Es ist wieder da!«

Diesmal war es näher, nur etwa neunzig Meter von uns entfernt und dreißig Meter über dem Wasser. Es hing da und bewegte sich ein wenig auf und ab, immer wieder stieg es etwas höher und senkte sich dann wieder. Und dann beschrieb es eine Kurve und tauchte erneut ins Wasser. Aber das Erstaunlichste daran war, dass es keine Explosion gab, als es auftauchte, und keine Implosion, als es wieder abtauchte. Als ich fragte: »Wie kommt das?«, sagte man mir: »Wenn man elektromagnetischen Antrieb hat, befindet man sich im Prinzip in einer Hülle. Wenn das Gerät ins Wasser taucht, geht ihm seine Antriebskraft voraus und das Gerät folgt ihr. Das Gleiche gilt beim Auftauchen.«

Das war im Herbst 1966. Ich glaube, der Grund für die Reise bestand darin, den Gästen diese Maschine vorzustellen und ihnen zu demonstrieren, wie sie aus dem Wasser auftauchte. Folglich konnte sie auch unter Wasser operieren. Bis heute weiß ich nicht, warum die Besatzung zu diesem Aussichtspunkt mitgenommen wurde. Ich war als Flugbegleiter und Lademeister für besondere Air-Force-Missionen dabei. Der Grund dafür, dass man mich ausgewählt hatte, war meine Unbedenklichkeitsbescheinigung auf der Präsidentenebene, die ich schon vorher gehabt hatte. Das war eine hohe Sicherheitsfreigabe. Einen anderen Grund kann ich mir nicht denken.

Im Sommer 1966 befanden wir uns auf einem Flug mit einer Gruppe hochrangiger Navy-Offiziere, ziviler Ingenieure und Wissenschaftler. Die Mission nannte sich *Project Mercury* (Projekt Quecksilber). Wir flogen nach White Sands, gingen von Bord und wurden in einen Bus verfrachtet. Alle Fenster waren geschwärzt. Wir mussten unsere Ausweise vorzeigen. Die Kontrolleure hatten eine Checkliste, auf der sie alle Namen abhakten. Dann fuhren wir etwa eine Stunde lang. Wir wurden zu einem Canyon gebracht.

Als wir dort eintrafen, erschien eine weitere Gruppe Sicherheitsleute, die alle unsere Ausweise erneut kontrollierten. Als wir den Canyon betraten, befand sich dort ein Fluggerät, das dem, das ich im Blue Hangar in Ohio gesehen hatte, sehr ähnlich sah. Es hatte die gleiche Form, ruhte auf drei Landestützen und hatte einen offenen Zugang.

Und darin standen zwei lebende Außerirdische! Sie waren weniger als anderthalb Meter groß – es handelte sich um welche, die wir Greys [oder »Graue«] nennen. Wir befanden uns etwa neunzig Meter von ihnen entfernt. Zum Glück hatte der Busfahrer ein Fernglas dabei, das ich auf sie richtete, und ich versuchte so viel wie möglich zu erkennen.

Sie hatten die typischen großen Augen, schmalen Münder, langen, schlanken Arme und schmalen Körper, und sie trugen aluminiumfarbene Fliegeroveralls. Unsere Gruppe drängte sich um sie und betrachtete dann das Fluggerät.

Das Treffen mit den beiden Außerirdischen und die Inspektion des Fluggeräts dauerten etwa zwei Stunden. Als alle zum Bus zurückkehrten, wurde kein Wort darüber gesprochen. So weit ich verstanden habe, verlief die Kommunikation ganz und gar telepathisch.

Project Mercury befand sich in White Sands. *Project X* war auf Kauai in Hawaii. Jemand erwähnte das, als wir im Flugzeug saßen. Nichts wurde je darüber aufgeschrieben, und weder auf dem Manifest noch auf dem Missionsbefehl wurden diese Namen erwähnt.

Ich hatte einen guten Freund, Welsley Bond, der bei der CIA arbeitete. Er war es, der die neuen Präsidenten jeweils über das Phänomen der UFOs und der Außerirdischen informierte. Zumindest Präsident Reagan wurde vollständig in Kenntnis gesetzt. Und er [Bond] sagte: »Derzeit sind uns siebenunddreißig verschiedene Alien-Spezies bekannt ... Vielleicht sind es auch neununddreißig.« Mein Freund erzählte mir von Präsident Carter, der nach Fort Huachuca in der Nähe von Sierra Vista, Arizona, gereist war und dort sogar den Körper [die Leiche?] eines Außerirdischen gesehen hatte. Und er hatte Tränen in den Augen gehabt und gesagt: »Oh mein Gott. Es gibt sie wirklich.«

Im Februar 2014 rief mich Welsley an und sagte: »Ich bin bereit, die gesamten Informationen weiterzugeben.« Und er teilte mir eine Menge mit. Er besaß viele Computer. Er hatte zwei Laptops und zwei PCs auf dem neuesten technischen Stand, und er besaß zahlreiche DVDs, auf denen er diese Informationen gespeichert hatte. Ich würde sagen, über hundert DVDs insgesamt.

Er war in einem billigen Motel in Phoenix, Arizona, untergekommen. Doch als ich am nächsten Tag dort eintraf, war er nicht mehr da. Auch von dem Zeug war nichts da. Nicht ein einziges Teil. Und ich weiß, dass er gewisse Dinge irgendwo gespeichert hatte, und wenn diese Speicherung ... Ich weiß nicht, ob sie ihn zwangen, ihnen zu verraten, wo diese Speichereinheit war, aber ich kenne meinen Freund: Er hätte es ihnen niemals gesagt. Also hat ihn jemand umgebracht und alle Informationen an sich genommen.

Und was die Geheimniskrämerei der USAPs angeht und die Frage, warum keine Informationen über das Phänomen der UFOs und Außerirdischen sowie die Tatsache, dass es sie wirklich gibt, weitergegeben wurden, so glaube ich persönlich, dass das mit industrieller Habgier zusammenhängt. Viele Firmen haben mit dieser Technologie gewaltige Profite erzielt, ob im Bereich Kommunikation, wie die Firma Bell Laboratories, oder im Zusammenhang mit den Antriebssystemen, wie die Firma General Electric, aber auch andere große Firmen, die die Zeitschrift *Fortune* unter die einhundert weltweit führenden Unternehmen eingestuft hat. Das ist meine persönliche Meinung.

Und außerdem denke ich, dass die Welt schon seit Langem dazu bereit ist: Die Leute glauben, dass das Phänomen der UFOs und Außerirdischen real ist. Die Welt ist bereit, diese Dinge zu erfahren, und wir sind der Spielchen müde.

Zeugenaussage

William John Pawelec war Mitte der 1960er Jahre Computer- und Programmierungsspezialist bei der Air Force, erst auf dem Air-Force-Stützpunkt Pope und dann in Vietnam. Auf seinen Wunsch hin wurde seine Zeugenaussage erst nach seinem Tod öffentlich gemacht.

Die erste [UFO-]Erfahrung meines Lebens eröffnete mir ein neues Paradigma. Eines späten Abends waren eine junge Dame und ich etwa dreißig Meilen südöstlich von Fayetteville, North Carolina, im Wald unterwegs, als sich ein UFO in etwa neunzig Metern Entfernung bemerkbar machte, und zwar, indem es all die Frösche, Grillen und anderen Krachmacher verstummen ließ, als seien sie ausgeschaltet worden. Zwanzig oder dreißig Sekunden später wurde es sichtbar und flog in etwa sechzig bis neunzig Metern Höhe an uns vorbei, nur zwölf bis fünfzehn Meter weit von uns entfernt. Es war von Südosten nach Nordwesten unterwegs. Das war gegen 23:25 Uhr. Nachdem es über einem See verschwunden war, hielt die Stille noch zwanzig bis dreißig Sekunden lang an, dann legten die Frösche und Grillen und die anderen Krachmacher erneut los, als hätte man sie wieder eingeschaltet.

Ich habe dieses Ereignis als sehr dramatisch erlebt, denn es zwang mich dazu, darüber nachzudenken, was wirklich auf der Welt passiert.

Als ich das Militär verlassen hatte, warb mich die Firma Rusco Electronics an. Damals war sie weltweit der größte Hersteller und Monteur von Zugangskontrollsystemen. Innerhalb von einem oder zwei Jahren arbeitete ich nicht mehr auf der Unternehmensebene im Raum Denver, der damals einen gewaltigen Boom erlebte, sondern ich hatte militärische Aufgaben, arbeitete landesweit und meine Unbedenklichkeitsbescheinigung wurde wieder aktiviert. Dies führte dazu, dass ich häufig für das Außenministerium tätig war. Zu dieser Zeit entwickelte ich Sicherheitssysteme, die im Interesse der nationalen Sicherheit und auch bei großen Industrieunternehmen eingesetzt wurden.

Im Jahre 1979 hatte ich mit einer Firma in North Glen, Colorado, zu tun, die implantierbare Chips entwickelte. Sie waren ursprünglich für Pferde gedacht, denn es gab damals große Probleme bei der Profilierung von Pferden. Wenn zum Beispiel zwei Pferde gleich aussahen, machte man seinen Einsatz und wettete gegen das Pferd, von dem alle glaubten, es sei das schnellere, oder man platzierte seine Wette umgekehrt. Diese »Pille«, wenn man das so nennen will, war schon damals so klein, dass man sie mit einer Spritze unter der Haut des Pferdes implantieren konnte. Man hat mir die Methode gezeigt und sie funktionierte. Man konnte die Daten des Implantats aus einer Entfernung von zwei bis drei Metern auf einem Handlesegerät empfangen.

Das war noch eine recht primitive Technologie, aber damals waren viele Mitarbeiter des Sicherheitssektors mit der Frage beschäftigt, wie man entführten Personen folgen und sie auffinden kann. Besonders aufgrund der Dinge, die damals in Europa passierten – dort wurden Navy-Offiziere und sogar der Premierminister von Italien gekidnappt. Die Opfer wurden entweder gezwungen, ihre vertraulichen Informationen preiszugeben, oder brutal gefoltert oder beides. Eines der Ziele unserer Industrie war es, eine Technologie zu entwickeln, die es uns erlaubte, diese Menschen zu verfolgen und möglichst schnell wiederzufinden.

Ich brachte diese Technologie zu einem Treffen mit, das in einer gut bewachten Sicherheitseinrichtung in Virginia stattfand. Arrangiert wurde das Treffen von einem Freund von mir, der bei der CIA arbeitete, und von Bob, einem anderen Freund aus dem Außenministerium. Wir wollten diese Technologie Leuten vorstellen, von denen wir damals dachten, sie würden sie verantwortungsbewusst einsetzen. Wir trafen einander in einem abgeschotteten Raum, und weil wir alle häufig an sicherheitssensiblen Treffen teilnahmen, haben sich einige Leute nicht vorgestellt, haben also weder ihren vollen Namen genannt, noch gesagt, wo sie herkamen. Ich konnte also nur darauf vertrauen, dass meine beiden Kontaktmänner die richtigen Teilnehmer ausgewählt hatten und dass sie alle verantwortungsbewusste Menschen waren.

Das war ein Fehler. Nach dem Treffen fand ich heraus, dass zwei Teilnehmer gar nicht eingeladen worden waren. Trotzdem wussten sie, dass das Treffen stattfand und worum es dabei ging und wer außerdem daran teilnehmen würde. Spätere Nachforschungen ergaben, dass der eine beim Landwirtschaftsministerium und der andere beim Finanzministerium arbeitete. Uns fielen sie aufgrund ihrer Fragstellungen auf und aufgrund ihrer inneren Haltung, während sie die Fragen stellten, und sogar aufgrund ihrer Körpersprache … Alles wies darauf hin, dass sie diese Technologie nicht für die Zwecke benutzen wollten, auf die wir mit diesem Treffen abzielten. Ihre größte Sorge war, wie lange es dauern würde, bis wir ein paar Milliarden damit verdient hatten, und sie baten uns darum, jedes Implantat mit einer unverwechselbaren ID-Nummer zu versehen.

Die Eigenschaften dieses winzigen, pillenförmigen Geräts waren sehr flexibel programmierbar. Im Prinzip war es ein Transponder. Man konnte ihm eine Frequenz schicken, auf die er mit seiner unverwechselbaren Nummer antwortete, die sich nicht mehr ändern ließ, sobald der Chip fertig gestellt war. Man konnte dem Chip obendrein noch eine Menge Fähigkeiten hinzufügen, zum Beispiel die Überwachung der Temperatur, des Blutdrucks und des Pulsschlages und sogar der Gehirnwellen. Aber dabei ging es um Forschungen, die damals weit in der Zukunft lagen.

Jahre später las ich etwas über eine Dame aus dem Osten, aus deren Körper 1999 ein solcher Chip entfernt worden war. Auf der Webseite war eine Vergrößerung dieses Chips zu sehen, und es war eine leichte Abwandlung der Chips aus Denver, mit einigen Verbesserungen. Sie glaubte, er sei ihr 1980 oder 1981 implantiert worden.

Ich erfuhr, dass der Herr, der diesen Chip hergestellt hatte, sich nie wieder Geldsorgen zu machen brauchte. In aller Stille hatte er diese Technologie in großen Mengen an Leute weitergegeben, die wir gar nicht kannten. Das interessierte meine Kontaktpersonen in Washington, die diese Chiptechnologie nie weiterverfolgt hatten. Jemand anders hatte sie auf den Markt geworfen, und wir haben nie erfahren, wer das war.

Im Jahr 1984 fand ich an der Universität von Neusüdwales einen Professor, der eine Möglichkeit gefunden hatte, einen mikroskopischen Lithium-Niobat-Chip herzustellen. Versehentlich hatte er einen Chip zerkratzt, der mit einem FM-Sender ausgestattet war, und zufällig war sein Empfangsgerät eingeschaltet gewesen. So fand er heraus, dass er dem

Chip auf einer bestimmten Frequenz einen Energiestrahl schicken konnte, auf den dieser mit einer Nummer antwortete.

Wir luden ihn ein, nach Denver zu fliegen und unsere Firma Systems Group of Colorado zu besuchen. Dort führten wir einen Test durch. Er hatte einige kleine, primitive Chips mitgebracht. Sie waren völlig passiv und winzig klein – nur Bruchteile eines Zentimeters groß und weniger als einen Millimeter dick. Durch Einätzung konnte man jeden mit einer unverwechselbaren Signatur versehen. Und je nach der Größe des Chips und des Umfangs der Ätzung konnte die Zahlensignatur theoretisch Milliarden von Stellen haben. Der Test war sogar ziemlich amüsant, denn wir bauten einen Sender und einen Empfänger auf, wobei wir unseren Sender an ein Gitter unserer Zimmerdecke anschlossen wie an einer Antenne. Wir konnten den Chip, der auf ein kleines Stück Karton geklebt war, tatsächlich aus einer Entfernung von etwa fünfzig Metern lesen – und das nur mit Hilfe eines Deckengitters, also einer sehr primitiven Antenne. Wir wussten nicht einmal, welche Frequenz wir benutzten, deshalb mussten wir schnell irgendeine Art von Antenne konstruieren, die dünne Materialschichten wie etwa Sperrholz durchdringen konnte.

Wir waren so beeindruckt, dass ich wieder das Gefühl bekam, diese Technologie hätte wirklich einen gewissen Wert. Noch einmal fuhr ich mit meiner Ausrüstung zu einem Treffen, diesmal bei einer Privatfirma in Virginia, von der ich wusste, dass sie viele Aufträge des Geheimdienstes wahrnahm. Diesmal ging ich wesentlich vorsichtiger vor und brachte den Sicherheitschef des gesamten Außenministeriums mit sowie Bob und einen guten Freund von der CIA.

Auch bei diesem Treffen traten zwei Leute mit den richtigen Referenzen im letzten Moment zur Tür herein, von denen wir nicht genau wussten, wer sie waren. Trotz ihrer hervorragenden Referenzen hatten meine beiden Kontaktleute sie nicht eingeladen. Und dennoch wussten sie über unsere Telefonate Bescheid und sie wussten genau, wann und wo wir uns treffen und worüber wir sprechen wollten. Dabei hatte ich meine Telefonate über angeblich abhörsichere Leitungen geführt.

Mich beunruhigte an diesem Treffen etwas ganz Bestimmtes. In meinen Unterlagen steht noch der Name des damaligen Chefs der Sicherheitsabteilung im Außenministerium. Ich lernte ihn recht gut kennen, denn ich hatte das Sicherheitssystem, beziehungsweise den größten Teil davon, für Mainstay, das Hauptquartier in Foggy Bottom, D.C., entworfen. Wir kannten einander also ziemlich gut.

Vor seiner Pensionierung wollte Bob unter anderem, dass seine Familie, insbesondere seine beiden Söhne im Highschool-Alter, das Leben außerhalb der Vereinigten Staaten kennenlernte. Deshalb stufte er sich auf seiner Karriereleiter zurück, um einen Posten als Sicherheitschef in Ostafrika übernehmen zu können. Kurz nach diesem Treffen zog er mit seiner Familie nach Nairobi.

Über andere Kontakte in Washington blieben Bob und ich diskret in Verbindung. Wir fingen an, Fragen darüber zu stellen, wer diese beiden Herren gewesen waren. Mich beunruhigte besonders, dass der Professor von der Universität Neusüdwales plötzlich eine große Subvention erhielt. Die Technologie wurde transferiert und er brauchte in seinem Leben nie mehr zu arbeiten.

Ein Freund von mir in San Francisco, dem ich diskret von dieser Technologie erzählt hatte, weil er sich mit anderen Aspekten der nationalen Sicherheit und dem Verfolgen von Personen beschäftigte, arbeitete damals an einem Projekt der Firma FAB, bei dem es um Zugangskontrolle, Überwachungskameras und dergleichen ging – alles auf dem neuesten Stand. Die Firma war eine Tochter des großen europäischen Unternehmens Siemens und hatte ihren Sitz im Silicon Valley. Mein Freund erzählte mir, dass sie Millionen von Chips herstellten, die den von mir beschriebenen geradezu unheimlich ähnlich waren.

Ein Jahr später fragte man ihn, ob er die Sicherheitssysteme zurück erwerben wolle, da die Firma ihre Fabrik schloss.

Meine Sorge galt der Tatsache, dass sie Milliarden Dollar mit diesen Chips verdient hatten, von denen nun niemand wusste, was aus ihnen geworden war – sie waren einfach verschwunden.

Inzwischen gab Bob nicht auf und versuchte herauszufinden, wer diese Männer waren, wo sie arbeiteten und welche Agenden sie hatten. Er und ich führten lange Gespräche darüber, was wirklich in der Regierung passierte und wer was kontrollierte. Er machte sich Sorgen, denn er war zu dem Schluss gekommen, dass viele Vorgänge äußerst fragwürdig waren. Angeblich hatte er einige Leute kontaktiert, um mehr darüber herauszufinden, unter anderem auch unseren gemeinsamen Freund bei der CIA.

Der Subunternehmer, der schon lange im Geschäft war, hielt den Kontakt mit mir und sagte: »Bob ist da auf einer heißen Spur. Er ist wieder im Lande, auf einer Geschäftsreise. Wir müssen uns treffen.«

Ein paar Tage später war Bob auf dem Weg zur Arbeit, nachdem er seine beiden Jungs an ihrer privaten Highschool in Nairobi abgesetzt hatte, als er an einer roten Ampel von einem gepanzerten Landrover mit sechzig Meilen pro Stunde gerammt wurde. Er war sofort tot. Der Fahrer, ein Brite, der angeblich um sieben Uhr morgens schon betrunken war, kam ins Krankenhaus und verschwand spurlos. Alle seine Angaben stellten sich als falsch heraus und die von ihm vorgelegten Ausweise waren gefälscht. Es war ein gedungener Mörder.

Ich hatte mir immer Sorgen gemacht, weil Bob den Leuten, die mit dieser implantierbaren Chip-Technologie zu tun hatten, etwas zu nahe gerückt war. Wir hatten versucht, die Schuldigen zu finden, ohne dass unsere Regierung wusste, was vor sich ging. Der oder die Schuldigen konnten sich schließlich jederzeit und an jedem Ort Zugriff auf Regierungsinformationen verschaffen und augenblicklich wissen, wo gerade was stattfand.

Weil ich seit den frühen 1980er Jahren versucht habe, mehr darüber herauszufinden, glaube ich nun, dass es auf der Welt mindestens vier mächtige Gruppen gibt. Sie sind unvorstellbar reich. Sie besitzen fortgeschrittene Technologien. Sie haben verschiedene Projekte an sich gerissen – insbesondere verdeckte Operationen innerhalb unserer Regierung und vielleicht auch innerhalb der russischen und chinesischen Regierung. Für diese Menschen bedeutet Politik etwas völlig anderes als für uns. Ihre Ziele sind völlig anders als die unserer Regierung – beziehungsweise als das, von dem wir annehmen, dass es der Agenda unserer Regierung entspricht. Unglaublicherweise sind sie in der Lage, absolut alles mitzuverfolgen, was um sie herum vorgeht, bis ins kleinste Detail.

Wir haben sie mit Namen versehen, aber die haben nichts damit zu tun, wie sie eigentlich heißen. Wir nennen sie einfach *die vier Reiter.* Diese Reiter arbeiten manchmal zusammen und manchmal auch gegeneinander. Zwischen ihnen herrscht auf einer niedrigen Ebene ein steter Kampf darum, wer auf dieser Welt die Spitze einnehmen wird. Eines haben sie aber alle gemeinsam: den unbändigen Wunsch danach, alles und jeden zu kontrollieren. Jeder hat seine eigene Philosophie, irgendeine Grundsatzeinstellung, von der diese Männer und ihre Taten angeblich bestimmt werden. Wir glauben, dass dies der Grund für die seltsamen Vorkommnisse in Nevada ist, die wir erlebt haben. Im Rückblick hängt dies auf seltsame Weise auch damit zusammen, was mit den Chip-Technologien passiert ist, die ich persönlich den falschen Regierungsleuten überbracht hatte. Denn wir kamen nie dazu, diese Technologie in den Bereichen einzusetzen, für die sie vorgesehen war.

Die beiden Herren, die zum letzten Treffen kamen, hatten Referenzen von der Art der NSA und der NRO. Später haben wir uns erkundigt, aber sie existierten nicht. Und doch waren ihre Referenzen makellos und sie erfüllten sogar die Zugangskontrollvorgaben: Die Identifikationssysteme, die sie bei sich hatten, erfüllten alle unsere Voraussetzungen, sowohl die biometrischen, also Fingerabdrücke, Iris-Scans und dergleichen, als auch die Kenntnis der kodierten Zugriffszahlen. Sie wussten alles, sie hatten alles Nötige bei sich und alles war von besserer Qualität als die Identifikationssysteme der Regierungsbehörden – und das ist sehr erhellend. Es weist nämlich auf ein unbegrenztes Budget hin.

Ich habe mit allen großen Ölgesellschaften zusammengearbeitet und auch mit allen großen Computerfirmen, denn ich entwarf sehr kostspielige Sicherheitssysteme. Niemand im privaten Unternehmensbereich vermittelte mir je den Eindruck, in irgendetwas verwickelt zu sein, das über die jeweiligen Firmenansprüche und Firmenagenden hinausging. Sie alle waren echte Firmenmitarbeiter. Falls es dennoch Leute gab, die außerhalb der Firmenstruktur Menschen für ganz bestimmte Aufträge anheuerten, dann habe ich nichts davon bemerkt.

Etwas ist meiner Meinung nach jedoch sehr seltsam, und zwar die Luft- und Raumfahrtindustrie in diesem Land.

Ich habe oft für Firmen dieses Bereichs gearbeitet. Entweder habe ich selbst physische Systeme für sie entworfen oder ich habe sie darüber beraten. Manchmal begegnete ich dabei Menschen, die offenbar viel mehr wussten als ich. Manche von ihnen hatten ihre Körpersprache zwar sehr gut im Griff, aber perfekt waren sie nicht. Wir hatten es mit verschiedenen Firmen zu tun, besonders in Kalifornien und im Raum Denver, die aktuelle Projekte laufen hatten. Dabei ging es um sicherheitsrelevante Arbeiten, von denen manche geheimer als geheim waren. Da ich indirekt auch mit diesen zu tun hatte, kenne ich den Unterschied. Innerhalb von langen Zeitspannen hört man gewisse Kommentare, von denen jeder einzelne, oberflächlich betrachtet, nichts bedeutet. Aber wenn man sie alle zusammen betrachtet, fünf bis zehn Kommentare, die man innerhalb von vier bis fünf Jahren gehört hat, dann entdeckt man allmählich einen Zusammenhang.

Dieser Zusammenhang weist im Wesentlichen darauf hin, dass es innerhalb der Luft- und Raumfahrtindustrie eine Menge »Schwarzer Projekte« gibt, die im Laufe der Zeit immer verdeckter wurden. Dabei geht es um Elektrogravitation, um skalare Technologie und so weiter. Wir glauben, dass nicht einmal die Leute im Kongress oder auch innerhalb des Militärs, die diese schwarzen Budgets abgesegnet haben, darüber Bescheid wissen. Diese Projekte wurden zur Gänze auf verschiedene Abteilungen verteilt und durch irgendwelche anderen Kanäle finanziert. In einem Fall weiß ich von einem verdeckten Projekt, dem in den 1980er Jahren Milliarden zusätzliche Dollars zuflossen, und man hat mir diskret versichert, dass sie ihr Budget nie um mehr als eine Million überzogen. Auch wurde dieses Schwarze Projekt dazu benutzt, Milliarden von Dollar irgendeinem anderen Ziel zuzuführen, das hat ein gewisser Herr mir gegenüber zugegeben.

Das war in Northrop, in der Fertigungsanlage 29.

Wenn man sich den Ablauf all dieser Ereignisse im Zusammenhang betrachtet, wird man gezwungen, den Kopf aus dem Sand zu ziehen und sich zumindest eine Sonnenbrille aufzusetzen, damit man in die grelle Sonne blicken kann, um herauszufinden, worum es bei alledem wirklich geht. Aufgrund meiner Arbeit wusste ich schon 1985, dass der Kalte Krieg sich seinem Ende zuneigte. Inzwischen war er zu einer anderen Art von Krieg mutiert. Und ich musste mich darauf vorbereiten, mich aus dem Geschäft zurückzuziehen, denn überall begann man die Budgets einzufrieren. Letzten Endes arbeitete ich dann als Berater für SAIC, für TRI-COR und für einige andere Firmen aus dem inneren Kreis. Allmählich zog ich mich auch aus diesem Arbeitsbereich zurück und wandte mich stattdessen direkt an die Endverbraucher. Ob Sie es glauben oder nicht: 1989 gründete ich in Neumexiko eine Kabelfirma.

Welche Mentalität, welche Einstellung haben diese Leute, denen ich in regelmäßigen Abständen begegnete und die anscheinend außerhalb der Strukturen stehen? Sie sind kein Teil der Kommandokette. Ihr Verhalten ist eindeutig das von Bürokraten. Da ich seit siebenundzwanzig Jahren mit ihnen zu tun habe, spüre ich ihre typische Ausstrahlung genau. Dennoch haben diese Leute eine Agenda, die sich von allem unterscheidet, dem man auf den üblichen Regierungsebenen begegnen würde.

Zum Beispiel arbeiteten wir in den frühen 1980er Jahren eine Zeit lang an einem Projekt für das Landwirtschaftministerium und den Bundesstaat Maryland. Wir wollten sie davon überzeugen, statt Lebensmittelmarken Kreditkartenmaschinen einzusetzen, die mit den jeweiligen Ladenkassen verbunden waren. Dazu brauchte man nur seine Ausweiskarte, oder nötigenfalls irgendeine höhere Zugriffskarte, in das Gerät einzulesen und dann eine Tastatur zu bedienen. Man musste lediglich eine PIN-Nummer eingeben, und schon konnte man seine Marken gegen Lebensmittel eintauschen. Denn damals, und meiner Meinung nach auch heute noch, gab und gibt es eine Menge Betrug mit Lebensmittelmarken, was jährlich Milliarden Dollar verschlingt.

Wir trafen viele hochrangige Mitarbeiter des Landwirtschaftsministeriums, denen dieses Programm unterstand. Und ihnen waren Zugangskontrollgeräte sehr vertraut, insbesondere nachdem wir sie über die Grenzen und Fähigkeiten dieser Technologien aufgeklärt hatten, wodurch sie jedes Jahr Milliarden öffentlicher Gelder hätten einsparen können. Und doch führte dieses Projekt zu nichts. Die Politik wollte damals keine Lösung für das Problem. Da fragt man sich, ob die Abgeordneten der großen Städte, die einen Großteil der Komiteemitglieder stellten, nicht manchmal einen Bonus einsteckten.

Wir tauschten damals eine Menge Informationen mit dem Landwirtschaftsministerium aus, aber ein bestimmter Abgeordneter dieses Ministeriums, dem wir begegneten, besaß ein Wissensniveau, dass das aller anderen weit überstieg. Und er hatte auch eine andere Einstellung. Eine geradezu apolitische Einstellung. Er dachte rein technisch und war eiskalt. Es wurden Fragen gestellt wie: »Wie schnell können Sie das herstellen? Wie schnell können Sie einen Herstellungsbetrieb dafür aufbauen? Wie viele Geräte können Sie gleichzeitig herstellen? Wie zuverlässig werden sie sein? Kann man ihre Speicher auch löschen? Gäbe es irgendwelche negativen Begleiterscheinungen, wenn man diese Chips in den menschlichen Körper implantieren würde? Würde der Körper sie wieder abstoßen?« Und so weiter. Interessanterweise haben uns die Bürokraten nie solche Fragen gestellt. Sie gingen einfach davon aus, dass unser Vertrag die Lösung solcher Probleme mit einschloss.

Meiner Meinung nach wurden diese Implantate tatsächlich eingesetzt. Durch meine militärischen Kontakte weiß ich, dass im Laufe der letzten zehn Jahre vielen Angehörigen der Spezialeinheiten solche Chips implantiert wurden. Vielleicht sogar schon seit noch längerer Zeit. Wie ich vorhin erwähnte, haben auch andere Personen solche Implantate erhalten. Eine Dame ließ sich eines entfernen, da es sie irritierte. Ein Chirurg entfernte den Chip und es stellte sich heraus, dass er der Technologie von 1979, die ich nach Washington und Denver gebracht hatte, sehr ähnelte.[12/13]

---

[12] Die Implantate, auf die William Pawelec anspielt, wurden entwickelt, um Entführungen durch Außerirdische zu simulieren. – *Steven M. Greer*

[13] Siehe in Teil 4: *Kosmische Täuschungen* die Zeugenaussage von Richard Doty über die Ereignisse bei einem möglichen falschen Alarm.

»Es ist Zeit, dass die Wahrheit ans Licht kommt. Hinter den Kulissen sind hochrangige Air-Force-Offiziere sehr besorgt wegen der UFOs. Aber aufgrund der offiziellen Geheimhaltung und der implizierten Lächerlichkeit werden viele Bürger dazu gebracht, unbekannte Flugobjekte für Blödsinn zu halten. Ich dränge darauf, dass der Kongress aktiv wird, um die Gefahren zu mindern, die sich aus der Geheimhaltung um die unbekannten Flugobjekte ergeben.«

– Vizeadmiral Roscoe Hillenkoetter, erster CIA-Direktor –

»Die CIA hat jeden halbwegs wichtigen Mitarbeiter der relevantesten Medien in der Tasche.«

– William Colby, ehemaliger CIA-Direktor –

»Die Aufgabe des Reporters ist es, die Wahrheit zu zerstören: unverhohlen zu lügen, zu pervertieren, zu verunglimpfen, das Geld anzubeten sowie sein Land und seine Rasse für das täglich Brot zu verkaufen. Sie wissen das und ich weiß es, also ist es Torheit, auf der sogenannten Pressefreiheit herumzureiten. Wir sind Werkzeuge und Vasallen der reichen Männer hinter den Kulissen. Wir sind die Hampelmänner: Sie ziehen an den Fäden und wir tanzen.
Unsere Talente, unser Potenzial und unser Leben sind im Besitz anderer Menschen. Wir sind intellektuelle Prostituierte.«

– John Swinton, ehemaliger Mitherausgeber der *New York Times* und der *New York Sun* –

»Wir werden wissen, dass unsere Desinformation komplett ist, wenn alles, was die amerikanische Öffentlichkeit glaubt, falsch ist.«

– William Casey, ehemaliger CIA-Direktor –

Geheime UFO-Akte

Das Verbergen der Wahrheit im Offensichtlichen

Zeugenaussagen

- Richard Doty, Special Agent des Air Force Office of Special Investigations (AFOSI: Air-Force-Büro für Sonderermittlungen)
- Daniel Sheehan, Anwalt
- John Callahan, ehemaliger Abteilungsleiter der FAA (Federal Aviation Administration = Bundesluftfahrtbehörde)
- Major George A. Filer III, Nachrichtenoffizier der Air Force
- Dr. Robert Wood, Luft- und Raumfahrtingenieur bei McDonnell Douglas Aerospace
- Michael Schratt, Militärhistoriker, Spezialgebiet Luft- und Raumfahrt

Kommentar von Dr. Steven M. Greer

Die Geheimhaltungsstruktur erstreckt sich auch auf die Bereiche der Wissenschaften und der Akademiker, wo man sich seit Jahrzehnten um eine stete, diskrete Desinformation bemüht. Die Mächtigen nutzen alles, von professionellen Verunglimpfern über von der CIA finanzierte Komitees und politische Torwächter bis zur Korruption der Medien, um mit Hilfe ihrer psychologischen Desinformationskampagne die Wahrheit über UFOs und Außerirdische zu verschleiern.

Die Desinformationskampagne begann offiziell 1952 mit dem Projekt *Blue Book*, das von der U.S. Air Force ins Leben gerufen wurde, um die Ängste zu zerstreuen, die die Öffentlichkeit aufgrund der UFOs empfand, und um jedermann zu versichern, dass man alles in seiner Macht Stehende tat, um dem Ganzen auf den Grund zu gehen. Später war der Chef des Projekts *Blue Book* Dr. J. Allen Hynek, ein Physikprofessor der staatlichen Universität Ohio. Hynek äußerte sich schließlich dazu und gab zu, dass die Kampagne finanziert worden war, um die UFO-Berichte zu widerlegen und nicht, um die Wahrheit herauszufinden.

Im Jahre 1953 wurde als Reaktion auf *Blue Book* ein akademisches Komitee gegründet, das sich *Robertson Panel* nannte und von dem Mathematiker und Physiker Howard P. Robertson geleitet wurde. Es bestand aus den anerkanntesten Physikern und Professoren dieser Epoche. Die Aufgabe des *Robertson Panels* bestand darin, eine faire und unabhängige Analyse der UFO-Akten auszuarbeiten.

Wieder kam die wahre Natur dieses UFO-Gremiums ans Licht – diesmal in Form eines internen Dokuments, aus dem hervorging, dass die Mitglieder des Komitees sich der CIA gegenüber verantworten mussten und für die CIA arbeiteten: »... doch dies kann nicht enthüllt werden, da es sich um hoch geschätzte Wissenschaftler und Akademiker handelt.« Das Dokument fährt fort: »Das Ziel ist eine Verunglimpfung, die zu einer Abnahme des öffentlichen Interesses an ›Fliegenden Untertassen‹ führen wird, ein Thema, das heute eine starke psychologische Reaktion hervorruft.«

Als Nächstes kam das *Condon Committee*. Dieses »objektive Komitee« wurde 1968 gegründet und von Dr. Edward Condon, einem Professor an der Universität von Colorado, geleitet.

Sowohl Condon als auch sein gesamtes Komitee arbeiteten für die CIA. So viel zu den Akademikern. Und nun wenden wir uns einmal den wichtigsten Medien zu.

Dank Präsident Ronald Reagan und der Liberalisierung entscheiden nun eine Hand voll Firmenchefs, woraus sich die Tagesnachrichten zusammensetzen. Sie empfangen ihre Marschbefehle von der CIA, die jede beliebige Nachrichtenmeldung fabrizieren oder unterdrücken wird, um ihre eigene Agenda voranzutreiben. Wir haben aus erster Hand erfahren, wie die Geheimdienste die Medien beeinflussen, wenn diese versuchen, über solche Dinge zu berichten. Wir besitzen ein internes Memorandum, aus dem hervorgeht, mit welcher psychologischen Kriegsführung das Thema UFOs und Außerirdische geheim gehalten wird, indem man die Wahrheit im Offensichtlichen verbirgt.

Wie verbirgt man ein UFO im Offensichtlichen? Nehmen wir die Lichter von Phoenix als Beispiel. Eine der größten dokumentierten Sichtungen unserer Geschichte fand in der Nacht des 13. März 1997 zwischen 19:30 und 22:30 Uhr örtlicher Zeit über Phoenix, Arizona, statt. Tausende von Menschen berichteten von Lichtern unterschiedlicher Größe, die sie bei zwei verschiedenen Ereignissen beobachtet hatten. Bei einem Ereignis ging es auch um ein dreieckiges, V-förmiges Raumschiff, dessen Länge mehreren Fußballfeldern entsprach.

Wie gelang es Fife Symington, dem Gouverneur von Arizona, der dieses historische Ereignis selbst bezeugt hat, die Situation zu entschärfen? Am nächsten Tag gab er eine Pressekonferenz, bei der er auf der Bühne einen Mitarbeiter in einem Außerirdischen-Kostüm und in Handschellen vorführte.

Alle Zuschauer lachten – und indem er das ganze Ereignis ins Lächerliche zog, sorgte der Gouverneur dafür, dass eine ernsthafte, wissenschaftliche Untersuchung nun nicht mehr in Frage kam.

Während einer Diskussion über die Käuflichkeit unserer Medien wandte sich ein Vorstandsmitglied von TIME/Life eines Tages an mich und sagte: »Dr. Greer, wir sind im Prinzip lediglich Hofberichterstatter, denen die rechte Hand des Königs ihre Texte diktiert … Die Presse hat keinen Einfluss mehr.«

Das ist eine ernste Sache, und zwar nicht nur aufgrund der UFO-Außerirdischen-Thematik. In einem CIA-Dokument steht: »Das Amt für öffentliche Angelegenheiten [Public Affairs Office = PAO] unterhält nun Beziehungen zu Reportern in *allen* wichtigen Nachrichtenagenturen, Tageszeitungen, Wochenmagazinen und Fernsehnetzwerken des Landes. In vielen Fällen konnte das PAO Journalisten davon überzeugen, Beiträge zu verschieben, zu verändern, zurückzuhalten und sogar fallen zu lassen, die die Interessen der nationalen Sicherheit hätten verletzen oder Quellen und Methoden gefährden können.«

Die Korruption der Medien bedeutet, dass unsere Demokratie untergraben worden ist und unsere in der Konstitution verankerten Grundrechte ebenfalls. Wenn der Informationsfluss der Elitemedien kontrolliert wird, so dass man seine Informationen nur noch in den Klatschblättern findet, was den Mächtigen nur Recht ist, da alles dort Abgedruckte automatisch angezweifelt wird, oder auch im Internet, wo Fehlinformationen sich ohnehin innig mit relevanten Fakten mischen, so dass niemand weiß, was er davon halten soll, dann erzeugt man eine völlige Verwirrung.

Und somit leben wir alle in einer realen Version des Filmes *Die Truman Show*. Alle glauben, bei uns gäbe es Pressefreiheit, aber das stimmt nicht. Alle glauben, dass wir in einer Demokratie leben, aber das tun wir nicht. Jeder glaubt, dass unsere führenden Wissenschaftler nicht korrumpiert sind, aber das ist ein Irrtum.

Im Mai 2001 gab das *Disclosure Project* (www.Sirius.Disclosure.com) eine große, internationale Pressekonferenz im National Press Club in Washington, D.C. Gastgeberin war die legendäre Sarah McClendon, eine Berichterstatterin des Weißen Hauses. Über zwanzig Geheimnisträger aus der Regierung, dem Militär, den Geheimdiensten und dem privaten Sektor waren als Zeugen von UFO-Ereignissen und sachbezogenen Projekten anwesend. Im Ballsaal des Nationalen Presseclubs drängten sich Medienmitarbeiter aus der ganzen Welt, und CNN, BBC, Fox und andere Nachrichtensender berichteten – wenn auch kurz – über das Ereignis.

Die zweistündige Veranstaltung gehörte zu den meistbesuchten Live-Pressekonferenzen im Internet. Wir verlangten eine gründliche Untersuchung der illegalen, verdeckten Projekte und Programme, die mit UFOs oder mit geheimen Energie- und Antriebssystemen zu tun hatten. Anhörungen im Kongress wurden gefordert und die Medien dazu aufgerufen, die Angelegenheit eingehend zu durchleuchten. Zehntausende von Menschen schrieben an Kongressmitglieder und an Präsident George W. Bush und verlangten ausführliche, öffentliche Anhörungen einiger der über vierhundert Zeugen aus dem Regierungs- und Militärbereich, die das *Disclosure Project* identifiziert hatte.

Interessanterweise wurde die erste Stunde der Veranstaltung elektronisch blockiert, und zwar, laut der Internet-Hosting-Firma Connect Live, von »jemandem außerhalb des Presseclubs«. Später bestätigten einige Quellen, dass hier ein elektronischer Angriff auf unsere Live-Sendung stattgefunden hatte.

Produzenten in den Chefetagen zweier großer Medienkonzerne, die im Vorfeld informiert worden waren und ausführliche Berichte in ihren Nachrichtenmagazinen geplant hatten, sagten mir später, dass es ihnen nicht gestattet worden war, die Untersuchung weiterzuführen und ihre Berichte zu senden. Als ich fragte warum, antworteten sie schlicht: »Sie lassen es einfach nicht zu.« Und als ich fragte, wer »sie« seien, bekam ich zur Antwort: »Dr. Greer, Sie wissen doch, wer ›sie‹ sind …«

Allerdings.

Zeugenaussage

Richard Doty war Special Agent bei der Spionageabwehr der Air Force und gehörte dem Air-Force-Büro für Sonderermittlungen (AFOSI) an. Er war auf dem Air-Force-Stützpunkt Kirtland in Neumexiko, dem Air-Force-Stützpunkt Nellis (der sogenannten Area 51) und andernorts stationiert und konzentrierte seine Arbeit acht Jahre lang auf UFOs und Außerirdische.

Was wir in der Gegenspionage sonst noch taten, um einen Stützpunkt zu schützen, war das Rekrutieren von Leuten außerhalb des Stützpunkts, die uns dann Bericht erstatten sollten. Als ich in Kirtland war, unterhielten wir eine ganze Gruppe von Experten, die absolut jeden anwerben konnten. Wir bezeichneten sie als »Bauernfänger«. Sie rekrutierten vorwiegend Leute von der Presse, denn die wissen ja immer alles zuerst. Wir hatten also Spitzel in jeder Nachrichtenagentur und jedem Fernseh- und Radiosender in der Gegend um Albuquerque und Santa Fé.

Wir hatten eine Frau aus einem Lokalsender in Albuquerque angeworben, die später zum landesweiten Hauptsender NBC wechselte, und sie hat uns alles erzählt. Dabei sollte sie ihre Berichte gar nicht uns geben, sondern jemandem aus Washington. Und sie erzählte uns viele Dinge, noch bevor sie geschahen.

Diese Art von »Kapital« konnte verhindern, dass Berichte veröffentlicht wurden. Es ging dabei keineswegs nur um UFOs, sondern um alles, was mit der Air Force oder dem Militär oder der Sicherheit des Stützpunkts oder mit Spionage und dergleichen zu tun hatte. Wenn unsere Spitzel irgendetwas hörten, von dem sie dachten, es könnte uns interessieren, ließen sie es uns wissen. Wir hatten auch hoch gestellte Produzenten und Regisseure auf unserer Seite, die Sendungen verhindern konnten.

Wir bezahlten sie gut für ihre Dienste. Eine der Motivationen dafür, dass Menschen sich anwerben lassen, ist die Bezahlung, und wir bezahlten in bar. Wir hatten irgendein Formular, das wir ihnen gaben – ich glaube, wenn es um mehr als fünfzig Dollar ging, mussten sie es unterschreiben. Manche Summen waren sehr hoch.

Wir sagten ihnen immer: »Sie müssen das beim Finanzamt angeben.« Natürlich gaben wir unser Formular nicht beim Finanzamt ab, aber das haben wir ihnen nicht gesagt.

Wir hatten immer Geld. Es gab verschiedene Finanzierungsmöglichkeiten. Wenn man irgendeine Operation plante, zum Beispiel eine Gegenspionage-Aktion, und fünftausend Dollar dafür brauchte, dann erhielt man eine Nummer. Es hieß, ja gut, das Geld ist da und dort und jemand wird es in einer Bank an diesem oder jenem Ort einzahlen – und dann konnten wir darüber verfügen. Oder sie gaben uns Gutscheine, die demselben Zweck dienten. Aber es gab verschiedene Geldquellen. Ich weiß nicht genau, woher sie stammten. Ich bin sicher, es waren Gelder, die irgendeine höhere Instanz der Regierung bereit stellte. Der Kongress segnet die Budgets ab und es gibt viele verdeckte Projekte und schwarze Finanzierungen, und bestimmt wurden wir aus diesen Fonds unterstützt.

Was den genauen Finanzierungsmodus dieser geheimen Projekte und Operationen angeht – das findet alles auf einer höheren Ebene statt, die weit über meinem Gehaltsniveau liegt. Darüber weiß ich nichts.

Zeugenaussage

Daniel Sheehan ist Anwalt. Als Teilhaber der Kanzlei Floyd Abrams arbeitete er in der First Amendment Division, der Abteilung Erster Zusatzartikel, und vertrat den Nachrichtensender NBC sowie die »New York Times«. Er war auch einer der Verteidiger der »New York Times« im Fall der Pentagon-Papiere und einer der Anwälte der Firma F. Lee Bailey, die James McCord im Watergate-Prozess vertrat. Außerdem war er der Hauptverteidiger im Fall Karen Silkwood.

Kann die Regierung ein Geheimnis bewahren? Kann sie den wichtigsten Medien einen Bericht untersagen?

Ich war Hauptverteidiger im Fall Karen Silkwood gegen Kerr McGee, einer Nuklearfabrik in Oklahoma. Die Öffentlichkeit hat nie erfahren, dass dieses Unternehmen 98 Prozent reines, bombentaugliches Plutonium aus seinen Firmengebäuden nach Israel, in den Iran, nach Südafrika und nach Brasilien schmuggelte. Tatsächlich war diese Information der CIA bekannt, die über alles, was Israel betraf, mit der Produktionsleitung zusammenarbeitete. Ich selbst habe Peter D. H. Stockton darüber informiert, einen Hauptermittler des Repräsentantenhauses im Komitee für Energie und Umwelt. Er gab diese Information persönlich an den Kongressabgeordneten John Dingle weiter. Dingle stellte den Direktor der CIA, Stansfield Turner, zur Rede und verlangte eine Untersuchung. Die Untersuchung wurde auch durchgeführt und bestätigte die Tatsachen, aber sie wurden der amerikanischen Öffentlichkeit trotzdem vorenthalten. Es war ein eindeutiger Bruch des Vertrages zur Nichtverbreitung von Atomwaffen, zu deren wichtigsten Unterzeichnern die Vereinigten Staaten gehörten.

Die *New York Times* hat nichts darüber gedruckt, obwohl man dort Bescheid wusste. Die CIA und die NSA haben Mitarbeiter in jedem großen nationalen Nachrichtenkonzern in den Vereinigten Staaten. Ich habe sogar ein klassifiziertes Dokument gesehen, in dem stand, dass es im Jahr 1990, als ich das Dokument las, zweiundvierzig verschiedene hauptberufliche, voll bezahlte Geheimdienstler der CIA, der NSA und der militärischen Spionageabwehr in den zehn wichtigsten Nachrichtenagenturen der Staaten gab. Sie arbeiteten verdeckt dort und ihre Aufgabe war es, die Veröffentlichung sämtlicher Informationen, die mit der nationalen Sicherheit zu tun hatten, zu verhindern. Ich weiß also, dass das stimmt, und habe sogar persönlich mit ihnen gesprochen. Sie haben mir gegenüber zugegeben, wer sie waren und was sie taten, denn sie wurden auf einen unserer Berichte aufmerksam, in dem es um die Rebellen im Iran ging. Beim *Time Magazine* arbeitete ein Mann, der hauptberuflich CIA-Agent war.

Die Pressefreiheit ist ein Mythos. Keith Schneider, während des iranischen Aufstandes Berichterstatter für die *New York Times*, gab sämtliche Daten an sie weiter ... die Seriennummern der Flugzeuge, die Drogenschmuggelringe, einfach alles, was sich dort abspielte. In einem persönlichen Gespräch sagte mir Keith Schneider: »Weißt du, Dan, wir von der *New York Times* haben eine erstklassige Quelle innerhalb der Geheimdienste.« Und ich sagte: »Ja, Keith. Du sprichst mit jemandem, der Rechtsberater bei der *Times* war. Wir waren es, die die eidesstattlichen Erklärungen von Teddy Sorenson erhielten.«

Er sagte: »Na ja, ehrlich gesagt bestätigt unsere Quelle beim Geheimdienst deine Geschichte nicht, und deshalb wird die *New York Times* sie auch nicht drucken.«

So funktioniert die freie Presse in Amerika derzeit.

Zeugenaussage

John Callahan, ehemaliger Abteilungsleiter in der Bundesluftbehörde (FAA), Abteilung für Unfälle und Ermittlungen in Washington, D.C.

Das folgende Ereignis fand 1986 statt und begann mit einem Anruf von unserer Abteilung in Alaska. Der dortige Mitarbeiter sagte: »Wir haben hier ein Problem, das ganze Büro ist voller Medienleute und ich weiß nicht, was ich ihnen sagen soll. Letzte Woche hat hier ein UFO eine 747 ungefähr eine halbe Stunde lang quer über den ganzen Himmel gejagt. Anscheinend ist das bekannt geworden und jetzt haben wir all diese Berichterstatter hier, und ich möchte wissen, was ich ihnen sagen soll.«

Als alter Regierungsbeamter antwortete ich ihm das, was man in solchen Fällen immer sagt, nämlich, dass bereits eine Untersuchung stattfände und er mir die ganzen Daten zusammenstellen solle. Ich sagte, er möge sämtliche verfügbaren Radaraufzeichnungen und sonstigen Daten per Blitzkurier ins (FAA-)Technikzentrum in Atlantic City schicken.

Sie riefen das Militär an, und die wollten ebenfalls alle Aufzeichnungen. Die FAA kontrolliert den gesamten Luftraum über den Vereinigten Staaten und ihren Hoheitsgebieten. Der Luftraum gehört nicht dem Militär und nicht den Jungs, die die Raketen abfeuern. Er gehört der Regierung der Vereinigten Staaten und wird von der FAA kontrolliert.

Das Militär sagte, sie wären knapp an Videobändern, deshalb hätten sie sie überspielen müssen.

Ich fand es seltsam, dass die Videoaufzeichnungen des Militärs verschwunden waren. Da stimmte etwas nicht. Es waren fünfzehn von den dreißig Tagen, in denen Radaraufzeichnungen aufbewahrt werden müssen, vergangen, und mein erster Eindruck war, dass das Militär mehr als wir darüber wusste, wer diese Besucher waren, und das sollte niemand anders erfahren. Und natürlich wissen die Leute auf den niedrigeren Ebenen eigentlich nicht, was auf den Ebenen über ihnen passiert. Wenn da jemand auftaucht und sagt, wir müssen diese Videobänder wieder einsetzen, dann setzen sie sie wieder ein. Ihnen ist das egal.

Der Geschäftsführer der FAA schickte meinen Chef, den stellvertretenden Direktor der FAA, und mich nach Atlantic City. Wir sollten das Material sichten und feststellen, ob es Grund zur Besorgnis gab. Wir brauchten zwei Tage, um die ganzen Informationen durchzukämmen. Als wir dort ankamen, sagten wir, dass wir einen Raum genau so eingerichtet haben wollten wie der Raum in Anchorage während der Begegnung eingerichtet gewesen war, und wir wollten sämtliche Daten auf dem Radarschirm haben, so dass wir alles sehen und hören konnten, was der ursprüngliche Fluglotse gesehen und gehört hatte.

Einige Leute, die auf der anderen Seite des Zauns arbeiteten und uns dies auch deutlich spüren ließen, hatten die Aufzeichnungen bereits gesehen und wollten unseren Zugriff eigentlich verhindern. Aber wir sahen trotzdem das gesamte Material.

Die 747 der Japanese Airline überflog Alaska aus dem Nordwesten kommend auf einer Höhe von 9.500 bis 10.500 Metern. Es war gegen elf Uhr abends. Der Pilot hatte den Kontrollturm gefragt, ob es in dieser Flughöhe irgendwelchen Luftverkehr gäbe. Und der Fluglotse sagte, nein. Der Pilot versetzte, er habe aber in etwa zehn Kilometern Entfernung ein Objekt auf seinem Schirm, in der Elf- bis Ein-Uhr-Position.

Bei der 747 ist ein Wetterradar in der Nase der Maschine installiert, und das hatte ein ziemlich großes Objekt erfasst.

Der Pilot konnte es mit eigenen Augen sehen. So wie er es beschrieb, handelte es sich um einen großen Ball – vier Mal größer als die 747! –, um den herum Lichter tanzten.

Der Militär-Fluglotse sagte: »Ich sehe die Maschine, sechsundfünfzig Kilometer nördlich von Anchorage. Aber was ist das für ein Objekt in ihrer Elf- bis Ein-Uhr-Position?« Der FAA-Lotse sagte: »Ich habe keinerlei regulären Flugverkehr. Haben Sie jemanden in der Luft?« Und der Militärlotse antwortete: »Nein, unser gesamter Luftverkehr ist im Westen.«

Während des Ereignisses sagte der japanische Pilot mehrmals: »Jetzt ist das Objekt in der Elf-Uhr-Position ... Jetzt ist es in der Ein-Uhr-Position ... Jetzt ist es in der Drei-Uhr-Position.« Das UFO umkreiste die 747. Wenn der Pilot so etwas sagte, schaltete sich der Militär-Fluglotse ein und bestätigte die Position. Das Militär hat Radar, das die Höhe erfasst, und sowohl Langstrecken- als auch Kurzstreckenradar. Wenn sie ein Objekt also auf dem einen Radarsystem nicht finden, dann entdecken sie es auf einem der anderen Systeme. Wir hörten, was der militärische Fluglotse sagte, zum Beispiel: »Ich habe das Objekt auf dem Höhenradar« oder »Ich habe es auf dem Langstreckenradar«, und das bedeutet, dass seine Systeme das Objekt erfassten.

Das Ganze dauerte fünfunddreißig Minuten. Das UFO verfolgte die japanische 747 mal in der einen, mal in einer anderen Position. Nach einer Weile veränderte der Pilot seine Höhe, aber das Objekt blieb in seiner Nähe. Er führte eine Kehre von 360 Grad durch. Wenn man eine 747 um 360 Grad wendet, dann dauert das ein paar Minuten, weil man dabei so viel Luftraum durchqueren muss. Aber das Objekt war immer noch da. Es war entweder vor der 747 oder neben ihr oder hinter ihr. Der Pilot sah es in der Ein-Uhr-Position, acht bis zehn Kilometer vor der 747. Und dann, bei der nächsten Radarerfassung (zehn Sekunden später), war es acht bis zehn Kilometer hinter ihm.

Es hielt sich immer acht bis zehn Kilometer von der 747 entfernt.[14]

Als die japanische 747 schließlich den amerikanischen Luftraum verließ, näherte sich eine Maschine der United Airlines, die in Alaska landen wollte. Der Fluglotse teilte ihrem Piloten mit, dass die japanische 747 von einem UFO gejagt worden sei, und bat ihn, auf seiner Flughöhe zu bleiben, um das zu überprüfen.

Der Pilot der United-Maschine sagte: »Gut ... mach ich.«

---

[14] Beachten Sie die vertrauten, nicht linearen Flugmanöver dieses UFOs, das in unter zehn Sekunden viele Kilometer zurücklegte. Dies wird durch Dutzende anderer UFO-Radaraufzeichnungen bestätigt, die während der Aussagen vieler anderer Zeugen vorgelegt wurden. Siehe auch das Buch *Disclosure: Military and Government Witnesses Reveal the Greatest Secret in Modern History* von Dr. Steven M. Greer sowie die Zeugenaussagen unter www.youtube.com/user/SDisclosure.

Also ordnete der Kontrollturm eine Linksdrehung von etwa zwanzig Grad an, hielt die Maschine auf derselben Flughöhe und schickte sie sozusagen der japanischen 747 entgegen.

Als die beiden Flugzeuge aneinander vorbei geflogen waren, folgte das UFO dem United-Flug durch den Luftraum nach unten, bis die Maschine im Landeanflug war – und dann verschwand das UFO einfach.

Als unsere Vorgesetzten bei der FAA die Berichte lasen, beschlossen sie, dass sie die FAA schützen mussten. Man kann nicht einfach sagen, man habe ein Objekt gesehen, aber so stand es im Bericht. Sie verlangten, den Wortlaut zu ändern, und dann stand da stattdessen »Positionssymbol« – und das klingt ja, als sei es eigentlich gar kein Zielobjekt gewesen. Wenn das aber kein Zielobjekt war, dann sind viele andere Positionssymbole, die wir auf dem Radar erfassen, ebenfalls keine Zielobjekte. Und als ich das las, dachte ich: »Irgendetwas stimmt hier nicht, irgendjemand macht sich wegen irgendetwas Sorgen oder man versucht, etwas zu verbergen.«

Am nächsten Tag kehrten wir nach Washington zurück. Der Verwaltungschef der FAA rief meinen Chef an und fragte, ob er ein Problem habe. Mein Chef sagte: »Wir haben ein Video davon gemacht, und es sieht so aus, als sei da vielleicht etwas gewesen.« Der Verwaltungschef bat uns nach oben in sein Büro, wo wir ihm eine fünfminütige Zusammenfassung der Ereignisse geben sollten.

Wir fuhren also in den zehnten Stock des FAA-Hauptquartiers in Washington, D.C., hinauf und gaben Admiral Engen, dem damaligen Leiter der Administration, unsere fünfminütige Auswertung. Er wollte das Video sehen, also schlossen wir das Gerät für ihn an.

Schon nach fünf Minuten befahl er seinem Stab, alle seine Termine abzusagen. Dann sah er sich den Rest an, der über eine halbe Stunde dauerte.

Als die Aufzeichnung vorbei war, fragte uns der Admiral nach unserer Meinung. Mein Chef gab ihm eine politisch korrekte Antwort, indem er entgegnete, er wisse nicht genau, was das gewesen war. Der Admiral befahl uns, mit niemandem darüber zu reden, bevor er es nicht ausdrücklich gestattete.

Und am nächsten Tag erhielt ich einen Anruf von jemandem in einer wissenschaftlichen Forschungsabteilung, die entweder Präsident Reagan oder der CIA unterstand. Er wollte mir Fragen über den Zwischenfall stellen. Ich sagte: »Ich weiß nicht, wovon Sie sprechen. Wahrscheinlich möchten Sie mit Admiral Engen reden.«

Wenige Minuten später rief der Admiral uns an und teilte uns mit, dass er für neun Uhr am nächsten Morgen im »runden Zimmer« ein Briefing angeordnet hatte. Er bat uns, alles mitzubringen, was wir hatten, und jedem Zugriff darauf zu gestatten.

Im Prinzip wollte die FAA nichts mehr damit zu tun haben.

Also brachte ich all die Leute aus dem Technik-Zentrum mit. Sie hatten jede Menge Schachteln voller Daten, denn wir hatten sie gebeten, alles auszudrucken. Es war genug Material, um den ganzen Raum zu füllen. Drei Leute vom FBI waren anwesend, drei von der CIA und drei von Reagans Team für wissenschaftliche Studien. Ich weiß nicht, wer die anderen Leute waren, aber alle waren sehr aufgeregt.

Wir zeigten ihnen das Video. Daraufhin hatten sie alle möglichen Fragen über die Funkfrequenz und die Drehgeschwindigkeit der Antennen, und sie wollten wissen, wie viele Radarsysteme und Antennen im Spiel gewesen waren und wie die Daten verarbeitet wurden. Sie waren alle sehr nervös, denn dies war das erste Mal, dass sie dreißig Minuten lang Radardaten über ein UFO gesehen hatten.

Als man mich nach meiner Meinung dazu fragte, antwortete ich, es sähe ganz so aus, als hätten wir da tatsächlich ein UFO am Himmel gehabt. Der Grund dafür, dass man es nicht ständig auf dem Radar sehen konnte, war, dass es sich um ein zu großes Flugobjekt handelte und als Wetterphänomen behandelt worden war, damit wir keine Aufzeichnungen machen konnten (das Wettererfassungssystem ist darauf programmiert, solche Dinge auszufiltern). Der japanische Pilot hatte es gesehen und sogar Skizzen davon gezeichnet.

Später übten sie aufgrund seiner Aussagen großen Druck auf ihn aus und sagten, er würde Schande über sein Land bringen.

Als jeder alles gefragt hatte, verlangte ein Mann von der CIA von allen Anwesenden, einen Eid darauf zu schwören, dass all dies nie geschehen war. Wir hatten nie einem solchen Treffen beigewohnt. Und es gab auch keine Aufzeichnungen darüber. Er sagte, wenn jemand der amerikanischen Öffentlichkeit gegenüber durchblicken ließe, dass wir einem UFO begegnet waren, würde das eine landesweite Panik auslösen.

Die Gruppe nahm die Aufzeichnungen mit ... Nur ich besaß das Original-Video und den Bericht des Piloten, den wir empfangen hatten, sowie den ersten Bericht der FAA. Das lag alles unten auf meinem Schreibtisch.

Sie haben mich nicht nach diesen Unterlagen gefragt, also habe ich sie ihnen nicht gegeben. Und später, als ich in Pension ging, habe ich das alles mitgenommen. Und seitdem haben wir es einfach aufbewahrt.[15]

Unsere militärischen Fluglotsen sagten, sie hätten es gesehen. Unsere FAA-Fluglotsen sagten ebenfalls, sie hätten es gesehen. Nach einiger Zeit änderten die FAA-Fluglotsen jedoch ihre Aussage und behaupteten, eigentlich hätten sie gar nicht das fragliche Objekt gesehen, sondern irgendetwas anderes – und das klang, als hätte ihnen jemand dabei geholfen, ihre Berichte auszufüllen.

Aber wem erzählt man, dass man in ein UFO-Ereignis verwickelt war, ohne dass man schief angesehen wird? So ist unser Land nun einmal gestrickt. Die einzigen Leute, die UFOs im Fernsehen sehen, sind Landeier, die nachts auf die Jagd nach Waschbären oder Alligatoren gehen. Wenn man erzählt, man habe ein UFO gesehen, wird man sofort in eine schräge Kategorie eingeordnet. Das ist wahrscheinlich einer der Gründe dafür, dass man nichts mehr darüber hört. Aber was mich angeht, habe ich auf einer Radaraufzeichnung selbst gesehen, wie ein UFO eine 747 quer über den Himmel jagte. Und es flog schneller als alles, was unserer Regierung meines Wissens zur Verfügung steht.

Der leitende Unteroffizier bei NORAD (North American Aerospace Defense Command: Nordamerikanisches Luft- und Weltraum-Verteidigungskommando) weiß ebenfalls davon, er nahm mich kurz zur Seite und sagte mir das. Ich bestand darauf, dass man darüber zumindest einen Bericht schreiben müsse. Er antwortete, es gäbe durchaus ein Formular für einen solchen Bericht. Es sei etwa zweieinhalb Zentimeter dick, und nur die ersten beiden Seiten seien mit der Sichtung befasst.

[15] Wir haben das gesamte Material erhalten, inklusive des Radar-Videos, der ATC-Mitschriften der Dialoge, des FAA-Berichts und aller Computerausdrucke, die mit dem Ereignis zu tun hatten. Die Tragödie des JAL-Piloten ist eine schmerzhafte Erinnerung daran, wie stark der Druck einer drohenden Verunglimpfung sein kann, wenn es darum geht, die ganze Angelegenheit geheim zu halten. Der Pilot war gezwungen, über längere Zeit einen Schreibtischposten zu übernehmen, und wurde in beträchtlichem Maße gedemütigt. – *Steven M. Greer*

Der Rest sei im Prinzip ein psychologisches Profil des Einreichers und seiner Familie, seiner Abstammungslinien und dergleichen.

Wenn die Air Force so etwas durchzieht, kann sie einen total in Verruf bringen, indem sie zum Beispiel behauptet, man habe unter dem Einfluss von Drogen gestanden oder die Mutter des Sichtenden sei Kommunistin gewesen oder sonst etwas Diffamierendes. Man würde nie befördert werden und die nächsten dreieinhalb Jahre am Nordpol verbringen. Dort müsste man in einem Zelt leben und die Wetterballons kontrollieren, ohne je auf eine Versetzung hoffen zu können. Die Ansage war also ziemlich deutlich: Halt einfach die Klappe und sage nichts, zu niemandem.[16]

Zeugenaussage

Major George A. Filer III. war Nachrichtenoffizier der Air Force. Er diente als Navigator verschiedener Transportflugzeuge für Flugzeuge und Panzer und hat häufig Generäle und Kongressmitglieder über die Möglichkeiten und etwaigen Bedrohungen der U.S. Air Force informiert.

Erst ungefähr 1962 habe ich zum ersten Mal selbst ein UFO gesehen. Damals überflogen wir in einer Panzertransportmaschine England und der Kontrollturm in London bat uns, einen dieser Flugkörper abzufangen. Wir hatten gerade aufgetankt und übernahmen diese Mission. Wir waren über der Nordsee und sie baten uns, das Zentrum der britischen Insel zu überfliegen. Wir waren mit knapp siebenhundert Stundenkilometern unterwegs, als wir unsere Flughöhe reduzierten, um dieses Objekt abzupassen. Sie hatten uns Kompasskurse geschickt, und das Objekt schwebte ungefähr über dem Gebiet zwischen Oxford und Stonehenge, in dreißig bis vierzig Kilometern Höhe. Ich sah es auf dem Radarschirm, wo es ziemlich groß dargestellt wurde.

Wir überflogen damals häufig die Brücke, die den Firth of Forth überspannt. Sie sieht der berühmten Brücke von San Francisco sehr

[16] In Anhang 6 finden Sie relevante Nachweise.

ähnlich und ist ebenfalls ziemlich lang – und die scharfe Wiedergabe des UFOs wirkte auf unserem Schirm so, als sei es etwa genauso groß. Mit anderen Worten, das Radar zeigte ein großes Objekt. Offenbar hatte es auch der Kontrollturm in London auf dem Schirm und schickte uns die Koordinaten. Als wir nur noch etwa anderthalb Kilometer von dem UFO entfernt waren, verschwand es einfach im Weltraum – es raste mit mehreren tausend Stundenkilometern direkt nach oben. Ehrlich gesagt besaßen wir diese Fähigkeit nicht einmal annähernd – jedenfalls meines Wissens.

Meiner Einschätzung nach war es ein untertassenartiges Fluggerät, aber ziemlich dick – es war nämlich sowohl auf der oberen als auch auf der unteren Seite beleuchtet. Es war nicht nur ein flaches, scheibenförmiges Objekt, sondern hatte oben eine Art Kuppel. Falls die Radarauswertung korrekt war, maß es etwa fünfhundert Meter – ich meine, es war wirklich riesig. Wir schrieben das alles ins Logbuch des Navigators.

Ich hatte auch eine Sichtung hier, in Briarwood Lake bei Medford in New Jersey, wo ich wohne. Wir waren damals gerade erst in dieses Haus eingezogen. Ich schätze, es war gegen drei Uhr morgens. Ich schlief neben meiner Frau im Bett, als das Zimmer plötzlich, mitten in der Nacht, sehr hell wurde. Ich stand auf, öffnete den Vorhang und blickte hinaus auf den See.

Ich weiß nicht, wie viele Menschen je gesehen haben, wie ein Unterseeboot auftaucht und wie viel Wasser dabei nach oben gedrückt wird – aber daran erinnerte es mich. Es war wie eine zehn Meter große Scheibe, die da auftauchte, und mir erschien es so, als liefe Wasser daran ab. Rund um das Objekt erkannte ich Ionisierung – es sah aus wie die Nordlichter. Es bewegte sich eine Weile über der Seeoberfläche und flog dann mit ziemlich hoher Geschwindigkeit davon. Ich habe anschließend viele Nachbarn befragt und war erstaunt, wie viele von ihnen schon Objekte über diesem See gesehen hatten.

Gelegentlich habe ich damals die Generäle über UFO-Sichtungen auf der ganzen Welt informiert. Eine davon, die 1976 stattfand, ist mir besonders in Erinnerung geblieben. Es handelt sich um eine berühmte Begegnung in der Nähe von Teheran.

Um diese Zeit erzählte mir ein bestimmter Colonel, dass die F-106 einen neuen Geschwindigkeitsweltrekord aufgestellt habe. Sie flogen diese Maschine mit Höchstgeschwindigkeit und stießen dann auf ein UFO herab, das in einem Tal schwebte. Genau wie bei meinem eigenen Erlebnis in England flog das UFO fort, sobald sie sich näherten, und zwar so schnell, dass sie das Gefühl hatten, still zu stehen. Sie flogen mit etwa fünfundzwanzigtausend Stundenkilometern, oder wie hoch auch immer der damalige Weltrekord für ein Flugzeug im Steilflug war, aber die Piloten des UFOs verfügten über Fähigkeiten, die alles überstiegen, was wir damals und noch viele Jahre später besaßen – auch heute noch nicht, wie ich glaube.

Ich glaube, dass diese Fluggeräte nicht menschlicher Herkunft sind und eine andere Art von Antriebssystem besitzen und dass sie als Kundschafter hierherkommen.

Ich habe mit einer Reihe von Astronauten gesprochen, die sie ebenfalls gesehen haben, und mit anderen Armeepiloten – ich erinnere mich insbesondere an Captain Ramidge, mit dem ich in Athen gearbeitet habe. Während des Korea-Krieges flog ein UFO neben seinem rechten Flügel her und blieb dort mehr als eine Stunde lang. Aber es klebte nicht einfach an seinem Flügel, sondern vollführte regelrechte Kunststücke rund um sein ganzes Flugzeug herum! Ich bin mir über die genaue Zahl nicht sicher, aber ich glaube, rund zehn Prozent aller Piloten und Flugmannschaften, die man fragt, haben Sichtungen erlebt.

Vor ein paar Jahren saß ich hier in diesem Zimmer, als ein Colonel der Spionageabteilung mir berichtete, die gesamte Mannschaft seiner B-52 habe ein UFO gesehen. Sie wissen ja, solche Leute setzen sich nicht freiwillig vor eine Kamera und erzählen so etwas, aber es gibt unheimlich viele Menschen, die so etwas beobachtet haben. Ich finde, es ist Zeit, dass all die verschiedenen Geheimprogramme öffentlich werden. Diese Geheimniskrämerei ist mehr als lächerlich. Sobald jemand so etwas erzählt, sagen gleich alle, tja, er muss verrückt sein – er glaubt an UFOs. Und dieser Lächerlichkeit wurde man preisgegeben, wenn man etwas gesehen hatte. Aber ich habe mitbekommen, dass auch sehr viele Polizisten UFOs gesehen haben und sehr viele Leute vom FBI und sehr viele Angehörige des Militärs.

Früher habe ich hin und wieder Atomwaffen transportiert. Mit anderen Worten: Man hielt meinen Geisteszustand für stabil genug, um

Atomwaffen zu transportieren – aber sobald ich von einer UFO-Sichtung berichte, bin ich unzurechnungsfähig.

Zeugenaussage

Dr. Robert Wood ist Luft- und Raumfahrtingenieur bei McDonnell Douglas Aerospace.

Ich habe einen akademischen Grad als aeronautischer Ingenieur von der Universität Colorado und erhielt später einen Doktorgrad der Physik in Cornell. Als junger Ingenieur ging ich direkt zu McDonnell Douglas und blieb dort dreiundvierzig Jahre lang. Im Laufe der Zeit war ich für verschiedene Aspekte unserer Forschungs- und Entwicklungsprogramme verantwortlich, zuletzt auch für die Raumstation.

In den später 1960ern gab es in der Öffentlichkeit ziemlich viele Informationen über UFO-Ereignisse. Eines Tages sagte mir mein Chef, dass General Shreever, der Erfinder der Interkontinentalrakete, in den Ruhestand ginge und die Air Force eine Art Symposium für ihn veranstalten wolle. Alle an Militärprojekten beteiligten Privatunternehmen, darunter auch wir, sollten einen Beitrag dazu leisten, indem sie vorhersagten, was die Zukunft innerhalb der nächsten zehn Jahre bringen würde. Und wir sollten über das Thema referieren, in den Weltraum und zurück zu fliegen.

Ich wusste, dass mein Chef sich so sehr an nuklearen Antriebssystemen orientierte, dass eigentlich niemand mehr etwas darüber hören wollte, und deshalb sagte ich: »Wie wäre es, Ray, wenn Sie ihnen erzählen, wie die UFOs das angeblich machen?« Ihm gefiel diese Idee und er bat mich, sie auszuarbeiten.

Mein Interesse war geweckt und ich abonnierte die verschiedenen einschlägigen Zeitschriften. Dann traf ich Jim McDonald. Er überzeugte mich davon, dass ich da eine Geschichte hätte, die mein Management hören sollte, denn meine Schlussfolgerung lautete, dass UFOs real seien. Eines Tages auf der Fahrt zur Arbeit sagte ich mir: »Es gibt keine andere Erklärung. Sie sind eindeutig real und eindeutig außerirdischen Ursprungs, und irgendwie funktionieren sie offensichtlich. Ich finde, wir sollten herausfinden, wie sie das machen, denn ich möchte nicht, dass wir die letzte Luft- und Raumfahrtfirma sind, die entdeckt, wie die Schwerkraftkontrolle funktioniert. Ich finde, wir sollten die ersten sein.«

Ich berichtete den Vorstandsmitgliedern davon und alle unterstützten mich. Man bot mir die Leitung eines recht bescheidenen Projekts an, das sich mit dem Problem befassen sollte, und dann experimentierten wir, indem wir zum Beispiel prüften, ob wir die Lichtgeschwindigkeit mit Hilfe eines großen Magnetfeldes verändern konnten.

Das Programm, an dem ich damals arbeitete, war klassifiziert und operierte mit Codewörtern. Es hatte mit unseren ballistischen Raketenabwehrsystemen zu tun. Es ist nichts Ungewöhnliches, wenn Agenten der CIA oder ähnlicher Geheimdienste qualifizierte Mitarbeiter privater Subunternehmen dazu auffordern, herauszufinden, welche Sachkenntnisse der Feind auf ihrem Fachgebiet besitzt. Bei unserem Programm ging es darum, das ballistische Raketenabwehrsystem der Sowjetunion zu erforschen. Deshalb bekamen wir Zugang zu speziellen Bibliotheken und konnten somit einfach in die Bibliothek der Air Force gehen und dort auch das ganze Material durchforsten, das der Geheimhaltung unterlag.

Wenn ich die Bibliothek benutzte, suchte ich nach allem Verfügbaren über UFOs. Etwa ein Jahr lang entdeckte ich ziemlich viele Berichte zu diesem Thema, die aus verschiedensten Quellen stammten. Und dann, eines Tages, war jegliches Material zum Thema UFOs spurlos verschwunden.

Der Bibliothekar, mit dem meine Gruppe und ich immer zusammenarbeiteten, sagte mir, er sei seit zwanzig Jahren in dieser Abteilung und habe noch nie erlebt, dass ein ganzes Themengebiet einfach verschwand.

Man ermutigte mich dazu, mich an das Condon-Komitee zu wenden und ihm mitzuteilen, womit wir befasst waren. Also verfasste ich einen netten Brief, der beschrieb, wie unsere Firma sich mit dem Thema UFOs beschäftigt hatte, und erkundigte mich, ob sie wissen wollten, was wir im Einzelnen taten.

Daraufhin erhielt ich eine höfliche Einladung vom Condon-Komitee. Wir bereiteten ein Briefing vor, um zu erklären, wie man mithilfe einer

Schlaufe aus supraleitendem Material in einer Richtung ein Magnetfeld erzeugen und es zugleich aufladen konnte, so dass es im elektrostatischen Feld der Erde schwebte. Im Prinzip lief es darauf hinaus, dass wir vielleicht um den Faktor zehn davon entfernt waren, genügend supraleitenden Fließstrom dafür nutzbar machen zu können. Natürlich dachte unser Team: »Wow, wir sind bis auf einen Faktor von zehn dran – in ein paar Jahren werden wir es geschafft haben.«

Condons mangelndes Interesse daran unterschied sich sehr von der Reaktion seiner eigenen Gruppe. Er versammelte die Mitglieder, die herumgesessen und unseren Erläuterungen zugehört hatten, um sich. Als er sagte: »Und deshalb könnt ihr das nicht schaffen«, sahen ihn alle überrascht an und entgegneten: »Aber es fehlt nur ein Faktor von zehn!« Auf diese Weise wurden manche von ihnen meine Freunde: Roy Craig und einige andere. Ich schloss aus all dem, dass es dem Condon-Komitee nicht um eine objektive Studie ging.

Ich schrieb Condon einen Brief, in dem ich vorschlug, er solle seine Gruppe in zwei Sektionen aufteilen: eine sollte aus denjenigen bestehen, die an unsere Möglichkeit glaubten, die andere aus all denen, die nicht daran glaubten. Dann sollten beide aus ihrem Blickwinkel heraus daran arbeiten. Ich schrieb: »Ich nehme mir die Freiheit, jedem Mitglied Ihrer Gruppe eine Kopie dieses Briefes zu schicken.« Ihre Adressen hatte ich auf privatem Weg erfahren.

Er war so wütend, dass er James S. McDonnell anrief, damals Betriebsratsvorsitzender der soeben fusionierten Flugzeugbauer Douglas und McDonnell, um ihn dazu zu bewegen, mich zu feuern!

Was Jim McDonnell angeht … Ich mochte den Mann. Er war ein wirklich energiegeladener Physiker, der nichts auf die lange Bank schob. Als ich einmal auf einer Reise einen zweistündigen Zwischenaufenthalt in Tucson hatte, wo er lebte, kam er extra zum Flughafen, um ein Bier mit mir zu trinken.

Er sagte: »Die Außerirdischen … Ich glaube, ich verstehe.« Ich sagte: »Was glauben Sie denn zu verstehen?« Er antwortete: »Ich glaube, ich kenne die Antwort, aber ich kann sie Ihnen noch nicht verraten. Ich muss erst ganz sicher sein.«

Sechs Wochen später versuchte er, sich zu erschießen. Zwei Monate später war er dann tot.

Nach allem, was ich über die Überzeugungskraft unserer Leute von der Spionageabwehr weiß, glaube ich, dass sie ihn dazu gebracht hatten, es selbst zu tun. Ich glaube, dass es so passiert ist.

Zeugenaussage

Michael Schratt, Militärhistoriker, Spezialgebiet Luft- und Raumfahrt

Wenn man an der Supermarktkasse steht und ein ganzes Regal voller Revolverblätter mit UFO-Geschichten sieht, dann könnten diese Berichte zwar durchaus wahr sein, aber wenn sie in solchen Blättern publiziert werden, erscheinen sie unglaubwürdig. Diese Taktik funktioniert schon seit fünzig Jahren, warum sollte man sie also jetzt ändern?

»… viele Berichte über unerklärliche Begebenheiten stammen von intelligenten und technisch versierten Individuen, an deren Integrität kein Zweifel besteht. Überdies umfassen die offiziell bei der Air Force eingegangenen Meldungen nur einen Bruchteil der spektakulären Berichte, die von vielen privaten UFO-Organisationen veröffentlicht werden.«

– Generalmajor E. B. LeBailly –

Informationschef des Air-Force-Ministeriums
»Unidentifizierte Flugobjekte« (Nr. 55), Anhörung des Komitees der Bewaffneten Streitkräfte, Repräsentantenhaus, 5. April 1966

»Ich bin davon überzeugt, dass UFOs existieren, weil ich selbst eines gesehen habe.«

»Es war das Verrückteste, das ich je gesehen habe. Es war groß, es war sehr hell, es veränderte seine Farbe und war etwa so groß wie der Mond. Wir haben es zehn Minuten lang beobachtet, aber keiner von uns konnte erraten, was es war. Eines ist sicher: Ich werde mich nie wieder über Leute lustig machen, die behaupten, unidentifizierte Objekte am Himmel gesehen zu haben.«

– Präsident Jimmy Carter –

Geheime UFO-Akte

Sichtungen des Militärs (1961-1997) (Marilyn Monroe Dokument)

Dokument

- CIA-Dokument – Abhöraktion Marilyn Monroe – 3. August 1962

Zeugenaussagen

- Michael Smith, Radarlotse der U.S. Air Force
- Sergeant Clifford Stone, U.S. Army Retrieval Unit (Bergungseinheit der US-Armee)
- Nick Pope, britischer Verteidigungsminister
- Larry Warren, Sicherheitsoffizier des Air-Force-Stützpunkts Bentwaters in Großbritannien
- Lord Hill-Norton, ehemaliger Leiter des britischen Verteidigungsministeriums
- Daniel Sheehan, Anwalt
- Lance Corporal John Weygandt, Marineinfanterist

Kommentar von Dr. Steven M. Greer

Während seiner jäh verkürzten Zeit als Präsident musste John F. Kennedy sich mit vielen Dingen auseinandersetzen, unter anderem mit dem Problem der Schweinebucht und der Kuba-Krise. Er wusste, dass die

Geheimdienstorganisationen der Vereinigten Staaten im Zaum gehalten werden mussten – nicht zuletzt auch die verdeckten Gruppen, denen die Themen UFOs und Außerirdische unterstanden.

Jack Kennedy plante, den Militärisch-Industriellen-Komplex zu reduzieren, den Kalten Krieg zu beenden und Frieden mit der Sowjetunion zu schließen. Er wollte, dass sich die Vereinigten Staaten aus Vietnam zurückzogen, und beabsichtigte, die CIA völlig aufzulösen, die in einige ruchlose Machenschaften verwickelt war, darunter auch Drogenhandel.

Und, ja: JFK wollte das Thema UFOs öffentlich machen.

Das faschistische Imperium, das in den Schatten der USA lauerte, ließ all dies nicht zu.

Die erste Zielperson sollte die Geliebte des Präsidenten sein.

Im Laufe meiner Arbeit habe ich mit Angehörigen der Geheimdienste und der nationalen Sicherheitsagenturen enge Kontakte geknüpft. Einige hochrangige Mitglieder der NSA haben mir über die Jahre Dokumente zu treuen Händen überantwortet. Eines davon enthält die übergroße Fotokopie der Mitschrift einer Abhöraktion aus dem Jahr 1962 mit den Codenamen *Project Moon Dust* (Projekt Mondstaub) und *Project 46.* Das Original unterliegt der höchsten Sicherheitsfreigabe und wurde noch nicht verbreitet. Ich erhielt das Dokument, um es sofort der Öffentlichkeit zugänglich machen zu können.

Bei diesem Dokument handelt es sich um die Zusammenfassung der Mitschriften der Abhöraktion bei Marilyn Monroe. Es trug das Datum des Tages vor jener Nacht, in der die Schauspielerin tot aufgefunden wurde.

Ich habe die abgetippte Mitschrift sowie die im Dokument enthaltene Fotokopie hier beigefügt. Wie Sie sehen, handelt es sich um ein Gespräch, das Miss Monroe führte, nachdem die Kennedy-Brüder sie fallen gelassen hatten. Sie war verstört und verletzt, und sie rief Robert Kennedy sowie einen Bekannten in New York an, einen mit ihr befreundeten Kunsthändler. Beiden sagte sie, dass sie eine Pressekonferenz geben und der Öffentlichkeit sagen würde, was Jack Kennedy ihr über Objekte aus dem Weltraum erzählt hatte, die in den 1940er Jahren in Neumexiko abgestürzt und geborgen worden waren.

Präsident Kennedy hatte ihr diese Informationen offenbar anvertraut, nachdem er das außerirdische Raumschiff und die Trümmer von der Absturzstelle besichtigt hatte.

Nachdem ich das Dokument erhalten hatte, spürte ich in der Informationsbeschaffungsabteilung der Polizei von Los Angeles, die bis zum Todeszeitpunkt Marilyn Monroes für die Abhöranlagen mitverantwortlich gewesen war, jemanden auf, der wusste, wie sie wirklich umgekommen war. Ohne jeden Zweifel wurde sie von handverlesenen Geheimdienstagenten der USA umgebracht.

Wie Sie sehen, wurde das Originaldokument von James Angleton unterschrieben, jenem legendären, fanatischen Doppelagentenjäger, der innerhalb der CIA so manches Leck abgedichtet hat.

Ich habe dieses Dokument von einem Urkundensachverständigen von Weltrang prüfen lassen – es ist zweifellos echt.

Meiner Meinung nach kam diese Mitschrift der Abhörergebnisse Marilyn Monroes einem Todesurteil der Schauspielerin gleich, denn sie fasste ihre unmittelbare Absicht zusammen, vertrauliche Informationen über den Roswell-Absturz publik zu machen. Vielleicht meinte sie, dieses Thema sei harmlos genug, um dem Präsidenten keine Schwierigkeiten zu bereiten (nicht einmal die Hölle selbst kann so wüten wie eine zurückgewiesene Frau).

Vielleicht war es ihr zu diesem Zeitpunkt auch egal.

Sechsunddreißig Stunden später wurde sie tot aufgefunden, gestorben an einer »Überdosis«.

Als ich diese Information meinem Freund, dem Schauspieler und Oscar-Preisträger Burl Ives mitteilte, war er nicht überrascht. »Marilyn Monroe und ich kannten einander sehr gut, und ich sage dir eines: Alle, die sie kannten, wussten, dass sie umgebracht worden war. Aber erst heute habe ich endlich erfahren, warum.«

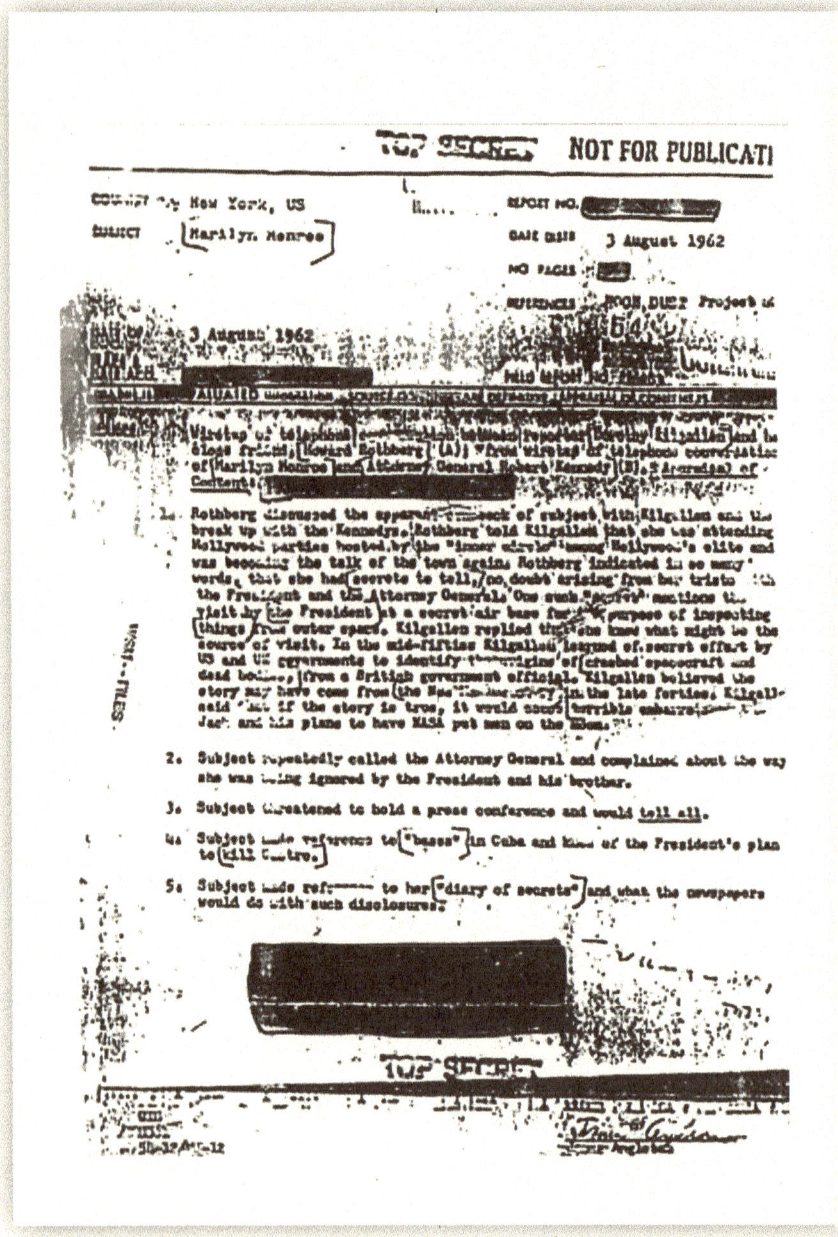

TOP SECRET NOT FOR PUBLICATI

COUNTRY New York, US

SUBJECT Marilyn Monroe

REPORT NO. [illegible]

DATE DISTR 3 August 1962

NO PAGES [illegible]

REFERENCES MOON DUST Project [illegible]

DATE OF INFO 3 August 1962

[illegible]

Wiretap of telephone conversation between reporter Dorothy Kilgallen and her close friend, Howard Rothberg (A); from wiretap of telephone conversation of Marilyn Monroe and Attorney General Robert Kennedy (B). Appraisal of Content: [illegible]

1. Rothberg discussed the apparent comeback of subject with Kilgallen and the break up with the Kennedys. Rothberg told Kilgallen that she was attending Hollywood parties hosted by the "inner circle" among Hollywood's elite and was becoming the talk of the town again. Rothberg indicated in so many words, that she had secrets to tell, no doubt arising from her trists with the President and the Attorney General. One such "secret" mentions the visit by the President at a secret air base for the purpose of inspecting things from outer space. Kilgallen replied that she knew what might be the source of visit. In the mid-fifties Kilgallen learned of secret effort by US and UK governments to identify the origins of crashed spacecraft and dead bodies, from a British government official. Kilgallen believed the story may have come from the New Mexico [illegible] in the late forties. Kilgallen said that if the story is true, it would cause terrible embarrassment to Jack and his plans to have NASA put men on the Moon.

2. Subject repeatedly called the Attorney General and complained about the way she was being ignored by the President and his brother.

3. Subject threatened to hold a press conference and would tell all.

4. Subject made reference to "bases" in Cuba and knew of the President's plan to kill Castro.

5. Subject made reference to her "diary of secrets" and what the newspapers would do with such disclosures.

TOP SECRET

James Angleton

Dokument 2: Abhöraktion Marilyn Monroes durch die CIA (Original)

Streng geheim, nicht zur Veröffentlichung
Staat: New York, USA
Bericht Nr. xxxxxxxxxxxxxxxxx
Betrifft: Marilyn Monroe
Datum: 3. August 1962
Seitenanzahl: xxxxxxxx
Referenz: Moon Dust Project 46

Mitschnitt der telefonischen Abhörung eines Gesprächs zwischen einer Journalistin [Dorothy Kilgallen] und ihrem engen Freund [Howard Rothberg] (A) sowie der Telefonabhörung eines Gesprächs zwischen Marilyn Monroe und Generalstaatsanwalt Robert Kennedy (B). Inhaltliche Zusammenfassung:

1. Rothberg sprach mit Kilgallen über das offenbar wiederkehrende Thema eines Bruchs Kennedys mit Monroe. Rothberg sagte Kilgallen, sie nähme wohl an so vielen Hollywoodpartys teil, deren Gastgeber zum »inneren Kreis« der Hollywood-Elite gehörten, dass sie schon wieder zum Stadtgespräch wurde. Rothberg spielte wörtlich darauf an, dass sie Geheimnisse zu erzählen hätte, die zweifellos aus ihren unglücklichen Affären mit dem Präsidenten und dem Generalstaatsanwalt stammten. Bei einem dieser Geheimnisse geht es um einen geheimen Air-Force-Stützpunkt, den der Präsident besucht hat, um Objekte aus dem Weltraum zu inspizieren. Kilgallen antwortete, sie wisse, was vielleicht der Grund für diesen Besuch gewesen war. Mitte der 1950er Jahre erfuhr Kilgallen durch ein Mitglied der britischen Regierung von den geheimen Bemühungen der britischen und nordamerikanischen Regierungen, die Herkunft der abgestürzten Raumschiffe und der Leichen zu identifizieren. Kilgallen glaubte, die Geschichte beruhe vielleicht auf den Abstürzen in Neumexiko Mitte der 1940er Jahre. Kilgallen sagte, falls die Geschichte stimmte, wäre sie sehr peinlich für Jack und seine Pläne mit der NASA, Menschen auf den Mond zu schicken.

2. Die Zielperson rief den Generalstaatsanwalt an und beklagte sich darüber, dass der Präsident und dessen Bruder sie ignorierten.
3. Die Zielperson drohte, eine Pressekonferenz zu geben, bei der sie alles verraten würde.
4. Die Zielperson erwähnte »Stützpunkte« in Kuba und wusste vom Plan des Präsidenten, Castro umzubringen.
5. Die Zielperson verwies auf ihr »Tagebuch der Geheimnisse« und deutete an, was die Presse wohl mit solchen Enthüllungen anfangen würde.

STRENG GEHEIM James Angleton

Dokument 1: Abhöraktion Marilyn Monroes durch die CIA (Abschrift)

Zeugenaussage
Michael Smith, Radarlotse der U.S. Air Force.

Ich war von 1967 bis 1973 Sergeant bei der Air Force. Als solcher war ich bei der Luftverkehrsaufsicht als Radarlotse tätig. Anfang 1970 wurde ich nach Klamath Falls, Oregon, überstellt, und als ich dort ankam, beobachteten sie gerade ein UFO auf dem Radarschirm. Es befand sich in ungefähr zweieinhalb Kilometern Höhe, schwebte da etwa zehn Minuten lang und senkte sich dann langsam, bis es vom Radarschirm verschwand. Es blieb fünf bis zehn Minuten lang verschwunden und tauchte dann blitzartig wieder in zweieinhalb Kilometern Höhe auf, wo es bewegungslos schwebte. Beim nächsten Radarumlauf war es dreihundertzwanzig Kilometer weit entfernt und wieder bewegungslos. Es schwebte dort etwa zehn Minuten lang und wiederholte dann den ganzen Ablauf noch zwei Mal.

Ich fand heraus, was man normalerweise tut, wenn man ein UFO gesehen hat. Man sagte mir, ich solle NORAD (North American Aerospace Defense Command: Nordamerikanisches Luft- und Weltraum-Verteidigungskommando) benachrichtigen, aber nicht unbedingt schriftlich – tatsächlich durfte man *gar nichts* schriftlich festhalten und musste das Ganze für sich behalten. Es galt: »Kenntnis nur wenn nötig.«

Später im selben Jahr rief mich NORAD eines Abends an, um mir schon vorweg anzukündigen, dass ein UFO über die kalifornische Küstenlinie hinweg fliegen würde. Ich fragte, wie ich mich da verhalten sollte. Sie antworteten: »Tun Sie gar nichts, schreiben Sie nichts auf. Dies ist nur eine Vorankündigung.«

Und dann, Ende des Jahres 1972, als ich in Sault Ste Marie, Michigan, beim 753. Radargeschwader stationiert war, erhielt ich eine Reihe panischer Anrufe von Polizeibeamten, die gerade auf der Autobahn I-75 nördlich der Mackinaw Bridge drei UFOs verfolgten. Ich prüfte augenblicklich das Radar und bestätigte ihr Vorhandensein. Dann rief ich NORAD an. Sie waren besorgt, da gerade zwei B-52-Bomber auf dem Rückflug zum Air-Force-Stützpunkt Kincheloe waren. Sie leiteten die Flugzeuge sofort um, da sie sie nicht in die Nähe der drei UFOs kommen lassen wollten.

In dieser Nacht erhielt ich viele Anrufe von der Polizei, dem Büro des Sheriffs und anderen Leuten, und meine Standardantwort lautete: »Auf dem Radar war nichts zu sehen.«

Zeugenaussage

US-Sergeant Clifford Stone hat im Lauf seiner Dienstzeit sowohl lebende als auch tote Außerirdische gesehen, denn er arbeitete mit einem Army-Team, das abgestürzte außerirdische Flugkörper barg. Er hatte Zugang zu Stützpunkten, die verdeckte Operationen durchführten, und zu Geheimprojekten.

Um mich auf die Bergung abgestürzter UFOs vorzubereiten, schickte mich die Armee zur NBC-Schule in Fort McCullen, Alabama. NBC bedeutet übrigens nuklear, biologisch und chemisch. Und wann immer ich an irgendetwas beteiligt war, geschah das in Zusammenarbeit mit einer NBC-Einheit. Wenn es möglich war, unbemerkt zur Absturzstelle vorzudringen, die Bergungsarbeiten durchzuführen und die Trümmer hinter den Kulissen wegzuschaffen, dann tat man das. Falls das nicht ging, konnte man eine offiziell sanktionierte Verschleierungsgeschichte anfordern, inklusive der falschen Presseverlautbarungen.

Natürlich handelt es sich hierbei um technisch sehr weit fortgeschrittene Maschinen, und es gab ja nicht allzu viele Abstürze. Dennoch – sie wurden von einer Intelligenz erschaffen, die ebenso sterblich ist wie Sie und ich, und da die Wesen sterblich sind, können sie auch Fehler machen.

Wenn man eine Bergung vornahm, handelte man nach den Richtlinien zur Sicherstellung eines abgestürzten Flugzeugs, das Gefahrstoffe an Bord hatte. Bei den Bergungsteams *Blue Fly* [ET craft/außerirdische Fluggeräte] muss man eine sogenannte Analyse vor Ort vornehmen.

Kurz gesagt: Man hat Experten zur Verfügung, die wissen, was Raketen und was Flugkörper sind. Sie analysieren die vorhandenen Materialien. Sie sagen einem, was es alles nicht ist. Darauf bleibt nur eine mögliche Schlussfolgerung: Das Material stammt nicht von diesem Planeten. Dies herauszufinden war das Ziel der *Blue-Fly*-Teams. Die erste Vor-Ort-Analyse war entscheidend wichtig. Man behandelt die Trümmer so, als bestünden sie aus Gefahrstoffen. Man trifft Vorsichtsmaßnahmen. Ich behaupte zwar immer noch, dass die Außerirdischen nicht feindlich gesonnen sind, aber es bestand trotzdem die Möglichkeit eines Unglücks- oder Todesfalles.

Natürlich bemüht man sich, das Material zu verbergen, insbesondere dann, wenn es sich um ein großes Fluggerät handelt, das scheibenförmig ist oder vielleicht auch keilförmig – denn auch dieser Form begegnen wir von Zeit zu Zeit. Und man trifft Vorsichtsmaßnahmen, besonders, wenn man die Trümmer auf Lastwagen laden muss, um sie abzutransportieren. Eine unserer größten Sorgen war die Gefahr einer biologischen Kontamination, denn schließlich stammte das Material ja wirklich nicht von der Erde.

Nun, es gibt Sichtungen und es gibt auch Bergungen abgestürzter außerirdischer Fluggeräte, aber wie ich schon sagte, sind die Letzteren äußerst selten. Eine Bergung fand 1969 am Indian Town Gap statt. Es war Winter, aber es lag kein Schnee. Wir, nämlich die 96th Civil Affairs Group (die 96ste Zivilangelegenheits-Truppe), befanden uns auf einer Trainingsübung und ich war der kommandierende NBC-Unteroffizier.

Man erklärte uns, dass es einen Zwischenfall mit einem abgestürzten Fluggerät gäbe und wir für die Bergung gebraucht würden.

Es war ein keilförmiges Fluggerät. Ein Team war bereits bei der Arbeit und hatte rings um das Objekt Flutlichter installiert. Zum Glück hatten wir keine Probleme mit Zivilisten oder Neugierigen oder dergleichen. Man forderte mich auf, mich dem Objekt zu nähern und mit dem APD 27 Messungen vorzunehmen. Während ich das tat, wurde mir klar, dass die Leichen, die ich da vor mir sah, nicht irdischen Ursprungs waren. Ich möchte mich nicht detaillierter dazu äußern, weil ich nicht von meinen Gefühlen überwältigt werden will.

Ein anderer Fall, mit dem wir zu tun hatten, war der iranische Zwischenfall am 19. September 1976. Beide beteiligten Kampfflugzeuge wurden auseinandergenommen, um herauszufinden, warum diese Maschinen im gleichen Augenblick nicht mehr funktioniert hatten. Dort, wo einer der Air-Force-Piloten das UFO hatte abstürzen sehen, wurden Anomalien festgestellt. Wir nahmen diese Anomalien auf Audiogeräten auf. Wir filmten das Gebiet, und auf dem Film tauchten einige seltsame Dinge auf. Ich bin nicht in alles eingeweiht, was dort im Landungsgebiet stattfand. Aber so viel kann ich Ihnen sagen: Was auch immer da geschah – es reichte, um unsere Leute dort zwei oder drei Wochen lang zu beschäftigen.[17]

Im Jahr 1986 feuerten wir zwei Mal auf ein UFO. Das UFO hob ab, als sei nichts geschehen. Im selben Jahr gab es einen Zwischenfall, bei dem mindestens zwanzig UFOs brasilianische Flugzeuge umkreisten. Ja, die UFOs beschrieben Kreise um die Maschinen.

Ich hatte auch mit den UFO-Ereignissen zu tun, die sich 1989 über Belgien und Deutschland abspielten, und mit einem erschreckenden Zwischenfall in der Nähe der Grenze zur Sowjetunion. Die Russen waren ziemlich aus dem Häuschen, denn es handelte sich um ein riesiges Objekt. Es war wie ein gleichschenkliges Dreieck geformt und seine mittlere Länge entsprach etwa drei Fußballplätzen. Es überflog das sogenannte »Niemandsland«.

Wir wurden alle furchtbar nervös und spürten, wie sich uns die Haare sträubten. Es war mehr als nur der Schreck, der uns zum Zittern brachte –

[17] Weitere Dokumente hierzu siehe Anhänge 2 und 3.

wir alle hatten auch irgendwelche physiologischen Reaktionen. Als dieser Zwischenfall vorbei war, sorgten wir dafür, dass sich Kampfflugzeuge in Bereitschaft hielten. Wir informierten die Staffel, dass eventuell ein russisches Fluggerät das Niemandsland überfliegen würde und wir es abfangen wollten. Die Russen taten genau dasselbe. Das UFO kehrte in den sowjetischen Luftraum zurück und die Russen trieben hastig Kampfflugzeuge auf, um es abzufangen. Es flog überhaupt nicht schnell. Aber in dieser Nacht hat niemand darauf gefeuert.

Es wurden Fotos gemacht. Es gab eine Beratung mit der Sowjetunion. Unterdessen wurde jeder Beteiligte zu einem Briefing bestellt. Man informierte die Leute, dass das, was sie da gesehen hatten, nichts anderes als eine russische MIG-27 gewesen sei, die vom Kurs abgekommen und so weit ins Niemandsland vorgedrungen war, dass es Probleme gab und ein Alarm ausgelöst wurde. Aber es war keine MIG-27 gewesen. Wir wussten ganz genau, was wir da gesehen hatten. Wir hatten Info-Karten mit den Umrissen sämtlicher russischen Fluggeräte, und die der unseren dazu. Hier hatten wir jedoch ein Fluggerät unbekannten Ursprungs gesehen. Seine Form war nicht aerodynamisch. Und als ich das sah … Ich meine, es war eigentlich nicht so gebaut, dass es hätte in der Luft bleiben können, es hatte kein Antriebssystem und war vollkommen lautlos.

Es war einer dieser Zwischenfälle, die mir Sorgen machten, und ich dachte darüber nach, auszusteigen und nach Hause zu meiner Familie zurückzukehren. Der Zwischenfall eskalierte. Die Sowjetunion schickte über die belgische Regierung einen offiziellen Protest an die Regierung der Vereinigten Staaten, in dem stand, sie seien sehr beunruhigt über die belgische und einige andere Regierungen, da sie zugelassen hatten, dass getarnte Flugzeuge Aufklärungsflüge im sowjetischen Luftraum durchführten. Wir benachrichtigten die Russen und diskutierten mit ihnen. Wir teilten ihren militärischen Liaisongruppen mit, dass dies nichts mit unseren getarnten Flugzeugen zu tun gehabt hatte.

Unterdessen erlebten die belgischen Behörden selbst UFO-Sichtungen. Das haben wir im Fernsehen gesehen. Was man über diese Sichtungen nicht weiß ist, dass es eine gewaltige … Ich will nicht von Vertuschung sprechen, aber man arbeitete gezielt daran, spezifische Informationen über diese Sichtungen geheim zu halten. Es gab Bemühungen, das Filmmaterial zu manipulieren, auf dem die Radarschirme zu sehen waren, und zwar bis zu dem Grad, dass es den Anschein hatte, als verschwände das UFO unter der Erde – aber das tat es nicht. Ich glaube, es sollte angeblich fast zweihundert Meter tief im Boden versunken sein. Ich wiederhole: Das ist nicht passiert. Es war sichtbar. Menschen haben es gesehen. Der Pilot hat es gesehen. Die Sensoren im Flugzeug des Piloten haben es wahrgenommen. Aber all diese Dinge warfen mehr Fragen auf, als wir zu beantworten bereit waren. Also beschlossen wir, die Presse davon fernzuhalten. Und das haben wir auch geschafft.

Bentwaters in England war ein weiterer interessanter Fall. Was die physischen Beweismittel angeht: Es gab Fotos. Es gab Filmaufnahmen. In dem Gebiet, das wir als Einschlagpunkt bezeichneten, entdeckten wir Anomalien. Es gab Anzeichen für eine erhöhte Hintergrundstrahlung. Uns fiel außerdem auf, dass die Baumkronen im Umkreis verschwunden waren.

Und es gab viele Augenzeugen.

Man stellte uns technische Fragen. Ich weiß mit Sicherheit, dass sowohl britische als auch nordamerikanische Radarlotsen befragt wurden. Ich weiß, dass einige dieser Leute dort nicht nur eine Nacht verbracht haben, sondern zwei.

Wir kamen Ende Dezember 1980 dort an. Wir sammelten die Materialien und die Radaraufnahmen ein und brachten das alles zum Air-Force-Stützpunkt Lindsey, wo wir ein Briefing für das NATO-Hauptquartier zusammenstellten. Diese Informationen übergaben wir dann einem Sonderkurier, und das Material wurde nach Fort Belvoir, Virginia, gebracht, damals Hauptquartier der U.S. Air Forces Special Field Activities Group, einer Einsatzgruppe der Luftwaffe für Aktivitäten auf Spezialgebieten.[18]

Zeugenaussage

Nick Pope gehört dem britischen Verteidigungsministerium an und leitete in den 1990ern einige Jahre lang das Sekretariat zur Erforschung und Untersuchung des UFO-Phänomens.

[18] Weitere Dokumente hierzu siehe Anhang 7.

Großbritanniens berühmtester UFO-Zwischenfall trug sich im Rendlesham Forest zu und wird auch der Bentwaters-Fall genannt. Es handelte sich dabei um eine ganze Reihe von UFO-Ereignissen, die im Dezember 1980 auftraten.

Involviert waren die Royal-Air-Force-Stützpunkte Bentwaters und Woodbridge in Suffolk, die aber in Wahrheit der U.S. Air Force, der Luftwaffe der Vereinigten Staaten, unterstanden.

Zu diesem Fall gehörte auch eine Reihe von Sichtungen – Menschen sahen Lichter am Himmel, die außergewöhnliche Flugmanöver vollzogen. Viel wichtiger ist aber, dass in der ersten Nacht dieser Vorkommnisse eine metallische Struktur gesehen wurde, ein Gerät, das sich nicht etwa am Himmel bewegte, sondern knapp über dem Erdboden. Es flog durch den Rendlesham Forest, der an beide Stützpunkte angrenzt. Einmal schien dieses kleine, metallische Gerät, das eine annähernd dreieckige Form hatte, sogar auf einer bestimmten Lichtung auf dem Boden aufsetzen und landen zu wollen.

Sämtliche Augenzeugen waren Angehörige des Militärs: geschulte Beobachter, die keine Fehler machen. Einige Skeptiker vermuteten, sie hätten eigentlich nur die Lichter eines nahen Leuchtturms gesehen. Das ist Unsinn, und zwar aus zwei Gründen. Erstens handelte es sich hierbei um gut ausgebildete Militärbeobachter, die mit den Lichtern des Leuchtturms vertraut waren, da sie diese während ihres Dienstes so ziemlich jede Nacht sahen. Und zweitens waren während der Sichtung zu einem bestimmten Zeitpunkt die Lichter des Leuchtturms gleichzeitig mit denen des UFOs sichtbar. Es kann sich also nicht um die Leuchtturmlichter gehandelt haben, wie einige Skeptiker unterstellten.

Diese Begebenheit ereignete sich zwar zehn Jahre vor meinem eigenen Militärdienst, aber ich habe mich mit dem Fall beschäftigt und die Unterlagen geprüft. Das Wichtigste, auf das ich mich dabei konzentrierte, waren die physischen Beweise. Nachdem dieses Fluggerät gelandet war, kehrten einige Militärs bei Tageslicht zum Landeplatz zurück und entdeckten drei Vertiefungen im Waldboden, und wenn man diese Linien miteinander verband, bildeten sie ein annähernd perfektes gleichschenkliges Dreieck.

Das Gebiet wurde auf Strahlungen untersucht. Ich nahm mir die Messungen vor, die damals gemacht worden waren, brach einige

Zweige ab und entfernte die Rinde, genau wie es damals bei der Landung oder beim Start geschehen war.

Ich schickte die Messungen, die Lieutenant Colonel Charles Halt seinerzeit gemacht hatte, an die Abteilung für Strahlenschutz, die zum Verteidigungsministerium gehört. (Halt war Stellvertretender Befehlshaber des Stützpunkts gewesen und hatte die Ereignisse selbst erlebt.)

Die Strahlung in den Bodenvertiefungen war zehn Mal höher als die normale Hintergrundstrahlung in diesem Gebiet – zehn Mal höher, als sie hätte sein dürfen.

Es ist wichtig zu erwähnen, dass die Strahlung trotzdem verhältnismäßig niedrig war. Halt und sein Team befanden sich deshalb nicht in Gefahr. Es handelte sich immer noch um Niedrigstrahlung. Aber dennoch – wenn man es vom wissenschaftlichen Standpunkt aus betrachtet, ging es ja gar nicht darum. Sondern darum, dass im Vergleich mit Kontrollmessungen außerhalb des Landungsgebietes dort, wo das Fluggerät den Waldboden berührt hatte, der Ausschlag des Messgerätes zehnfach höher war als normal.

Ich finde dieses Ereignis äußerst signifikant, weil es sich um Sichtungen ausgebildeter Militärbeobachter handelte, und auch, weil das Fluggerät zu einem bestimmten Zeitpunkt auf dem Radarschirm des nahe gelegenen Air-Force-Stützpunkts Watten auftauchte. Es gab folglich Radarsichtungen sowie Sichtungen geschulter Militärs, und im hellen Tageslicht nach dem Ereignis folgten die unbestreitbaren, wissenschaftlichen, methodologischen Beweise der Strahlungsmessungen. Es war wirklich ein sehr bedeutsames Ereignis, wie man es auch dreht und wendet.

Ich habe Zeugenaussagen von Militärs gelesen und gehört. Die Aussagen einiger der beteiligten Augenzeugen legen nahe, dass in der fraglichen Nacht noch viel mehr stattfand, das nicht in den Akten des Verteidigungsministeriums auftauchte.[19]

---

[19] Wir haben erfahren, dass zum damaligen Zeitpunkt auf dem Air-Force-Stützpunkt Bentwaters unter dem Oberbefehl der U.S. Air Force geheime Atomwaffen stationiert waren. Es gab Vorfälle, bei denen UFOs ein besonderes Interesse an zivilen Atomkraftwerken und militärischen atomaren Einrichtungen zeigten. – *Steven M. Greer*

Zeugenaussage

Larry Warren war Sicherheitsoffizier des Air-Force-Stützpunkts Bentwaters in Großbritannien.

Mein Name ist Larry Warren. Im Dezember 1980 war ich dem 81st Tactical Fighter Wing, der 81sten taktischen Jagdstaffel, in Suffolk, East Anglia, zugeteilt, die auf dem NATO-Air-Force-Stützpunkt Bentwaters unweit von Woodbridge stationiert war. Ich war Sicherheitsspezialist und meine Aufgabe war die Sicherung des geheimen Atomwaffenarsenals, das wir damals dort beherbergten.

Am 11. Dezember 1980 wurde mir die Unbedenklichkeitsbescheinigung bewilligt. Somit besaß ich seinerzeit eine geheime Sicherheitsfreigabe.

Das UFO-Ereignis fand ganz in der Nähe unseres Schwester-Stützpunkts Woodbridge statt. Dieser liegt knapp zehn Kilometer von Bentwaters entfernt, getrennt nur durch einen Nadelwald namens Rendlesham Forest. Es war meine zweite Woche auf diesem Posten, und ich hatte Nachtschicht.

Wir kamen gerade von einer Pause zurück. Der vorangegangene Flug, ein C-Flug, hatte am zweiten Weihnachtsfeiertag eine Begegnung mit einem UFO gehabt, und zwar früh morgens – zwei Nächte vor dem Erlebnis, das ich selbst hatte. Ein Sicherheitsoffizier namens John Burroughs sowie Airman Parker standen am Osttor von Woodbridge. Im Wald am östlichen Ende der Landebahn sah Burroughs etwas, das wie ein solides Objekt wirkte und sich zwischen den Bäumen befand. Er sah vielfarbige Lichter und vermutete, dort sei vielleicht ein Flugzeug abgestürzt. Er rief die zentrale Sicherheitskontrolle in Bentwaters an und berichtete alles, was er gesehen hatte. Ein Schichtführer namens Jim Penniston antwortete – er war Staff Sergeant, also Feldwebel – und erschien mit einigen anderen Militärs.

Ich hatte damit zwar nichts zu tun, aber Folgendes weiß ich: Sie folgten dem Phänomen in den Wald. Sie waren davon überzeugt, dass es sich um eine Bruchlandung handelte, und leiteten die notwendigen Schritte ein.

Sie stellten allerdings fest, dass es kein Flugzeug war, sondern ein dreieckiges Objekt. Es maß an der Basis knapp zwei Meter und war am höchsten Punkt fast drei Meter hoch. Es war schwarz und wirkte wie Glas, doch man konnte nicht hindurch sehen. Sie wussten nicht, ob es auf einem dreieckigen Ständer stand oder auf irgendeiner Art Fahrgestell – und es war von diesen vielfarbigen Lichtern umgeben. Aus ihren Zeugenaussagen weiß ich, dass Staff Sergeant Penniston und seine Männer ihre Handfeuerwaffen bei sich hatten, Pistolen Kaliber 38, wie sie damals von Ordnungshütern getragen wurden. Staff Sergeant Penniston zog seinen Revolver, als sie das Objekt erreichten, und sah, dass es sich dabei eindeutig nicht um etwas handelte, mit dem sie vertraut waren. Genau wie wir alle waren sie geschulte Beobachter, spezialisiert auf Fluggeräte oder ungewöhnliche Flugkörper. Staff Sergeant Penniston zog also seinen Revolver und legte auf das Objekt an.

Irgendwann kam er dem Phänomen sehr nahe und bemerkte ein Paneel an der einen Seite, das mit hieroglyphenähnlichen Schriftzeichen bedeckt war. Die Schrift kam ihm irgendwie bekannt vor, aber er wusste nicht, woher. Sie war über der Oberfläche erhaben und als er sie berührte, spürte er, dass die Oberfläche warm war und die Struktur beinahe die Konsistenz von Glas besaß, und auch dieselbe Härte. Durch dieses undurchsichtige Glas hindurch spürten sie, dass es im Inneren Bewegung gab. Staff Sergeant Penniston hörte eine Stimme. Anschließend fehlten diesen Männern vier Stunden, und auch ihr Funkkontakt mit dem Stützpunkt war abgebrochen. Zum Glück reagierten offenbar andere Soldaten und wollten nachsehen, was mit ihren Kameraden geschehen war, und einige brachten Kameras mit und machten Fotos.

Am nächsten Morgen erstatteten sie Bericht. Man hatte sie [aus dem Wald] zurückgebracht und sie waren etwas verwirrt, machten aber sofort ihre Aussagen. Man gab ihnen Injektionen und jemand von der Air Force erklärte ihnen, es sei Natrium-Pentothal.

Wie Sicherheitsoffizier Borroughs mir persönlich sagte, wurde ihm schon im Laufe der nächsten beiden Tage klar, dass dieses Phänomen erneut auftreten würde – und das war ja auch wirklich der Fall. An jenem Tag endete ihre Schicht gerade, als meine begann.

Die Begegnung hatte Spuren hinterlassen, und zwar Abdrücke im Boden. Die Gendarmerie von Suffolk reagierte am nächsten Morgen auf den Vorfall. Sie hatten den Bericht darüber von der Sicherheitszentrale des Stützpunkts erhalten. Colonel Charles Halt kann das alles sehr präzise erläutern, da er sich persönlich vor Ort befand, um den Vorfall zu untersuchen. Die Abdrücke befanden sich genau 2,7 Meter voneinander entfernt und bildeten ein Dreieck. Dies deutete auf einen Körper von etwa zweieinhalb metrischen Tonnen Gewicht hin, der da auf dem Boden geruht hatte. Darüber waren die Baumkronen der Korsischen Kiefern beschädigt – irgendetwas war eindeutig zwischen ihnen heruntergekommen. Man nahm Messungen der Hintergrundstrahlung vor, über die Nick Pope vom Verteidigungsministerium genauere Informationen besitzt.

Die gemessene Strahlung war fünfundzwanzig Mal höher als die normale Hintergrundstrahlung in diesem Gebiet. Sergeant Nevels, damals Chef des Katastrophenschutzes auf dem Stützpunkt, benutzte Geigerzähler und wusste, wie man sie ablas. Die Messungen stammten vom Bodennullpunkt. Auch an den Bäumen in der Umgebung ergaben sich erhöhte Werte.

Man schickte mich auf einen sehr einsamen Posten namens Perimeter Post 18, am anderen Ende der Bentwaters-Landebahn, wo ich als Wachhabender gegebenenfalls Alarm schlagen sollte. Ich bezog meinen Posten. Etwa anderthalb Stunden lang geschah nichts Besonderes. Dann fielen mir zunächst einige Tiere auf: Rehe rannten auf einen niedrigen Zaun zu, der damals den Stützpunkt umgab. Das Rudel sprang über den Zaun und raste an mir vorbei, quer über die Landebahn. Irgendetwas musste die Tiere erschreckt haben.

Plötzlich hörte ich auf der offenen Frequenz Stimmen. Damals verwendeten wir Walkie-Talkies von Motorola. Wir Sicherheitsleute benutzten vier Kanäle, die bei jeder Operation aktiv waren. Ich hörte Kommentare über Lichter, die sich in Richtung Woodbridge über dem Wald zeigten. »Die Lichter sind wieder da!« Ich blickte nach oben.

In diesem Moment erhielt ich einen Anruf von Lieutenant Bruce Englund, einem Sicherheitsoffizier, der zu diesem Zeitpunkt die Schicht leitete. Er sagte: »Warren, verlassen Sie Ihren Posten. Sie werden von einem Regierungsfahrzeug abgeholt.«

Ein Lastwagen fuhr heran. Der Fahrer war mein Vorgesetzter, Sergeant Bustinza. Lieutenant Englund saß auf dem Beifahrersitz und hinten saßen noch andere Militärangehörige, die ebensolche Frischlinge waren wie ich.

Man befahl mir, einzusteigen. Wir fuhren direkt zum Fuhrpark von Bentwaters. Im Walkie-Talkie gab es viel aufgeregtes Geplapper von Leuten, die versuchten, den diensthabenden Kommandeur des Stützpunkts aufzutreiben, und man sagte uns: »Ändern Sie die Frequenzen, schalten Sie sämtliche Walkie-Talkies aus.«

Ich muss erwähnen, dass alles auf CSC-Bändern aufgezeichnet wurde, die in dieser Nacht mitliefen. Diese Bänder wurden jedoch gestohlen, ebenso wie die Protokolle aus dieser Zeit – Colonel Halt kann das bezeugen. Das stellte sich einige Tage später heraus, als er nach der Personalliste aller Diensthabenden suchte. Sie war ebenso verschwunden wie die Vorfallsmeldungen und viele andere Dinge. Sie waren einfach weg.

Unsere Waffen waren mit NATO-Munition geladen, was sehr ungewöhnlich ist, und die Dienstältesten waren sehr nervös. Wir fuhren auf einem Holzfällerweg in den Wald und nach knapp einem Kilometer stießen wir auf einen Panzer. Ich habe lange nicht mehr darüber gesprochen, denn ich hatte das alles aufgeschrieben und dachte, ich müsse nicht mehr davon reden.

Die Atmosphäre im Wald war sehr merkwürdig. Alle Bewegungen wirkten seltsam. Und auch unsere Wahrnehmung veränderte sich, sobald wir im Wald waren. Ich kann nur sagen: Es gab ein Problem. Irgendetwas stimmte nicht.

Wir hielten an. Es waren noch andere Fahrzeuge da. Man nahm uns unsere Waffen ab. Wir teilten uns in Einheiten von je vier Mann auf und folgten einem Pfad in den Wald. Colonel Halt war in dieser Nacht mit einer kleineren Gruppe hochrangiger Offiziere ebenfalls unterwegs. Irgendwann stieß Lieutenant Englund zu ihnen. Es gab eine Menge Funkkontakt, aber wir, also die niedrigeren Ränge, mussten Funkstille wahren. Trotzdem konnte ich auf den offenen Kanälen hören, wie andere sagten: »Ihr Jungs, die ihr gerade dazukommt, müsst die Hotspots meiden. Wir wollen nicht, dass ihr da überall herumtrampelt.«

Ich glaube, sie rechneten damit, dass die Objekte wiederkommen würden.

Sergeant Burroughs hatte übrigens schon in der ersten Nacht gewusst, dass sie zurückkommen würden, und erschien in Zivilkleidung vor Ort, obwohl er gar keinen Dienst hatte. Er war geradezu besessen davon, dem Phänomen nahe zu kommen. Auf dem Mitschnitt hört man ganz deutlich, wie einer der Sicherheitsleute, die die Zugänge zum Wald bewachten, Colonel Halt anfunkte und sagte: »Airman Burroughs und zwei weitere Personen möchten Sie an Ihrem gegenwärtigen Standort treffen.«

Halt antwortete: »Sagen Sie ihnen: negativ zu diesem Zeitpunkt. Wir werden ihnen mitteilen, wann sie zu uns stoßen können. Im Augenblick möchten wir nicht, dass jemand hierher kommt.«

Zu der kleinen Gruppe, mit der ich durch den Wald ging, gehörten auch Sergeant Bustinza und Robert Ball, unser aktueller Schichtleiter, und viele andere Leute. Wir kamen zu einer Lichtung namens Capel Green, traten zwischen den Korsischen Kiefern hervor, und am Boden sahen wir das Phänomen. Es wirkte wie Dunst, wie Nebelschleier, die vom Erdreich aufsteigen. Jemand hatte eine richtige Filmkamera dabei, jemand anders eine sehr große Videokamera – damals waren sie noch riesig. Sie stammten aus der Abteilung für Öffentlichkeit von Bentwaters. Man hatte die Rückkehr des Phänomens erwartet. Auf diesem Film ist das alles festgehalten, das wurde einwandfrei festgestellt, es ist also nicht nur bloßes Gerede von meiner Seite. Alles, was ich Ihnen sage, könnte vor Gericht bestätigt werden, dafür gibt es Beweise, und ich wäre auch bereit dazu.

Ich verfolgte das alles. Es war, als würde ich einen Film sehen. Der Dunst lag auf dem Boden und wurde scharf beobachtet. Leute vom Katastrophenschutz waren da, in Alarmbereitschaft. Auf der linken Seite stand ein Bauernhaus. Ich war noch nie in diesem Wald gewesen. Im Haus brannte Licht, die Bewohner waren also zuhause. Ein Hund bellte. Ich erinnere mich genau, dass ich sah, wie sich ein Licht näherte. Wir sahen auf der Lichtung übrigens den Lichtstrahl des Leuchtturms von Orford ganz deutlich. Man hat den ganzen Fall als Fehlinterpretation des Leuchtturmlichtstrahls abgetan, als Überreaktion oder dergleichen. In Wahrheit gab es den Leuchtturm seit über hundert Jahren und jeder war mit ihm vertraut. Das Objekt war rötlich und so groß wie ein Basketball, und es näherte sich über den Bäumen von der Nordsee her. Ich dachte erst, es sei das Rücklicht eines Flugzeuges, aber es bewegte sich so schnell. Der Dunst am Boden schien irgendeine Struktur zu besitzen. Er hatte einen Durchmesser von etwa fünfzehn Metern. Das basketballgroße, bernsteinfarbene Licht schien nicht fest zu sein – ich könnte Ihnen nicht sagen, was es war –, aber es befand sich etwa sechs Meter über dem Boden, über diesem Dunst. Sobald ich es genau erkennen konnte, wie alle anderen auch, fokussierten sich sämtliche Kameras darauf – die Leute reagierten augenblicklich. Dann gab es eine Explosion ... Es fällt mir sehr schwer, es zu beschreiben: Das Ding löste sich in viele Scherben auf, die ein extrem helles Licht ausstrahlten!

Sowohl ich als auch einige andere erlitten Augenverbrennungen. Darüber habe ich Unterlagen, weil ich sie aus Bentwaters gestohlen habe, wozu mir ein Offizier geraten hatte. Er sagte: »Die Aufzeichnungen Ihres militärischen Werdegangs werden sich in Luft auflösen, sobald Sie fort sind.« Und nun waren meine Augen geschädigt, ich hatte Netzhautverbrennungen und dergleichen. Das ist medizinisch nachprüfbar. Es war, als hätte ich ungefähr zehn Minuten lang in eine Lötlampe gestarrt, wovon dringend abzuraten ist. Zu diesem Zeitpunkt erschien mir das alles sehr grotesk.

Die Lichtexplosion verlief fast lautlos, und währenddessen erschien ein solides, ziemlich großes Objekt in Pyramidenform, dessen Basis wahrscheinlich knapp zehn Meter maß. Die Oberfläche war sehr rau: Wenn man es ansah, verschwamm es mit einem regenbogenähnlichen Effekt. Aber in der Peripheriesicht konnte man es ganz scharf erkennen. Ich sage Ihnen: Bis zum heutigen Tag gibt es an dem Ort, wo es gelandet war, greifbare Beweise dafür. Dieser Fall ist wirklich wasserdicht, glauben Sie mir!

Das Ding war da, auf dem Erdboden, und es wurde gefilmt und fotografiert.

Auf Charles Halts Tonaufzeichnungen hört man auch einige englische Bobbys. Man kann verfolgen, wie die Polizeibeamten von Suffolk in ihren britischen Polizeiautos im Wald ankamen, denn ihre Sirenen liefen noch einige Zeit. Diese Polizisten sind nicht mehr zu erreichen – sie wollen mit niemandem sprechen. Sie führten ebenfalls Kameras mit sich, eine davon wurde einem britischen Polizisten abgenommen. Schon drohte ein internationaler Zwischenfall.

Unser Wing Commander, Oberstleutnant Gordon Williams, der in dieser Nacht, wie ich glaube, auf einer Party war, erschien mit einigen Dienstältesten vor Ort. Es waren Angehörige des britischen Militärs. Vielleicht waren sie auch auf der Party.

Damit will ich eigentlich nur sagen, dass sie anscheinend wussten, wie sie mit einem derartigen Ereignis umgehen mussten.

Ich kann mich nicht erinnern, dass das Objekt irgendwelche Geräusche verursacht hätte. Es wirkte fast wie eine Luftspiegelung, aber ich wusste, dass es greifbar und fest war, denn es hinterließ Spuren und Beweise und alles Mögliche. Aber es war so vollkommen anders als alles, was ich je gesehen hatte – und doch befand es sich direkt vor uns. Einmal war ich nur neun Meter davon entfernt – zu nah.

Es gab auch eine Lebensform, die damit zusammenhing, und ich will nicht lang darum herumreden. Ich weiß noch, dass ich dachte, was machen denn diese Kinder hier? Da fängt der Verstand an, durchzudrehen. Es gab grelles Licht und Bewegung. Die Gestalten hatten einen Oberkörper, das sah ich ganz deutlich, und als ich dann einen Arm sah, der sich bewegte … Du meine Güte! Sie wissen ja, in so einem Moment hat man das Gefühl, man sei ganz woanders. Und die dienstältesten Militärs waren dem Phänomen sehr nah.

Ich sah, dass an der rechten Seite dieser bizarren Maschine ein grelles Licht austrat. Es war bläulich-golden und bewegte sich etwa dreißig Zentimeter über dem Boden. Es teilte sich. Vom Boden aus war es nur etwas über einen Meter hoch, aber es teilte sich trotzdem und wurde zu drei einzelnen, ovalen Lichtkokons, in denen sich Individuen befanden. Sie waren ungefähr einen Meter zwanzig groß. Ich meine, da denkt man doch an Kinder. Das Licht wurde schwächer und nun konnte man sehen, was sich in den Kokons befand. Sie waren völlig haarlos, trugen aber Kleidung. Irgendein Apparat war an sie angeschlossen, den ich nicht beschreiben kann – irgendetwas Dunkles. Aufgrund des Lichts konnte ich ihre untere Körperhälfte und die Beine nicht sehen, denn sie standen nicht auf dem Boden. Und ich wünschte, ich hätte das nie gesehen! Sie hatten sehr große Augen mit einer weißen Membran ringsum. Und diese weiße Membran bewegte sich, sie passte sich an. Es war so ähnlich wie bei unseren Augen, wenn sie sich anderen Lichtverhältnissen anpassen.

Der Kommandant war da, und ich schwöre bei Gott, ein derartiges Ereignis müsste doch protokolliert werden! Er bewegte sich vorwärts, doch in diesem Moment wurde uns befohlen, das Gebiet zu verlassen. Tatsächlich waren viele Leute mit niedrigeren Rängen anwesend, und die wurden jetzt alle zurück zu ihren Fahrzeugen geschickt. Auf unserem Rückweg durch den Wald erlebten wir viele Phänomene. Da waren diese Lichtwesen, oder was immer sie waren, und auch noch andere Fluggeräte, die über den Bäumen schwebten, fast als wollten sie das Ganze überwachen, oder als Verstärkung. Ich muss erwähnen, dass Burroughs auf dem Parkplatz wartete, wo die ganzen Fahrzeuge standen. Man hatte ihn nicht näher heran gelassen.

Charles Halt verfolgte andere Lichtphänomene und direkt vor seinen Füßen schlugen buchstäblich Lichtstrahlen ein, bleistiftgroße Strahlen, die aus diesen sichelförmigen Objekten austraten. Er nahm alle diese Geschehnisse auf Tonband auf: eine vier Stunden lange Aufzeichnung, von der achtzehn Minuten pures Dynamit sind!

Meine eigene Begegnung geschah etwa anderthalb Kilometer weiter weg. Auf der Tonaufnahme hört man sogar die Anfänge dieses Ereignisses. Ich möchte etwas klarstellen: Ich war lange, bevor die Aufzeichnung publik gemacht wurde, als Beteiligter registriert, und ich selbst habe sie der Öffentlichkeit zugänglich gemacht. Ich gab sie dem Nachrichtensender CNN und habe nie einen Pfennig dafür genommen, weder dafür noch für irgendetwas anderes, das ich in diesem Zusammenhang gesagt oder getan habe. Niemals.

Als wir gerade abfahren wollten, wies mich Sicherheitsoffizier Burroughs darauf hin, dass gerade ein weiteres Objekt erschien, mitten zwischen den vielen Sicherheitsleuten auf dem Parkplatz, wo die ganzen Lastwagen standen. Es tauchte einfach in ihrer Mitte auf. Burroughs packte das Objekt, und es bewegte sich zehn Meter weit über den Boden, während er sich daran festhielt! Das ist die absolute Wahrheit. Er hat es körperlich berührt! Er bewegte sich mit diesem Ding, und dann flog es weg. Es war John entkommen … Ein weiterer Lichtstrahl senkte sich auf den Boden. Neben einem Kleinlaster stand jemand vom Sicherheitsdienst, und dieses Ding folgte ihm. Eines dieser Wesen und das Licht sind ihm buchstäblich gefolgt. Er sprang in den Laster und warf die Tür zu, aber es durchdrang einfach die Frontscheibe, direkt vor seinen Augen, und er drehte durch und trat die ganze Scheibe aus dem Laster! Das Ding drang durch ein anderes Fenster wieder aus. Ich weiß, wer er war, und außerdem haben noch viele andere Leute das alles mit angesehen. Das Ding trat zu einem Seitenfenster aus, das geschlossen war, denn es war ja Dezember. Und als es sich von dem Laster entfernte, senkte sich von oberhalb der Bäume ein blauer Lichtstrahl herunter, und das Ding hängte sich irgendwie daran und sauste nach oben, in irgendetwas hinein, das dunkel war und wie ein Kiefernzapfen aussah – nur mit weißen Lichtspänen daran. Es hob sich schwarz vor dem Nachthimmel ab und beobachtete das ganze Geschehen. Ein anderer Offizier sagte, er hätte das Gefühl gehabt, dass diese Objekte nach irgendetwas suchten. In der vorangegangenen Nacht hatten sie ein Suchgitter etabliert. Diese Aktivitäten zogen sich durch drei Nächte.

Sie waren aus einem bestimmten Grund da und es war, als würden sie sagen: »Hört mal, wir müssen hier eine Aufgabe erfüllen und ihr behindert uns dabei, also werden wir euch das zeigen, was ihr unbedingt wissen müsst, aber wir werden das, was wir tun müssen, zu Ende bringen.«

Colonel Charles Halt sagte später zu mir: »Haben Sie mitbekommen, dass sich während dieser ganzen Nacht drei riesige, dreieckige Objekte über unserem Stützpunkt, dem Wald und dem Stützpunkt Woodbridge befanden?« Und bei vielen Leuten, die dabei gewesen waren, trat ein Zeitverlust auf – sie hatten diesen ganzen Zeitabschnitt einfach verloren. Es war erstaunlich.

Später stellte ich fest, dass mir ein ganzes Büschel grauer Haare ausgefallen war. Buchstäblich! Ein ganzes Büschel Haare von meiner rechten Kopfseite. Meine Augen tränten schrecklich. Ich hatte einen metallischen Geschmack im Mund und schwitzte stark, und mich überliefen Kälteschauer.

Ich beschloss, meine Mutter anzurufen, aber auf dem Stützpunkt hatten wir natürlich gesicherte Telefonleitungen. Da ich noch recht jung und naiv war, kümmerte ich mich nicht weiter um die Vorschriften zur Kommunikationssicherheit. Wir hatten ein Telefon, von dem ich aber wusste, dass es immer abgehört wurde, also ging ich in eine öffentliche Telefonzelle, die es früher auf dem Stützpunkt gab, und rief meine Mutter per R-Gespräch an.

Ich sagte: »Mom, du wirst es mir nicht glauben. Gestern Nacht ist ein UFO auf dem Stützpunkt gelandet und wir haben alles gesehen! Ist das nicht unglaublich!« Und dann fiel mir auf, dass sie nicht antwortete. »Mom? Mom?« Weg war sie. Ich sah meinen Freund Greg an und sagte: »Du meine Güte, ich bin aus der Leitung geflogen!« Ich rief die Vermittlung an und sagte: »Würden Sie mich bitte wieder verbinden?«, und die Dame sagte: »Rufen Sie vom Stützpunkt aus an?« Ich bejahte und sie sagte: »Es tut mir leid, Ihre Verbindung wurde vom Stützpunkt getrennt«, und legte auf. Ich sah Greg an und sagte: »Oh Mann, ich glaube, jetzt habe ich Probleme.« Und wir rannten wieder in meinen Schlafsaal zurück.

Bevor ich meine Mutter anrief, waren wir ins Büro beordert worden. Major Malcolm Zickler, der Chef der Sicherheitskräfte, und auch sein Untergebener Major Carl Drury und viele andere hatten irgendwie mit diesen Ereignissen zu tun. Vor dem Büro parkten ein Jaguar und noch ein anderes teures Auto – ich weiß nicht mehr, welche Marke. Ich dachte, au weia, jetzt geht es los, ich muss Bericht erstatten. Na ja, zuerst kamen alle niedrigen Ränge an die Reihe. In meiner Gruppe war der höchste Rang ein Sergeant. Während unserer Vernehmung wurden wir voneinander abgeschottet und heute verstehe ich warum, aber damals nicht. Und ich dachte: »Oh Gott, jetzt werden sie uns sagen, dass wir nichts darüber erzählen dürfen, das weiß ich! Ich werde Namen nennen.« Es gab Leute in Zivilkleidung, die ständig im Untersuchungsbüro der Sicherheitspolizei ein- und ausgingen, und das war ungewöhnlich. »Oh je«, dachte ich.

Sie fragten: »Haben Sie irgendetwas aus dem Wald aufgehoben oder mitgenommen, als Sie dort waren? Einen Stein, einen Zweig, irgendetwas?« Das fragten sie uns immer und immer wieder. Und sie sagten: »Falls Sie etwas mitgenommen haben und uns das jetzt nicht sagen, werden Sie dem US-amerikanischen Militärgericht überantwortet.« All diese Regeln, Artikel XV, und dann noch JL-11 und alles. Wir waren jung und noch neu und sagten zueinander: »Oh nein, wir haben noch nicht mal richtig angefangen und stecken schon in Schwierigkeiten.« Man tastete uns mit einem Geigerzähler ab und einer der Jungs wurde zurückgerufen und man holte etwas aus seiner Tasche.

Dieser Junge verschwand sehr schnell und ich schwöre bei meinem Leben, dass ich ihn nie mehr wiedersah! So etwas ist vielen Leuten passiert. Das Ganze führte auch zu einem Selbstmord, für den die Air Force verantwortlich war – der Tod eines wirklichen Menschen mit einem wirklichen Namen. Übrigens hatte dieser Stützpunkt später die höchste Selbstmordrate innerhalb der NATO, das ist eine erwiesene Tatsache. Einer der beteiligten Captains wurde in seinem Garten aufgefunden, wo er sich an einem Baum erhängt hatte. Er war verheiratet und hatte Kinder und alles. Alle diese Leute fingen an, sich selbst zu erschießen. Ich habe das alles durchlebt und wundere mich, dass ich lebend herausgekommen bin.

Man führte uns also ins Büro. Darin standen Sitzreihen und ein sehr kleiner Schreibtisch für die Gesetzeshüter. Das an diesem Tag diensthabende Sicherheitspersonal ließ man nicht ins Büro. Alles hatte sich auf dem Stützpunkt verändert. Als man uns hineinführte, lagen auf dem Schreibtisch Papierstapel. Wir waren etwa zu zehnt, und da lagen sieben Stapel mit vorgefertigten Dokumenten. Eines davon war eine sehr allgemein abgefasste Aussage darüber, was wir gesehen hatten – aber das, was wir wirklich gesehen hatten, stand nicht darin. Sondern da stand, wir hätten dienstfrei gehabt und nur irgendwelche komischen Lichter gesehen, die zwischen den Bäumen herumzappelten. Daran erinnere ich mich noch ganz genau.

Ich fragte: »Was passiert, wenn wir das nicht unterschreiben, Major Zickler?« Und er antwortete: »Sie haben keine andere Wahl.« Ich sah andauernd diese Zivilisten in seinem Büro verschwinden, wohin wir als Nächstes gehen sollten. Er befahl uns, zu unterschreiben. Ich glaube, es waren vier Dokumente. Eines davon war dieses Geheimhaltungsding des UCMJ (Uniform Code of Military Justice; Einheitliches Gesetzbuch der Militärgerichtsbarkeit), auf dem ganz deutlich JANAP stand (Joint Army-Navy-Air Force Publication, eine Direktive der Vereinigten Stabschefs von Heer, Marine und Luftwaffe.)[20] Aber es stand noch mehr drauf, das wir nicht durchlesen durften. Sie sagten: »Sie können das später lesen, jetzt setzen Sie einfach Ihre Unterschrift und Ihre Sozialversicherungsnummer darunter.«

Dann gingen wir alle in das Büro. Dort standen eine Leinwand und zwei Reihen aufgeklappter Metallklappstühle. Major Zickler ging hinaus und zwei Herren in Zivilkleidung kamen herein. Sie sahen sehr wichtig und geschäftstüchtig und amerikanisch aus. Sie trugen Ausweiskarten aus Plastik mit ihrem Foto, auf denen »Armed Forces Security Services« (Sicherheitsdienst der Bewaffneten Streitkräfte) stand. Ich weiß nicht, ob sie zur Air Force gehörten – uns hat man gesagt, sie seien der ausführende Arm der NSA.

[20] Den englischen Text von Kapitel eins des JANAP-Dokuments in Bezug auf UFO-Sichtungen können Sie einsehen auf https://www.nsa.gov/Portals/70/documents/news-features/declassified-documents/ufo/janap146.pdf.

Sie wirkten sehr einschüchternd. Sie haben nie gelächelt, nichts dergleichen. Wir waren alle uniformiert – man hatte uns extra angewiesen, dieselben Uniformen zu tragen wie draußen im Wald. Ich glaube, dabei ging es um die Geigerzählermessungen. Wir setzten uns also hin, und da war ein Marinebefehlshaber der U.S. Navy ONI (Office of Naval Intelligence) aus London, Commander Richardson. Er hatte die Leitung. Er trug eine Uniform und war sehr freundlich zu uns.

Im Grunde spielte es sich folgendermaßen ab: Ich saß neben einem Freund von mir. Er stammte aus Alabama, und so nannten wir ihn auch. Alabama war religiös und in diesem Moment sehr durcheinander. Er las in einer kleinen Bibel und war irgendwie gar nicht da. Und wenn man so jung ist, neunzehn Jahre alt, da ist der Zustand eines Menschen für viele Leute ja nicht so offensichtlich, also die Verletzungen und Traumata … Und ich beobachtete diesen Jungen, den ich kannte und der neben mir saß, und wusste, dass er gerade einen Zusammenbruch erlitt. Er gehört zu denjenigen, die es nicht geschafft haben – und er hatte einen Namen und eine Familie und alles. Denen war das alles egal.

Wir waren alle verstört, aber Commander Richardson sprach sehr eindringlich und sagte in etwa Folgendes: »Ihr Airmen habt etwas erlebt, von dem wir schon länger wussten, als irgendjemandem in diesem Raum klar ist.« Es war alles ganz sachlich. Er sagte: »Da gibt es ein Phänomen, das schon seit vielen, vielen Jahren immer wieder auftaucht. Teilweise kommt und geht es, teilweise ist es permanent hier anwesend.« Sie nannten es aber nicht Phänomen, sondern »verschiedene Zivilisationen« – fortgeschrittene Zivilisationen. Und es wurde viel über die Notwendigkeit der Geheimhaltung gesprochen, aufgrund der nationalen Sicherheit. Er sagte: »Am besten machen Sie mit Ihrem Leben einfach so weiter.«

Einer der Jungs in dem Raum fragte: »Was passiert, wenn wir darüber reden?«

Er antwortete: »Nehmen Sie zur Kenntnis, dass Ihre Post und Ihre Anrufe von nun an so lange überwacht werden, wie Sie dem Militär angehören. Am besten sprechen Sie von jetzt an mit niemandem mehr darüber, nicht einmal untereinander. Leben Sie weiter, vergessen Sie das alles. Leben Sie weiter in dem Wissen, dass Sie etwas gesehen haben, das nur wenige Menschen je sehen werden.« Jedes zweite Wort war Loyalität, nationale Sicherheit, es ging um unseren Eid, um den Dienst an unserem Land – es war eine echte Gehirnwäsche, denn plötzlich wiederholte er sich, und seine Stimme dröhnte so komisch.

Sie sagten: »Wir zeigen Ihnen einen Film, der Ihnen vielleicht dabei hilft, alles, was Sie gesehen haben, aus der richtigen Perspektive zu betrachten, und vielleicht auch dabei, die ganze Angelegenheit auf sich beruhen zu lassen.« Man gab uns außerdem eine Telefonnummer, die wir anrufen sollten, falls wir irgendwelche ungewöhnlichen Träume hatten. Die Nummer würde einen Monat lang jeden Tag besetzt sein. Falls irgendjemand uns Informationen entlocken wollte, sollten wir das unseren Vorgesetzten melden. Sie sagten, möglicherweise gäbe es in unserem Gebiet eine sowjetische Infiltration, die darauf abzielte, Informationen von uns zu bekommen. Damals waren wir ja im Kalten Krieg und man schärfte uns ein, wachsam zu sein und alles Verdächtige sofort zu melden.

Sie zeigten uns den Film ... Ich meine, es war nur eine Rolle Film ohne jeden Kommentar, und Richardson kommentierte auch nicht. Es begann mit einem Abschnitt, der von einer Flugzeugkamera aufgenommen worden war. Ich kann nur vermuten, dass er aus den 1940er Jahren stammte. Wir sahen eine Propellermaschine, die am helllichten Tag über ein Gebiet flog, das wie die Florida Keys aussah – und unter dem Flugzeug flog eine Flotte silberner Scheiben.

Das war eines der ersten Bilder. Der Film zeigte noch viel mehr, alles Mögliche bis zum Raumfahrtprogramm. Die beste Szene zeigte die Ledernacken der 5th Special Forces, der 5. Spezialeinheit, in Vietnam auf einem roten Lehmhügel mit niedrigen Sträuchern, und einer der Soldaten hielt eine Kamera ... Ich weiß nicht einmal, aus welchem Jahr das stammte, aber es war in Farbe. Er richtete die Kamera auf ein riesiges, grünes, dreieckig geformtes Ding, das sich unter ihnen aus den Sträuchern erhob, sehr langsam und gezielt. Es stieg immer höher, geriet auf Augenhöhe der Soldaten, dann auf die Höhe der Kamera, und stieg unablässig weiter. Von diesem gewaltigen Ding fielen Sträucher und Unkraut herunter, und ein Schwarm Pelikane oder andere Vögel flog direkt darunter vorbei. Das werde ich nie im Leben vergessen! Ich erinnere mich daran deutlicher als an die Erlebnisse im Wald.

Und das Raumfahrtprogramm: Ich schwöre bei Gott, der Film zeigte Bauwerke auf dem Mond – kastenförmige Dinger –, die sandfarben aussahen. Es gab auch ein Mondauto, das dort herumfuhr. Das weiß ich bis heute genau, denn ich war fast noch ein Kind, als all dies geschah, und es hat sich mir eingeprägt. Dann deuteten die Astronauten aus einiger Entfernung auf die kastenartigen Dinger und auf solide Objekte, die sich von der Mondoberfläche erhoben. Das alles wurde von den Apollo-Missionen gefilmt. Es waren riesige Strukturen, rechtwinklig und eckig und fensterlos. Sie waren eindeutig nicht natürlichen Ursprungs, und sie wurden gefilmt. Und dann sah man Lichter und seltsame Dinge auf Hügelkuppen. Sie sahen sehr naturnah aus. Viele Szenen zeigten auch das Mondauto auf seiner Mission. In einigen sah man die Astronauten beim Weltraumspaziergang und irgendetwas Dunkles, das rot leuchtende Punkte hatte, kam ihnen sehr nahe. Daran erinnere ich mich noch. Es ging alles sehr schnell und sie haben den Film nie wieder gezeigt. Mit den Apollo-Missionen endete diese Ära.

Also, nach dieser Zusammenkunft und nachdem ich meine Mutter angerufen hatte und aus der Leitung geschmissen worden war, wusste ich, dass ich in Schwierigkeiten steckte. Nun berief man mich in die Kommunikationszentrale von Bentwaters. Ich wusste, was auf mich zu kam. Ein Staff Sergeant war da, und der Captain verhörte mich. Man stellte mir Fragen. Es gab dort ein Tonbandgerät mit zwei Spulen, und sie fragten mich immer wieder: »Haben Sie sensible Informationen über das Festnetz weitergegeben?« Immer und immer wieder. Und ich sagte: »Nein, nein.« Und sie sagten: »Ist das Ihr letztes Wort?« Und ich sagte ja. Ich log natürlich. Und dann spielten sie mir das Tonband vor. Ich hörte, wie ich sagte: »Mom, du wirst es mir nicht glauben …« Sie sagten: »Warren, Ihnen muss doch klar sein, dass auf diesem Stützpunkt jedes Telefon zu jedem Zeitpunkt abgehört wird.« Man sagte mir, man würde mich nicht nach Artikel XV verurteilen, da man das hätte zurückverfolgen können. Ich musste dreihundert Dollar Strafe zahlen und wenn ich mir noch einmal etwas zuschulden kommen ließe, würde ich degradiert. Das Strafgeld findet sich in den Abrechnungen, aber ohne Erklärung. Später drohten sie mir mit dem Finanzamt und allem Möglichen. Ein Wahnsinn. Die sind verrückt. Der ganze Apparat ist verrückt.

Später beim Essen saß Sergeant Penniston neben mir. Jemand fragte mich: »Was zum Teufel ist gestern Nacht passiert?« Und Sergeant Penniston, der ja einen höheren Rang hatte, sagte: »Halt dein dreckiges

Maul, Warren, halt bloß das Maul.« Einfach so. Ich dachte: »Oh Gott«, und schmiss mein Tablett hin und ging hinaus. Von da an ging es nur noch bergab, mein Freund.

Später an diesem Nachmittag erhielten Sergeant Bustinza und ich – und ich schwöre, dass das auch anderen passiert ist – einen Anruf. Wir sollten zu einem Fahrzeug auf dem Parkplatz gehen. Sergeant Bustinza und ich sollten um 17:00 Uhr dort sein. Zu diesem Zeitpunkt war es damals in England schon dunkel. Wir gingen zusammen hin. Ich fragte: »Hey, Busty, wie geht's dir?« Er sagte: »Okay.« Und wir gingen gemeinsam auf dieses Fahrzeug zu. Die Tür stand offen und ein Mann saß darin.

In Wahrheit ist Folgendes passiert: Zwei Leute näherten sich uns von hinten und ich erinnere mich, dass auch jemand auf Bustinza zuging, und dann hörte ich ein Geräusch wie von einer Sprühdose, und alles wurde schwarz. Meine bewusste Erinnerung war jahrelang, dass die Lichter im Inneren des Fahrzeuges viel zu hell waren – und dann wurde ich einfach ohnmächtig. In Wahrheit hat man uns mit irgendetwas besprüht. Meine Nase lief wie verrückt und meine Brust wurde ganz eng. Anscheinend stieg ich nicht korrekt in das Auto ein und wurde geschlagen, man hat mir buchstäblich auf die Rippen gehauen und mich hinein geschubst. Ich wehrte mich und weiß, dass Sergeant Bustinza das auch tat.

Mir war klar, dass ich ein Problem darstellte. Jahre später stellte sich heraus, dass Bustinza ebenfalls Anrufe gemacht hatte. Wir wurden an einen Ort gebracht, der auf dem Gelände von Bentwaters lag. Das weiß ich aufgrund der Fahrgeräusche. Als man mich aus dem Auto zog, erlitt ich Schnittverletzungen im Gesicht, weil ich einfach hinaus fiel – ich war offensichtlich bewegungsunfähig – und auf eisbedeckten Beton aufschlug. Dann wurde ich buchstäblich getragen, mit dem Gesicht nach unten. Ich weiß noch, dass meine Nase so extrem lief und ich sie nicht abwischen konnte. Ich wusste nicht, ob ich blutete oder was überhaupt los war. Ich weiß nur, dass wir irgendwo hinunter stiegen. Ich sage Ihnen, auf diesem Stützpunkt gibt es einen unterirdischen Bereich, und zwar bis heute.

Ich habe noch mehr Erinnerungen an etwas, das offenbar eine klinische Situation war. Wir wissen ja nun, dass sich zu diesem Zeitpunkt viele Leute von außerhalb auf dem Stützpunkt befanden. Gruppen arbeiteten im Wald. Flugzeuge landeten in Woodbridge und nicht einmal die Stützpunktkommandanten durften sich ihnen nähern oder fragen, warum sie gekommen waren. Teams in weißen Overalls durchkämmten den ganzen Wald. Auf dem Stützpunkt waren Leute vom Geheimdienst, die nie zuvor dort gewesen waren. Alle diese Dinge lassen sich leicht beweisen, da viele andere Leute sie miterlebt haben.

Auf jeden Fall kann ich mich an zwanzig Minuten erinnern, aber der Rest des Tages ist einfach weg, und das können andere Leute bestätigen. Sie sagten, man hätte mir eine Notfallfreistellung genehmigt oder ich sei beurlaubt worden oder ich hätte den Tag außerhalb des Stützpunkts verbracht – dabei war ich irgendwo unter dem Stützpunkt, und da unten waren noch andere Militärs.

Es gab dort eine Menge Hightech-Geräte, riesige, glasartige Kuppeldächer und Wände aus Glaspaneelen wie in der U-Bahn – alte, aber riesige Glaspaneele. Man brachte uns in einen bestimmten Bereich und ich habe eine bewusste Erinnerung daran, dass ich in eine dunkle Leere starrte und dass jemand neben mir erklärte, es gäbe Tunnel vom Stützpunkt bis zur Nordsee. Ich bin aber nicht sicher, ob diese Erinnerung der Wahrheit entspricht.

In meiner nächsten bewussten Erinnerung ist helles Tageslicht und ich trete aus dem Fotolabor des Stützpunkts in die Sonne hinaus. Eine Menge jüngerer Männer waren mit mir zusammen. Ich erinnere mich auch, auf einem Tisch zu liegen und einige Air-Force-Senior-Offiziere und andere, nicht identifizierte Leute beugten sich über mich und redeten auf mich ein. Ich sah zu ihnen und zu den grellen Lichtern hinauf. Als ich da herauskam, hatte ich übrigens Spuren von einer intravenösen Injektion oder etwas Ähnlichem. Ich hatte einen blauen Fleck und ein Pflaster. Das würde ich jederzeit aussagen. Es ist wahr. Ich weiß es genau. Ich habe aber schreckliche Angst davor, zu wissen, was da passiert ist, oder auch nur darüber nachzudenken, und deshalb habe ich nicht allzu tief in diesen Erinnerungen gegraben.

Ich schrieb meiner Mutter einen Brief, und zwar anderthalb Wochen bevor Charles Halt das sogenannte »Halt-Memo« verfasste, das aufgrund des Gesetzes zur Informationsfreiheit entstand. Dieses Dokument liest sich wie Science-fiction, obwohl es den Briefkopf der Air Force trägt. Darin werden die Ereignisse heruntergespielt – absichtlich, glaube ich, aber es liest sich trotzdem wie Science-fiction. Es wurde 1983 von der

Gruppe »Citizens Against UFO Secrecy« (Bürger gegen die Geheimhaltung von UFOs) veröffentlicht und beruht auf den Informationen, die ich weitergegeben hatte, nachdem die Air Force selbst unzählige Male geleugnet hatte, dass irgendetwas daran war.

Von den Abdrücken, die das Objekt hinterlassen hatte, als es in der ersten Nacht gelandet war, wurden Aufnahmen gemacht. Charles Halt besitzt immer noch einen Film davon, den er allen Interessierten zeigt – ich glaube, er würde ihn auch jedem Kongressgremium zeigen. Die meisten Aufnahmen sind aber verschwunden. Es wurden Bodenanalysen des Landeplatzes gemacht, auch die wurden weggefegt. Jahre später, zwischen 1988 und 1990, nahmen wir dort erneut Bodenproben und ließen sie in den Springborn Environmental Labs in Massachusetts von anerkannten Wissenschaftlern analysieren. Wir haben die Ergebnisse in dem Buch *Left at East Gate* (»Am Osttor hinterlassen«) veröffentlicht. Dort hat sich wirklich ein gewaltiges Phänomen ereignet, das noch einen Meter unter der Erdoberfläche zu messen war. An dieser Stelle wachsen seit zwanzig Jahren keine Pflanzen mehr, gleich welcher Art – wir haben mit den Bauern darüber gesprochen. Außerdem ist der Boden dunkler. Er nimmt kein Wasser auf. Er wirkt fast kristallin, gemischt mit sehr trockenem Staub, wie gefriergetrockneter Kaffee. Theoretisch ist es genau so, als hätte man den Boden in einer industriellen Mikrowelle extrem hoch erhitzt und dann blitzartig nach unten in einen eiskalten Gefrierschrank fallen lassen … Das verläuft irgendwie kegelförmig.

Watten, ein Stützpunkt der Royal Air Force, hatte diese Objekte in allen drei Nächten auf dem Radar. In der ersten und dritten Nacht entdeckten sie in Watten ein Objekt, das sich in den Wald hinabsenkte. Am nächsten Tag ging die U.S. Air Force nach Watten, sprach mit den dortigen Radarlotsen und sagte ihnen, dass ein außerirdisches Fluggerät im Rendlesham Forest gelandet war.

Es gab Kontakt mit dem Stützpunktkommandeur und Watten lieh sich die Radaraufzeichnungen aus, gab sie aber nie zurück. Das sind alles wirkliche Menschen, die jetzt anscheinend darüber reden. Ich weiß auch, dass in einer der fraglichen Nächte ein kleines Objekt im Umkreis von Watten auftauchte. Natürlich hatten sie wegen der damaligen Bedrohung durch die IRA strengere Sicherheitsbestimmungen.

Ein RAF-Hundeführer der Einheit K-9 war gerade mit seinen Hunden auf Kontrollgang um die ganze Anlage, als sich die Hunde flach auf den Boden warfen. Dann sahen sie diese beiden Wesen in der Nähe des Zauns … die dagegenstubsten … neben einem dreieckigen Objekt. Als sie den RAF-Hundeführer sahen, flohen sie zu ihrer Maschine, die abhob und in Richtung unseres Stützpunkts davonflog.

Dass Leute nach dem Film und den Fotos fragen, ist eine Bestätigung dafür, dass ich mir diese Geschichte nicht ausgedacht habe. Captain Mike Verrano bestätigte in der Sendung *UFO: The Bentwaters Incident* (»UFO: Der Zwischenfall von Bentwaters«), die das Cable Network 1985 machte, dass er am nächsten Morgen Wing Commander Gordon Williams zu einem wartenden Jet fuhr. Der Pilot klappte das Dach der Maschine zum Einstieg auf und fragte: »Was haben Sie in der Umhängetasche?« Die Antwort lautete: »Einen Film. Wir haben Filme und Fotos des UFOs.« Also gab Gordon Williams persönlich dem Piloten Mike Verrano dieses Material, das sich in der Umhängetasche befand. Ich habe übrigens gefragt, wohin es gebracht wurde, und man sagte mir, nach Deutschland. Dort war damals die Kommandozentrale der Air Force. Wir wussten, dass es darüber Unterlagen gab und dass das Material schließlich nach Washington geschickt wurde.

Ich war ein ehrenhaft entlassener Sicherheitsoffizier. Ich habe viele unfreundliche Dinge gehört, die über mich gesagt wurden, aber ich habe meine eigenen Unterlagen noch. Der einzige Grund dafür ist, dass ich einige davon auf den Rat eines Air Force Colonel hin gestohlen habe – dieser hatte gesagt, man würde mich auslöschen. Er sagte: »Die werden Ihnen Feuer unterm Hintern machen.«

Man betrachtete mich fast als eine Art Frank Serpico. Aber ich war kein Team Player, und ich sprach mit jedem darüber.

Leider desertierte mein Freund Alabama und versuchte, nach Hause zurückzukehren. Auf dem O'Hare Airport in Chicago wurde er vom FBI gefangen genommen und sofort zum Dienst zurückgeschickt. Er wollte nur nach Hause, aber man zwang ihn wieder zum Flugdienst. Ich war gerade mit einem Senior Master Sergeant in einem Fahrzeug auf Streife unterwegs und total deprimiert wegen der ganzen Vorkommnisse, als Alabama sich meldete. Er war ein wirklicher Mensch, und er sagte, er würde sich umbringen, wenn er nicht nach Hause durfte. Darauf wendete dieser Offizier rasch unseren Pick-up und fuhr in Richtung Stützpunkt. Er sagte: »Bleiben Sie an dem gottverdammten Funkgerät …« Ich sah, wie die Einheiten überall auf dem Fluggelände reagierten. Ich habe nie gehört, dass Mr. Halt hierzu einen Kommentar abgegeben hätte, aber das ist der Grund dafür, dass er mir nie beisteht – weil ich Dinge zur Sprache bringe, die denen vielleicht unangenehm sind. Wie er selbst sagt, war die Air Force im Hintergrund an allem beteiligt.

Auf jeden Fall hatte Alabama eine kurze M16, und er steckte sich den Lauf in den Mund und blies sich den Kopf weg. Das war das erste Mal, dass ich den Tod sah, einen gewaltsamen Tod. Ich war neunzehn. Dieser Junge und ich waren so verschieden wie Tag und Nacht. Sie wissen schon – er stammte aus dem Süden und ich aus dem Norden. Er war sehr religiös. Das respektiere ich, aber wir hatten nichts gemeinsam. Er war ein netter Kerl. Und niemand hat irgendetwas getan, um uns zu helfen …

Ich habe seit Jahren unglaubliche Probleme mit dem Telefon, was ganz typisch ist, und meine Post wird nach wie vor abgefangen. Jahrelang wurde sie in Großbritannien geöffnet und dann wieder in Plastik eingepackt, zusammen mit einem Entschuldigungsbrief. Viele von uns versandte Päckchen treffen nie an ihrem Bestimmungsort ein.

Später musste mein Pass erneuert werden, also habe ich ihn eingeschickt. Er wäre zu einem Zeitpunkt abgelaufen, an dem ich eine Reise unternehmen wollte. Doch kurz nachdem ich ihn abgeschickt hatte, erhielt ich einen Brief, in dem stand: »Mr. Warren, Ihr Pass wurde verändert oder verschandelt und Sie müssen einen neuen beantragen.«

Also dachte ich mir nur: »Aha«, und füllte das Formular aus.

Als Nächstes erhielt ich die Mitteilung: »Mr. Warren, Sie müssen Ihre amerikanische Staatsbürgerschaft neu beantragen.« Ich konnte es nicht fassen und rief alle möglichen Leute an.

Schließlich sagte mir eine Frau im Passzentrum von Portsmouth, New Hampshire: »Ich weiß beim besten Willen nicht, was hier los ist.« Nach einer Weile sagte ich: »Hören Sie, ich schreibe gerade ein Buch mit dem Titel *Left at the Eastgate*«, und sie sagte: »Die Bentwaters-Sache … Rufen Sie mich unter dieser Nummer an.« Es war ihre Privatnummer, sie wohnte in Lebanon, New Hampshire.

Ich rief sie an und sie sagte: »Ich habe hier einen offiziellen Ausdruck. Darin steht, dass der Pass dieses Individuums aufgrund seiner

Einstufung einbehalten wird, denn der Betreffende spricht auf fremdem Boden öffentlich über sensible Verteidigungsangelegenheiten. Darauf folgt ein Code des Verteidigungsministeriums.« Ich habe das alles, und es ist einfach grotesk.

Unser damaliger Agent Perry Knowlton aus New York war mit Ramsey Clark, dem ehemaligen Justizminister der Vereinigten Staaten, befreundet. Er arrangierte ein Treffen, bei dem ich Mr. Clark persönlich kennenlernte. Er sagte zu mir: »Ich werde in Ihrer Sache ein paar Anrufe tätigen«, aber dann fügte er hinzu: »Nachdem ich jetzt den Hintergrund kenne, will ich Ihnen eines sagen. Der Grund besteht angeblich darin, dass Sie über Atomwaffen gesprochen haben – das ist alles.«

Mr. Clark sagte: »Damals argwöhnten die Leute in England, es gäbe da Atomwaffen. Aber Sie können sicher sein, Ihr Pass wurde aufgrund der anderen Dinge, über die Sie geredet haben, einbehalten.« Er machte noch zwei Anrufe und das Außenministerium entschuldigte sich und sagte, es sei ein Irrtum gewesen.

Wir haben uns also bemüht, unser Bestes zu tun. Ich wäre bereit, vor jedem Kongressgremium über dies alles zu sprechen und es zu beschwören. Ich respektiere mein Land sehr und glaube, die Leute haben ein Recht darauf, das alles zu wissen.[21]

Zeugenaussage

Lord Hill-Norton ist Fünf-Sterne-Admiral und ehemaliger Chef des britischen Verteidigungsministeriums.

Ich weiß recht viel über den Bentwaters-Zwischenfall. Ich habe einige daran Beteiligte verhört und dann nach sorgfältiger Überlegung beschlossen, dass es für die Ereignisse jener Nacht in Suffolk nur zwei mögliche Erklärungen gibt. Die erste ist, dass die betroffenen Menschen – darunter auch Colonel Hart, der damals stellvertretender Kommandant des Stützpunkts war, und viele seiner Soldaten – behaupteten, etwas, das von außerhalb der Erdatmosphäre stammte, sei auf ihrem

[21] In Anhang 7 finden Sie Nachweisdokumente.

Air-Force-Stützpunkt gelandet. Sie gingen hin und beobachteten, stellten Untersuchungen an und fotografierten.

Am folgenden Tag nahmen sie Bodenproben an der Stelle, wo das Objekt gewesen war, und fanden Spuren von Radioaktivität, worüber sie berichteten. Colonel Hart schrieb ein Memorandum, das dem Verteidigungsministerium geschickt wurde. Er ist mindestens einmal im britischen Fernsehen aufgetreten, so weit ich weiß, möglicherweise auch öfter, und hat dort im Prinzip wiederholt, was er in dem Memorandum bereits geschildert hatte. Er sagte dasselbe, was ich eben beschrieben habe. Das ist die eine Erklärung – dass sich alles so zugetragen hat, wie Colonel Hart es uns meldete.

Die andere Erklärung ist, dass das alles überhaupt nicht passiert ist. In diesem Fall muss man annehmen, dass Colonel Hart und seine gesamte Einheit wohl halluziniert haben.

Meine Position dazu ist eindeutig: Beide Erklärungen sind äußerst interessant. Man hat berichtet und behauptet – und ich habe dies persönlich dem britischen Verteidigungsministerium vorgelegt –, dass keine der Informationen über UFOs, die an sie weitergegeben wurden, für die Verteidigung des Landes relevant ist. Doch jedem denkenden Menschen muss einleuchten, dass beide Erklärungen sehr wohl relevant für die Verteidigung sind. Dass der Colonel eines US-amerikanischen Air-Force-Stützpunkts in Suffolk und seine Soldaten halluzinieren, ein mit Atomwaffen bestücktes Fluggerät sei auf dem Stützpunkt gelandet, muss für die Verteidigung von Interesse sein.

Und falls das, was er gesagt hat, tatsächlich stattgefunden hat – und warum in aller Welt sollte er es erfinden? –, dann liegt es doch wohl auf der Hand, dass das Eindringen eines Fluggerätes aus dem Weltraum (das mit Sicherheit nicht von Menschen gebaut war) in einen Air-Force-Stützpunkt unseres Landes ebenfalls von großem Interesse für die Verteidigung ist. Es ist gewiss nicht sinnvoll, wenn unsere Minister, insbesondere der Verteidigungsminister, behaupten, in jener Dezembernacht in Suffolk sei nichts geschehen oder es sei irrelevant für die Verteidigung. Das ist einfach nicht wahr.

Da in diesem und auch ein oder zwei anderen Ländern mein Name recht spektakulär mit UFOs in Verbindung gebracht wurde, hat man mich häufig gefragt, warum ein Mensch mit meinem Hintergrund als ehemaliger Generalinspekteur der nationalen Verteidigung und Vorsitzender des NATO-Militärkomitees denkt, es handele sich um eine Vertuschung, oder welchen Grund die Regierung dafür haben könnte, die Fakten über UFOs zu verschleiern. Oft wird dafür eine bestimmte Anzahl Erklärungen vorgelegt. Die häufigste und vielleicht plausibelste ist, dass die Regierungen (in diesem Fall vor allem die der Vereinigten Staaten und die meines eigenen Landes) besorgt über die mögliche Reaktion der Öffentlichkeit sind, falls man die Wahrheit publik machen würde – und die Wahrheit ist, dass sich innerhalb unserer Atmosphäre Objekte befinden, die technisch allem, was uns zur Verfügung steht, meilenweit voraus sind, und dass wir sie nicht daran hindern können, hierher zu kommen, und dass wir uns nicht gegen sie verteidigen könnten, sollten sie sich als feindlich erweisen.

Ich glaube, die Regierungen befürchten, dass die Bevölkerung bei einer Enthüllung dieser Fakten in Panik geraten würde: Die Leute würden kopflos herumrennen und sämtliche Telefonzentralen lahmlegen, genau wie an jenem berühmten Tag in New Jersey, als das Gerücht umging, die Marsianer seien gelandet. Die Leute würden durchdrehen und vor Erregung außer sich geraten.

Ich glaube das überhaupt nicht und diese meine Aussage wurde auch abgedruckt. Ich glaube nicht, dass Menschen heute, im einundzwanzigsten Jahrhundert, wegen einer derartigen Information in Panik geraten würden. Sie haben vor fünfzig Jahren schließlich auch schon die Einführung der Atomwaffen und die Zerstörung zweier japanischer Städte ruhig hingenommen. Für sie ist es selbstverständlich, dass unsere Fluggeräte auf dem Mars landen können, und zwar zu einem präzisen, Jahre vorher errechneten Zeitpunkt. Warum sollten sie also in Panik geraten? Sie interessieren sich viel mehr für Sportwetten und Lotterien. Sie würden die Achseln zucken und das alles als gegeben hinnehmen. Und meiner Erfahrung nach trauen sie Politikern ohnehin nicht.

Was ich sagen möchte ist, dass wir mit großer Wahrscheinlichkeit von Wesen aus dem Weltall, von anderen Zivilisationen, besucht werden, und das schon seit Jahren, und dass wir gut daran täten, herauszufinden, wer sie sind, woher sie kommen und was sie wollen. Diesen Fragen sollte ernsthaft und auf wissenschaftliche Weise nachgegangen werden, statt sie zu einem Thema für die Revolverblätter zu machen.

Mir scheint, die Ereignisse von Bentwaters sind der klassische Fall eines offensichtlichen Eindringens in unseren Luftraum und sogar einer Landung auf dem Boden unseres Landes, das von ernsthaften, gewissenhaften Militärs bezeugt wurde, die eine verantwortungsvolle Arbeit leisten.

Und in gewisser Weise ist Bentwaters auch ein Beispiel dafür, wie man in Zukunft mit derartigen Ereignissen *nicht* umgehen sollte.[22]

Zeugenaussage

Daniel Sheehan ist Anwalt. Als Teilhaber der Kanzlei Floyd Abrams arbeitete er in der First Amendment Division, der Abteilung Erster Zusatzartikel, und vertrat den Nachrichtensender NBC sowie die »New York Times«. Er war auch einer der Verteidiger der »New York Times« im Fall der Pentagon-Papiere und einer der Anwälte der Firma F. Lee Bailey, die James McCord im Watergate-Prozess vertrat. Außerdem war er der Hauptverteidiger im Fall Karen Silkwood.

Ich war Chief Counsel der Jesuitenzentrale der Vereinigten Staaten in Washington, D.C., in deren Büro im National Social Ministry. Das ist eine der Öffentlichkeit zugängliche Anlaufstelle, die sich wichtiger, politisch relevanter Probleme annimmt.

Dort arbeitete ich von 1975 bis 1985 unter der Ägide des Generalsuperiors Pedro Arrupe, dem Vater General aus Rom. Und in diesem Zeitraum ereigneten sich folgende Begebenheiten.

Im Januar 1977 erhielt ich einen Anruf von Marsha Smith, Direktorin für Wissenschaft und Technologie in der Forschungsabteilung der Kongressbibliothek der Vereinigten Staaten. Das Komitee für Wissenschaft und Technologie des Repräsentantenhauses hatte sie darüber informiert, dass Präsident Jimmy Carter an den Stab des Kongresses herangetreten war, um unter der Leitung des Kongresses eine wichtige Untersuchung durchzuführen.

Anscheinend hatte sich der neue Präsident nach Ablegung seines Amtseides an George Bush sen., damals noch Chef der CIA, gewandt

[22] Unser aufrichtiger Dank gilt James Fox, der uns dieses Interview zugänglich machte.

und um Zugang zu Geheimdokumenten zum Thema UFOs und der möglichen Existenz außerirdischer Intelligenz nachgesucht.

George Bush sen. weigerte sich, ihm die Informationen zugänglich zu machen und reagierte mit den Worten: »Wenn Sie diese Informationen wollen, werden Sie sie nicht bekommen, so lange ich hier das Sagen habe. Solange Sie nicht Ihren eigenen Geheimdienstchef ernannt haben, müssten Sie dazu folgenden Amtsweg beschreiten: Sie müssen sich an den Kongress wenden, und zwar an das Komitee für Wissenschaft und Technologie des Repräsentantenhauses, und dort darum ersuchen, dass ein Verfahren eingeleitet wird, das dem Kongress das Recht gibt, die Geheimhaltungsklassifikation gewisser Dokumente aufzuheben. Der Kongress kann um eine Herabstufung der Geheimhaltung ersuchen.«

Anstatt sich auf eine Auseinandersetzung mit dem republikanischen Geheimdienstchef einzulassen, hatte der Präsident beschlossen, diesen Verfahrensweg zu gehen.

Carter wollte Antworten auf zwei Fragen. Erstens: Welche Informationen innerhalb der Regierung, seien sie nun geheim oder nicht, behandeln die Frage, ob es außerirdische Intelligenz gibt oder nicht? Zweitens: Wie hoch ist der Prozentsatz aller der Regierung berichteten UFO-Sichtungen und Berichte über UFOs, die tatsächlich untersucht wurden, und gibt es Beweise dafür, dass es sich womöglich wirklich um Fluggeräte einer außerirdischen Zivilisation handelt, die unseren Planeten besuchen?

Diese Fragen wurden dem Repräsentantenhaus im Januar vorgelegt. Kurz darauf leitete man sie an die Forschungsabteilung der Kongressbibliothek weiter.

Ich erhielt diesen Anruf irgendwann um den April herum. Darauf ging ich in die Jesuitenzentrale und sprach mit Pater William J. Davis, der in der Zweigstelle Oregon das National Social Ministry leitete. Ich fragte ihn, ob er bereit sei, mit mir zusammen ein Gesuch der Jesuitenzentrale der Vereinigten Staaten zu unterschreiben, in dem wir die Vatikanbibliothek um die entsprechenden Dokumente baten.

Es stellte sich heraus, dass ein Jesuit die Vatikanbibliothek leitete. Pater Davis fand seinen Namen, seine Adresse und andere Einzelheiten heraus. Wir schrieben dem Mann einen offiziellen Brief und fragten ihn, ob wir, die wir in der Hauptzentrale der Jesuiten arbeiteten,

Zugang zu derjenigen Abteilung der Vatikanbibliothek bekommen könnten, die die Informationen über UFOs und außerirdische Intelligenzen enthielt.

Zu unserer großen Überraschung erhielten wir zwei Wochen später einen Brief, in dem uns mitgeteilt wurde, dass wir diesen Zugang nicht erhalten würden.

Wir waren schockiert. Schließlich vertraten wir die Zentrale des Jesuitenordens in den Vereinigten Staaten. Hier gibt es zehn jesuitische Provinzen, mehr als sonst irgendwo auf der Welt, wodurch wir ziemlichen Einfluss haben. Die katholische Bischofskonferenz der Vereinigten Staaten war innerhalb der katholischen Welt eine Supermacht. Wir waren also ziemlich bestürzt, als dies geschah.

Wir schrieben einen zweiten Brief, der mehr Einzelheiten enthielt und in dem wir versicherten, ich würde persönlich nach Rom kommen und die Dokumente einsehen, und dass ich mich auf jedwede Bedingungen einlassen würde. Zwei Wochen später erhielten wir erneut eine Absage. Wir waren zu dieser Abteilung der Vatikanbibliothek nicht zugangsberechtigt.

Etwa sechs Wochen später informierte mich Marsha, dass man das Budget des Projektes SETI (Search for Extraterrestrial Intelligence: Suche nach außerirdischer Intelligenz), das dem kalifornischen JPL (Jet Propulsion Laboratory) unterstand, für das Folgejahr soeben halbiert hatte. Und die Belegschaft des JPL fragte mich, ob ich sie zu den entsprechenden Haushaltssitzungen begleiten würde.

Um es kurz zu machen: Das volle Budget wurde wieder genehmigt und zum Dank für meine Hilfe luden mich die fünfzig wichtigsten Wissenschaftler des JPL zu sich ein. Ich sollte dort hinter verschlossenen Türen ein Seminar über die theologischen Konsequenzen halten, die die Suche nach außerirdischer Intelligenz nach sich zog. Ich erhielt die Genehmigung dazu – die Jesuiten interessierten sich plötzlich wesentlich mehr für das Thema als vorher. Sie waren auch ziemlich verärgert, dass sie die Unterlagen in der Vatikanbibliothek nicht einsehen durften und begannen, argwöhnisch zu werden.

Also rief ich Marsha Smith an und sagte: »Hören Sie, wenn ich schon die fünfzig führenden Wissenschaftler des SETI-Projektes bei JPL treffen soll, dann möchte ich zumindest, falls das möglich ist, Einblick in das Material bekommen, das Sie gerade für den Präsidenten vorbereiten. Dann wäre ich wenigstens informiert.«

Sie schlug vor, mich vorübergehend zu einem Recherche-Assistenten des Kongress-Forschungsservice zu ernennen und fragte, was genau ich denn eigentlich anschauen wollte, um das Seminar vorzubereiten. Ich antwortete, ich würde gern die als geheim eingestuften Dokumente des *Project Blue Book* sehen.

Etwa eine Woche später informierte sie mich, dass man damit einverstanden sei und das Material am folgenden Samstag in die Kongressbibliothek schicken würde und dass ich für einen begrenzten Zeitraum dort Zutritt erhalten würde, um es zu sichten.

Ich musste dazu ins Madison Building gehen, das der Kongressbibliothek gegenüber auf der anderen Seite der Independence Avenue liegt. Es war ganz neu, gerade erst bezogen. Es gab noch kein einziges Büro darin. Tatsächlich war an jenem Samstagmorgen Mitte Mai überhaupt niemand dort.

Am Eingang stand ein Wachmann, dem ich sagte, wer ich war. Er rief irgendwo an und bestätigte, dass ich einen Termin hatte. Er führte mich die Treppe hinunter ins Untergeschoss und sagte, ich möge mich in Zimmer soundso einfinden. Dann ließ er mich allein den Gang hinunter gehen. Am Ende des Ganges wandte ich mich nach links und sah zwei Männer in unauffälliger Kleidung, mit Ohrstöpseln und Mikrophonen am Ärmel – die ganze Ausrüstung. Sie hatten eindeutig auf mich gewartet und waren wahrscheinlich diejenigen, die der Wachmann angerufen hatte. Ich zeigte einem Mann, der an einem Schreibtisch saß, meinen Ausweis. Er sagte: »Sie dürfen Ihre Aktentasche nicht mit hinein nehmen und sich auch keine Notizen machen, und Sie haben nur eine Stunde Zeit.«

Ich fragte mich, woher all diese Auflagen stammten, aber ich wollte mich nicht beschweren. Immerhin hatte ich ja schließlich keinen Eintritt bezahlt. Also legte ich meinen Aktenkoffer hin, behielt aber den gelben Schreibblock. Ich hatte ihn mir unter den Arm geklemmt, als ich den angrenzenden Raum betrat.

Darin stand ein Tisch, auf dem sechzehn beige-grüne, rechteckige Schachteln aufgestapelt waren. Sie waren etwa sechzig Zentimeter lang, fünfzehn Zentimeter breit und fünfzehn Zentimeter dick. An den Seiten waren sie durch Schnüre verbunden, an denen Registerkarten hingen.

Ich wusste nicht, wo ich anfangen sollte. Ich dachte, wenn ich nur ungefähr eine Stunde Zeit habe und einfach anfange, die Dokumente zu lesen, werde ich nicht weit kommen. Stattdessen beschloss ich, nach Fotos zu suchen. Es gab übrigens auch zwei andere Schachteln, in denen Filme und ein kleiner Projektor waren, also fing ich damit an. Ich legte einen der Filme in den Projektor ein und schaltete ihn ein, und dann sah ich zwar Berichte über UFOs, aber es waren Szenen, die ich bereits anderswo gesehen hatte. Ich begriff, dass dies kein klassifiziertes Material war, und durchsuchte die anderen Schachteln.

In einer befand sich etwas in Papier Gehülltes mit der Aufschrift »Höchste Geheimhaltung«. Es war ein Behälter voller Mikrofilmfolien und einer Maschine mit einer kleinen Handkurbel. Ich legte den ersten Mikrofilm ein, aber es waren nur noch mehr Dokumente darauf. Beim nächsten ebenfalls … und auch beim nächsten …

Endlich fand ich einen Mikrofilm mit Fotos – und da sah ich es! Ich meine, es gab keinen Zweifel – es war ein abgestürztes UFO!

Auf dem Foto war Winter, auf dem Boden lag Schnee. Ein Bergungsteam war ebenfalls zu sehen. Zwei Männer maßen mit einem Bandmaß das Fluggerät aus. Das Schwarzweißfoto zeigte auch einen tiefen Graben und es sah aus, als hätte das UFO das dahinter abgebildete Feld durchquert und sei dann in der Böschung gelandet. Sein Bug war irgendwie darin vergraben und man konnte den unteren Teil nicht sehen. Obenauf war eine Kuppel und an der Seite war etwas eingraviert.

Es gab eine Nahaufnahme von einem Teil des Fluggeräts, der Symbole trug. Ich betrachtete sie, dann wandte ich mich zur Zimmertür, um festzustellen, was die Bewacher taten. Sie sahen nicht in meine Richtung.

Rasch schlug ich meinen Schreibblock auf. Sein Rücken bestand aus Karton und ich stellte die Projektion des Mikrofilms scharf darauf ein. Mit meinem Kugelschreiber zog ich dann die Symbolreihe auf dem Karton nach. Dabei war ich sehr penibel, denn ich wollte unbedingt eine exakte Kopie machen.

Als ich fertig war, nahm ich den Mikrofilm aus dem Projektor und legte alles dahin zurück, wo ich es gefunden hatte. Dann erklärte ich, ich sei fertig.

Der Mann am Schreibtisch sah mich an und fragte: »Mr. Sheehan, was haben Sie denn da?« Ich gab ihm den Block und er blätterte ihn durch, aber den Kartonrücken beachtete er nicht. Er gab mir den Block zurück. Ich klemmte ihn mir unter den Arm, nahm meine Aktentasche und ging einfach hinaus.

Ich fuhr zurück zur Jesuitenzentrale, ging direkt in Pater Davis' Büro und zeigte ihm meine Ausbeute. Ich habe Marsha Smith nicht telefonisch darüber informiert und erzählte auch den Leuten bei SETI nichts davon.

Marsha zeigte mir den Ergebnisbericht des Kongress-Forschungsservice über die Wahrscheinlichkeit der Existenz Außerirdischer und die Analyse des UFO-Phänomens. Gleich am Anfang stand, der Kongress-Forschungsservice habe sowohl geheime als auch allgemein zugängliche Dokumente gesichtet und sei zu dem Schluss gekommen, dass es mindestens zwei bis sechs andere, technisch hochentwickelte, intelligente Zivilisationen innerhalb unserer Galaxis gäbe. Schlicht und einfach die Erwähnung einer Tatsache. Und dies war die Information, die man für den Präsidenten zusammengestellt hatte.

Was die UFOs anging, wiesen sie darauf hin, dass in den typischen Berichten, von denen etwa zwanzig Prozent glaubwürdig waren, sieben oder acht verschiedene Fluggerätformen auftauchten, die offenbar weder uns gehörten noch der Sowjetunion und deren technologische Fähigkeiten eindeutig darauf hinwiesen, dass sie keinem bekannten Ursprung auf unserem Planeten entstammten. Aber die nächste Schlussfolgerung zogen sie nicht, nämlich: »Folglich müssen sie von irgendeinem anderen Planeten stammen.« Das stand nicht in dem Bericht und ich fand es sehr interessant, wie sie das umgingen.

Ich habe darüber nachgedacht. Ich habe Verfassungsrecht studiert, praktiziere inzwischen seit dreißig Jahren als Anwalt für Verfassungsrecht und habe einige recht interessante Mandanten vertreten – angefangen beim Fall der Pentagon-Papiere. In dem zivilrechtlichen Prozess um die Iran-Contra-Affäre gegen das Standardunternehmen von Richard Secord und Albert Hakim, die mit Lieutenant Colonel Oliver North zusammenarbeiteten, war ich Chief Counsel, Hauptverteidiger. Und ich bin felsenfest davon überzeugt, dass diese Geheimnistuerei eine Verletzung des Neutralitätsgesetzes darstellt.

Das Neutralitätsgesetz trägt im Bundesgesetzbuch der Vereinigten Staaten die Nummer 18 und verbietet privaten Bürgern, die nicht vom

Kongress dazu autorisiert wurden, jedwede kriegsähnliche Aktivitäten gegen irgendwelche nicht US-amerikanischen Staatsbürger. Und aufgrund der vorangegangenen Analysen klassifizierter Dokumente, die ich durchgeführt habe, ist für mich sonnenklar, dass die geheimdienstlichen Komitees und die Kongress- und Senatsausschüsse nichts davon wissen. Und dass es Präsidenten der Vereinigten Staaten gab, die ebenfalls nichts davon wussten. Ich habe darüber mit Laurance Rockefeller gesprochen. Dieser traf sich mit Präsident Clinton persönlich und fragte ihn danach. Und er erzählte mir, Clinton wisse auch nichts darüber.

Auf dieser Grundlage glaube ich behaupten zu können, dass es sich hier um eine gesetzeswidrige Vorgehensweise handelt und dass die Weisungskette und die militärische Befehlskette dabei umgangen wurden. Die gesetzlich verankerte Weisungskette wurde missachtet. Auch die nach dem Watergate-Einbruch und Nixons Amtsenthebungsverfahren getroffenen Übereinkünfte, geheimdienstliche Komitees einzusetzen, wurden eindeutig missachtet.

Das Problem hierbei ist, dass es sich um bundesgesetzliche Statuten handelt und dass deshalb das Justizministerium eingeschaltet werden müsste. Aber dazu gibt es einen Weg. Unter den RICO-Statuten, also dem Bundesgesetz gegen Korruption und Schutzgelderpressung, wäre eine Hauptstraftat oder eine kriminelle Handlung, die die zivile Gesetzgebung missachtet, eine Verletzung des Neutralitätsgesetzes. Und aufgrund der vormals klassifizierten Beweise, die ich gesehen habe, und aufgrund meiner Gespräche mit Leuten, die nun öffentlich darüber reden, gehe ich davon aus, dass zwischen acht und zehn wichtige Bundesgesetze übertreten wurden, darunter mindestens ein halbes Dutzend Hauptstraftaten laut dem Bundesgesetz gegen Korruption und Schutzgelderpressung.

Ich glaube, es bestehen hinreichende Verdachtsmomente, um einen Zivilprozess anzustrengen. Dabei wäre die Frage des persönlichen Einflusses entscheidend. Welcher Bürger besitzt genügend Einfluss, um eine solche Anklage erheben zu können?

Ich glaube, es wäre sehr wichtig, dass wir, die Bürger der Vereinigten Staaten, eine professionelle, private Untersuchung finanzieren. Ich bin fest davon überzeugt, dass wir dadurch herausfinden könnten, was hier vorgeht und welche Gesetze dabei übertreten wurden.

Zeugenaussage

John Weygandt, Lance Corporal der Marines, war in Peru stationiert, wo er im Sicherheitsbereich einer gegen den Drogenhandel gerichteten Radareinrichtung tätig war.

Ich bin durch das Programm für verspäteten Eintritt zum Marine Corps gekommen. Ich war im Ausbildungslager, legte meine Prüfung ab und wurde in meiner neuen, militärischen Eignungsbescheinigung als 7212 Stinger Avenger geführt. Ich absolvierte ein Training als Verteidigungsschütze für FIM 92 Stinger Raketen, Bodenluftraketen und Avenger-Waffen. Nach meinem Abschluss trat ich meinen ersten Dienst beim zweiten Marinegeschwader der 28th Marine Air Control Group des zweiten Luftverteidigungs-Batallions in North Carolina an.

Neun Monate später wurden wir nach Peru abkommandiert. Wir sollten dort den Standort einer Radareinrichtung zur Überwachung von Flugzeugen sichern, die des Drogenschmuggels verdächtigt wurden und den peruanischen und bolivianischen Luftraum verließen oder in ihn eintraten.

Eines Nachts kamen die Sergeanten Allen und Atkinson zu uns in den Raum und sagten: »Hört mal, wir haben hier einen Flugzeugabsturz, wahrscheinlich sind es Verbündete, und wir sollen hinfahren und die Absturzstelle sichern.«

Gegen drei oder vier Uhr morgens fuhren wir in sechs Hummern los. Wir fuhren so schnell wir konnten und brachen dann durchs Unterholz. Wir kamen gegen 6:30 Uhr an, als es gerade anfing, hell zu werden.

Im Boden klaffte an der Absturzstelle ein riesiger Krater. Alles ringsum war verbrannt, als hätte es ein Feuer gegeben, oder vielleicht war das auch durch irgendeine andere Art von Energie, zum Beispiel einen Laser, verursacht worden … Es war wirklich seltsam.

Ich war mit den Sergeanten Allen und Atkinson ganz vorn dabei, wir waren allen anderen zehn bis zwanzig Meter voraus. Jeder von uns hatte eine Landkarte und ein Funkgerät und einen Kompass, damit wir uns nicht verirrten.

Wir gingen nicht direkt auf die Absturzstelle zu, sondern wandten uns nach links und erklommen einen Bergrücken, und dann sahen wir das

Fluggerät. Es war hügelaufwärts ausgerichtet und dann zur Seite gekippt, wo der Bergrücken an eine Kluft grenzte. Der Hügelkamm war etwa sechzig Meter hoch und bestand aus solidem Felsen.

Das Schiff war riesig. Es war halb vergraben, in einem steilen 45-Grad-Winkel. Eine grünlich-lilafarbene, sirupähnliche Flüssigkeit tropfte heraus und bedeckte alles ringsum. Sie fluktuierte irgendwie. Man sah sie an und dann wieder weg, und wenn man das nächste Mal hinschaute, schien es fast, als sei sie lebendig und würde sich verändern, denn immer, wenn man wieder hinsah, war die grün-lila Färbung anders.

Auf dem Schiff befand sich ein Licht, das sich langsam drehte. Und ich konnte die Antriebsmaschine hören, denn sie funktionierte noch und brummte. Es klang, als würde man die Bassfrequenz eines Gitarrenverstärkers hören, ein sehr tiefes Geräusch, das schwankte und dann schließlich abbrach, und dann schien alles einfach aufzuhören.

Das Fluggerät hatte sich mit dem Bug voran in den Boden gebohrt, deshalb sah ich nur den hinteren Teil. Da gab es große Öffnungen wie zur Entlüftung, und auf dem Rücken sah die Oberfläche aus wie Fischschuppen. Ich konnte die vordere Hälfte nicht sehen, aber ich nehme an, sie sah genauso aus.

Die ausgetretene Flüssigkeit drang in meine Tarnuniform und entfärbte sie und fraß sich irgendwie hindurch, fast wie Säure. Sie fraß auch einen Teil der Behaarung auf meinem Arm, was ich erst später feststellte.

Ich befand mich unten neben dem Schiff. Es hatte drei Löcher. Ich nehme an, das waren Luken, aber das konnte man nicht mit Bestimmtheit sagen. Sie lagen knapp im unteren Teil des Flugkörpers – vielleicht fünf bis zehn Zentimeter unterhalb der Mitte, ich weiß nicht genau. Aber auch auf der uns zugewandten Oberseite gab es eine Luke, die man vage erkennen konnte. Ich weiß nicht, was sich auf der anderen Seite befand. Dann gab es noch eine Luke von derselben Größe wie die ganz oben, irgendwie seitlich positioniert, und die stand halb offen. Ich sah keine Lichter und auch sonst nichts, was da herausgekommen wäre, aber ich spürte etwas … irgendeine Anwesenheit.

Es war wirklich eigenartig. Ich glaube, diese Wesen haben mich beruhigt. Es war verrückt, aber ich glaube, sie versuchten, telepathisch mit mir zu kommunizieren. Es war der helle Wahnsinn … als würde man in seinem Auto sitzen und einen AM-Sender einschalten, der nur

Statik rausschickt, und richtig laut aufdrehen. Das ist das Geräusch, das ich hörte, als ich dort ankam.

Das Schiff war etwa zehn Meter breit und etwa zwanzig Meter lang. Von der Form her lag es irgendwo zwischen einem Ei und einem Tropfen. Es sah echt aerodynamisch aus. Ich stand nahe genug, um zu sehen, dass es nicht einfach glatt war. Die Oberfläche hatte Ausbuchtungen und Kerben und alles Mögliche. Es wirkte beinahe organisch, fast wie ein Kunstwerk. Es sah aus, als sei es vielleicht von Hand gebaut, aber ich weiß nicht, aus welchem Material. Es wirkte wie Metall, aber es spiegelte nichts. Die Sonne schien direkt darauf und ich sah die verschiedenen Färbungen des Fluggeräts, aber es gab keine Spiegelung. Ich bin sicher, es hätte nicht einmal das Licht einer Taschenlampe reflektiert, wenn man sie direkt darauf gerichtet hätte.

Ich sah nirgendwo Trümmer, aber am Heck des Schiffes befanden sich tiefe Risse, als sei es von einer Bodenluftrakete getroffen worden. Wir hatten Flugabwehrraketen vom Typ HAWK, das sind Bodenluftraketen mit niedriger bis mittlerer Reichweite.

Im Prinzip braucht eine solche Rakete das Ziel nicht direkt zu treffen, um es zu zerstören. Vielmehr wird sie in die unmittelbare Nähe des Zielobjekts dirigiert und dann der Sprengkopf detoniert, der eine extrem hohe Fragmentierung hat. Im Prinzip explodiert er im Zielbereich wie eine Ladung aus einer Schrotflinte. Und durch die Zersplitterung soll er dann das Zielobjekt zerstören oder zumindest beschädigen, so dass es seine Mission abbrechen muss. Insofern nehme ich an, wir hatten das Fluggerät abgeschossen.

Ich wollte ins Innere vordringen, weil jemand – ich glaube, diese Wesen – mich um Hilfe bat. Plötzlich brüllten die Sergeanten Allen und Atkinson mich an und beschimpften mich und befahlen, ich solle von dort verschwinden. Ich glaube, sie hatten Angst und wollten nicht, dass ich verletzt wurde.

Als wir den Hügel wieder erklommen hatten, waren die Leute vom Energieministerium schon da, und ich wurde verhaftet. Männer in schwarzen Tarnuniformen nahmen mir meine gesamte Ausrüstung ab. Sie trugen keine Namensschilder. Die anderen waren schon älter, wahrscheinlich Ende dreißig oder Anfang vierzig, und trugen Schutzanzüge. Sie nahmen mich gefangen und ketteten mich mit Handschellen an eine Pritsche, die sie dabei hatten. Meine Beine fesselten sie mit diesen Plastikbändern zusammen, die die Polizei benutzt. Sie verfrachteten mich in einen großen 47er Chinook-Hubschrauber und wir hoben ab.

Sie beschimpften mich und bezeichneten mich als blödes Arschloch. »Warum kümmert ihr Idiotenhaufen euch nie um Befehle? Ihr hättet gar nicht dort sein dürfen. Sie hätten das überhaupt nicht sehen dürfen. Wenn wir Sie freilassen, werden Sie zu einer Gefahr.«

Ich dachte, die würden mich umbringen.

Ich saß ungefähr fünfzehn Stunden lang bei ihnen ein. Sie blendeten mich mit grellem Licht und schrien mich an. Ich hätte keinen von ihnen direkt identifizieren können, aber ich wusste, dass einer von ihnen an der Absturzstelle gewesen war, weil ich ihn und seinen schwarzen Tarnanzug erkannte. Er sagte: »Was haben Sie gesehen? Sind Sie Patriot? Stehen Sie hinter der Verfassung?« Ich sagte: »Ja, klar«. Er sagte: »Wir folgen unserem eigenen Programm. Wir befolgen keine Befehle. Wir machen, was wir wollen.« Und sie knurrten mich alle an und genossen das Ganze. Sie schrien und brüllten und beschimpften mich. »Sie haben gar nichts gesehen. Wir werden Sie und Ihre gottverdammte Familie durch die Mangel drehen. Wir entführen Sie in einem Hubschrauber und schlagen Sie im Dschungel zu Klump und lassen Sie dort verrecken.« Sie haben nicht körperlich Hand an mich gelegt, aber ich war mit Handschellen an einen Stuhl gefesselt und konnte mich nicht bewegen, also war es im Prinzip reine Schikane. Ich habe den ganzen Tag nichts gegessen. Und auch kein Wasser bekommen. Gar nichts. Ich saß nur da.

Sie hielten mich zwei Tage lang fest. Ein Lieutenant Colonel der Air Force war da, aber er identifizierte sich nicht. Und er sagte zu mir: »Wenn wir mit Ihnen einfach in den Dschungel fliegen würden, dann würde niemand Sie finden. Sie müssen diese Papiere unterschreiben. Sie haben all das nie gesehen. Und wenn Sie irgendjemandem davon erzählen, wird man Sie einfach als vermisst melden.«

Das alles ist zwischen Ende März und Anfang April 1997 passiert.

»Diese Angelegenheit unterliegt der allerhöchsten Geheimhaltungsstufe der Regierung der Vereinigten Staaten und ist sogar noch geheimer als die Wasserstoffbombe. Fliegende Untertassen existieren wirklich. Niemand weiß, wie sie funktionieren, aber eine kleine Gruppe unter der Leitung von Dr. Vannevar Bush bemüht sich, das herauszufinden. Die Regierungsbehörden der Vereinigten Staaten halten diese Angelegenheit für äußerst bedeutend.«

– W. B. Smith –

Kanadisches Verkehrsministerium
Senior Radio Engineer, Leiter des Project Magnet
Memo an Geo-Magnetics, 21. November 1950

Geheime UFO-Akte

Unterirdische Stützpunkte (NRO-Dokument)

Dokument

- NRO/Central Security Service Memorandum

Zeugenaussagen

- Richard Doty, Special Agent des Air Force Office of Special Investigations (AFOSI: Air-Force-Büro für Sonderermittlungen)
- Master Sergeant Dan Morris, Agent des NRO (National Reconnaissance Office: Nationales Aufklärungsamt) mit Cosmic Clearance (kosmischer Sicherheitsfreigabe)
- Sergeant Clifford Stone, U.S. Army Retrieval Unit (Bergungseinheit der US-Armee)
- William John Pawelec, U.S. Air Force, Computer- und Programmierungsspezialist

Kommentar von Dr. Steven M. Greer

In diesem Land wurden Anfang der 1950er Jahre zahlreiche unterirdische Stützpunkte gebaut, in denen der Präsident und gewisse Kabinetts- und Kongressmitglieder einen Atomangriff überleben sollten. Eine dieser Einrichtungen befand sich am Mount Weather in Virginia, eine andere in Fort Ritchie, Maryland, und NORAD ist eine Festung unter den Cheyenne-Bergen in Wyoming.

Aber keine dieser Einrichtungen kann in Punkto Geheimhaltung den unterirdischen USAP-Anlagen für UFOs und Außerirdische das Wasser reichen.

Sie wurden unbemerkt von Firmen wie der Bechtel Corporation gebaut, wobei eine atomar angetriebene Bohrmaschine eingesetzt wurde, die soliden Felsen durchdringen und oberflächlich anschmelzen konnte, ohne dass dabei Geröll anfiel. Im Inneren dieser riesigen Grabmaschine befindet sich ein komplexer Atomreaktor, der flüssiges Lithium vom Reaktorkern zur Tunnelwand pumpt, wobei Außentemperaturen von über 1.000 Grad Celsius entstehen. Das ist nicht heiß genug, um Felsen einzuschmelzen, aber es vermeidet Aushub aus Erde oder Stein, so dass nichts abtransportiert werden muss – es entstehen also keine sichtbaren Beweise. Wenn das Lithium einen Teil seiner Hitze verliert, wird es entlang der ausgehobenen Tunnels ausgepumpt und kühlt dadurch den verglasten Stein, so dass eine glatte, glänzende, obsidianähnliche Oberfläche entsteht. Das ist ideal für die dort benutzten Magnetschwebebahnen, die mit Superhochgeschwindigkeit durch die Tunnels rasen und die unterirdischen Stützpunkte miteinander verbinden.

Wo befinden sich diese Stützpunkte?

Obwohl die Liste wesentlich länger ist, werde ich hier nur diejenigen Anlagen erwähnen, die ich selbst besucht habe oder die unsere Zeugen in ihren Aussagen erwähnten.

Der sogenannte Würfel (Cube) ist eine hochmoderne, unterirdische Anlage in der Hochwüste unweit des Air-Force-Stützpunkts Edwards, die von der Abteilung Skunkworks bei Lockheed Martin betrieben wird. Eines der wichtigsten Räder in diesem Getriebe ist der unterirdische Komplex in der Nähe von Dulce in Neumexiko, der von Los Alamos aus unterirdisch zugänglich ist. Damals, als die Aushubmaschine der Firma Bechtel den Tunnel zwischen Dulce und Los Alamos fertig stellte, erzeugten die Schwingungen im Felsboden ein summendes Geräusch, das die Bewohner von Taos, Neumexiko, das *Taos-Summen* nannten. (Einige New-Age-Anhänger dachten sogar, die Erdgöttin Gaia persönlich spräche zu ihnen.) Dann gibt es noch Groom Lake in Nevada und das Dugway-Testgelände in der Wüste um Provo in Utah.

Es gibt auch andernorts auf der Welt viele Anlagen, ich möchte hier aber nur noch eine ganz bestimmte nennen.

Pine Gap befindet sich im Nordterritorium Australiens. Die Anwohner glauben, es handele sich einfach um einen Satellitenstandort, der von Australiern und US-Amerikanern gemeinsam betrieben wird. Die Anlage scheint von Bergen umgeben zu sein, aber in Wirklichkeit ist das Panorama ein Hologramm und verbirgt den riesigen Stützpunkt, der hier tief in die Berge getrieben wurde.

All dies klingt vielleicht wie ein Szenenbild aus einem James-Bond-Film, aber die folgenden Dokumentationen werden Ihnen beweisen, dass es diesen Leute ernst ist.

Zum Beispiel war einer meiner Militärberater in ein verdecktes Projekt verwickelt, bei dem er und einige andere in eine vollständig unterirdisch gelegene SCIF oder Secure Intelligence/Information Facility gebracht wurden, eine Spionageanlage zur gesicherten Nachrichtenerhebung. Allen Besuchern wurden sämtliche Waffen, Handys, Uhren und sonstigen elektronischen Geräte abgenommen. Ein Sicherheitsoffizier dieses Projektes begleitete sie.

Der Offizier nahm eine Kugel aus der Kammer seiner Waffe und sagte: »Wenn Sie irgendjemandem irgendetwas darüber erzählen, worum es bei diesem Projekt geht, dann habe ich hier eine Kugel, auf der Ihr Name steht, und ich werde Sie finden … egal wo, egal wie.«

Es handelt sich hier keineswegs um einen Film, sondern so funktioniert diese Welt – eine Welt, in der ich seit 1993 lebe. Man erhält nicht aufgrund seines Ranges Zugang zu ihr, sondern ausschließlich aufgrund der Kenntnis-wenn-nötig-Prämisse.

Im Jahr 1997, am Tag nach den Informationssitzungen vor dem Kongress, bat man mich um ein Briefing für Admiral Tom Wilson, dem Chef der Spionageabteilung der Stabschefs. In Vorbereitung auf dieses wichtige Treffen schickten wir ihm ein klassifiziertes NRO-Dokument (das in dieser Akte enthalten ist). Darin standen die Codenamen von Personen und auch von einigen der USAPs.

Wilsons Assistent sagte mir, der Admiral habe diese Codenamen und Codeprojekte sehr nützlich gefunden: Er habe sich diskret erkundigt und tatsächlich einige verdeckte Projekte in einer Zelle des Pentagons entdeckt. Nachdem er die verantwortliche Gruppe identifiziert

{ Note distribution to : COSMIC Ops and MAJI Ops. SG}

28 JULY 1991.
0900 HRS.

MEMORANDUM FOR RECORD.

FROM: NRO/CENTRAL SECURITY SERVICE. PAGE ONE OF THREE.

STATUS: CLASSIFIED/RESTRICTED.

SUBJECT: SPECIAL SECURITY ADVISORY/BLUE FIRE.

ATTENTION: Commanders Net.
ROYAL Ops.
COSMIC Ops.
MAJ Ops.
MAJI Ops.
COMINT Ops.
COMSEC Ops.
ELINT Ops.
HUMINT Ops.
AFOSI Nellis Div.
26th,64th,65th,527th,
- and 5021st T.O. Aggressor Sqdn. Cmndrs.
57th F.W. Cmndr.
552nd T.O.F. Cmndr.
554th O.S.W. Cmndr.
554th C.S.S. Cmndr.
4440th T.F.T.G. Cmndr.
4450th T.G. Cmndr.
4477th TES-R.E. Cmndr.
37th F.W. Cmndr.
Red Flag MOC.
Dart East MOC.
Dart South MOC.
Pahute Mesa MOC.
Sally Corridor MOC.
Groom Lake MOC.
Dreamland MOC.
Ground Star MOC.
Blackjack Team
Roulette Team
Aqua Tech SOG.
Sea Spray SOG.
[redacted] Sec. Div.

U.S.A.P.s

BASES

Das klassifizierte NRO-Dokument mit Codenamen von Personen und USAPs.

hatte, sagte er seiner Kontaktperson in dieser supergeheimen Zelle: »Ich möchte über dieses Projekt Bescheid wissen.«

Man antwortete ihm: »Sir, Sie benötigen diese Kenntnis nicht. Wir können Ihnen nichts sagen.«

Nun ja, er war schockiert und wütend.

Später sprachen der Admiral und ich über das Risiko, das diese amoralische Gruppe für die Vereinigten Staaten, die Rechtsstaatlichkeit und unsere nationale Sicherheit darstellt. Ich wies darauf hin, dass Admiral Roscoe Hillenkoetter, der erste CIA-Chef, schon in den frühen 1960er Jahren einen Brief geschrieben hatte, in dem stand, dass die *Geheimhaltung* der UFOs und *nicht* die UFOs selbst eine Bedrohung der nationalen Sicherheit sei. Ich sagte dem Admiral auch, dass diese illegale Gruppe ARV-Technologie besaß und somit seine B2-Tarnkappenbomber einfach umkreisen konnte.

Er überlegte einen Moment und entgegnete dann: »Nun ja, was mich angeht: Wenn Sie Leute, die darüber Bescheid wissen, dazu bringen, offizielle Aussagen zu machen, dann gebe ich Ihnen hiermit meine Erlaubnis, sich damit an die Medien zu wenden. Diese Gruppe ist illegal.« Damit gab er dem Offenlegungsprojekt grünes Licht.

Im Klartext heißt das aber: Ich, Admiral und Chef der Spionageabteilung der Stabschefs im Pentagon, kann nichts dagegen tun.

Zeugenaussage

Richard Doty war Special Agent bei der Spionageabwehr der Air Force und gehörte dem Air-Force-Büro für Sonderermittlungen (AFOSI) an. Er war auf dem Air-Force-Stützpunkt Kirtland in Neumexiko, dem Air-Force-Stützpunkt Nellis (der sogenannten Area 51) und andernorts stationiert und konzentrierte seine Arbeit acht Jahre lang auf UFOs und Außerirdische.

Ich war auf dem Testgelände in Nevada stationiert, dem jetzigen Sicherheitsgebiet namens Area 51, damals das Testzentrum DET-3. Als ich zwischen 1981 und 1985 dort war, nannte man es Testzentrum DET-3 des Stützpunkts Edwards. Area 51 besteht eigentlich aus zwei Teilen: dem

DET-3-Testzentrum und Groom Lake, und dann gibt es noch eine weitere Anlage namens Papoose, die einen unterirdischen Zugang hat. Dort verbrachte ich neun Monate als Counterintelligence Officer, als Agent der Spionageabwehr. Es gab da eine Menge richtig guter Sachen. Zum Beispiel hatten wir in Area 51 eine Anlage, mit der konnte man einen Laser hochschießen und damit die sowjetischen Satellitenkameras blenden, die uns überflogen, so dass sie nichts fotografieren konnten.

Es gab dort zwei verschiedene Komplexe und alles war streng voneinander abgegrenzt. In einem Bereich waren außerirdische Raumschiffe untergebracht und in einem ganz anderen die [vom Menschen] nachgebauten Fluggeräte. Die außerirdischen Schiffe waren in der unterirdischen Anlage. In der überirdischen Anlage ganz am Ende des Komplexes lagerten die ARV-Fluggeräte, die Alien Reproduction Vehicles, also die Nachbauten der außerirdischen Fluggeräte.

Während meiner Stationierung dort sah ich ein Antischwerkraft-Fluggerät. Es gab dort Rümpfe von allen möglichen Fluggeräten, die getestet und neu ausgestattet wurden, bevor man sie probeweise flog. Vieles davon funktionierte nicht – es gab viele Abstürze.

Die Privatfirmen, die vorwiegend an diesen speziellen Fluggeräten arbeiteten, waren E-Systems, Johnson Systems, Sandia, Livermore, Los Alamos und Techtronics. Außerdem General Electrics und Motorola – die hatten eine riesige Anlage, wo sie ihre Kommunikationstechniken testeten und herauszufinden versuchten, wie die außerirdischen Kommunikationssysteme arbeiteten. Lockheed war ebenfalls vertreten, und auch Northrop Grumman. Damals wurde das Ganze von EG&G geleitet. Gene Laskowski war Sicherheitschef bei EG&G. Er nannte sich zwar immer nur Sicherheitsoffizier, aber das stimmte nicht ganz. Er hatte Einblick in viele Dinge. Er wusste eine Menge, genau wie Paul McGovern, der zwischen 1977 und 1991 in Area 51 Chef des Objektschutzes war. Er war die ganzen Jahre dort und ist nun pensioniert. Paul leitete auch die Planung und die Programme der DIA und bekleidete dort den dritthöchsten Rang.

Als ich im unterirdischen Bereich war, sah ich zwei Fluggeräte, die anscheinend der Schwerkraft trotzten. Eines war oval und maß ungefähr drei mal sechs Meter. Es war nicht sehr groß. Es hatte Fahrwerke, aber die waren von uns angebaut worden und glichen sich der Gesamtstruktur nicht gut genug an. Und es hatte Bullaugen, die fast flüssig aussahen.

Wenn man sie ansah, bekam man das Gefühl, durch Wasser zu blicken. Ich habe diese Schiffe nie von innen gesehen, immer nur von außen. Und dann war da noch eines, ein riesiges Schiff, das im Papoose-Komplex gelagert war. Wenn man dort hinunter kommt, liegt es gleich in der ersten Parkbucht rechts … ein gewaltiges Schiff. Es wirkte wie ein älteres Fluggerät, das abgestürzt war, denn es war beschädigt. Aber seine Außenhaut sah sehr seltsam aus, und überhaupt alles. Es sah nicht aus wie etwas, das wir gebaut hatten.

Wenn man in den unterirdischen Teil von Papoose kommt, geht man eine Rampe hinunter. Die ganze Anlage ist geformt wie ein Hufeisen. In jedem Bereich gibt es noch Abzweigungen, die ganz herum führen, bis zur südwestlichen Ecke von Area 51 in der Nähe von Hangar 7. Unterwegs trifft man auf Fahrstühle und separate Schächte, und wenn man nicht das richtige Abzeichen hat, kann man die meisten nicht betreten, und die Abzeichen werden ständig aktualisiert. Wenn man die nicht hat, kommt man nur in manche Bereiche. Wie ich schon gesagt habe, wer an dem außerirdischen Raumschiff arbeitet, wird nicht auch an dem von Menschen nachgebauten Schiff arbeiten.

1980 war ich zu einem Briefing auf dem Air-Force-Stützpunkt Wright-Patterson, bei dem es um etwas völlig anderes ging. Aber während ich dort war, bat ich um ein Briefing über Dinge, die mehr mit diesen Sachen zu tun hatten, und wurde in eine unterirdische Anlage geführt. Ich habe sie zwar nicht selbst gesehen, aber Ernie Kellerstrass hat mir später erzählt, dass sie dort außerirdische Leichen hatten, und später habe ich auch in einem klassifizierten Handbuch davon gelesen.

Zeugenaussage

Dan Morris ist pensionierter Berufssoldat und diente als Master Sergeant bei der U.S. Air Force. Er war viele Jahre lang an UFO-Projekten beteiligt. Nachdem er die Air Force verlassen hatte, rekrutierte ihn das ultrageheime National Reconnaissance Office (NRO: Nationales Aufklärungsamt). Dort arbeitete er spezifisch an Projekten, die sich mit außerirdischen Zusammenhängen beschäftigten. Er besaß eine als Cosmic Clearance bezeichnete universelle Sicherheitsfreigabe, die achtunddreißig Stufen höher liegt als »Top Secret«. Er sagt, dass seines Wissens keinem einzigen US-Präsidenten jemals diese Sicherheitsfreigabe zuerkannt wurde.

Sie wissen ja, die südafrikanische Regierung gibt zu, ein außerirdisches Fluggerät geborgen zu haben. Die gehen ganz offen damit um. Sie haben einen Dokumentarfilm gedreht, in dem ein Polizist von der Bergung erzählt und sogar Aufnahmen davon gezeigt werden und so weiter. Inzwischen habe ich gelesen, dass unsere und die dortige Regierung eine Vereinbarung unterzeichnet haben. Darin steht, wir werden nichts darüber verlauten lassen, dass sie ihre ersten Atomwaffen entwickeln und anwenden, und dass wir auch, wenn wir sie in der UN nicht unterstützen können, nichts darüber sagen werden – und dass sie uns dafür ihr außerirdisches Raumschiff geben. Wir haben dem zugestimmt und sie auch. Wir schickten ihnen ein C-5A *Galaxy* Großraumtransportflugzeug, in dem sowohl das Raumschiff als auch zwei Außerirdische transportiert wurden, die sie aus dem Schiff geborgen hatten. Die Fracht befindet sich nun auf dem Air-Force-Stützpunkt Wright-Patterson in Ohio, wo wir normalerweise alles hinschicken, was wir bergen. Dort gibt es etwa acht unterirdische Ebenen, wo das alles eingelagert wurde.[23]

Zeugenaussage

US-Sergeant Clifford Stone hat im Laufe seiner Dienstzeit sowohl lebende als auch tote Außerirdische gesehen, denn er arbeitete mit einem Army-Team, das abgestürzte außerirdische Flugkörper barg. Er hatte Zugang zu Stützpunkten, die verdeckte Operationen durchführten, und zu Geheimprojekten.

Ich hatte gerade meine Ausbildung zur Bergung [außerirdischer] Fluggeräte beendet, als mir ein in Fort Meade stationierter Freund anbot, mich im Auto zu meinem Stützpunkt Fort Lee mitzunehmen. Während der ganzen Fahrt zurück nach Virginia sprachen wir über UFOs.

[23] In Anhang 8 finden Sie relevante Nachweise.

Ein paar Wochen später lud er mich ein, ihn in Fort Meade zu besuchen. Als ich dort eintraf, sagte man mir, er würde noch eine Weile beschäftigt sein. Derjenige, der mir das mitteilte, fragte mich, ob ich schon einmal im Pentagon gewesen sei. Da dies mein erster Besuch dort war, bot er mir eine kurze Führung an.

Wir fuhren also hinüber. Man gab mir einen kleinen Ausweis ohne Foto. Aber der Mann, der bei mir war, trug ein Namensschild mit Foto und sagte den Wächtern, dass ich autorisiert sei, ihn zu begleiten.

Er führte mich zu einem Fahrstuhl und wir fuhren hinunter. Ich weiß nicht, wie viele Stockwerke, aber es war wohl sehr weit unten, denn als wir ausstiegen, standen wir vor zwei Einschienenbahnen. Ich hatte keine Ahnung gehabt, dass sich unter dem Pentagon Einschienenbahnen befinden. Die Tunnel glichen großen Röhren, ziemlich breit in der Mitte, zu beiden Seiten eine. Darin fuhren kleine Waggons, die wie Gewehrkugeln aussahen. Sie hatten Platz für zwei Leute vorne und zwei hinten.

Wir bestiegen eine der Bahnen und sie fuhr los. Die Fahrt dauerte vielleicht zwanzig Minuten, aber das ist nur geschätzt, weil ich es nicht genau weiß. Als wir ausstiegen, sagte [der Mann, der bei mir war]: »Ich werde Ihnen weiter hinten in diesem Korridor ein paar interessante Dinge zeigen.«

Also gingen wir den Korridor hinunter und es sah aus, als sei da eine Tür am Ende. Als wir uns ihr näherten, wandte sich mein Führer zu mir und sagte: »Wissen Sie, die Dinge sind nicht immer das, was sie zu sein scheinen. Viele Menschen wissen nichts von diesen unterirdischen Einschienenbahnen des Pentagons. Genau wie diese Wand da hinter ihnen … die sieht nur wie eine Wand aus.«

Ich betrachtete die Wand hinter mir und dachte, er hätte einen Witz gemacht. Es gab keinerlei Fugen und auch sonst nichts, das mir aufgefallen wäre.

Dann schob er mich vorwärts. Ich versuchte, mich abzustützen, aber da war tatsächlich eine Tür, die sich öffnete.

Hinter der Tür befand sich ein Klapptisch. Und hinter dem Klapptisch saß ein kleiner, grauer Außerirdischer. Laut vieler Berichte sind diese »Grauen« oder Greys etwa einen Meter zwanzig groß, aber der war etwas größer. Rechts und links vom Tisch, ein Stück hinter diesem Wesen, standen zwei Männer.

Ich sah dem Grey direkt in die Augen. Wenn man die ansieht, hat man das Gefühl, als würde einem alles aus dem Verstand gezogen … Es war, als würde er mein ganzes Leben ablesen. Es ist schwer zu beschreiben, was ich in dem Moment empfand … Man erlebt sein ganzes Leben bis zu diesem Punkt innerhalb von Sekunden. Und ich fühlte das alles.

Ich weiß noch, dass ich taumelte und meinen Kopf umklammerte und zu Boden fiel.

Das Nächste, woran ich mich erinnere, ist, dass ich im Büro meines Freundes in Fort Meade wieder aufwachte. Und man sagte mir, es sei gar nichts geschehen und ich hätte den ganzen Tag in diesem Büro verbracht.

Ich wusste aber, dass das nicht stimmte.

Zeugenaussage

William John Pawelec war Mitte der 1960er Jahre Computer- und Programmierungsspezialist bei der Air Force, erst auf dem Air-Force-Stützpunkt Pope und dann in Vietnam. Auf seinen Wunsch hin wurde seine Zeugenaussage erst nach seinem Tod öffentlich gemacht.

Im Jahr 1964, als ich bei EG&G arbeitete, übertrug man uns die Aufgabe, ein Sicherheitssystem für ein bestimmtes Projekt zu entwerfen. Es war für den Stützpunkt Tonopah bestimmt, von dem anscheinend niemand etwas wusste und der ostsüdöstlich der kleinen Bergarbeiterstadt Tonopah liegt. Auf diesem Stützpunkt wurden die F-117 *Nighthawk* Tarnkappenflugzeuge stationiert, als sie einsatzbereit waren. Sie wurden nicht in Groom Lake gelagert, dort befand sich nur das Testgelände. Das ganze Geschwader war damals dort stationiert und unsere Jungs machten Witze darüber, dass das entsprechende Plastikmodell von Revell nicht ganz korrekt war.

Mich beschäftigte damals eine Entscheidung, die wir wegen der Besonderheiten von Tonopah fällen mussten. Dort gab es eine Menge tiefer, unterirdischer Einrichtungen, die wir sichern sollten. Die Aufzüge, die hinauf und hinunter fuhren, waren so riesengroß, dass ein Flugzeug hineinpasste. Sie waren den Aufzügen auf Flugzeugträgern ähnlich, nur dass sie eben an Land waren. Sie lagen sehr tief unter dem

Erdboden. Und die Gerätschaften, die wir da unten sahen, waren anders als bei normalen Flugzeugen – als die üblichen Generatoren, Klimaanlagen und so weiter.

Die Geräte waren völlig anders.

Einige Jahre, nachdem ich dieses Projekt verlassen hatte, wurde endlich der Einsatz der F-117 angekündet. Und da überlegte ich unter anderem, was nun wohl mit Tonopah geschehen würde. Sie hatten diesen Stützpunkt in großer Eile verlassen – sehr überstürzt. Falls ich mich an die Zahlen richtig erinnere, wurden innerhalb von neun Monaten 75 Millionen Dollar ausgegeben, um den Stützpunkt Holloman für die F-117 vorzubereiten. Das ist zwar in Ordnung, aber warum hatte man es so eilig damit, sie aus Tonopah wegzutransportieren? Einige der tief unterirdischen Einrichtungen mussten rund um die Uhr aktiviert werden, und zwar nicht nur zu Testzwecken, und man musste sowohl die Flugzeuge als auch die Mannschaften und das Bodenpersonal nach Holloman bringen, da Tonopah möglichst schnell auf ein neues Projekt vorbereitet werden sollte. Aber niemand von uns, auch nicht meine Mitarbeiter, die die Sicherheitseinrichtungen installierten, ahnte etwas davon, dass man Tonopah auf ein anderes Fluggerät vorbereitete – womöglich sogar auf etwas so Vielseitiges wie das Aurora-Überschall-Aufklärungsflugzeug.

Der Stützpunkt Tonopah ist hochmodern und manches dort ist sogar auf dem allerneuesten Stand der Technik. Vergessen Sie nicht, dass die Air Force nie etwas wegwirft, wenn es nicht sein muss. Die Leitung weiß, wie man jeden Pfennig umdreht, denn es blieb ihr nichts anderes übrig. Aber man darf die Bedeutung dieses Stützpunkts nicht unterschätzen. Er liegt sehr isoliert zwischen zwei Gebirgsketten, ist also vom Erdboden aus nicht einzusehen. Er ist sogar noch abgelegener als Area 51, denn dort können die UFOlogen einen etwa zwanzig Kilometer entfernten Berg besteigen und von oben hineinsehen. Tonopah ist buchstäblich aus keiner Richtung einsehbar, wenn man nicht widerrechtlich das Gebiet um Nellis Range betritt, das der Regierung gehört. Mitte der 1980er Jahre war die dortige Sicherheit so wichtig, dass einer der Generäle, mit denen ich während meiner Tätigkeit bei EG&G zu tun hatte, mich bat, ihm meine kühnste Idee für ein Umgebungs-Sicherheitssystem zu verraten, das einen bis zu etwa zwanzig Kilometer weit entfernten Eindringling aufspüren konnte.

Ich entwarf einen künstlichen Felsbrocken mit eigener Energieversorgung, der spezielle Teleskop-Kameras enthielt. Damit konnte man sogar in einer mondlosen Nacht ein Kaninchen in zehn Kilometern Entfernung beobachten, mit der Kamera erfassen und fotografieren. Man konnte es sogar verfolgen. Und es gab außerdem Vorschläge, zusätzlich harmlose, berittene Wächter dort herumstreunen zu lassen. Die würden allerdings bei einer anderen Regierungsbehörde arbeiten. Diese Vorschläge wurden ernst genommen. Es ging also darum, künstliche Felsbrocken herzustellen, die natürlich eine Menge sehr komplexer Elektronik enthielten und auf strategisch ausgewählten Klippen verankert werden mussten, wo der Blick vom Stützpunkt nach außen frei war, und sie dann entweder durch unterirdische Kabel oder durch Mikrowellen-Sendeanlagen mit dem Kriegsraum des Stützpunkts zu verbinden – und wenn man solche Vorschläge ernst nimmt, dann gibt man nicht so viel Geld für eine derartige Technologie aus, wenn man nicht plant, sie langfristig zu benutzen. Das Militär vergeudet solche Summen nicht, trotz des Skandals um die 65.000 Dollar für Toilettensitze.

Wurden die Anlagen von Tonopah für Hardware und Projekte benutzt, die mit UFOs zu tun hatten? Alle Anzeichen wiesen darauf hin, dass man alles, was dort unterirdisch gelagert wurde, abtransportiert hatte, bevor ich meine Mitarbeiter hinschickte, um das System zu installieren. Man erkennt oft die Abnutzung, und hier sah man Kratzspuren auf dem Boden, wo sich Ausrüstungsgegenstände befunden hatten, die weggebracht worden waren, damit mein Team seine Arbeit tun konnte.

Die Firma EG&G besitzt traditionell tiefgreifende Kenntnisse und kontrolliert im südlichen Nevada alles. Das weiß jeder. Sie hat sogar das Testgelände kontrolliert und überwacht es heute noch. Sie besitzt auch eine Fluglinie, die die Angestellten jeden Morgen abholt und abends nach Papoose, Area 51 oder Tonopah zurückbringt. Wir hatten es also nicht mit einer für uns fremden Umgebung zu tun, sondern es war fast, als befänden wir uns auf dem Ladehof von EG&G. Die Firmengeschichte beginnt mit den Atomtests während des Zweiten Weltkrieges und unmittelbar danach. Die Firma war wissenschaftlich orientiert und erhielt Aufträge von der Regierung, und zwar inoffiziell, so dass das Gesetz zur Informationsfreiheit (FOIA) nicht zur Anwendung kam. Eines meiner wichtigsten Anliegen ist: Wenn wir wirklich herausfinden wollen, was »da draußen« geschieht, und zwar auf legale Weise, dann müssen wir dieses Gesetz modifizieren, falls wir das vom Kongress und vom Präsidenten genehmigt bekommen, damit es keine Gesetzeslücken mehr gibt, durch die die verdeckten Projekte schlüpfen können – und wir müssen fordern, dass auch private Rüstungsunternehmen, einschließlich der verdeckten, dazu verpflichtet sind, innerhalb des FOIA-Systems Informationen weiterzugeben. Jetzt ist die Gesetzeslage nämlich noch löchrig wie ein Sieb und lässt ein riesiges Hintertürchen offen, das es ermöglicht, jegliche Anfragen sowohl vom Kongress als auch seitens der Öffentlichkeit systematisch zu ignorieren.

Und was die Gruppe angeht, die einen Großteil der verdeckten Projekte leitet – damals in den 1970er und frühen 1980er Jahren war mein erster Eindruck, dass ihr Hauptanliegen die Verteidigung der Vereinigten Staaten war ... um die freie Welt zu beschützen. Aber je länger man sich mit der Situation befasst, desto klarer wird, dass sie ganz unabhängig von den Agenden der Vereinigten Staaten operiert. Und dass es anscheinend um Kontrolle geht – um Macht und um Kontrolle. Man könnte das wahrscheinlich als den zweitältesten Beruf der Welt bezeichnen.

Gewisse Gruppen sind jederzeit dazu fähig, nötigenfalls mit Gewalt oder auch mithilfe anderer Kontrollmechanismen, undichte Stellen zu stopfen und Geheimhaltung oder Angst aufrecht zu erhalten. Was Bob in Nairobi widerfahren ist[24] – das war eine Situation, bei der ich das Gefühl hatte, er sei ihrer Meinung nach der Wahrheit zu nahe gekommen, hatte keine Angst und war zu mächtig. Also mussten sie ihn beseitigen. Und das haben sie getan, auf ganz unspektakuläre Weise. So ähnlich wie bei Schiff, dem Abgeordneten hier in Neumexiko, der fast nie an der Sonne war, weil er so gut wie sein ganzes Leben in Räumen und im Kongress verbrachte, und der dennoch auf magische Weise an aggressivem Krebs erkrankte. Es gibt aber Möglichkeiten, das Problem anzugehen. Ich habe mit Leuten gesprochen, die früher bei den Marinetauchern waren und auf einige seltsame Missionen geschickt wurden. Und ich habe mit einigen Söldnern gesprochen, denen man ja hin und wieder begegnet und die damit beauftragt wurden, Leute zu beseitigen, die in gewisse

[24] Siehe in Teil 1: »USAPs – Unacknowledged Special Access Projects: Offiziell geleugnete Projekte unter speziellem Zugriff« – Pawelecs Zeugenaussage.

Situationen verstrickt waren – und diese Beseitigungen geschehen in einer Weise, die man als Kontrollmechanismus bezeichnen könnte. Die Söldner sind dazu verpflichtet, buchstäblich jeden Befehl auszuführen und alles zu tun, was man von ihnen verlangt – eine gute Nazi-Philosophie. Wenn jemand Wichtiges auf bestimmte Weise beseitigt wird, dann entsteht dadurch eine Menge Angst in denjenigen, die auch weiterhin kontrolliert werden sollen. Folglich sagen sie nichts, was sie nicht sagen sollen. Und sie bohren auch nicht wie der Abgeordnete Schiff irgendwo nach, wo sie nicht nachbohren sollen.

Eine der Hinrichtungen, die mich am meisten betroffen machte, war der Tod unseres Handelsministers vor einigen Jahren auf einem Berggipfel in Jugoslawien. Die Air-Force-Hostess, die ebenfalls in der Maschine war, überlebte, weil sie hinten auf dem Schleudersitz saß. Eine gewisse britische Gruppe gelangte zuerst an die Absturzstelle. Die Dame lebte noch und war kerngesund, als sie den Berg verließ – aber als sie unten am Flughafen ankam, war sie tot, obwohl sie nur oberflächliche Verletzungen gehabt hatte. Jemand müsste den Einfluss untersuchen, den gewisse britische Kommandoeinheiten haben, und auch ihre Verknüpfungen mit anderen, ähnlichen Gruppen in den Vereinigten Staaten.

Noch seltsamer war, dass man an der Leiche des Handelsministers, die zum Air-Force-Stützpunkt Dover gebracht wurde, oben am Kopf eine Schussverletzung von der Größe eines Kalibers 45 entdeckte. Eine erste Röntgenuntersuchung ergab Abschürfungen in seinem Gehirn. Die Leiche wurde geradezu blitzartig, nämlich innerhalb eines Tages, zu einem Krematorium gebracht, so dass niemand mehr eine richtige Autopsie vornehmen konnte. Die Leute auf dem Stützpunkt Dover wurden streng gerügt. Professionelle Killer können solche Wunden mit Hilfe von gefrorenen CO_2- oder Stickstoffkugeln herbeiführen. Davon bleiben außer den Schädelsplittern keine Überreste zurück.

All dies sollte uns mit tiefer Besorgnis erfüllen, denn es scheint Teil eines fortlaufenden Prozesses zu sein, insbesondere innerhalb der letzten zehn Jahre. Heutzutage können wir ja alles im Internet verfolgen und ich glaube, wir sollten nach Hinweisen auf solche Vorgänge Ausschau halten. Das Bedürfnis nach ständiger Kontrolle wächst und der Einsatz derartiger Kontrollmechanismen wird immer unverhohlener.

»Ich muss zugeben: Jegliche positive Erwähnung
Fliegender Untertassen durch einen Wissenschaftler kommt einer
extremen Häresie gleich, die denjenigen, der die Aussage macht,
der Gefahr einer Exkommunikation
durch die wissenschaftliche Theokratie aussetzt.«

– Dr. Frank B. Salisbury –

Geheime UFO-Akte

Außerirdische und atomare Zwischenfälle

Zeugenaussagen

- Richard Doty, Special Agent des Air Force Office of Special Investigations (AFOSI: Air-Force-Büro für Sonderermittlungen)
- Captain Robert Salas, U.S. Air Force
- Major George A. Filer III, Nachrichtenoffizier der Air Force
- Professor Robert Jacobs, ehemaliger Lieutenant der U.S. Air Force
- Lieutenant Colonel Dwynne Arneson, U.S. Air Force
- Colonel Ross Dedrickson, U.S. Air Force
- Merle Shane McDow, U.S. Navy Atlantic Command

Kommentar von Dr. Steven M. Greer

Es besteht kaum ein Zweifel, dass unsere interstellaren Besucher sich bemüht haben, unseren ungezügelten Ruck in Richtung einer gegenseitigen atomaren Vernichtung zu verhindern, als sie während des Zweiten Weltkriegs so häufig erschienen. Es war kein Zufall, dass der Air-Force-Stützpunkt Roswell mit der dort stationierten 509. Bomberstaffel (damals das einzige mit Atomwaffen ausgerüstete Geschwader der Welt) UFOs anzog wie Honig die Bienen. Tausende von Militärs auf Atomwaffenstützpunkten der ganzen Welt haben außerirdische Fluggeräte gesehen und die meisten, wenn nicht sogar alle, wurden genötigt, dies niemals zu erwähnen – je spektakulärer die Ereignisse waren, desto ernster wurden die Warnungen, die sie erhielten. In einigen Fällen wurden die Betroffenen sofort abkommandiert und anderswo stationiert.

Diese Akte enthält Zeugenaussagen von Angehörigen des Militärs, die mit ihrer Ehrlichkeit großen Mut bewiesen haben. Zu den Unterlagen gehören auch Filme – auf einem davon sieht man ein UFO, das den Testflug einer Interkontinentalrakete abfängt. Andere zeigen UFOs beim Überfliegen von gewissen Stützpunkten, was dazu führte, dass die in den dortigen Silos gelagerten Atomraketen desaktiviert wurden, sowie ein UFO beim Abfangen einer Interkontinentalrakete, die eigens dafür entwickelt worden war, auf dem Mond zu detonieren. Die Außerirdischen fingen sie ab, bevor sie die Erdatmosphäre verließ.

Der Gedanke an verdeckte Projekte, die darauf abzielen, eine Atomwaffe auf dem Mond explodieren zu lassen, wirft die Frage auf, wie viel Chaos und Dummheit wir noch erleben müssen, bevor unsere Spezies diese Phase überwunden hat. Heute haben wir einen Punkt erreicht, an dem die meisten Leute erkennen, dass wir es uns nicht leisten können, unsere Probleme mit Energie und Umwelt weiterhin auf die lange Bank zu schieben. Ohne Frieden kann es auf der Erde keinen weiteren Fortschritt mehr geben.

Viele Menschen argumentieren, dass wir niemals Frieden erleben können, sondern weiterhin versuchen werden, einander umzubringen. Doch in Wahrheit wollen die meisten Leute gar niemanden töten. Leider waren wir aber nicht bereit, die wenigen tollwütigen Hunde zurückzuhalten, denen es Vergnügen bereitet, menschliche Schafherden anzugreifen. Innerhalb der USAPs bin ich echten Soziopathen begegnet, die über die Anwendung solcher Technologien im Weltall fantasieren – mit flammenden Geschützen, genau wie in *Star Wars*.[25] Aber man kann Technologien, die die Lichtgeschwindigkeitsgrenze überschreiten, nicht mit Waffensystemen kombinieren und erwarten, dass das jemand überlebt – ebenso wenig, wie wir den Start einer »begrenzt« thermonuklearen Rakete überleben könnten.

Einige Mitarbeiter dieser verdeckten Projekte haben gewisse Aktionen der Außerirdischen falsch interpretiert. Als wir zum Beispiel Ende

[25] Siehe Teil 4: *Kosmische Täuschungen.*

der 1970er/Anfang der 1980er Jahre versuchten, eine thermonukleare Waffe auf dem Mond explodieren zu lassen, um der UdSSR zu beweisen, wie mächtig Amerika war, fing ein außerirdisches Fluggerät diese Waffe ab und zerstörte sie. Das könnte man natürlich als Beweis dafür deuten, dass die Außerirdischen uns feindlich gesonnen sind, aber in Wahrheit wollten sie nur ihre eigenen Einrichtungen auf dem Mond schützen – und darüber hinaus die Unantastbarkeit des Weltraums als Ort des Friedens sichern, in dem es keine Massenvernichtungswaffen geben sollte.[26]

Es gab eine ganze Reihe derartiger Zwischenfälle, bei denen Menschen die Taten von Außerirdischen für feindselig hielten, obwohl sie tatsächlich ein Beweis für deren Einsicht waren. Diese außerirdischen Zivilisationen versuchen lediglich, unsere unreife, unkontrollierte, militarisierte Zivilisation an die Erde zu binden und zu verhindern, dass sie unsere Biosphäre verlässt und sich im Weltraum ausbreitet. Je nach dem eigenen Blickwinkel kann man diese Dinge so oder so interpretieren. Ich bin sicher, dass die Außerirdischen friedliche Absichten hegen. Aber wenn man unbedingt will, kann man jemandem, der dazu neigt, Weltraumwaffen zu unterstützen, genau dieselben Ereignisse schildern und hinzufügen: »Sehen Sie, dass wir es da mit einer echten Bedrohung durch Außerirdische zu tun haben? Wir müssen Weltraumwaffen herstellen und hart zuschlagen!«

Die Beispiele, die ich hier anführe, sind keine Theorie. Es handelt sich um Ereignisse, die wahrhaftig stattgefunden haben und als Rechtfertigung für den Angriff auf außerirdische Fluggeräte und eine Aufrüstung im Weltraum dienten. Wir haben Zeugen dafür, dass Außerirdische zwischen sechzehn und achtzehn Interkontinentalraketen in Sekundenschnelle komplett ausschalten konnten. Als ich die entsprechenden Zeugen fragte: »Was haben die Außerirdischen uns Ihrer Meinung nach damit sagen wollen?«, erhielt ich die Antwort: »Wir glauben, sie wollten uns bitten, unseren schönen Planeten nicht zu zerstören.«

Was viele Menschen nicht wissen, ist, dass sich ähnliche Zwischenfälle *genau zur selben Zeit* in Russland ereigneten. Die Aktionen der Außerirdischen zielten darauf ab, all den aggressiven Atommächten

[26] Siehe in Teil 1: »Außerirdische Stützpunkte auf dem Mond«.

auf Erden zu sagen: »Schließt Frieden und verlasst diesen Weg der gegenseitigen Selbstvernichtung – und wenn ihr trotzdem so weitermacht, dann werden wir euch daran hindern.« Es ging ihnen nicht darum, den Sowjets uns gegenüber einen Vorteil zu verschaffen, sondern sie handelten zeitgleich in deren Land. Dennoch haben die militärischen Berater Präsident Reagans diese Ereignisse dazu benutzt, ihn immer tiefer in den Aufbau eines Verteidigungsnetzes nach dem Vorbild von *Star Wars* zu hetzen.

Die außerirdischen Zivilisationen werden mit Sicherheit nicht zulassen, dass wir solche Waffen in den Weltraum schicken. Als verdeckte, von der Schattenregierung beauftragte Operationen versuchten, mit Weltraumfrachtern und anderen, superfortschrittlichen Raumschiffen in den Weltraum zu fliegen, wurden diese Flüge gestoppt. Ein Zeuge aus der DIA sagte mir, dass wir einige höchst ausgefeilte Satellitensysteme besaßen, die nicht in Richtung Russland, sondern in den Weltraum hinaus gerichtet waren. Man benutzte sie, um außerirdische Fluggeräte zu verfolgen und anzupeilen. Er sagte, die Außerirdischen hätten sie aus Selbstverteidigungsgründen routinemäßig stillgelegt.

Die Vorstellung, dass außerirdische Zivilisationen auf die Erde kommen, um hier eine neue Gesellschaftsordnung einzuführen, ist ein reines Fantasieprodukt. Das sind die Lektionen, die wir lernen müssen, denn wir sind eine Rasse, die gerade erst die Kindheit hinter sich gebracht hat und nur allmählich erwachsen wird. Außerirdische Zivilisationen beobachten unsere Entwicklung schon seit geraumer Zeit – mit Sicherheit seit Hunderten, wenn nicht gar Tausenden von Jahren, vielleicht sogar noch länger. Sie werden nicht zulassen, dass eine einzige, perverse Generation eine Biosphäre zerstört, die sich über Jahrmilliarden entwickelt hat, oder eine Welt vernichtet, die noch viele Millionen Jahre weiterbestehen sollte, um der Entwicklung von intelligentem Leben und erleuchtetem Bewusstsein zu dienen.

Insofern befindet sich unsere Erde in einer Art kosmischer Quarantäne. Man weiß, dass wir vorerst weder sozial noch spirituell weit genug entwickelt sind, um mit Hilfe fortgeschrittener Technologien in den Weltraum vorzudringen, und deshalb hat man uns die Flügel beschnitten. Zumindest vorläufig.

Der Schlüssel dazu, im Weltraum willkommen zu sein, ist Frieden.

Zeugenaussage

Richard Doty war Special Agent bei der Spionageabwehr der Air Force und gehörte dem Air-Force-Büro für Sonderermittlungen (AFOSI) an. Er war auf dem Air-Force-Stützpunkt Kirtland in Neumexiko, dem Air-Force-Stützpunkt Nellis (der sogenannten Area 51) und andernorts stationiert und konzentrierte seine Arbeit acht Jahre lang auf UFOs und Außerirdische.

Die Frage war, was wollten sie erreichen? Handelte es sich um Erkundungsflüge vor einer Invasion? Wollten sie landen und irgendeine bestimmte Einrichtung für ihre eigenen Zwecke übernehmen? Besaßen sie nicht genügend Mineralvorkommen? Man zeigte uns damals nämlich einen Film [Briefing-Film für das *Yankee Black*-Programm], und darin hieß es gegen Ende, dass viele dieser Fluggeräte später über Uran- und anderen Bergwerken gesichtet wurden. Also fragten wir uns, was sie wollten. Ging es ihnen um Uran, dem Grundstoff für Plutonium? Unsere Aufgabe war es, das alles zu untersuchen, herauszufinden, ob sie eine Bedrohung darstellten, und die Ergebnisse unseren Vorgesetzten zu melden.

Steven Greer: Die Tatsache, dass wir Atomwaffen entwickelt, getestet und auch zwei Mal zum Einsatz gebracht hatten, scheint die Aufmerksamkeit der Außerirdischen erregt zu haben. Damals war das einzige Atomwaffengeschwader in Roswell stationiert, wo es auch Uranbergwerke gab. Colonel Dedrickson (einer der Zeugen des *Disclosure Project*) sagte, dass alle unsere Einrichtungen von Außerirdischen erkundet worden seien. Wurde darüber gesprochen?

Richard Doty: Man hatte diesen Schluss gezogen und es herrschte Besorgnis. Der Colonel wies darauf hin, dass wir soeben zwei Atomwaffen über einem anderen Land abgeworfen hatten, die einige Wochen vorher in Neumexiko getestet worden waren, und das hatten die Außerirdischen wahrscheinlich irgendwie beobachtet, entweder während ihrer Erkundungsflüge oder auf irgendeine andere Weise. Sie kamen also hierher, um uns zu beobachten und festzustellen, was genau los war. Vielleicht hatten sie selbst keine derartige Waffe oder vielleicht doch – und vielleicht machten sie sich auch aus irgendeinem Grund Sorgen um die Erde und/oder sie waren hinter diesen Waffen her. Und das war ein Anlass zur Besorgnis, denn die Sicherheit der Atomwaffen hatte für die Air Force der Vereinigten Staaten höchste Priorität, denn ihr unterstanden schließlich eine ganze Menge davon. Eine unserer wichtigsten Aufgaben war es, die Operationen der Gegenspionage vor der Bedrohung durch Atomwaffen zu schützen. Auf dem Air-Force-Stützpunkt Kirtland gab es viele Atomwaffen und in Neumexiko, in Roswell, war das 509. Bombergeschwader stationiert, zu dieser Zeit die einzige US-amerikanische Waffeneinheit mit Atomwaffen.

Im Jahre 1984 war ich in Pease stationiert, damals ein Stützpunkt des Strategischen Luftwaffenkommandos. Heute gibt es ihn nicht mehr. Dort ereignete sich ein sehr seltsamer Zwischenfall. Ein UFO umkreiste in der Luft das dortige Atomwaffensilo und landete schließlich. Hinterher hat man festgestellt, dass sie eine der Waffen auseinandergenommen hatten. Niemand, der dort stationiert war, wäre dazu in der Lage gewesen. Man nahm an, es sei vielleicht eine russische Spionageaktion gewesen. Ich reiste zur Untersuchung dorthin und wir fanden Abdrücke, Fingerabdrücke. Aber sie waren anders als unsere Fingerabdrücke. Als ich in das ganze Thema um UFOs und Außerirdische eingewiesen wurde, hatte ich Fotos von Wesen gesehen, die an einem Arm zwei Hände hatten, also sozusagen ein zusätzliches Gliedmaß. Und nun schien es, als hätte sich ein derartiges Wesen dort Zugang verschafft. Nun hatten wir also Fingerabdrücke, und dies war das erste Mal, dass wir, also unsere Regierung, außerirdische Fingerabdrücke besaßen.

Es gab viele, viele Fälle von UFO-Sichtungen in der Nähe atomarer Anlagen und ihrer Kontrolleinrichtungen: auf den Air-Force-Stützpunkten Elsworth und Malmstrom und auch auf NATO-Air-Force-Stützpunkten, wo Atomwaffen stationiert waren.

Zeugenaussage
Captain Robert Salas, U.S. Air Force

Im März 1967 war ich auf dem Air-Force-Stützpunkt Malmstrom in Montana als Raketenabwehroffizier stationiert. Wir hatten Minute-Man-

Interkontinentalraketen. Eines frühen Morgens im März erhielt ich einen Anruf vom Chef meines Sicherheitspersonals. Soweit ich mich erinnere, gab es in einem Büro über uns ungefähr sechs Flugsicherheitsleute. Ich selbst befand mich sehr viel weiter unten, nämlich achtzehn Meter unter dem Erdboden, in einer Kapsel. Von dort aus überwachte und kontrollierte ich zehn atomare Interkontinentalraketen.

Der Wächter meldete, er habe seltsame Lichter am Himmel gesehen. Ich wies ihn an, sich zu melden, falls etwas Greifbareres passierte. Bald darauf erhielt ich noch einen Anruf von ihm, aber diesmal klang seine Stimme dringlicher – er hatte eindeutig große Angst. Er sagte, da sei ein helles, rotglühendes Objekt, das über unserem Haupteingangstor schwebte. Es hatte eine ovale Form. Er hatte alle anderen Wächter mit gezogenen Waffen dorthin geschickt.

Ich weckte meinen Vorgesetzten, Colonel Fred Mywald, und berichtete ihm von den Anrufen. Noch während wir miteinander sprachen, wurden meine Waffen desaktiviert, eine nach der anderen, bis sie alle funktionsunfähig waren. Man hätte keine von ihnen mehr starten können. An diesem Morgen verloren wir innerhalb weniger Minuten zwischen sechs und acht Waffen, und zwar unmittelbar nach dem zweiten Anruf über das UFO, das am Haupttor schwebte.

Am selben Morgen informierte man uns, dass etwas ganz Ähnliches auch in Echo Flight passiert war. Dort hatte man unter vergleichbaren Umständen zehn der verfügbaren Waffen eingebüßt, als UFOs über den Startrampen gesehen worden waren. Wartungsteams und Sicherheitseinheiten waren die ganze Nacht dort gewesen und meldeten UFOs über den Abschussrampen.

Es gibt Zeugen, die diese Geschichte bestätigen können. Außerdem haben wir Begleitunterlagen der Air Force über den Zwischenfall von Echo Flight, die ich aufgrund des Informationsfreiheitsgesetzes erhielt, und darunter befindet sich auch ein Verweis auf UFOs. Außerdem haben wir Fernschreiben zu diesem Ereignis und in einem davon steht: »Die Tatsache, dass es keinen offensichtlichen oder nachvollziehbaren Grund für den Verlust von zehn Raketen gab, macht uns hier im Hauptquartier große Sorgen.« Das Fernschreiben stammte aus dem NATO-Luftwaffenhauptquartier. Wir haben diese Fernschreiben erhalten und besitzen sie immer noch.

Außerdem habe ich einen umfassenden Bericht vom Air-Force-Stützpunkt Minot in North Dakota über ein ganz ähnliches Ereignis, das sich im August 1966 dort zutrug. Auch dabei wurde ein UFO über den Raketensilos gesichtet und innerhalb einer Woche untersuchte die Air Force einen UFO-Zwischenfall.[27]

Zeugenaussage

Major George A. Filer III. war Nachrichtenoffizier der Air Force. Er diente als Navigator verschiedener Transportflugzeuge für Flugzeuge und Panzer und hat häufig Generäle und Kongressmitglieder über die Möglichkeiten und etwaigen Bedrohungen der U.S. Air Force informiert.

Ich arbeitete als Deputy Director of Intelligence für die 21st Air Force, also als stellvertretender Chef der Spionageabteilung dieser Einheit. Ihr unterstand die Hälfte aller Militärmaschinen, die die Präsidenten und verschiedene andere VIPs vom Mississippi nach Indiana flogen. Wir hatten etwa dreihundert Flugzeuge, die wir auf alle möglichen Missionen schickten – fast alles, was mit militärischem Lufttransport zu tun hatte.

Am Morgen des 18. Januar 1978 fuhr ich durchs Haupttor des Air-Force-Stützpunkts McGuire und stellte fest, dass auf der Landebahn rote Lichter leuchteten – ein Hinweis darauf, dass irgendetwas Ungewöhnliches geschah. Als ich in der Befehlszentrale der 21st Air Force eintraf, begrüßte mich der Stützpunktkommandant und sagte, es sei ein sehr interessanter Abend gewesen. Die ganze Nacht hindurch flogen UFOs über McGuire hinweg, und eines ist anscheinend in Fort Dix abgestürzt oder dort gelandet. Ein Militärpolizist war auf einen Fremden gestoßen und hatte auf ihn geschossen. Ich war etwas verwirrt und fragte, ob der Ausländer getötet worden sei.

»Kein Ausländer, sondern ein Außerirdischer aus dem Weltraum!«

Offenbar hatte man in Fort Dix ein UFO abgeschossen. Der Außerirdische, ein Grey von der Körpergröße eines Kindes, war geflohen, nachdem

[27] In Anhang 9 finden Sie relevante Nachweise.

er verwundet worden war, und auf den Stahlzaun zugelaufen, der Fort Dix von McGuire trennte. Er war entweder über den Zaun geklettert oder darunter hindurch gekrochen und nach McGuire gelangt, wo auf ihn geschossen wurde und er am Ende der Landebahn starb.

Ein C-141-Transportflugzeug war von Wright-Patterson aus unterwegs, um die sterblichen Überreste abzuholen. Sicherheitspolizisten bewachten die Leiche. Der Stützpunktkommandant befahl mir, General Tom Sadler darüber zu informieren, dass wir einen Außerirdischen erwischt hatten.

Ich rief die Kommandozentrale des 38th Military Airlift Wing an, des 38. Lufttransportgeschwaders, um die Geschichte zu bestätigen. Dort sagte man mir, dass sie dieselben Informationen erhalten hatten und bestätigte, dass es tatsächlich so passiert sei – dass man eine außerirdische Lebensform auf dem Stützpunkt gestoßen sei.

Später an diesem Morgen sagte man mir, das Briefing des Generals sei abgesagt worden. Als ich das Codewort in General Sadlers Büro brachte, fiel mir auf, dass dort große Aufregung herrschte und einige Sicherheitsoffiziere anwesend waren, die ziemlich unordentlich aussahen. Da General Sadler großen Wert auf tadelloses Aussehen legte, war ich überrascht darüber, dass diese Männer unrasiert waren und zerknitterte Tarnanzüge trugen. Ich wusste, dass das etwas mit der Geschichte zu tun haben musste, die ich gehört hatte.

Nach dem Briefing ging ich ins Fotolabor. Ich ging fast täglich dorthin. Bei diesen Briefings gibt es vier Leinwände, die man alle mit hübschen Fotos bestücken muss. Im Labor deuteten sie an, sie hätten Fotos von etwas ganz Außergewöhnlichem und ich sagte, na, dann zeigt mal her. Der Sergeant wollte sie mir gerade geben, als sein Master Sergeant erklärte: »Er darf sie nicht sehen.« Ich weiß also nur, dass sie dort Fotos hatten, die ich nicht anschauen durfte.

Da ich für die Briefings des Generals zuständig war, hatte man mich bisher noch nie daran gehindert, irgendwelche Fotos zu sehen.

Die Operation wurde sehr ernst genommen. Es gab atomare Einrichtungen auf dem Stützpunkt – häufig fanden Transporte von Atomwaffen nach Europa und zurück statt – und ich sprach mit dem Sicherheitsoffizier, der behauptete, da draußen gewesen zu sein. Er deutete an, er habe im Prinzip nur eine kleine Gestalt gesehen, die ein Kind hätte sein können – außer, dass der Kopf größer als normal war.

Ich hörte, dass sie die Jagd über Funk mit angehört hatten und dass der Außerirdische in Fort Dix angeschossen worden war. Aus irgendeinem Grund hatte er sich dazu entschlossen, zum Air-Force-Stützpunkt McGuire hinüber zu rennen. Sowohl die Staatspolizei als auch die Militärpolizei hatten diesen Außerirdischen gejagt, der aus einer Art UFO gekommen war. Soweit ich es verstanden habe, handelte es sich um ein scheibenförmiges Fluggerät.

An diesem Abend hatten sich schon seit geraumer Zeit UFOs über dem Gebiet befunden. Sie waren auf dem Radar erschienen und der Fluglotse im Tower hatte sie gesehen. Einige andere Flugzeuge in der Nähe hatten sie anscheinend ebenfalls bemerkt.

Sechs bis acht Männer hatten die Leiche bewacht. Außerdem wussten der Chef des Sicherheitspersonals und einige unserer Leute auf dem Kommandoposten von dem Zwischenfall. Ich nehme an, man hat General Sadler darüber informiert.

Viele wichtige Leute, die damals auf dem Stützpunkt waren und in irgendeiner Verbindung zu dem Ereignis standen, wurden sehr rasch versetzt, angefangen beim Geschwaderführer bis hinunter zu den niedrigeren Rängen. Daraus konnte man schließen, dass diejenigen Leute, die etwas darüber wussten, voneinander getrennt wurden, damit sie nicht miteinander reden konnten. Dies geschah innerhalb weniger Wochen. Der Sicherheitspolizist sagte mir, er sei schon nach wenigen Tagen abkommandiert worden. Tatsächlich schickte man ihn schon am nächsten oder übernächsten Tag nach Wright-Patterson, wo er von mehreren Leuten befragt wurde und den Befehl erhielt, von nun an mit niemandem mehr darüber zu sprechen.

Zeugenaussage

Robert Jacobs, ehemaliger Lieutenant der U.S. Air Force, ist heute ein geachteter Professor an einer großen amerikanischen Universität.

In den 1960er Jahren unterstand mir die optische Ausrüstung der 1369th Photo Squadron des Air-Force-Stützpunkts Vandenberg in Kalifornien. Zu meinen Pflichten gehörte es, die fotografischen Aufnahmen jeder gestarteten Rakete zu überwachen und die Raketentests filmisch zu dokumentieren.

Im Jahre 1964 testeten wir ballistische Trägerraketen zum Transport von Atombomben. Wir starteten aber keine echten Atomwaffen, sondern Attrappen. Sie hatten exakt dieselbe Größe und Form, dieselben Abmessungen und dasselbe Gewicht wie ein Atomsprengkopf. Es waren Interkontinentalraketen. Offiziell hießen sie ICBMs, Intercontinental Ballistic Missiles, aber wir nannten sie damals Inter County Ballistic Missiles, also Raketen für innerhalb des Landes, weil die meisten schon beim Start explodierten. Unsere Aufgabe war es, den Ingenieuren gute Fotosequenzen zu liefern, damit sie sehen konnten, was für Fehler an den ersten Stufen der Trägerraketen auftraten, die während des Fluges abgestoßen wurden. Ich hatte die Anlage zur fotografischen Dokumentation dieser Tests selbst eingerichtet und erhielt dafür das Ehrenabzeichen »Air Force Guided Missiles« [für jemanden, der den Flug der Raketen begleitet]. Ich war der erste Fotograf in der Air Force, der diese Auszeichnung erhielt. Sie war damals sehr begehrt.

Der Zwischenfall ereignete sich, als wir das allererste Mal einen Raketenstart filmten. Der Countdown lief, wir hörten »Motor ... Zündung ... Start« und wussten, dass die Rakete abgehoben hatte. Wir blickten in Richtung Süden, Südwesten, und da stieg die Rakete über dem Nebel auf. Es war einfach großartig und ich rief: »Da ist sie!« Unsere Jungs auf dem Aussichtspunkt filmten die Rakete mit einer viereinhalb Meter großen Linse, und das große BU-Teleskop drehte sich und fokussierte, und wir verfolgten den Flug. Tatsächlich konnten wir beobachten, wie alle drei Stufen zündeten, ausbrannten und zu Boden fielen.

Mit bloßem Auge sahen wir natürlich nur eine Rauchfahne, die im Subraum verschwand. Das Ziel der Rakete war eine Insel im Pazifik.

Wir schickten den Film zum Stützpunkt. Ein oder zwei Tage später wurde ich in Major Mansmanns Büro im Hauptquartier der First Strategic Aerospace Division beordert, der ersten strategischen Luft- und Raumfahrteinheit. Dort waren eine Leinwand und ein 16-mm-Projektor aufgebaut. Auch eine Couch stand da und Major Mansmann forderte mich auf, mich zu setzen.

Außerdem waren zwei Männer in grauen Anzügen anwesend – in Zivilkleidung, was ziemlich ungewöhnlich war.

Major Mansmann schaltete den Projektor ein. Auf der Leinwand sah ich den Raketenstart. Es war sehr aufregend. Aufgrund der Größe des Teleskops konnten wir die Atlas-Rakete in ihrer ganzen Länge sehen, sobald sie im Bild erschien.

Wir beobachteten, wie die erste Stufe ausbrannte. Und dann die zweite. Dann sahen wir, wie die dritte Stufe ausbrannte. Wir sahen den Flug der Raketenattrappe ganz deutlich – und dann tauchte etwas anderes im Bildausschnitt auf. Es flog näher und feuerte einen Lichtstrahl auf den Sprengkopf ab.

Vergessen Sie nicht, dass diese Objekte mit mehreren tausend Stundenkilometern unterwegs waren. Und dieses Ding, dieses UFO, feuerte auf den Sprengkopf, traf ihn, flog auf die andere Seite und feuerte erneut, bewegte sich wieder und schoss einen weiteren Lichtstrahl ab, dann senkte es sich tiefer, feuerte noch einen Lichtstrahl ab und verschwand schließlich in die Richtung, aus der es gekommen war.

Und der Sprengkopf stürzte ab. Er bewegte sich senkrecht mit zwischen 17.000 und 23.000 Stundenkilometern und war ungefähr einhundert Kilometer weit in den Subraum vorgedrungen, als das UFO ihn stellte, mehrmals umkreiste und dann wieder wegflog.

Das habe ich selbst gesehen! Es ist mir vollkommen egal, was andere Leute davon halten. Ich habe es auf diesem Film gesehen! Ich war dabei!

Als das Licht wieder eingeschaltet wurde, sah Major Mansmann mich an und sagte: »Haben Sie sich da etwa einen Scherz erlaubt?« Ich antwortete: »Nein, Sir.«. Und er fragte: »Was war das?« Ich antwortete: »Für mich sah es nach einem UFO aus.«

Das Ding, das wir gesehen hatten, dieses Objekt, das da ins Bild geflogen war, hatte die Form von zwei aufeinanderliegenden Scheiben, mit einer Art Pingpongball obenauf. Der Lichtstrahl kam aus dem Pingpongball. *Das habe ich auf dem Film gesehen.*

Nach einer längeren Diskussion befahl mir Major Mansmann, niemals darüber zu sprechen. Was mich betraf, sei das alles nie geschehen. Und er sagte: »Ich muss nicht hervorheben, welch ernste Konsequenzen ein Sicherheitsverstoß nach sich ziehen würde, oder?« Ich antwortete: »Nein, Sir«. Und er meinte: »Gut. Dies ist nie geschehen.« Als ich zur Tür gehen wollte, sagte er: »Warten Sie einen Moment«. Und er fügte hinzu: »Falls jemand Sie in späteren Jahren zwingen sollte, darüber zu sprechen, dann sagen Sie, es seien Laserstrahlen gewesen, Laser mit Peilsendern.«

Nun ja, 1964 hatten wir noch keine Laserwaffen mit Peilsendern. Wir hatten überhaupt keine Peil-Laser. 1964 steckte die Lasertechnologie noch in den Kinderschuhen. Laser waren Spielzeuge in Labors. Also sagte ich: »Ja, Sir«, und ging hinaus – und dann habe ich achtzehn Jahre lang nie mehr darüber gesprochen.

Viel später erfuhr ich, dass die Männer in Zivil (sie waren nicht von der CIA) den Film zurückspulten, sobald ich das Büro verlassen hatte, und den Abschnitt mit dem UFO mit einer Schere herausschnitten. Sie wickelten ihn auf eine gesonderte Spule und steckten die Rolle in ihre Aktentasche. Den Rest des Films gaben sie Major Mansmann zurück, bevor sie gingen.

Achtzehn Jahre lang war ich an einer Vertuschung der U.S. Air Force beteiligt. Es gibt noch andere Dinge, die ich während meines Dienstes getan habe und die höchster Geheimhaltung unterliegen, so dass ich auch heute noch nicht über sie spreche, weil ich sonst in große Schwierigkeiten geraten würde. Aber ich fand, dass ich nach achtzehn Jahren sehr wohl über diesen einen Zwischenfall reden kann, weil mir niemand je gesagt hat, er sei offiziell als Geheimhaltung eingestuft. Major Mansmann hatte erklärt: »Sie müssen sagen, das sei nie geschehen.« Und das ist doch keine offizielle Geheimhaltungsorder, oder? Deshalb habe ich das Gefühl, ich hätte die Freiheit, darüber zu reden. Es ist keine Geschichte aus zweiter Hand. Ich habe es selbst erlebt.

Nachdem ein Artikel über diesen Zwischenfall veröffentlicht worden war, wurde es ungemütlich. Ich wurde bei der Arbeit angefeindet. Ständig erhielt ich sonderbare Telefonanrufe. Und nachts riefen mich Leute zuhause an. Sie schrien mich an: »Du Arschloch bist fällig!«

Eines Nachts sprengte jemand meinen Briefkasten mit Feuerwerksraketen. Der Briefkasten verbrannte. Und in derselben Nacht, um ein Uhr morgens, klingelte das Telefon. Ich hob ab und jemand sagte: »Nachts Raketen in deinem Briefkasten, ach, was für ein toller Anblick, du Arschloch!«

Solche Dinge sind mir seit 1982 immer wieder passiert. Und seit im History Channel diese Berichte gesendet wurden, erhalte ich erneut Anrufe. Es ist beunruhigend. Ich habe auch demütigende Briefe und Anrufe von Skeptikern erhalten, zum Beispiel von James O'Berg von der

NASA und von Phillip J. Klass, einem bezahlten Informanten der Regierung, der mich ständig heruntermachte.

Ich habe gelernt, mich nicht darum zu scheren. Inzwischen ist es mir egal. Was können sie schon tun … mich umbringen? Oder meinen Ruf ruinieren? Können sie mir Schlimmeres zufügen als Phillip Klass, der bereits alles getan hat, um mich als Idioten hinzustellen? Mehr können sie ja nicht tun.

Der Standpunkt der Air Force ist, dass kein derartiges Ereignis stattgefunden hat und dass es auch keinen Film darüber gibt. Sie streiten tatsächlich alles ab, sogar, dass ich in Vandenberg stationiert war oder dass ich überhaupt bei der Air Force war. Habe ich an der kalifornischen Küste eine Peilanlage installiert? Nein, es gab keine Peilanlage an der kalifornischen Küste … so ein Blödsinn! Die Peilanlage steht immer noch da, wo ich sie eingerichtet habe. Und jedes Mal, wenn ein Space Shuttle in Kalifornien gelandet ist, haben sie sie benutzt, denn damit sieht man die Shuttles zuerst. Und in Vandenberg fotografieren sie damit immer noch Raketen.

Ich glaube, dieser Wahnsinn um die UFOs ist Teil einer koordinierten Bemühung, die dazu dient, ernsthafte UFO-Forschung zu verhindern. Sobald jemand den Versuch macht, sich auf wissenschaftliche Weise damit zu befassen, wird er lächerlich gemacht. Ich arbeite Vollzeit als Professor an einer führenden Universität.

Und ich bin sicher, dass meine Kollegen sich hinter meinem Rücken über mich lustig machen, wenn sie hören, dass ich mich für die Erforschung von UFOs interessiere.

Um meine Geschichte zu bestätigen, hat Lee Graham eben jenen Major, der mir damals befahl, den Mund zu halten, ausfindig gemacht: Florence J. Mansmann jr. Inzwischen hat er einen Doktortitel, unterrichtet in Stanford und ist außerdem Rancher in Fresno, Kalifornien. Er hat Lee zurückgeschrieben. In dem Brief stand: »Alles, was Bob in seiner Geschichte erzählt hat, ist absolut wahr.«

Für mich ist das Allerwichtigste an der ganzen Angelegenheit ganz einfach Folgendes: Das größte Ereignis in der Menschheitsgeschichte ist die Entdeckung, dass wir nicht allein sind – dass es in diesem Universum andere, intelligente Lebewesen gibt. Wir sind nicht allein hier. Das ist eine gewaltige, ungeheure Entdeckung. Es ist doch wohl die wichtigste

Entdeckung, die wir Menschen überhaupt machen konnten, oder etwa nicht? Wir sind nicht allein hier. Deshalb finde ich es wichtig, über diese Dinge zu reden. Ich finde es aufregend. Und ich finde es wichtig, dass wir, die Menschheit, erwachsen werden und erkennen, dass wir doch nicht das Höchste aller Tiere sind und dass da draußen vielleicht irgendetwas ist, das größer und spannender ist als wir. Und vielleicht wollen sie uns ja etwas mitteilen. Denn ich habe an dem Tag gesehen, wie ein UFO die Attrappe eines Atomsprengkopfes abschoss.

Welche Botschaft uns meiner Meinung nach damit übermittelt wurde? *Lasst die Finger von Atomsprengköpfen.*[28]

Zeugenaussage

Lieutenant Colonel Dwynne Arneson verbrachte 26 Jahre in der USAF. Seine Unbedenklichkeitsbescheinigung war SCI-TK, also Special Compartmented Tango Kilo. Das ist höher als »höchste Geheimhaltung«. Er arbeitete als Computersystemanalytiker bei Boeing und war Leiter der Logistik auf dem Air-Force-Stützpunkt Wright-Patterson.

Ich war 26 Jahre lang bei der U.S. Air Force, und zwar als Kommunikationsoffizier im elektronischen Bereich. 1986 habe ich die Armee verlassen. Ich war auf der ganzen Welt stationiert, in Vietnam, in Europa – welchen Ort Sie auch nennen, ich war wahrscheinlich dort. Ich besaß eine Unbedenklichkeitsbescheinigung vom Typ SCI-TK und war hoher Geheimnisträger. Die Abkürzung bezieht sich auf spezielle, abgeschottete »Tango-Kilo«-Informationen, was noch über der »höchsten Geheimhaltung« liegt. Um eine solche Unbedenklichkeitsbescheinigung zu bekommen, ist eine besondere Untersuchung nötig. 1986 zog ich mich als Colonel vom Militär zurück und ging als Systemana-

[28] Ich habe viele Militäroffiziere befragt, die zum selben Schluss kamen, nachdem außerirdische Flugkörper in der Nähe atomarer Einrichtungen aufgetaucht sind. Nämlich: Vielleicht sind andere Wesen so weit entwickelt, dass sie interstellare Reisen unternehmen können und wissen, wie gefährlich diese Waffen sind, und sie begreifen, dass sie das Ende unserer Zivilisation bedeuten können. Und sie wollen mit Sicherheit nicht, dass wir mit solchen Waffen in den Weltraum fliegen. – *Steven M. Greer*

lytiker zu Boeing, wo ich seit 1987 in dieser Position gearbeitet habe. Als ich 1986 aus der Armee austrat, war ich Leiter der Logistik auf dem Air-Force-Stützpunkt Wright-Patterson.

Damals, 1962, war ich der einzige Dekodier-Spezialist auf dem Air-Force-Stützpunkt Ramstein in Deutschland. Im Rahmen dieser Tätigkeit entdeckte ich eine klassifizierte Nachricht in meinem Computersystem, in der stand: »Ein UFO ist auf der norwegischen Insel Spitzbergen abgestürzt und ein Wissenschaftsteam ist unterwegs, um den Vorgang zu untersuchen.«

Ich weiß nicht mehr, woher die Nachricht gekommen war, aber ich erinnere mich daran, sie gesehen zu haben.

Dann, 1967, war ich der höchste Geheimhaltungs-Kontrolloffizier im Kommunikationszentrum der 20th Air Division auf dem Air-Force-Stützpunkt Malmstrom in Montana. Ich verschickte Start-Authentifizierungen an sämtliche NATO-Raketen-Teams und besaß somit auch diesmal wieder eine sehr hohe Unbedenklichkeitsstufe.

Eines Tages tauchte erneut eine Nachricht über UFOs in meinem Kommunikationszentrum auf. Diesmal lautete sie: »Ein UFO wurde in der Nähe von Raketensilos gesichtet.« Da stand, dass sowohl die Belegschaft, deren Schicht gerade endete, als auch die der nächsten Schicht das UFO gesehen hatte, das mitten in der Luft schwebte. Es war ein kreisrundes Metallobjekt und soweit ich gehört habe, wurden alle Raketen deaktiviert.

Damit meine ich, dass sie alle funktionsunfähig waren. Irgendetwas hatte diese Raketen ausgeschaltet, so dass man sie nicht mehr in den Startmodus fahren konnte.

Jahre später, als ich bei Boeing arbeitete, hörte ich von einem Mann namens Bob Kaminsky, einem pensionierten, ehemaligen Boeing-Mitarbeiter. Er erzählte, er sei damals von Boeing damit beauftragt worden, hinzufahren und die Raketen zu untersuchen. Er sagte: »Ich habe festgestellt, dass sie vollkommen in Ordnung waren«, womit er meinte, dass sie sich nicht von selbst desaktiviert hatten.

Ein weiterer Zwischenfall ereignete sich, als ich Kommandant eines Radar-Geschwaders auf dem Air-Force-Stützpunkt Caswell in Maine war. Direkt neben uns befand sich der Air-Force-Stützpunkt Loring, wo die B-52-Raketen und die KC-Tankflugzeuge und dergleichen gestartet werden.

Ich hatte viele Freunde beim Sicherheitspersonal in Loring und sie erzählten mir, dass UFOs über dem Atomwaffensilo geschwebt hatten.[29]

Schließlich war ich Leiter der Logistik in Wright-Patterson. Wir waren das einzige Radar-Geschwader in den Vereinigten Staaten und unterstanden der kanadischen NORAD-Division. Viele Techniker, die mit mir arbeiteten, erzählten Geschichten von Objekten, die mit fantastischer Geschwindigkeit über ihre Radarschirme gesaust waren. Wir besaßen nichts, das so schnell hätte fliegen können.

Während dieses Einsatzes hatte ich meine Frau und meine Kinder in Oklahoma City zurückgelassen, damit meine Tochter dort die Highschool beenden konnte, und mir ein Zimmer bei einer älteren Witwe namens Chris Weedon gemietet. Sie besaß unweit von Dayton ein Landhaus im englischen Stil mit fünf Morgen Land. Ihr vor zwölf Jahren verstorbener Mann war Lieutenant Colonel Spencer Weedon – zufällig einer der führenden UFO-Ermittler in Wright-Patterson. Nach allem, was ich über ihn gehört habe, war er ein hochintelligenter Mann mit einem eidetischen Gedächtnis.

Zufällig begegnete ich Dr. Adolph Raum, einem Menschen, der mir ausnehmend sympathisch war, was auf Gegenseitigkeit beruhte. Er war bereits 83, stammte ursprünglich aus der Schweiz, war Mitglied des allerersten Atombomben-Testteams gewesen und hatte Dr. Robert Oppenheimer persönlich gekannt.

Eines Abends fragte ich Adolph nach einem Abendessen und ein paar Martinis scherzhaft: »Was weißt du eigentlich über die kleinen grauen Männer, die angeblich hier in Wright-Patterson auf Eis liegen?« Trotz meiner höchsten Unbedenklichkeitsbescheinigung gab es Bereiche auf dem Stützpunkt, die mir nicht zugänglich waren und wo sich möglicherweise ein paar Leichen befanden … und wer weiß, was sonst noch alles.

Ich erinnere mich noch genau, dass sein Gesicht kalkweiß wurde, und seine Stimme klang sehr streng, als er antwortete: »Arne, ich kann dir nur sagen, dass das keine Wetterballons waren, und wir werden nie wieder darüber sprechen. Hast du mich verstanden?«

Und wir haben nie wieder davon gesprochen.[30]

---

[29] Dies bestätigt die Zeugenaussage von Lieutenant Colonel Joe Wojtecki über ein bedeutsames Ereignis auf dem Air-Force-Stützpunkt Loring. Siehe mein Buch *Disclosure: Military and Government Witnesses Reveal the Greatest Secrets in Modern History. – Steven M. Greer*

[30] In Anhang 10 finden Sie relevante Nachweise.

Zeugenaussage

Colonel Ross Dedrickson, U.S. Air Force

Ich war Stabsoffizier beim Komitee für die militärische Zusammenarbeit zwischen dem Vorsitzenden der Atomenergiekommission und dem Verteidigungsminister. Ich habe nicht nur die Armee, die Marine und die Luftwaffe kennengelernt, sondern auch zivile Agenturen wie die CIA und die NSA, und ich habe auch andere Kontakte gepflegt. Zu dieser Zeit gehörte es zu meinen Aufgaben, ein Sicherheitsteam zu begleiten, das sämtliche atomaren Anlagen besuchte, um die Sicherheit der Waffen zu überprüfen. Sowohl von den Atomlagern als auch von einigen atomaren Herstellungsbetrieben erhielten wir Berichte darüber, dass UFOs über sie hinweggeflogen waren. Das geschah immer wieder.

Man nahm diese Flüge von UFOs über atomaren Einrichtungen sehr ernst.[31] Sie wurden sogar so ernst genommen, dass die Beobachter sie häufig bewusst lieber gar nicht erst meldeten, weil das soviel Papierkram und bürokratische Protokolle nach sich gezogen hätte. In den meisten Fällen wurden die UFOs auf den Radarschirmen identifiziert und man versuchte dann, Flugzeuge dorthin zu dirigieren, die sie abfangen sollten. Es war also eine sehr aggressive Reaktion seitens unserer Regierung.

Der berühmte Überflug des Kapitols fand im Juli 1952 statt. Während dieses Vorfalls sah ich neun erleuchtete, scheibenförmige Flugobjekte. Danach wurde ich als leitender Offizier an den alternativen Kommando-Stützpunkt der Vereinigten Kommandozentrale unter Admiral Felt überstellt. Dort wurden Kernwaffenoperationen geplant. Ich hielt ständig Kontakt zu NORAD und SAC und hatte mit der operativen Planung für den Einsatz von Kernwaffen zu tun. Dort hörte ich auch von zwei Vorfällen, die mit Kernwaffen und UFOs zu tun hatten.

Der erste Vorfall ereignete sich, nachdem wir eine Kernwaffe über dem Pazifik gezündet hatten. Das war 1961, glaube ich. Die Außerirdischen waren darüber bestürzt, weil die Explosion einige Stunden lang sämtliche Kommunikationen über dem pazifischen Tiefseebecken verhinderte. In dieser Zeit waren keine Radioübertragungen möglich.

[31] In Anhang 11 finden Sie relevante Nachweise.

Die Außerirdischen waren besonders konsterniert darüber, dass diese Detonation sich schädlich auf unsere Ionosphäre auswirkte. Tatsächlich haben die Raumschiffe der Außerirdischen wegen der Verschmutzung des Magnetfeldes nicht mehr funktioniert.

Der zweite Vorfall ereignete sich entweder Ende der 1970er oder Anfang der 1980er Jahre. Wir hatten versucht, eine Kernwaffe auf den Mond zu bringen und sie dort zu zünden, um wissenschaftliche Messungen vorzunehmen. Das war für die Außerirdischen inakzeptabel. Sie zerstörten die Waffe auf ihrem Weg zum Mond.

Die Zündung von Kernwaffen jeglicher Art im Weltraum ist für die Außerirdischen schlichtweg unannehmbar. Das haben sie wieder und wieder bewiesen, indem sie jede Kernwaffe zerstörten, die wir jemals in den Weltraum geschickt haben.

Zeugenaussage

Merle Shane McDow, U.S. Navy Atlantic Command. McDow trat der Navy 1978 bei und erlangte eine sehr hohe Sicherheitsfreigabe des Special Compartmented Intelligence (SCI), einem speziell aufgegliederten Nachrichtendienst, sowie das Zebrastreifen-Abzeichen.

Ich trat der U.S. Navy im August 1978 bei und wurde auf der *USS America* stationiert. Leider wurde ich in Ausübung meiner Pflichten auf dem Flugdeck verletzt. Danach versetzte man mich zur CINC-ANT, der Atlantic Command Support Facility, einer atlantischen Kommando-Unterstützungseinheit in Norfolk, Virginia. Dort wurde ich der AOSF, Abteilung 22, zugeteilt. Unsere Gruppe bestand damals aus etwa elf Leuten, die dafür verantwortlich waren, Admiral Trane, den Commander in Chief des Atlantic Command, auf dem Laufenden zu halten. Wir informierten ihn über die aktuellen Militäraktivitäten überall auf der Welt und über alles, mit dem sich die Sowjets am jeweiligen Tag beschäftigten, was sie in der Nacht davor getan hatten und so weiter.

Alle an der Ostküste stationierten Personen unterstanden ihm.

Nach einer Wartezeit von sechs Monaten erhielt ich die streng geheime Sicherheitsfreigabe des speziell aufgegliederten Nachrichtendienstes, des Special Compartmented Intelligence (SCI), sowie das Zebrastreifen-Abzeichen. Dadurch hatte ich jederzeit uneingeschränkten Zugang zu sämtlichen Abteilungen, insbesondere zur Kommandozentrale. Mein Arbeitsplatz befand sich oben im Zwischengeschoss beziehungsweise auf dem dritten Deck, wie wir es zu nennen pflegten, über der Kommandozentrale. Ich hatte die Aufgabe, dafür zu sorgen, dass alle eingehenden und ausgesandten audiovisuellen Informationen der Kommandozentrale aufgezeichnet und archiviert wurden, falls man später auf sie zurückgreifen wollte.

Ich nahm sämtliche audiovisuellen Informationen auf – auch dann, wenn sie einen Zebra-Alarm auslösten. Das ist die höchste Alarmstufe, die die Navy zu jener Zeit hatte. Normalerweise kommt sie bei atomaren Bedrohungen zum Tragen, damals besonders im Zusammenhang mit den Sowjets. Sowjetische Langstreckenbomber, die *Bearcats*, patrouillierten regelmäßig an den östlichen Meeresküsten, um unsere Aktivitäten zu beobachten. Wir lösten einen Zebra-Alarm aus, wenn wir zum Beispiel Kampflugzeuge starten mussten, um sowjetische *Bearcats* oder Schiffe, die uns zu nahe kamen, aus dem Gebiet zu eskortieren.

Wir hielten auch Militärübungen ab, für die wir die Bücher über atomare Kriegsführung konsultierten. Der wachhabende Offizier und sein Stellvertreter, der JOD, hatten die Schlüssel zu einem Tresor, in dem diese Bücher aufbewahrt wurden. Man nannte sie »MAD-Bücher«, eine Abkürzung für Mutual Assured Destruction, garantierte gegenseitige Vernichtung, und sie enthielten die Codes, die im Notfall an die U-Boote gefunkt werden mussten, um einen Atomschlag auszulösen. Während dieser Übungen hatten nicht viele Personen Zugang zur Kommandozentrale, denn dabei wurden die echten Codes verwendet.

Ohne Zebra-Klassifizierung durfte während dieser Übungen niemand die Kommandozentrale betreten. Bei den Zebra-Übungen ging es explizit um die unter höchster Sicherheitsfreigabe stehenden Informationen, die zwischen der Kommandozentrale und den Schiffen und/oder U-Booten ausgetauscht wurden. All dies bringt mich nun zu dem UFO-Vorfall, der sich im Mai 1981 ereignete.

Der Tag fing mit der üblichen Routine an, doch dann wurden die Lichter abgeblendet. Das geschah während einer Zebra-Alarmstufe immer zuerst in der Kommandozentrale. Meist sagten sie vorher: »Dies ist eine Übung ... dies ist eine Übung. Alarmstufe Zebra.« Aber an diesem Tag sagten sie nicht, »dies ist eine Übung«, als sie die Lichter abblendeten. Der wachhabende Offizier und sein Stellvertreter sahen einander an und befahlen einigen ihrer Assistenten, herauszufinden, ob es sich tatsächlich um einen echten Alarm oder doch nur um eine Übung handelte. Das Frühwarnsystem – ich glaube, dass das Signal damals von einem Air-Force-Stützpunkt in Grönland oder Nova Scotia kam – informierte uns, dass wir Kontakt mit einem UFO hatten, das in unseren Luftraum eingetreten war. Sie sagten, es sei keine Übung, also wurde alles ohne Verzug gehandhabt und alle rannten wie verrückt herum, sobald ihnen klar wurde, dass es sich um einen Ernstfall handelte.

Plötzlich veränderte sich die Atmosphäre völlig.

Sobald eine Zebra-Alarmstufe ausgerufen wird, müssen alle Menschen ohne Zebra-Abzeichen die Kommandozentrale verlassen, egal ob es sich um eine Übung oder um einen Ernstfall handelt. Elitetruppen sind ständig innerhalb und außerhalb der Einrichtung auf Posten und haben Befehl, jede nichtautorisierte Person, die während einer solchen Alarmsituation in der Zentrale bleibt, sofort zu erschießen. Dabei ging es um die nationale Sicherheit.

Ich erinnere mich daran, wie einmal Alarmstufe Zebra ausgerufen wurde und ein Elitesoldat hereinkam, um zu fragen, was los war – ob es sich um eine Übung handelte oder nicht, denn sie hatten ja den Befehl, Leute zu erschießen. Ich wandte mich an den Stellvertreter des wachhabenden Offiziers und rief: »He, ihr müsst diesem Mann etwas sagen, sonst fängt er an, Leute abzuknallen.« Ich erinnere mich ganz deutlich, dass ich nur noch schnellstmöglich weg wollte, denn er hatte gesagt: »Sie haben noch eine oder zwei Minuten Zeit. Erfahre ich bis dahin nichts, dann ...«

Er war bereit, hineinzugehen und Leute zu erschießen und alle Beweise zu beseitigen. Aber dieser Vorfall war keine Übung.

Der Wachoffizier rief Admiral Trane in die Kommandozentrale, denn diese Situation überstieg seine Kompetenz und erforderte die Oberaufsicht des Admirals. Innerhalb weniger Minuten wurde Admiral Trane in die Zentrale gebracht und ging in seinen Beobachtungsraum direkt unter dem Zwischenstock.

Das Erste, was er wissen wollte, war, wie viele Kontakte wir gehabt, wo sie stattgefunden und ob die Sowjets darauf reagiert hatten. Wir wussten, dass es nicht die Sowjets waren, die da in unseren Luftraum eindrangen. Das war von Anfang an klar.

Admiral Trane genehmigte den Start von zwei Flugzeugen, die herausfinden sollten, was für ein Objekt das war. Damit begann eine Jagd, die die Ostküste hinauf und hinab führte.

Wir starteten Flugzeuge sowohl in Grönland als auch vom NAS, einem Navy-Air-Force-Stützpunkt in Ozeanien. Wir hatten das Objekt fast eine Stunde lang auf unseren Radarschirmen. Im Kommandozentrum konnte man die Stimmen der Piloten hören – sie hatten Sichtkontakt und beschrieben das Objekt. Die Piloten konnten dem Objekt einige Male ziemlich nahe kommen und stellten fest, dass es nichts ähnelte, was wir oder die Sowjets besaßen. Das konnten sie schnell bestätigen. Dieses Fluggerät, oder was auch immer es war, das sie da jagten, flog in ziemlich unberechenbaren Bahnen die gesamte Küste hinauf und hinunter, und zwar sehr schnell.

Zum Beispiel flog das Objekt flog zunächst über der Küste von Maine und verließ dann diesen Luftraum so schnell, dass wir Flugzeuge vom Air-Force-Stützpunkt Dover losschicken mussten, die es innerhalb weniger Augenblicke im dortigen Luftraum sichteten. Ich weiß genau, dass ein F-14-Kampfjet dreißig Minuten für die gleiche Strecke braucht, aber dieses Objekt tauchte einfach dort auf. Erst war es hier, dann *bumm!*, war es einige hundert Kilometer weiter unten an der Küste, als ob es Fangen spielen wollte.

Es flog die ganze Ostküste entlang nach Süden, bis nach Florida, und war dann in der Nähe von Mayport, wo sich der Navy-Luftstützpunkt Cecil Field befindet. Dann drehte es jäh ab und flog von uns aus gesehen in östliche Richtung, zu den Azoren. Danach verloren wir seine Spur.

Während dieser Ereignisse sammelten wir mit Hilfe unserer KH-11-Satelliten Informationen. Diese können vom Weltraum aus Fotos von Objekten aufnehmen, die sich wenige Meter über dem Erdboden befinden, und wir versuchten, auf diese Weise Bilder des UFOs zu bekommen. Allerdings stammten die einzigen Fotos, die wir in der Kommandozentrale empfingen, von den ersten Begegnungen unserer Flugzeuge mit dem UFO über dem nördlichen Abschnitt der nordamerikanischen Küste.

Ich erinnere mich, dass die Form des UFOs einem Zylinder ähnelte. Es war ziemlich flach, lang und mit scharfen Enden – die Enden verjüngten sich nicht so wie bei den meisten Flugzeugen. Man konnte deutlich erkennen, dass es aus Metall bestand. Und die Piloten berichteten, dass es keinen Kondensstreifen hinterließ und keine erkennbaren Lichter oder Markierungen aufwies. Auch schien es weder Cockpit noch Bullaugen oder Türen zu besitzen. Was auch immer es war, es schien ein solides, nahtloses Objekt zu sein.

Was Admiral Trane besonders nervös machte, war die Tatsache, dass dieses Ding die ganze Situation unter Kontrolle hatte. Es konnte innerhalb von Sekunden überall hinfliegen, wo es wollte. Einen Moment lang näherten wir uns dem UFO über der Küste von Maine, und im nächsten Moment flog es südlich über Norfolk, in Richtung Florida.

Wenn ich den Zustand der Offiziere beschreiben sollte, müsste ich sagen, sie waren verängstigt. Normalerweise war Admiral Trane die Ruhe selbst – wir hatten niemals erlebt, dass er die Selbstbeherrschung verlor oder seine Stimme erhob oder sich aufregte.

Aber diese Situation hatte ihn umgehauen. Das UFO flog so unberechenbar und so schnell die Küste hinauf und hinunter, dass wir es unmöglich verfolgen konnten.

Wir versuchten, so viele Zentralen wie möglich zu erreichen, um Flugzeuge zu starten. Aber sie konnten es nicht verfolgen – es erschien einfach immer wieder, Hunderte von Kilometern von der letzten Position entfernt. Admiral Trane befahl den Start von Flugzeugen überall an der ganzen Küste, um das UFO abzufangen. Es war ganz klar, dass die Zentrale die Absicht hatte, das UFO mit allen Mitteln zu Boden zu zwingen und es zu bergen.

Das wollten sie. Das wollten sie unbedingt.

Der Vorfall endete damit, dass das UFO über den offenen Atlantik flog. Ich erinnere mich, dass sie sagten, es sei in einem Winkel von 66 Grad nach oben gezogen, als es sich den Azoren näherte, ohne langsamer zu werden. Es verließ die Atmosphäre und verschwand im Weltraum. Wir sprechen hier von etwas, das von einem Augenblick zum anderen Tausende von Kilometern zurücklegte. Es verschwand einfach und wir alle saßen da und kratzten uns am Kopf und dachten: »Du meine Güte, was war das denn?«

In gewisser Weise war es fast komisch: Die gewaltige Militärmacht der Vereinigten Staaten wurde von etwas Unbekanntem einfach in die Knie gezwungen. Niemand wusste, was es war, wo es herkam und wohin es flog – wir wussten rein gar nichts. Das Einzige, was wir mit Sicherheit wussten, war, dass es nicht von den Sowjets stammte.

Die Sache war die: Wenn dieses Objekt feindlich gewesen wäre und uns mit irgendwelchen Waffen bombardieren oder mit Raketen hätte beschießen wollen, dann wäre das ganz einfach gewesen. Zu dieser Zeit hatten wir etwas Derartigem absolut nichts entgegenzusetzen. Es hatte unseren Luftraum uneingeschränkt beherrscht und konnte fliegen, wohin es wollte. Wir stellten überhaupt keine Bedrohung dar.

Auf jeden Fall beendeten wir den Zebra-Alarm. Die Beleuchtung wurde wieder eingeschaltet und in der Kommandoetage saßen alle aufgeregt herum und sprachen darüber.

Ich war oben auf der dritten Etage allein. Admiral Trane war unten in seinem Besprechungszimmer und blieb mit seinem Stab noch kurze Zeit, bevor sie alle wieder fort gingen. Dem Protokoll folgend, notierte ich die Begebenheit in meinem Logbuch. Danach verlor ich keinen Gedanken mehr daran.

Später kamen zwei Männer in zivilen Anzügen mit Besucherabzeichen. Man sah auf Anhieb, dass sie nicht zum regulären Personal gehörten. Sie brachten mich in die erste Etage hinunter, wo es einige kleine Konferenzräume gab. Sie führten mich in eines davon, das sie schon vorbereitet hatten, und befahlen mir, mich zu setzen.

Ich sah, dass sie mein Logbuch hatten.

Die Anzugträger fingen an, mich über die Angelegenheit auszufragen. Ehrlich gesagt gingen sie dabei nicht gerade zimperlich vor. Ich weiß noch, dass ich irgendwann einfach die Arme hob und sagte: »He, Leute, ich bin auf eurer Seite.« Sie waren ziemlich einschüchternd und machten mir unmissverständlich klar, dass nichts, was wir hier gesehen, gehört und erlebt hatten, das Gebäude verlassen durfte. »Sie dürfen Ihren Mitarbeitern keine Silbe darüber erzählen. Und außerhalb des Stützpunkts vergessen Sie einfach alles, was Sie in diesem Zusammenhang gesehen oder gehört haben. Es ist nie geschehen.«

Ich hatte das deutliche Gefühl, dass Sie mir andernfalls körperlich etwas antun würden, obwohl sie mir das nicht direkt androhten.

Die beiden Anzugträger sammelten sowohl alle entwickelten als auch die unentwickelten Filme sowie sämtliche andere Beweismaterialien ein. Mein Logbuch sah ich nie wieder.

Kurz nachdem ich aus dem Dienst entlassen worden war, erhielt ich ein Dokument auf offiziellem Navy-Briefpapier. Darin stand, dass ich fünf Jahre lang unter keinen Umständen die Vereinigten Staaten verlassen durfte. Und um den Bundesstaat Virginia zu verlassen, musste ich zuerst das FBI-Hauptquartier in Roanoke kontaktieren und sie darüber informieren, selbst wenn ich nur die Bundesstaatsgrenze zum benachbarten North Carolina überschreiten wollte. Das galt für volle fünf Jahre nach meiner Entlassung aus dem Militär.

Ich möchte Ihnen auch etwas über ein Familienmitglied meiner Frau erzählen. Der Betreffende heißt Jack Booth. Inzwischen ist er verstorben, aber er diente in der Army und war in Roswell stationiert, als sich der Roswell-Zwischenfall ereignete. Er war der Onkel meiner Frau, der Bruder ihrer Mutter, und er stammte aus Bluefield in West Virginia. Er erzählte, dass er ein junger Soldat in Roswell war, als dieses Ding, was auch immer es war, dort abstürzte. Er hatte gerade Wachdienst, als sie zur Absturzstelle fuhren: ein Lastwagen voller Männer. Sie wollten die Trümmer aufsammeln und er war dabei, als sie die Leichen bargen. Er sagte: »Ich sage dir, sie haben ganz kleine Kerle in Leichensäcke eingepackt, und es waren keine Menschen. Es waren kleine, komisch aussehende Wesen. Ganz anders als Menschen.« Sie wurden in Leichensäcke gesteckt, aber ein oder zwei Wesen lebten noch. Laut dem Onkel meiner Frau gab es also tatsächlich Überlebende dieses Absturzes.

Sie sammelten auch noch die kleinsten Trümmer des Flugobjekts ein. Die überlebenden Wesen wurden gezwungen, auf Händen und Knien auf dem Boden zu kauern, während sie alles sehr sorgfältig nach den kleinsten Bruchstücken absuchten.

Das dauerte tagelang. Er erzählte mir auch, man hätte ihn direkt bedroht und gesagt: »Wenn Sie irgendetwas davon ausplaudern, könnte es passieren, dass Sie morgen verschwunden sind.«

»Es ist an der Zeit, jede diesbezügliche Geheimhaltung aufzuheben, weil es keine Bedrohung der nationalen Sicherheit mehr darstellt. Wir sollten der Industrie diese Technologie zur Verfügung stellen.«

– Ben Rich, ehemaliger Vorsitzender von Lockheed Skunkworks –

UCLA School of Engineering, Alumni-Abschlussrede
23. März 1993

Geheime UFO-Akte

Außerirdische Stützpunkte auf dem Mond

Zeugenaussagen

- Edgar Mitchell, Apollo-Astronaut
- Don Phillips, U.S. Air Force, Auftragnehmer bei Lockheed Skunkworks und der CIA
- John Maynard, Spionageabwehr (DIA)
- Karl Wolfe, U.S. Air Force
- Donna Hare, NASA-Auftragnehmerin der Philco Ford

Kommentar von Dr. Steven M. Greer

Es gibt zahlreiche Verschwörungstheorien darüber, ob die Mondlandung tatsächlich stattgefunden hat. Ausgelöst wurden diese Zweifel durch einen kleinen Ausschnitt einer Fernsehübertragung vom 20. Juli 1969, in dem man deutlich sah, wie die amerikanische Flagge im Wind flatterte, als die beiden Astronauten sich bemühten, sie zu setzen. Aber auf dem Mond gibt es gar keine Atmosphäre und somit auch keinen Wind.

Die Wahrheit ist: Die Mondlandung fand tatsächlich statt, aber der Abschnitt mit der Setzung der amerikanischen Flagge wurde auf der Erde in einem New Yorker Filmstudio aufgenommen.

Das weiß ich aus einer zuverlässigen Quelle.

Warum diese Täuschung?

Während der Vorbereitungen auf die Apollo-Landungen hatte die NASA mehrere Flüge über die Mondoberfläche unternommen und dabei Fotos von der dunklen Seite des Mondes gemacht. Darauf waren Gebäude zu sehen. Manche waren uralt, andere makellos, aber alle waren sie sehr ausgefeilt und eindeutig außerirdisch.

Weil die führenden Köpfe bei der NASA nicht wussten, was da zu erwarten war, filmten sie falsche Landungsaufnahmen für den Fall, dass die Außerirdischen Neil Armstrong und Buzz Aldrin zu einer Willkommensparty einluden.

Als die Mondlandefähre aufsetzte, war der Rand des Kraters von außerirdischen Fahrzeugen umringt. Da es ohnehin eine Verzögerung in der Übertragung gab, konnte die NASA das bereits aufgenommene Filmmaterial dazwischen schneiden. Dadurch entfielen die Reaktionen der Astronauten auf das Erscheinen ihrer »Gastgeber«.

Die Astronauten haben sich geweigert, über die Mondstützpunkte und die Anwesenheit der Außerirdischen bei den Apollo-Landungen zu sprechen. Beide Männer wurden gewarnt, dass die Erwähnung der Wahrheit nicht nur mit ihrem eigenen Tod enden würde, sondern auch mit dem Tod ihrer Lieben. Neil Armstrong erzählte jedoch einigen unserer Teammitglieder, dass die Außerirdischen uns sogar aufforderten, dem Mond fernzubleiben.

Warum?

Wenn wir von außerirdischer Intelligenz sprechen, reden wir über eine Spezies, die weiter entwickelt ist als wir und ein höheres Bewusstsein besitzt. Aus diesem Grund muss man nicht nur unsere Auffassung der Absichten der Außerirdischen sorgfältig unter die Lupe nehmen, sondern, noch wichtiger, unsere eigenen Absichten und Verhaltensweisen. Der Mensch neigt immer zu Fremdenfeindlichkeit und Gewalt – das haben die bisherigen Reaktionen sowohl des Militärs als auch der Zivilbevölkerung auf die UFOs bewiesen. Die menschliche Veranlagung, grundsätzlich alles, was wir nicht verstehen oder nicht kontrollieren können, als feindlich und bedrohlich zu betrachten, muss überwunden werden.

Auch die blinde Profitgier und die Neigung, außerirdische Flugobjekte und außerirdische Intelligenz in profitorientierten Zusammenhängen zu sehen, bedürfen dringend der Veränderung.

Wenn unsere Motivation darin besteht, die Außerirdischen zu übervorteilen, um uns ihre Technologie und ihre Energiequellen anzueignen, sind wir zum Scheitern verurteilt. Begegnen wir den Außerirdischen mit Gier, Angst, Feindseligkeit und Misstrauen, sind alle unsere Bemühungen vergebens.

Es besteht kein Zweifel daran, dass es sich bei den Außerirdischen um Wesen handelt, die sowohl telepathisch als auch durch gängige Methoden unsere wahren Absichten und Beweggründe erkennen können und den »Geist der Unternehmung« spüren. Der Erfolg unserer Bemühungen hängt also davon ab, dass wir uns allein von wissenschaftlicher Offenheit, der Suche nach der Wahrheit, Uneigennützigkeit, Selbstlosigkeit und Arglosigkeit bestimmen lassen und uns von jeglicher Habgier befreien. Die friedliche Entwicklung der menschlich-außerirdischen Beziehungen muss unser oberstes Gebot sein. Deshalb ist die wichtigste Voraussetzung für menschliche Forscher und Ermittler die Reinheit ihrer Beweggründe. Bestimmte Fähigkeiten oder technologische Kompetenzen sind dabei sekundär. Die Tiefe und Klarheit unseres Bewusstseins ist wichtiger als alles andere. Darum wird ein bescheidener, nur mit einer Taschenlampe bewaffneter Anfänger mehr Erfolg haben als eine ganze Regierungsabteilung, die von niedrigeren Motiven bestimmt wird – ungeachtet all der ihr zur Verfügung stehenden, raffinierten Technologie, der personellen Vielfalt und der Milliarden von Dollars. Tatsächlich hätte ein australischer Eingeborener mit einem Lagerfeuer vielleicht mehr Erfolg bei der Herbeiführung einer Kommunikation und der Entdeckung der Wahrheit.

Kurz gesagt: Wir wurden ermahnt, dem Mond fernzubleiben, weil wir dort im Rahmen des Rüstungswettlaufs mit den Sowjets unterwegs waren. Trotz Kennedys edelmütiger Herausforderung war das Apollo-Programm eine Antwort auf das sowjetische *Sputnik*-Programm.

Im Grunde waren die Mondlandungen eine Weiterführung des Kalten Krieges: ein hoch militarisiertes Wettrennen zwischen den beiden atomaren Großmächten.

Die Drohungen der NASA lösten bei Buzz Aldrin einen Nervenzusammenbruch aus. Doch auch die NASA selbst erlitt einen Kollaps. Nach einer eher bescheidenen Anzahl weiterer Mondlandungen (wobei die störende Anwesenheit der Außerirdischen ausgeblendet wurde), beendete man die Apollo-Missionen und ersetzte sie durch das Space-Shuttle-Programm. Sechs Space Shuttles wurden gebaut, von denen zwei explodierten und ihre Mannschaften starben. Trotz der durchschnittlichen Kosten von 450 Millionen Dollar pro Start führte dieses Projekt in keiner Hinsicht wesentlich weiter.

Darauf folgte das Weltraumlabor, ein Beobachtungsposten ohne expliziten Zweck. Inzwischen wird diese Einrichtung von den Sowjets bemannt. Heute steuert das ganze US-Weltraumprogramm auf die Privatisierung zu.

Womit beschäftigt sich die NASA? Warum fehlt ihr seit dem Apollo-Programm jegliche Zielsetzung?

Das Problem während der letzten fast fünfzig Jahre war, dass es in Wahrheit zwei Weltraumprogramme gab: das der NASA, die gezwungen war, altmodische Raketentechnologie aus den 1940er Jahren zu benutzen, was einem kurzen Ausritt auf einer Bombe gleichkommt, und dem »echten« Weltraumprogramm, einem verdeckten Projekt, das aus geheimen Quellen finanziert wird. Letzteres benutzt gewisse Hochspannungs- und Antischwerkraft-Antriebssysteme, die den Antrieben abgeschossener UFOs nachgebaut wurden und durchaus fähig sind, »ET nach Hause zu bringen«.

Diese Informationen stammen von Ben Rich, dem Leiter von Lockheed Skunkworks.

Der NASA fehlt einfach eine klare Zielsetzung, weil die dortigen Wissenschaftler seit Jahrzehnten darauf warten, die »Pferdekutsche« endlich aus dem Verkehr ziehen und den Maserati aus der Garage holen zu dürfen. Der Militärhistoriker Michael Schratt, dessen Spezialgebiet Luft- und Raumfahrt ist, berichtet, was er von Ben Rich gehört hat: »Wir fliegen Maschinen in der Wüste Nevada, die fünfzig Jahre weiter sind als alles, was Sie sich vorstellen können. Alles, was Sie in *Star Wars* oder *Star Trek* gesehen haben, haben wir entweder bereits gebaut, oder wir haben festgestellt, dass es sich nicht lohnt ... und diese Aussage stammt nicht von mir, sondern von Ben Rich, dem Leiter von Lockheed Skunkworks.«

Wie ich im Vorwort bereits erwähnt habe, ist die von den Außerirdischen vorgegebene Voraussetzung für den Eintritt der Menschen in die Interplanetarische Gemeinschaft, dass wir zivilisiert werden. Dass wir in Frieden zusammenleben, auf Massenvernichtungswaffen verzichten und ohne Waffensysteme, dafür aber im Bewusstsein eines universellen Friedens in den Weltraum vordringen.

Sobald wir das tun, empfängt uns das Universum mit offenen Armen.

Zeugenaussage

Edgar Mitchell, Astronaut – der sechste Mensch, der seinen Fuß auf den Mond setzte.

Ja, Außerirdische haben uns besucht. Es hat abgestürzte Raumschiffe gegeben. Sowohl Wrackteile als auch Leichen sind geborgen worden. Irgendwo existiert eine Gruppe von Menschen, die dieses Wissen besitzt und vielleicht zu diesem Zeitpunkt noch mit der Regierung in Zusammenhang steht – und falls nicht, war es jedenfalls damals so. Und sie bemüht sich, diese Tatsachen zu verheimlichen oder zumindest zu verhindern, dass sie allgemein bekannt werden.

Ich kann nicht sagen, wer diese Menschen sind. Es gibt jedoch genügend Hinweise auf eine verborgene Gruppe, die irgendeine lockere Verbindung zur Regierung hat und gewisse Regierungseinrichtungen benutzt. Sie operiert heimlich und verdeckt und wird, soweit ich dies feststellen kann, von keiner höheren Regierungsinstanz kontrolliert. Ich weiß, dass es Besuche von Außerirdischen gegeben hat und dass sich diese möglicherweise fortsetzen. Flugkörper sind geborgen worden. Manche Flugobjekte oder gewisse Komponenten aus ihrer Technologie sind nachgebaut worden. Und es gibt tatsächlich Erdenmenschen, die einige dieser Geräte zu gewissen Zwecken benutzen.

Und ob das alles nun geheim gehalten wurde oder nicht … Es ist die ganze Zeit über geschehen. Allerdings wurden falsche Informationen verbreitet, um die Aufmerksamkeit abzulenken und Verwirrung zu stiften, damit die Wahrheit nicht ans Licht kommt.

Desinformation ist einfach eine andere Art der Hinhaltetechnik, und die wird seit mindestens fünfzig Jahren praktiziert. Zum Beispiel: Wetterballons über Roswell statt eines abgestützten UFOs? Das ist Desinformation, und wir erleben sie seit fünfzig Jahren. Es ist die beste Methode, etwas geheim zu halten.

Es stellt sich immer deutlicher heraus, dass wir in unserer Rolle als Hüter des Lebens und der Umwelt auf unserem Planeten ziemlich versagt haben. Wir haben inzwischen globale Umweltprobleme, die unsere Zivilisation mit einer Krise konfrontieren. Die meisten Menschen wollen das zwar nicht hören, aber allmählich wird es offensichtlich. Und darum ist die Frage, wer wir sind, wie wir mit einem Planeten umgehen und wo wir in globaler und universeller Hinsicht eigentlich stehen, sehr wichtig.[32]

Zeugenaussage

Don Phillips, Angehöriger der U.S. Air Force und Auftragnehmer bei Lockheed Skunkworks und der CIA, hat mit Kelly Johnson bei Lockheed Skunkworks am Entwurf und Bau der Aufklärungsflugzeuge U-2 und SR-71 Blackbird zusammengearbeitet. Während eines bedeutenden UFO-Vorfalls gehörte er der U.S. Air Force an und war auf dem Air-Force-Stützpunkt Las Vegas stationiert.

Während der Apollo-Mondlandung sagte Neil Armstrong: »Sie sind hier. Sie sind direkt da drüben, und sieh nur, wie groß ihre Schiffe sind! Und es ist ganz offensichtlich, dass sie uns nicht hier haben wollen.« Dann beschrieb er eine ganze Reihe von Militärflugzeugen, nur waren es hier eben Raumschiffe, und ihre Besatzung hat die Astronauten beobachtet. Neil Armstrong sagte: »Sie wollen nicht, dass wir hier sind.«

Mir liegt die Mitschrift seiner genauen Worte vor.

Zeugenaussage

John Maynard war Analytiker des militärischen Nachrichtendienstes bei der Defense Intelligence Agency (DIA), dem Geheimdienst des Verteidigungsministeriums. Während seiner Arbeit dort lernte er den Prozess der Bereichsbildung kennen, der die Geheimhaltung gewährleistet.

[32] Unser aufrichtiger Dank gilt James Fox, der uns dieses Interview zugänglich machte.

Was Waffen und den Weltraum angeht: Ich glaube, wir können da auf eine Bemerkung zurückgreifen, die einer der Astronauten machte, als er seinen Fuß auf den Mond setzte. Es war am zweiten Tag nach ihrer Ankunft, und es war der erste Flug, und er sagte: »Ihr habt Recht, sie sind schon hier.« Das ist in die allgemeine Funkübertragung hineingerutscht. Ich kenne einige Leute, die das aufgenommen haben. Die Bemerkung war einmalig und wurde schnell aus allen zur öffentlichen Übertragung vorgesehenen Aufnahmen herausgeschnitten.

Zeugenaussage

Karl Wolfe hatte während seiner Dienstzeit bei der Air Force eine streng geheime Sicherheitsfreigabe der Kryptographie und arbeitete mit dem taktischen Luftwaffenkommando auf dem Air-Force-Stützpunkt Langley in Virginia zusammen.

Ich diente vom 18. Januar 1964 bis zum 18. Oktober 1968 in der U.S. Air Force. Ich hatte mit dem taktischen Kommando auf dem Stützpunkt Langley in Virginia zu tun, und zwar mit der 4444. Reconnaissance Technical Group, einer aufklärungstechnischen Gruppe. Die Aufgabe dieser Einheit war die fotografische Aufklärung. Sie arbeitete mit den U-2-Aufklärungsflugzeugen und mit Satellitenfotografie, bevor irgendjemand wusste, dass wir so etwas überhaupt besaßen. Zu diesem Zeitpunkt wusste niemand, dass wir mit Hilfe der Satelliten Spionagefotografie betrieben. Natürlich wusste auch niemand von dem U-2-Programm, und schon gar nicht, wozu es fähig war. Auch von den C-130-Maschinen aus nahmen wir Aufklärungsfilme mit den Bordkameras auf, ebenso von allen möglichen Kampfjets in Kampfsituationen aus. Dafür bereiteten wir den Film auf.

Ich glaube, es war im Juni oder Juli 1965. Ich war Fototechniker mit einer Ausbildung im Bereich Elektronik. Meine Gruppe war in einer nagelneuen Einrichtung tätig. Eines Tages war ich im Farbfotolabor, als mein Chef, Staff Sergeant Taylor, zu mir kam und sagte, sie hätten ein Problem mit irgendeinem Ausrüstungsgegenstand am Stützpunkt. Das Ganze hatte mit dem Mond-Orbiter-Projekt zu tun, den Mondumkreisungen, deren Zweck es war, mit Satellitenmodulen die ersten Landeplätze für die Astronauten der Mondmission von 1969 zu finden. Weil unsere Ausrüstung ähnlich war, bat er mich, hinüber zur NSA zu gehen und mir das Problem anzusehen.

Zu dieser Zeit wusste ich nicht, was die NSA war. Ich war ziemlich naiv – ich dachte, er hätte »NASA« gesagt. Auch lange Zeit danach dachte ich noch, dass ich eine NASA-Einrichtung besucht hatte.

Die Anlage befand sich auf dem Air-Force-Stützpunkt Langley. Dort sammelte die NSA die Informationen des Mond-Orbiters. Ich packte einige Werkzeuge ein und ein paar Offiziere brachten mich zu einer sehr großen Flugzeughalle mit Labor. Darin wartete ein Airmen Second Class – ich hatte denselben Rang. Er schaltete die Anlage ein und ließ sie laufen. Offenbar erfüllte sie die Funktionen, für die sie gebaut worden war, nicht. Ich erkannte, was damit nicht stimmte, und sagte zu ihm: »Wir müssen dieses Ding aus dem Labor herausbringen. Ich kann hier in der Dunkelkammer nicht daran arbeiten.« Das Gerät war etwa so groß wie ein kleiner Zimmerkühlschrank, also nicht ganz so leicht zu transportieren. Er rief jemanden, der einige Leute holen sollte, um es hinauszutragen.

Alle verließen die Dunkelkammer, außer diesem Airman Second Class und mir. Während wir warteten, fragte ich ihn, wie die Aufnahmen aus dem Orbiter-Modul in das Labor übertragen wurden. Er erklärte mir, dass die Radioteleskope auf der ganzen Welt miteinander verbunden seien und die Bilder per Fernmessung nach Langley Field übertragen wurden. Zu der Zeit wusste ich nicht, was der eigentliche Zweck der Dunkelkammer, des Programms und der ganzen Einrichtung war. Ich dachte, die Daten würden erst hierher gesendet und dann an die Öffentlichkeit weitergegeben. Ich hatte keine Ahnung davon, dass es um ganz andere Dinge ging.

Er fing an, mir all diese Informationen zu geben und ich wusste, dass unsere Aufgaben streng geheim waren und dass er mir aufgrund der Aufspaltung auf verschiedene Abteilungen nur bis zu einem gewissen Grad erzählen konnte, woran er mit mir arbeitete. Auf jeden Fall erklärte er mir, wie das alles funktionierte. Er zeigte mir das Gerät, das die digitalisierten Informationen aufnahm und sie in fotografische Bilder umwandelte. Damals benutzte man 35-mm-Filme, die dann zu

45 x 28 cm großen Mosaiken zusammengesetzt wurden. Auf jedem 35-mm-Filmstreifen befanden sich ein digitales Symbol und eine Graustufenskala. Diese Filme enthielten die Aufnahmen der aufeinanderfolgenden Mondumkreisungen. Sie hatten einen Teil des Mondes nach dem andern gescannt und das alles dann zu einem größeren Bild zusammengesetzt. Das so entstandene Mosaik wurde anschließend mit einem Kontaktkopiergerät ausgedruckt.

Während er mir zeigte, wie das alles funktionierte, sagte er: »Wir haben übrigens auf der von uns abgewandten Seite des Mondes einen Stützpunkt entdeckt.«

Ich fragte: »Von wem?«

»Was meinst du mit *von wem*?«

In diesem Moment kapierte ich, was er da sagte, und mir wurde etwas unheimlich zumute. Ich dachte, falls jetzt jemand ins Zimmer käme und uns zuhörte, wären wir beide in ernsthaften Schwierigkeiten, denn er hätte mir diese Information gar nicht geben dürfen und ich hätte ihm nicht zuhören dürfen.

Er zog eines der Mosaike heraus und zeigte mir den Stützpunkt auf dem Mond. Auf der Aufnahme sah ich einige Gebäude, in einer relativ weiten Landschaft verteilt. Eines war schüsselförmig, aber dennoch ein Gebäude. In seiner Nähe befand sich ein anderes Bauwerk mit einem schrägen Dach, das oben abgeflacht war. Es gab Türme, kugelförmige Bauten, noch höhere Türme und Gebilde, die wie Satellitenschüsseln aussahen. Manche Gebäude waren sehr hoch und schmal. Ich weiß nicht, wie hoch sie waren, aber sie müssen riesig gewesen sein. Die Fotos waren aus verschiedenen Winkeln aufgenommen und man sah auch Schatten. Es gab kugelförmige Bauten und Gebäude mit Kuppeldächern, die ebenfalls sehr groß waren. Aufgrund ihrer Größe waren sie deutlich zu erkennen. Ich habe sie gedanklich mit Bauwerken auf der Erde verglichen, aber in ihrer Größe und Struktur unterschieden sie sich von allem, was man hier sieht. Bis zu einem bestimmten Grad sind sie unseren Gebäuden jedoch ähnlich. Ich hielt Ausschau nach den typischen Metallstrukturen, konnte aber keine erkennen. Sie schienen eher aus vorgefertigten Steinblöcken zu bestehen.

Manche Gebäude hatten offenbar stark spiegelnde Oberflächen. Zwei davon erinnerten mich an die Kühltürme von Kraftwerken, denn sie hatten eine ähnliche Form. Manche waren einfach gerade, hoch und oben flach. Manche waren auch rund, manche sahen aus wie Wellblechhütten, hatten aber Kuppeln wie bei einem Gewächshaus.

Ich wollte das Bild nicht eingehender betrachten, denn ich hatte das Gefühl, ich befände mich in Lebensgefahr.

Verstehen Sie, was ich damit sagen will? Ich hätte es gern länger studiert, ich hätte gern Kopien davon gehabt … aber ich wusste, dass ich das nicht durfte. Ich wusste, dass der junge Mann, der mir das zeigte, seine Befugnisse weit überschritten hatte.

Zeugenaussage

Donna Hare hatte eine Sicherheitsfreigabe, als sie bei der NASA-Auftragsfirma Philco Ford tätig war.

Von 1970 bis 1971 war ich in Gebäude 8 bei der NASA für den Auftragnehmer Philco Ford beschäftigt. Ich arbeitete im Fotolabor und in verschiedenen Abteilungen der Firma sowohl vor Ort als auch außerhalb des Geländes.

Eines Tages ging ich ins NASA-Fotolabor. Es befand sich in einer zugangsbeschränkten Abteilung, aber ich hatte eine Sicherheitsfreigabe. Dort wurden die Filme vom Mond und die Satellitenfotos entwickelt. Ein befreundeter Techniker machte mich auf eine bestimmte Stelle in einem Mosaik aufmerksam – ein größeres Gesamtbild aus mehreren zusammengesetzten Einzelaufnahmen. Es waren Satellitenfotos, von oben aufgenommen, mit vertikaler Sicht nach unten. Ich merkte an, sie seien interessant.

Er lächelte und sagte: »Sieh mal dorthin.« Auf einem der Einzelbilder sah ich einen runden, weißen Punkt. Er war ganz deutlich und hatte sehr scharfe Konturen. Ich fragte: »Was ist das? Ein Staubfleck in der Emulsion?« Grinsend antwortete er: »Flecken in der Emulsion werfen keine runden Schatten auf den Boden.«

Ich sah noch einmal hin und entdeckte einen runden Schatten im richtigen Winkel, genau im Verhältnis zu den Sonnenstrahlen auf den Bäumen. Ich sah meinen Freund an und war relativ erschrocken, weil ich schon einige Jahre dort arbeitete, aber so etwas hatte ich bis dahin weder gehört noch gesehen. Ich fragte: »Ist das ein UFO?« Lächelnd entgegnete er: »Das darf ich dir nicht sagen.« Mir war klar, was er damit meinte: Es *war* ein UFO, aber er durfte es mir nicht direkt bestätigen. Ich fragte ihn, was er mit dieser Information anfangen wolle. Er sagte: »Wir müssen immer retuschieren, bevor wir sie an die Öffentlichkeit weitergeben.« Ich war erstaunt, dass sie ein festgelegtes Protokoll dafür hatten, UFOs aus den Aufnahmen verschwinden zu lassen.

Ich traf auch einen Sicherheitsbeamten, der dazu gezwungen worden war, viele Fotos von UFOs zu verbrennen. Er kam in mein Büro und hatte große Angst. Er sagte: »Donna, ich habe gehört, dass du dich für dieses Thema interessierst. Ich habe früher auch dort gearbeitet. Eines Tages kamen Soldaten in Kampfanzügen und befahlen mir, Bilder zu verbrennen.« Er sagte, er durfte sich die Fotos nicht ansehen, während er sie verbrannte. Er war aber versucht, es trotzdem zu tun. Er betrachtete eines davon und sah, dass es ein UFO auf dem Boden zeigte. Kurz darauf wurde er mit einem Pistolengriff auf den Kopf geschlagen und trug immer noch eine Narbe davon auf der Stirn.

Dieser Mann war halb wahnsinnig vor Angst. Er sagte, dass das Bild ein UFO mit kleinen Erhebungen gezeigt hatte. Es hatte ausgesehen, als sei es eben gelandet.

Dieses Wissen ist eine große Belastung. Ich habe aber dennoch darüber geredet und jetzt wissen auch andere Leute davon. Es ist wie eine kleine Untergrundbewegung. Diese Menschen besuchen mich privat und wir reden darüber. Die meisten von ihnen haben große Angst. Wahrscheinlich habe ich nur deshalb keine Angst, weil ich keine offizielle Befragung darüber durchstehen musste. Einmal jedoch kamen einige Leute zu mir und sagten, ich dürfe mit niemandem darüber sprechen. Sie haben zwar nicht gedroht, mich umzubringen, aber ich verstand trotzdem, was sie sagen wollten. Und wie ich schon bei den Kongress-Briefings [1997, Center for the Study of Extraterrestrial Intelligence, kurz CSETI] aussagte, habe ich das Gefühl, dieses Thema ist wie Sex: Jeder weiß davon, aber niemand spricht darüber – jedenfalls nicht in gemischter Gesellschaft. Ich warte auch darauf, mehr darüber zu erzählen, sobald es eine offizielle Kongressanhörung darüber gibt, wo ich dann unter Schutz stünde. Ich will, dass es im richtigen Rahmen an die Öffentlichkeit kommt, sobald die Zeit dafür reif ist und es etwas Gutes bewirken kann. Ich will nicht, dass die Menschen, die davon wissen, eingeschüchtert oder verletzt werden oder sich vor lauter Angst verstecken müssen oder gar verschwinden. Ich denke dabei an einen Mann, den ich kenne, und der einfach von der Bildfläche verschwunden ist.

Dieser Mann arbeitete immer mit den zur Erde heimgekehrten Astronauten in der Quarantäneabteilung und gehörte zu dem Team, das ihre Befragungssitzungen durchführte.

Er erzählte mir, viele Astronauten hätten über ihre Erfahrungen während der Mondlandungen gesprochen – auch darüber, dass sie UFOs gesehen hatten, die sie verfolgten. Ich glaube, es befanden sich drei auf dem Mond, als sie landeten. Und ich glaube, dass das geheime Codewort für die UFOs *Santa Clause* lautete.

Er sagte, dass die Astronauten, die darüber reden wollten, bedroht wurden. Sie haben sich schriftlich verpflichtet, zu schweigen. Im Übertretungsfall würden sie ihre Rente verlieren. Ich war von dieser Information einfach überwältigt, also fing ich an, Fragen zu stellen. Ich kannte gewisse Schlüsselpersonen in der Organisation und sprach mit ihnen außerhalb des Geländes. Wir trafen uns zum Mittagessen und sie erzählten mir gewisse Dinge, aber sie sagten auch, sie würden beschwören, dass ich lüge, falls ich jemals darüber sprach.

Der Mann, den ich vorhin erwähnte, der mit den Astronauten in der Quarantäne war, sagte mir, dass sich zum Zeitpunkt der Landung von Apollo 11 UFOs auf dem Mond befanden.

Dieser Mann ist nun von der Bildfläche verschwunden. Ich habe versucht, ihn zu finden, aber ich kenne nur seinen Namen.

»Wir erleben gerade, wie die Überzeugung um sich greift, dass man zwischen Befehlshabern und Untergebenen das gegenseitige Vertrauen gezielt manipulieren kann. Dies geschieht dadurch, dass man die Presse außen vor lässt. An Kriegsschauplätzen ist der Zugang stark eingeschränkt. Je intensiver die Kampfhandlungen, umso strenger wird die Zulassung der Medien kontrolliert, einschließlich des Zugriffs auf Information. Das steht in direktem Widerspruch zum erklärten Grundsatz des maximalen Zugriffs auf Informationen im Zusammenhang mit der nationalen Sicherheit. In Südafrika hat man Dissidenten eine Zeit lang brennende Autoreifen um den Hals gelegt. In mancher Hinsicht geht [in den USA] nun die Angst um, dass Dissidenten im übertragenen Sinn der ›brennende Reifen‹ eines mangelnden Patriotismus um den Hals gelegt wird. Diese Angst hält Journalisten davon ab, brisante Fragen zu stellen. Zu meiner Schande muss ich gestehen, dass ich mich von dieser Angst ebenfalls beeinflussen lasse.«

– Dan Rather, CBS News –

Mehrfacher Emmy-Preisträger

Exklusive Zeugenaussage: Special Agent Richard Doty, Air-Force-Büro für Sonderermittlungen (AFOSI)

Richard Doty war Special Agent bei der Spionageabwehr der Air Force und gehörte dem Air-Force-Büro für Sonderermittlungen (AFOSI) an. Er war auf dem Air-Force-Stützpunkt Kirtland in Neumexiko, dem Air-Force-Stützpunkt Nellis (der sogenannten Area 51) und andernorts stationiert und konzentrierte seine Arbeit acht Jahre lang auf UFOs und Außerirdische.

Dr. Greer traf sich mit Richard Doty im Juli 2016 in Albuquerque, Neumexiko, zu einem intensiven dreistündigen Interview. Bei dieser Gelegenheit bestätigte Doty eine Vertuschungskampagne im Zusammenhang mit UFOs,[33] *die Korruption der Medien, die Regierungsverantwortung für Verletzungen von Zivilisten in dem berühmt-berüchtigten Cash-Landrum-UFO-Fall und vieles mehr.*

Ich heiße Richard Doty. Von 1979 bis 1986 war ich auf dem Air-Force-Stützpunkt Kirtland Special Agent im Air-Force-Büro für Sonderermittlungen. Ich war Offizier der Gegenspionage, als ich in ein Sonderprogramm der US-Regierungsuntersuchungen bezüglich UFOs und des Kontakts mit Außerirdischen, der Besuche dieser Außerirdischen auf der Erde und der Beteiligung der Air Force an Begegnungen mit Außerirdischen eingeführt wurde. Zu dieser Zeit war dies meine Hauptaufgabe, die etwa sechzig Prozent meiner Zeit in Anspruch nahm. Auch die DIA, der Geheimdienst des Verteidigungsministeriums, hatte sehr

[33] Siehe Teil 4: *Kosmische Täuschung.*

viel damit zu tun. Alles, was wir an das OSI-Hauptquartier schickten, landete auch bei der DIA, und zwar bei einem Mann namens Tom Mack. Er war der DIA-Manager dieses Projekts.

Im Sommer 1979 wurde ich in das Projekt eingeführt. Es war ein USAP, ein offiziell geleugnetes Projekt unter speziellem Zugriff, und ich brauchte eine besondere Sicherheitsfreigabe, um Zugriff darauf zu bekommen. Ein Air Force Colonel aus Washington, dessen Namen ich nicht erwähnen werde, weihte mich in das Programm ein. Der Codename lautete *Yankee Black* – den erfuhr ich während des Briefings. Er galt nicht für das UFO-Programm selbst, sondern war der Sicherheitscode für ein Zugriffsprogramm. *Yankee White* hingegen war der Zugriffscode zum Weißen Haus. Und *Yankee Black* war der Zugriff, den man haben musste, um in das Programm aufgenommen zu werden.

Die Einweisung begann mit einer historischen Zusammenfassung über die Involvierungen der US-Regierung mit Außerirdischen.

Uns wurden vier verschiedene Typen außerirdischer Raumfahrzeuge und vier außerirdische Rassen genannt. Man hat uns nie darüber aufgeklärt, woher die Fotos von den Außerirdischen stammten.

Eine der außerirdischen Rassen sah aus wie ein Insekt. Das Wesen hatte riesige Augen, einen sehr großen Kopf und einen eher kleinen Körper. Es besaß zwei verschiedene Anhängsel (Hände) an den Armen und mehrere Beingelenke. Vorne am Körper war ein blasenähnliches Anhängsel und hinten eine Art Knolle oder etwas Ähnliches. Es war in etwa so groß wie ein durchschnittlich großer menschlicher Erwachsener, zwischen 1,25 Meter und 1,80 Meter.

Der zweite ET war ein sehr großes, dünnes, menschenähnliches Wesen mit langen Armen, die bis zu den Knien reichten, genauer bis zur Hälfte der Entfernung zwischen Hüfte und Füßen. Die Hände waren normal und die Gesichter sehr schmal, aber fast menschenähnlich. Sie hatten keine Haare. Bis auf die katzenähnlichen Regenbogenhäute in den Augen müsste man den Gesichtern schon sehr nahe kommen, um zu erkennen, dass sie nicht menschlich waren.

Die dritte Kreatur sah in etwa aus wie ein EBEN,[34] nur war der Körper größer. Später, während einer Einsatzbesprechung 1985, erfuhr

[34] Siehe in Teil 1: »Roswell (FBI-Dokument)«.

ich, dass dies ein genetisch manipuliertes Wesen war, das die EBEN erschaffen hatten.

Was die Raumschiffe anging: eines war zigarrenförmig, ungefähr 18 bis 21 Meter lang und 6 bis 9 Meter breit. Dann gab es noch ein untertassenförmiges UFO, das wirklich sehr breit war – fast glich es einem der Kreisel, mit dem Kinder spielen. Ich erinnere mich, dass ein Colonel während der Einsatzbesprechung sagte, sie hätten nach wie vor keine Ahnung, wodurch dieses Ding eigentlich fliegen konnte. Sie hatten es fotografiert und beobachtet, aber ob sie jemals tatsächlich eines abgeschossen haben, weiß ich nicht.

Der dritte Raumschifftyp war eiförmig und ungefähr so groß wie ein VW Käfer. Er sah fast wie ein EBEN-Fluggerät aus, war aber erheblich kleiner. Er war für einen einzelnen Insassen gebaut und vielleicht ein Beobachtungs- oder Aufklärungsschiff.

Das letzte Schiff sah genauso aus wie das McMinville-Fluggerät.[35]

In dem Informationsfilm sah man Fotos von den Wesen und den Schiffen. Der Streifen war nicht datiert, er begann mit den 1940er oder 1950er Jahren, aber im Laufe der Einsatzbesprechung wurden die Aufnahmen moderner.

In den Sandia-Labors wurden außerirdische Technologien intensiv erforscht und entwickelt. Ein Zylinder von einem der EBEN-Schiffe war zwar an verschiedenen Orten analysiert worden, aber Sandia besaß das Exemplar.[36]

Im Jahr 1984 besuchte Präsident Reagan Sandia und sollte speziell über diese Arbeit informiert werden. Ich war zufällig Teil des Sicherheitsteams und befand mich mit im Raum, als sie ihm alles erklärten. Sie hatten Bilder des Schiffes, zeigten dem Präsidenten mit dem Overhead-Projektor eine Präsentation und erklärten ihm, was diese Dinger ihrer Meinung nach taten. Es war ein Mehrzweck-Avionikgerät, von dem sie annahmen, dass es ihnen auch zur Navigation diente.

Eines der Mitglieder unserer früheren nachrichtendienstlichen Gruppe war einige Jahre lang Geheimdienstagent und ging danach zur CIA. Er erzählte uns äußerst faszinierende Einzelheiten über Reagan.

---

35 Siehe das McMinville-UFO im Fototeil des Anhangs.

36 Die Sandia National Laboratories sind übrigens ein Teil des Unternehmens Lockheed Martin. – *Steven M. Greer*

Als dieser im Januar 1981 sein Amt antrat, bat er sofort um ein informelles Gespräch. Er sagte: »Ich will über alles, was wir in Bezug auf UFOs haben, gebrieft werden.«

Ich reiste nach Washington, um eine Auszeichnung für etwas, das immer noch der Geheimhaltung unterliegt, entgegenzunehmen. Bei dieser Gelegenheit traf ich mich mit dem Präsidenten. Ich hatte mit ihm nie über dieses Thema gesprochen, aber er wusste anscheinend etwas, denn er sagte zu mir: »Ich weiß, dass Sie da draußen an sehr interessanten Dingen arbeiten.« Er schenkte mir Manschettenknöpfe, die exklusiv für Präsidenten hergestellt werden. Ich wusste genau, wovon die Rede war, obwohl er eigentlich gar nichts Spezifisches ansprach. Für mich war es wichtig zu wissen, dass Informationen über meine Tätigkeit bis an die höchste Stelle weitergegeben wurden.

Die andere politische Persönlichkeit, die ich traf und die ebenfalls Kenntnisse über dieses Thema besaß, war Claiborne Pell. Er war Senator des Bundesstaates Rhode Island. Er und sein persönlicher Assistent waren unabhängig voneinander in das Programm eingewiesen worden. Von 1987 bis 1995 war er Vorsitzender des Senatsausschusses des Außenministeriums. Auf einer Party führten er und ich ein lockeres Gespräch über das Thema und er gab zu, einiges darüber zu wissen.

Andere Männer aus den geheimen UFO-Projekten, die jetzt vielleicht auch bereit wären, darüber zu reden, sind Hal Puthoff, Kit Greene, Paul McGovern und Carl Dale.

Carl Dale war bei der DIA. Er war Fallgutachter für UFO-Projekte und -Untersuchungen. Gewöhnlich nahm er an unseren Sitzungen ehemaliger Geheimdienstoffiziere ebenfalls teil und erzählte uns eine Begebenheit aus den frühen 1970er Jahren.

Damals hatten sie ein UFO gejagt und versucht, es in Virginia, in der Gegend um Washington, D.C., zu kapern. Es war eine faszinierende Geschichte. Der ehemalige CIA-Direktor Richard Helms, ein richtiger Kriegstreiber, hatte mir bereits einiges darüber erzählt. Seit einiger Zeit ist diese Begebenheit nun im Internet zu sehen. Auf jeden Fall bin ich immer mit ihm befreundet gewesen.

Ich weiß gar nicht warum, aber er hatte mich unter seine Fittiche genommen. Mein Vater kannte ihn schon seit Jahren, und Richard Helms war einfach ein toller Kerl. Leider ist er vor einigen Jahren gestorben.

Jedenfalls hat er mir viel erzählt. Er war sehr in das Thema involviert und wusste eine Menge. Er hat mir von Dingen erzählt, die er gesehen und getan hat, bei denen mir die Haare zu Berge standen.

Als ich in Deutschland stationiert war, habe ich mit den Deutschen zusammen am Thema UFOs gearbeitet. Der BND ist das deutsche Gegenstück zu unserer CIA. Es gab da einen bestimmten Vorfall, der sich in der Nähe eines Atomwaffenlagers ereignete. Irgendjemand – oder irgendetwas – drang dort ein, schnitt einen Zaun auf, erreichte aber den eigentlichen Bunker nicht.

Sowohl in Fort Belvoir als auch im unterirdischen Navy-Observatorium in McClean, Virginia, in einer Anlage, die als CIA-Außenstelle bezeichnet wird, befinden sich Aufbewahrungslager für außerirdische Gegenstände und die Informationen darüber.

Und dann gibt es noch Los Alamos. Ich war dort einmal in den frühen 1980er Jahren, das hatte nichts mit UFOs zu tun. Aber der Sicherheitsoffizier, der mich im Rahmen meiner damaligen Ermittlung herumführte, deutete seinerzeit auf das Areal und sagte: »Dort haben wir das ganze UFO-Zeug.«

Die Firma Bechtel Corporation war für die Sicherheit und den Betrieb einiger Einrichtungen verantwortlich, darunter auch die Testanlage in Nevada. Einer ihrer Hauptsicherheitsoffiziere war ein ehemaliger Kollege von mir aus meiner Zeit auf dem Stützpunkt Kirtland. Bechtel hatte auf der Testanlage in Nevada mit vielen Experimenten rund um außerirdische Technologie und deren Nachbau zu tun. Jetzt heißt diese Einrichtung übrigens Nevada National Security Site – Nationale Sicherheitseinrichtung Nevada.

In den frühen 1980er Jahren wurde ich in ein Gegenspionageprojekt eingewiesen – ich glaube, es hieß *Operation Pyramid.* Sandia hatte ein Projekt finanziert, das sich mit der Erforschung des Zeitreisens beschäftigte, also, ob es möglich wäre, sich rückwärts und vorwärts durch die Zeit zu bewegen. Sie bauten Anlagen, um diverse Dinge zu testen. In einer unterirdischen Anlage benutzten sie riesige Magneten, durch die sie Laser- und andere Energiestrahlen feuerten, um die Struktur des Weltraums zu öffnen und so das Zeitreisen zu ermöglichen. Ich weiß nicht, welche Ergebnisse diese Experimente erbrachten. Ich weiß nicht, ob sie ihr Ziel jemals erreicht haben oder nicht.

Sie machten auch Experimente mit Teleportation, also mit der nichtlinearen Bewegung durch den Raum. Sie teleportierten ein Objekt von einem Ende des Tisches zum anderen. Vielleicht haben sie auch andere diesbezügliche Experimente durchgeführt, aber darüber habe ich keine Kenntnisse.

Tatsächlich habe ich ein Fluggerät über Groom Lake gesehen, das Manöver in der Luft ausführte, die mit herkömmlichen Flugzeugen nicht möglich gewesen wären. Es flog mit 2.250 Stundenkilometern, stoppte abrupt, wechselte den Flugwinkel, schoss vertikal nach oben, stoppte und stieß wieder hinunter. Und es war groß! Es war einer dieser eiförmigen, außerirdischen Flugkörper, den sie da draußen testeten. Das war 1987. Der gesunde Menschenverstand sagt mir, dass das kein herkömmliches Flugzeug war, es muss so etwas wie Antischwerkraftsantrieb gehabt haben, sonst wäre der Pilot getötet worden.

Neben mir stand ein Pilot, der jahrelang als Kampfpilot F-106-Maschinen geflogen hatte. Er sagte: »Es ist schlichtweg unmöglich, dass ein Pilot das überleben könnte. Die Beschleunigung ist nicht das Schlimme, aber man muss auch irgendwann stoppen. Und wenn man abrupt stoppt, reißt die Schwerkraftbelastung den Körper in Stücke.«

Der Zwischenfall mit dem Cash-Landrum-Nachbau

Ich traf die vier Air-Force-Piloten, die 1980 am Cash-Landrum-Vorfall beteiligt waren. Es handelte sich um ein ARV, ein außerirdisches Fluggerät, das wir nachgebaut hatten. Das weiß ich definitiv.[37]

[37] Ungefähr um 21:00 Uhr am 21. Dezember 1980 waren Betty Cash (51 Jahre alt), Vickie Landrum (57) und Colby Landrum (Vickies siebenjähriger Enkel) mit dem Auto auf dem Heimweg nach Dayton in Texas. Sie fuhren auf einer einsamen, zweispurigen Straße durch einen dichten Wald. In ihrem Augenzeugenbericht erzählten sie, sie hätten ein helles Licht über einigen Bäumen gesehen, von dem sie annahmen, es stamme von einem Flugzeug auf dem Weg zum Houston International Airport. Als sie näher kamen, stellten sie jedoch fest, dass das Licht von einem großen, über den Bäumen schwebenden, diamantförmigen Objekt stammte. Aus dem unteren Teil des Objekts drangen Flammen und es strahlte starke Hitze aus.

Das nachgebaute Flugobjekt gehörte zu den Großen. Es war nicht untertassenförmig, sondern eher geformt wie ein Ei. Es hatte eine vierköpfige Mannschaft: zwei Piloten, einen Systemoffizier, der die Bordgeräte bediente, und einen Navigator. Sie hatten neun Monate lang trainiert, bevor sie die Maschine zum ersten Mal flogen. Danach trainierten sie weitere fünf Monate lang und unternahmen viele weitere Flüge überall in Nevada. Alles funktionierte einwandfrei.

Das Problem bestand darin, dass man die Maschine nicht so manövrieren konnte, dass ein menschlicher Pilot sie hätte fliegen können. Statt eines außerirdischen Antriebssystems (Nullpunktenergie) hatten sie eines unserer atomaren Antriebssysteme eingebaut.

Das ARV startete ohne Probleme in Nevada und flog tadellos. Sie waren unterwegs zu einem Stützpunk in Texas – ich glaube, dem Air-Force-Stützpunkt Webb in Big Springs. Der Pilot sagte mir, dass sie in großer Höhe flogen. Es hatte keine Probleme gegeben, bis sie die Geschwindigkeit reduzierten. Dann war die Hölle los. Das System ver-

---

Cash und Landrum stiegen aus dem Auto, um das Objekt genauer zu betrachten. Doch Colby war in Panik geraten und so stieg Landrum schnell wieder ein, während Cash draußen stehen blieb. Später beschrieben diese Zeuginnen das Objekt als riesigen, aufrecht stehenden Diamanten, etwa so groß wie ein Wasserturm. Es war oben und unten abgeflacht. Kleine, blaue Lichter umringten die Mitte des Objekts. Flammen schossen in regelmäßigen Abständen aus der Unterseite heraus und breiteten sich kegelförmig aus. Jedes Mal, wenn die Flammen verschwanden, schwebte das UFO einige Meter nach unten, zur Straße hin. Aber wenn die Flammen wieder stärker wurden, stieg das Objekt höher.

Die Zeuginnen sagten, die Hitze sei so stark gewesen, dass man das Auto nicht anfassen konnte. Cash erzählte, dass sie ihren Mantel zum Schutz um die Hand wickeln musste, als sie schließlich wieder einstieg. Als Vickie Landrum das Armaturenbrett berührte, war es so weich, dass ihre Hand einen Abdruck auf der PVC-Fläche hinterließ, der Wochen später immer noch zu sehen war. Ermittler führten diesen Abdruck als Beweis für die Echtheit der Zeugenberichte an.

Das Objekt stieg wieder über die Bäume auf, wo es von dreiundzwanzig CH-47-Chinook-Militärhubschraubern mit Tandem-Rotoren umzingelt wurde.

Alle drei Zeugen erlebten Symptome, die mit radioaktiver Strahlenkrankheit assoziiert werden. Cash musste sogar mehrmals für längere Zeit ins Krankenhaus. Schließlich reichten Cash und Landrum beim Judge Advocate Claims Office, dem Büro des Wehrdienstdisziplinaranwalts auf dem Air-Force-Stützpunkt Bergstrom, eine Beschwerde ein. Ein Amtsrichter wies ihren Fall ab. Er sagte, sie hätten keine Beweise dafür, dass die Hubschrauber mit der Regierung in Verbindung standen. Offizielle Zeugen des Militärs sagten aus, dass die Streitmächte der Vereinigten Staaten keine großen, diamantförmigen Flugzeuge besaßen. – *Steven M. Greer*

sagte und sie hatten ein ... etwas, das den Antrieb hätte liefern sollen, aber das Triebwerk bewegte sich unkontrolliert. Sie hatten auch irgendeine Art von Filter, der ebenfalls nicht funktionierte. Es war ein völliges Durcheinander. Als sie die Energie abschalteten, liefen so viele Dinge aus dem Ruder, dass sie fast abgestürzt wären. Sie riefen Rettungshubschrauber herbei.

Aus dem Flugobjekt drang Radioaktivität auf diese Menschen hinab. Den Piloten gelang es schließlich, die Maschine wieder unter Kontrolle zu bringen, und sie landeten irgendwo. Danach flogen sie nach Nevada zurück.

Keiner der Piloten erlitt irgendwelche Radioaktivitätsschäden. Nur die armen Zivilisten auf dem Boden litten furchtbar.

Die Bennewitz-Affäre

Einer der Sicherheitsoffiziere der Sandia Labors – sie hatten ihren eigenen Sicherheitsdienst – fuhr eines Morgens nach zwei Uhr während seines Nachdienstes durch die Gegend und sah ein UFO in der Nähe eines Bunkers landen. Als es am Boden aufsetzte, schalteten sich der Motor und die gesamte Elektronik seines Autos aus: sein tragbares Radiogerät, das Autoradio ... und alles blieb ausgeschaltet, solange das Flugobjekt am Boden war. Als es abhob, schaltete sich alles wieder ein.

Ich wurde vor Ort gerufen, um zu überprüfen, ob da tatsächlich irgendetwas gelandet war. Auf dem Radar des Stützpunkts war nichts registriert worden. Als Allererstes kontaktierte ich die FAA. Zu dieser Zeit hatten wir eine ziemlich geheime Einheit, die ständig alle nur erdenklichen Radiofrequenzen um und auf dem Stützpunkt scannte. Ich besorgte mir also die Ausdrucke und fragte, ob sie innerhalb dieser Zeitspanne vielleicht irgendwelche seltsamen Frequenzen festgestellt hätten. Allerdings führte diese Frage zu keinem Ergebnis. Ich befragte die Sicherheitspolizisten innerhalb von Manzano einzeln, aber sie erzählten mir alle genau die gleiche Geschichte.

Kurz danach kam Major Ernie Edwards, der Commander der 1608th Security Police Squadron, einer Einheit der Sicherheitspolizei, die Manzano bewachte, zu mir und sagte: »Ich habe einen Anruf von einem Mann namens Paul Bennewitz erhalten. Er wohnt gleich außerhalb des Stützpunkts in Four Hills (eine an das Stützpunktgelände angrenzende Wohnsiedlung). Er behauptet, jede Menge seltsame Lichter in Manzano gesehen zu haben.«[38]

Ich erfuhr, dass Paul Bennewitz direkt außerhalb des Haupttores von Kirtland eine Firma namens Thunder Scientific Laboratories besaß. Sie stellte Feuchtigkeitssensoren für U-Boote her, und deshalb besaß er einen Regierungsvertrag und eine Sicherheitsfreigabe.

Ich suchte ihn zuhause auf. Sein Haus war buchstäblich nur einige Meter vom Stützpunkt entfernt. Sein Hintergarten grenzte direkt an den Zaun des Stützpunkts. Er war Physiker und seine Terrasse voller wissenschaftlicher Apparaturen. Der Balkon seines Schlafzimmers wies in Richtung Stützpunkt. Ich fragte ihn, was er gesehen hatte, und er erzählte mir lauter UFO-Geschichten. Wir beschlossen, eine Untersuchung gegen ihn einzuleiten – nicht nur wir, sondern auch die NSA, denn er schien ziemlich viel über ein NSA-Projekt zu wissen, das gerade auf dem Stützpunkt durchgeführt wurde. Er hätte eigentlich gar nicht in der Lage sein dürfen, das herauszufinden, aber er wusste dennoch davon … Er war sehr intelligent.

Eines Nachts wurden Jerry Miller (ein Wissenschaftler aus dem Sicherheitsstab von Kirtland), Steve Atza (ein anderer Agent) und ich von Paul Bennewitz zum Abendessen in sein Haus eingeladen. Wir tranken gerade Kaffee, als ich plötzlich sah, dass ein Orb in einer Ecke des Zimmers erschien.[39] Ich gab Jerry einen Rippenstoß, als der Orb anfing, im Zimmer herumzufliegen. Als Paul ihn bemerkte, meinte er trocken: »Tja, da ist er wieder.«

Zunächst dachte Jerry, dass Paul ihn generiert hätte. Es war ein Ball aus Licht, umgeben von kleinen, glitzernden Funken. Mit Pauls Erlaubnis suchte Jerry alles ab, fand aber nichts, womit Paul diese Erscheinung

---

[38] Siehe das bestätigende Dokument in Anhang 12.

[39] Ein Orb (engl. Sphäre, Kugel) ist ein Energieball, der auf natürliche und auch auf künstliche Weise entstehen kann. Natürliche Orbs bilden sich beispielsweise bei besonders hochschwingenden Bewusstseinen, etwa in der Meditation. Führen wir dann Astralreisen durch, werden wir von anderen Wesen – oder deren Bewusstsein von uns, wenn sie uns besuchen – als Orb wahrgenommen. Bei künstlichen Orbs handelt es sich um hochtechnologische Sonden, die mit feinstofflichen Energien arbeiten, um ihre Beobachterfunktion wahrzunehmen. – *Der Verlag*

hätte erzeugt haben können. Paul sagte: »Das sind die Außerirdischen. Dies ist ihre Aufklärungstechnik. Damit beobachten sie mich.«[40]

Einige Wochen später waren wir allein in Pauls Haus. Wir waren nicht eingebrochen, Paul hatte uns den Schlüssel gegeben. Wir gingen hinein und sahen, wie ein kleiner Orb ein Loch in die Wand brannte, um in ein anderes Zimmer zu gelangen. Als wir ein paar Wochen später wiederkamen, war das Brandloch immer noch da.

Paul fotografierte sogar Außerirdische. Ich weiß nicht mehr, wie viele, aber er hatte eine ganze Menge Fotos. Er hatte eine Canon-35-Millimeter und ich sagte zu ihm: »Wenn Sie jemals Fotos von UFOs aufnehmen, dann entwickeln Sie sie nicht selbst, sondern lassen Sie uns das machen.«

Eines Tages rief er mich an und meinte, er hätte eine ganze Filmrolle voller UFO-Aufnahmen, die er über dem Stützpunkt fotografiert hatte. Ich ging also zu ihm, holte den Film ab und brachte ihn in unser gesichertes Fotolabor. Ich gab ihn einem unserer Fotospezialisten zum Entwickeln. Eine Stunde später kam der Mann mit den Fotos heraus und fragte: »Was zum Teufel sind diese Dinger?«

Der internationale Flughafen Albuquerque und der Kirtland-Air-Force-Stützpunkt benutzen ein gemeinsames Rollfeld. Die Fotos zeigten eiförmige Objekte, die über den landenden Flugzeugen schwebten. Kommerzielle Flugzeuge setzten zur Landung an und diese Außerirdischen flogen direkt über ihnen und drehten dann ab.

Wir ließen die Bilder vergrößern. Die Flugobjekte waren deutlich strukturiert, nahtlos und so groß wie das Flugobjekt von Corona. Eine Art blauer Kondensstreifen trat aus der Unterseite aus, wahrscheinlich durch das Antriebssystem verursacht. Wir schickten die Fotos zum Hauptquartier. Ich weiß nicht, was aus ihnen wurde. Paul und ich wurden Freunde. Eines Tages verlor er den Verstand und wenige Jahre später starb er.

Einmal brachte ein Mann, der nördlich von Albuquerque in den Bergen von Plácidas wohnte, ein Video mit zum Stützpunkt. Er hatte frü-

[40] CSETI hat oft ähnliche Orb-Ereignisse gehabt. – *Steven M. Greer*

her bei der Air Force gedient und war jetzt in Rente. Ich glaube, er war Pilot gewesen. Er lebte sehr abgeschieden. Rehe kamen direkt in seinen Garten, wo er eine Videokamera aufgebaut hatte. Er war Amateur-Tierfotograf.

Eines Nachts hörte er ein Geräusch und ging hinaus, und da schwebte ein Flugobjekt direkt über seinem Garten. Er machte ein Video davon. Das UFO blieb etwa achtundzwanzig Sekunden, bevor es weg flog. Wir nahmen das Video und die Kamera und schickten beides an das Air-Force-Büro des Special Investigation Headquarter auf dem Air-Force-Stützpunkt Bolling. Es hieß, dass sie es an die NSA weiterleiten würden.

Sie schickten ihm einen Scheck, um die Kamera zu bezahlen und stuften das Video als streng geheim ein. Er bekam es nie zurück.

Jahre später, als ich schon pensioniert war, gehörte ich einer eng verbundenen Gruppe ehemaliger Offiziere des Nachrichtendienstes an. Wir trafen uns einmal im Jahr. Manche dieser Männer waren bei der DIA gewesen und relativ viele ehemalige CIA-Agenten. Letztere arbeiteten nicht im Außeneinsatz, weil das nicht in den Aufgabenbereich der CIA fiel. Sie verließen sich jedoch auf die Informationen, die wir ihnen lieferten, und analysierten die Fakten, die sie hatten. Natürlich war das FBI auch beteiligt.

Der überzeugendste Fall, an dem ich je gearbeitet habe, wurde niemals publik gemacht. Das war eine Begebenheit im Bundesstaat Utah.

Dort gab es vor Jahren einen Mann, der in einem Wohnwagen in einer sehr einsamen Gegend direkt am Testgelände Dugway wohnte. Er hatte sowohl in der Army als auch nach Beendigung seiner Dienstzeit auf dem Testgelände Dugway als Fotograf gearbeitet, war Waise und hatte nie geheiratet. Er lebte ganz allein in diesem knapp hundert Quadratmeter großen Wohnwagen. Ringsum auf dem Grundstück hatte er einige Schuppen und dergleichen gebaut.

Ende 1984 oder Anfang 1985 rief mich der Air-Force-Stützpunkt OSI Hill an. Sie sagten: »Es gibt da einen Mann in einer abgelegenen Gegend bei Dugway, der uns jede Menge Fotos von UFOs geschickt hat. Und wir haben im Grunde keinen 9Q hier, der mit dem Mann halbwegs intelligent über UFOs reden kann.«[41]

[41] 9Q ist die OSI-Bezeichnung für jemanden, der UFOs untersucht.

Ich fuhr also hin und besuchte diesen Mann. Er hatte sehr viel gesunden Menschenverstand, war aber nicht allzu gebildet – er hatte die Schule nach der achten oder neunten Klasse verlassen. Aber es gab nichts über Kameras oder Fotografie, das er nicht gewusst hätte.

Jahrelang hatte er alles Mögliche in Dugway fotografiert. Er zeigte uns ein Fotoalbum voller Aufnahmen von UFOs und Außerirdischen. Als ich ihn fragte, wo er diese Fotos her hatte, sagte er: »Die landen da draußen.«

Dann fügte er hinzu, sie seien vor langer Zeit weggegangen, aber davor jahrelang häufig hergekommen und gelandet.

Das alles, erklärte er uns, begann im Herbst 1968. Eines Tages kam er von der Arbeit nach Hause, bereitete sein Abendessen und hörte plötzlich Geräusche. Seine Katze rannte herum wie wahnsinnig. Er spähte nach draußen und sah, dass ein UFO auf seinem Grundstück gelandet war. Er ging wieder hinein, holte seinen Fotoapparat und machte Aufnahmen davon. Die Außerirdischen stiegen aus dem Flugobjekt aus und er fotografierte sie ebenfalls.

Es waren EBENs. Er sagte: »Sie sprachen nicht mit Worten zu mir, sondern in meinem Kopf [telepathisch]. Ich konnte sie verstehen, aber sie hatten Probleme, mich zu verstehen.«

Der Kontakt dauerte von den späten 1960er Jahren bis ungefähr 1975 oder 1976. Dann sagten sie ihm, dass sie aufbrechen würden. Sie gaben ihm Abschiedsgeschenke. Manche waren sternförmig, andere sahen aus wie Bronzestatuen. Es waren kleine Modelle verschiedener Sachen.

Zunächst dachte ich, das Ganze sei ein abgekartetes Spiel, um uns einen Bären aufzubinden. Ich schwöre Ihnen, als ich das erste Mal dort war, dachte ich: »Das *kann* nicht wahr sein.« Den OSI-Agenten aus Hill fragte ich: »Ist das irgendeine Falle oder so etwas? Ist das alles hier eine Filmkulisse?«

Ich fragte den Mann – er hieß James Sodawski oder Sadorski oder so ähnlich –, warum er uns jetzt auf einmal kontaktiert hat. Er erklärte mir, dass er bald sterben würde und irgendetwas Sinnvolles mit diesen Sachen machen wollte. Er dachte, die Air Force könne vielleicht was damit anfangen.

Wir leiteten also alles in die Wege und im Handumdrehen erschienen ganze Wagenladungen voller Leute von der NSA und der CIA, um das alles zu überprüfen. Wir haben sogar eine Umzugsfirma damit beauftragt, die ganzen Sachen abzutransportieren. Wir packten alles auf besondere Weise ein, weil die Sicherheitsdienstler nicht wussten, ob die Gegenstände vielleicht irgendwelche Signale aussandten. Daran hatte ich überhaupt nicht gedacht, bis einer der Techniker aus dem Hauptquartier in Washington sagte: »Wissen Sie, diese Dinge könnten vielleicht verwanzt oder gar radioaktiv sein.«

Es gab etwa zwei Dutzend Gegenstände. Die EBENs verbanden damit offensichtlich etwas, denn sie hatten sie James gegeben und sicher gedacht, sie hätten eine Bedeutung. Es gab ein bronzenes Herz mit kaligraphischer Schrift innen drin, und Keramikstatuen von irgendetwas … vielleicht einer Gottheit oder so. Ein Gegenstand sah fast aus wie ein Kranz, mit verschiedenen Symbolen ringsum. Auf der Rückseite waren irgendwelche Anhängsel – vielleicht dienten sie dazu, es auf einen Ständer zu montieren. Ich habe es nie herausbekommen. Ich habe diese Sachen nur zwei Mal gesehen: einmal, als er uns das alles zum ersten Mal zeigte, und dann noch einmal, als wir gekommen waren, um alles einzupacken. Jetzt sind sie wohl bei der DIA oder CIA oder einer anderen solchen Organisation. Ich bin sicher, dass sie sorgfältig analysiert worden sind.

Es gab auch Fotos von dem UFO, die bei Tageslicht aufgenommen worden waren, und sie waren gestochen scharf. James hatte sogar Innenaufnahmen von dem UFO gemacht. Sie zeigten Armaturenbretter und einen riesigen Bildschirm mit dem Universum, oder vielleicht waren es auch Sternen- oder Navigationskarten.

James besaß eine solche Karte. Als wir nach dem ersten Besuch aufbrechen wollten, sagte er: »Ach, ich habe vergessen, Ihnen das hier zu zeigen.« Er machte eine Truhe auf und entnahm ihr ein beschichtetes Papier, übersät mit Linien. Er faltete es auf und sagte: »Da kommen sie her« – aber auf dem Papier gab es keine Koordinaten oder sonstige Bezugspunkte.

Ich weiß nicht, wie viel die Analytiker darüber herausgefunden haben.

Später las ich, dass die EBENs von Zeta Reticuli stammen. Das kam aus irgendeiner offiziellen Quelle.

»Ich meine, dass dem amerikanischen Volk
eine deutlichere Erklärung über die UFOs zusteht,
als die Air Force sie ihnen liefert …
Ich meine, wir schulden dem Volk Glaubwürdigkeit
bezüglich der UFOs und die größtmögliche
Aufklärung zu diesem Thema.«

– Präsident Gerald Ford –

Hoffnung

Zeugenaussagen

- A. H., anonymer Zeuge, Firma Boeing
- Sergeant Clifford Stone, U.S. Army Retrieval Unit (Bergungseinheit der US-Armee)
- Don Phillips, U.S. Air Force, Auftragnehmer bei Lockheed Skunkworks und der CIA

Kommentar von Dr. Steven M. Greer

Eines frühen Morgens im Oktober 2009 hatte ich einen sehr luziden Traum. Kurz vor dem Aufwachen kam mir wiederholt und nachdrücklich ein Gedanke in den Sinn, der behutsam die folgenden Worte annahm:

»Lasst uns hoffen, damit wir leben können …«

Während sich dieser Gedanke bildete, erschienen mir auch einige deutliche Bilder.

Zuerst befand ich mich in Afrika, an irgendeinem ländlichen, einsamen Ort, ganz offensichtlich verarmt und ohne jegliche Möglichkeit des Lebensunterhalts. Ein Kind, vielleicht zehn Jahre alt, irrte durch diese trostlose und unwirtliche Landschaft. Es war am Verhungern und trug ein jüngeres, sterbendes Kind in den Armen. Und die Stimme sagte:

»Lasst uns hoffen, damit wir leben können …«

Ich weinte, als ich sah, dass allein dieser Funke Hoffnung in der Seele des Kindes ihm den Antrieb gab, vorwärts zu gehen und zu leben. Inmitten all dieses Leids und entgegen aller Wahrscheinlichkeit wurde das Kind nur noch von der zwingenden Kraft der Hoffnung getragen. Dann sah ich meine eigene Kindheit – manchmal verzweifelt und ratlos, wie ich überleben sollte und wie es weitergehen würde. Und der Gedanke wiederholte sich:

»Lasst uns hoffen, damit wir leben können …«

Und so erkannte ich, dass dies manchmal buchstäblich alles war, was ich besaß: der Funke Hoffnung, irgendwo tief in meiner Seele, hielt mich im Gang – sogar heute noch. Hoffnung. Dann sah ich alle, die gegenwärtig auf der Erde leben, jetzt, in dieser Zeit der großen Veränderung, der Herausforderung und der Schwierigkeiten. Und dieser eine Gedanke wiederholte sich weiterhin:

»Lasst uns hoffen, damit wir leben können …«

Und ich sah, dass dies das Unverzichtbare ist, an dem wir alle festhalten müssen: die Hoffnung, die uns alle gemeinsam zur Erfüllung des Versprechens an die Menschheit tragen wird. Zwar können wir nicht von der Hoffnung allein leben, aber *ohne* sie können wir erst recht nicht leben. Von daher können wir uns in den kommenden Zeiten der Prüfungen, Veränderungen und Umgestaltungen des Lebens auf dem Planeten Erde nach innen wenden und lauschen und dürfen niemals vergessen:

»Lasst uns hoffen, damit wir leben können …«

Zeugenaussage

A. H. erhielt beachtliche Mengen von Informationen aus den mit UFOs und Außerirdischen befassten Gruppen innerhalb unserer Regierung, des Militärs und der zivilen Auftragsfirmen. Er hat Freunde in der NSA, CIA, NASA, im JPL, ONI, NRO, in Area 51, der Air Force sowie in den Firmen Northrop, Boeing und anderen. Früher war er bei der Firma Boeing als Oberflächentechniker beschäftigt.

Aus meinen Kontakten zu den vielen Menschen, die ich kennengelernt habe, schließe ich, dass der eigentliche Grund für die Angst unserer Regierung vor der Veröffentlichung von Informationen über UFOs und Außerirdische ein religiöser ist, denn diese Informationen würden wahrscheinlich unser gesamtes Selbstbild zerstören.

Zum Beispiel hätten die Informationen, die wir über das Gesicht auf dem Mars zusammentragen konnten und an deren Wahrheit ich aus gutem Grund nicht zweifle, gewaltige Auswirkungen. Ich habe einen weiteren Kontakt bei der NASA, im JPL, den ich bereits erwähnt habe. Allzu viel kann ich nicht darüber sagen, da er immer noch dort arbeitet. Dieser Bekannte von mir bekleidet innerhalb der NASA einen ziemlich hohen Rang. Er sagt, er wisse genau, dass es ein Gesicht ist. Man weiß, dass es von jemandem erschaffen wurde, aber nicht von uns. In der Bildverarbeitungsabteilung besteht kein Zweifel, dass das Gesicht auf dem Mars authentisch und nicht durch Stürme oder Lichtbrechungen oder dergleichen entstanden ist. Man weiß mit Sicherheit, dass es von einer außerirdischen Rasse erschaffen wurde, die etwa um 45.000 v. Chr. auf die Erde kam. Sie gründete eine Zivilisation hier auf der Erde und reiste zwischen dem Mars und unserem Planeten hin und her, um uns Informationen zu bringen und die Rasse, die sie erschaffen hatte, weiterzuentwickeln – nämlich uns.[42]

Das ist ein Schock für die Erdbevölkerung. Und ich glaube, es ist der Hauptgrund dafür, dass die NASA und die Regierungen – insbesondere die der Vereinigten Staaten – sich weigern, diese Information publik zu machen, denn dann würde eines zum anderen führen, und bald würde jemand den Schluss ziehen, dass wir von einer außerirdischen Rasse erschaffen wurden. Das wäre ein großer Schock für alle Menschen hier auf der Erde, und deshalb haben sie Angst vor der Weitergabe der Information.

Und dies ist meine faktische Schlussfolgerung, was diese Ermittlung und die Frage nach den Außerirdischen angeht. Ich glaube, dass die Au-

---

[42] Diese Schilderung entspricht ganz und gar dem, was den sogenannten Anunnaki zugeschrieben wird, über die Zecharia Sitchin (1920-2010) umfangreiche Forschungen angestellt hat. Sein Buch *Der zwölfte Planet* machte die Welt im Jahre 1976 (US-Ausgabe) mit dem Wirken dieser heimlichen Herrscher der Erde bekannt. Unmittelbar nach seinem viel zu frühen Tod erschien als seine wichtigste Hinterlassenschaft *Die Annunaki Chroniken*, ein umfangreiches Werk, das die Essenz seiner insgesamt zwölf Anunnaki-Sachbücher enthält. Ebenfalls postum erschien sein einziger Roman *Der König, der sich weigerte zu sterben*, der den Anunnaki-Hintergrund des Gilgamesch-Epos offenlegt. Eine ausführliche Biografie des Forschers und seines Werks ist *Zecharia Sitchin und die außerirdische Herkunft des Menschen*, verfasst von seiner engen Mitarbeiterin M. J. Evans. Auf www.AmraVerlag.de finden Sie Leseproben aus den drei letztgenannten Büchern. – *Der Verlag*

ßerirdischen, die auf dem Mars waren, tatsächlich hierher kamen und unsere Zivilisation, wie wir sie heute kennen, gegründet haben – und sie erschufen die grauen Außerirdischen [die Greys], die über unseren Planeten wachen und dafür sorgen sollten, dass wir ihre Schöpfung und den Planeten nicht in die Luft sprengen.

Zeugenaussage

US-Sergeant Clifford Stone hat im Lauf seiner Dienstzeit sowohl lebende als auch tote Außerirdische gesehen, denn er arbeitete mit einem Army-Team, das abgestürzte außerirdische Flugkörper barg. Er hatte Zugang zu Stützpunkten, die verdeckte Operationen durchführten, und zu Geheimprojekten.

Ich bin bereit auszusagen, dass ich persönlich an Orten war, an denen sich Fluggeräte unbekannter Herkunft, die nicht von diesem Planeten stammen, befanden. Ich bin bereit auszusagen, dass ich und die anderen, mit denen ich dort war, sowohl lebende als auch tote Körper von Wesen gesehen haben, die nicht auf diesem Planeten zur Welt kamen. Ich bin bereit auszusagen, dass wir etwas erlebten, was als »*interfacing*« bezeichnet wird: eine Form des Kontaktes mit diesen Wesen. Ich bin bereit auszusagen, dass es eine Schule gibt, in der Menschen indoktriniert werden. Ich selbst bin nie dort hingegangen. Ich habe mich immer geweigert.

Ich bin bereit auszusagen, dass ich, als ich die Armee 1990 verließ, zwei Monate lang festgehalten wurde. Ich sollte in Ruhe darüber nachdenken, ob ich nicht doch bleiben wollte, statt meinen Abschied zu nehmen. Ich bin bereit auszusagen, dass ich Befehle erhielt, die besagten, dass ich die Armee am 1. Dezember 1989 verlassen durfte – aber dann wurden diese Befehle widerrufen. Wie gesagt wurde ich illegalerweise zwei Monate lang festgehalten, um auf die Bestätigung meines Pensionsanspruchs zu warten, der jedoch bereits bestätigt worden war. Der Grund dafür war der Versuch, mich zum Bleiben zu überreden.

Wir haben Kontakt zu Fremden, die nicht aus anderen Ländern stammen, sondern von anderen Sonnensystemen. Und an diesem Kontakt war ich beteiligt. Es war mein Arbeitsbereich. Ich war dabei. Und ich weiß von einigen wirklich, wirklich entsetzlichen Dingen, die wir tun. Sie sind uns gegenüber nicht feindlich eingestellt. Wir selbst sind in diesem Zusammenhang der Feind – aber wir haben, so hoffe ich jedenfalls, gute Gründe dafür. Wir haben Angst vor der möglichen Reaktion anderer Länder. Ich bin zu dem Schluss gekommen, dass mir die Zeit davonläuft und ich schnellstmöglich andere davon überzeugen muss, dass wir uns auf einem Weg befinden, der zu einer Militarisierung des Weltraums führt. Sobald wir den Weltraum militarisiert haben, wird sich uns eine ganz neue technologische Ebene eröffnen.

Wir möchten uns diese Technologie aneignen. Wir möchten sie in unsere eigene Technologie integrieren. Die Militarisierung des Weltraums wird dazu führen, dass wir neue Technologien bekommen und diese selbst weiterentwickeln, und das wird uns interstellares Reisen ermöglichen. Als direktes Ergebnis dieser Entwicklung werden wir zu einer Bedrohung für die Außerirdischen werden – es sei denn, wir entwickeln uns auch spirituell weiter.

Aber ich habe das Gefühl, dass wir uns spirituell nicht weiterentwickeln, sondern auf eine Situation zusteuern, die diese Wesen schließlich dazu zwingen wird, sich uns zu offenbaren. Und das werden sie auch tun. Keine Macht auf Erden könnte sie daran hindern. Die Außerirdischen werden es tun müssen, um zu verhindern, dass wir als Bedrohung in den Weltraum hinausgehen. Und wenn dies geschieht und die Weltbevölkerung nicht darauf vorbereitet ist, könnte das zu sehr ernsten Problemen führen.

Ich glaube, dass die Geheimdienste lautere Absichten hegten, als sie strikte Geheimhaltung über die UFO-Informationen verhängten. Ich glaube, dass sie sich einige sehr ernste und unangenehme Fragen gestellt haben. Wie würden die Völker der Erde reagieren, wenn die Welt erführe, dass wir nicht mehr allein im Universum sind und dass es intelligente Wesen gibt, die diesen Planeten besuchen? Und deshalb glaube ich, die Geheimhaltung geschah in guter Absicht. Jeder Geheimdienst der Welt zielt naturgemäß darauf ab, sich Technologien anzueignen und diese militärisch auszuwerten. Folglich möchte man dieses Wissen so geheim wie möglich halten und wird eine möglichst hohe Sicherheitsfreigabe darüber verhängen, damit die Informationen nur einer Handvoll Menschen zur Verfügung steht. So entstehen die speziellen Zugriffsprogramme. Aber ich glaube außerdem, dass die Geheimhaltung dieser Information [inzwischen] den Menschen schadet, so gut die Absichten auch ursprünglich gewesen sein mögen.

Ich glaube nicht, dass irgendeine Regierung das Recht hat, Menschen, nur weil sie einmal UFOs gesehen haben, als Verrückte abzustempeln. Ich glaube nicht, dass Regierungen das Recht dazu haben, weil ich weiß, dass die psychologische Struktur gewisser Individuen darauf mit schweren Depressionen reagieren kann, die schließlich – in allzu vielen Fällen – zum Selbstmord oder zur Selbstzerstörung führen. Wenn wir erkennen, dass solche Dinge geschehen, haben wir die moralische Verpflichtung, unsere Gedanken und unsere Position neu zu überdenken. Ich schlage deshalb vor, die Mauern der Geheimhaltung einzureißen und die Verbreitung der Wahrheit zu unserer Aufgabe zu machen. Dabei müssen wir verantwortungsbewusst vorgehen. Und wir müssen bei der Wahrheit bleiben.

Dieses Thema betrifft nicht nur die Vereinigten Staaten. Es ist eine Wahrheit, mit der die ganze Welt konfrontiert werden muss. Und diese Wahrheit lautet, dass der Mensch nicht allein ist und dass es Völker auf anderen Planeten und in anderen Sonnensystemen gibt, die hierher kommen. Wie viele Leichen wurden geborgen? Ich weiß es nicht. Wie viele Abstürze gab es, bei denen wir nur noch ein paar Bruchstücke aufsammeln konnten, weil die Außerirdischen uns zuvorkamen und die Bergung selbst übernahmen, bevor wir vor Ort eintrafen? Ich weiß es nicht, aber es ist vorgekommen. Wenn sie Probleme haben, senden sie einen Notruf aus, genau wie wir – und daran denken sehr viele Leute überhaupt nicht, es ist eine Frage, die niemals gestellt wird. Auch diesbezüglich denken wir an sie wie an etwas Ungreifbares, als seien sie Stofftiere oder so etwas. Aber sie sind lebendige, atmende Wesen und genauso sterblich wie Sie und ich. Sie denken, sie lieben, sie haben Vorlieben und Abneigungen, und sie haben eine Sozialstruktur.

Es ist ungeheuer wichtig, die Menschen dazu zu bringen, dass sie das begreifen. Ich möchte den UFOs sozusagen einen »menschlichen Faktor« geben. Und wenn ich das sage, dann meine ich damit, dass sie echte Menschen sind. Man kann sie biologische Einheiten nennen oder Wesen – aber manchmal fragt man sich dann: Wer sind die eigentlichen Menschen, sie oder wir? Und diese Dinge müssen wirklich dringend offengelegt werden – vor allem die Tatsache, dass sie genau so sind wie Sie und ich. Wir müssen uns auf die Gemeinsamkeiten konzentrieren, die zwischen uns bestehen, statt auf die Unterschiede, nur dadurch kommen wir zu einem besseren Verständnis. Denn irgendwann, in nicht allzu ferner Zukunft, werden wir den endgültigen Kontakt aufnehmen, der uns neue Türen öffnen wird.

Und es gibt auch keinen Grund zur Angst. Sie werden erfahren, dass die Außerirdischen eine Vorstellung von Gott haben. Und dass auch sie Familien haben und ihre eigenen Kulturen. Sie werden erfahren, dass auch sie Vorlieben und Abneigungen haben. Suchen Sie nach den Gemeinsamkeiten, nicht nach den Dingen, die uns unterscheiden. Das ist der erste Schritt auf dem Weg zur Wahrheit. Unser Problem ist im Augenblick, dass wir sie als etwas betrachten, über das man redet, das man anstaunt und über das man sich wundert.

Zeugenaussage

Don Phillips, Angehöriger der U.S. Air Force und Auftragnehmer bei Lockheed Skunkworks und der CIA, hat mit Kelly Johnson bei Lockheed Skunkworks am Entwurf und Bau der Aufklärungsflugzeuge U-2 und SR-71 Blackbird zusammengearbeitet. Während eines bedeutenden UFO-Vorfalls gehörte er der U.S. Air Force an und war auf dem Air-Force-Stützpunkt Las Vegas stationiert.

Sind diese Außerirdischen uns feindlich gesonnen? Nun ja – wären sie das, hätten sie uns mit ihren Waffensystemen schon vor langer Zeit vernichten oder uns schaden können. Ich weiß, dass einige Technologien von den außerirdischen Flugobjekten stammen. Und abgestürzt sind sie aus dem Grund, dass ihre Leitsysteme durch unser Radar oder durch irgendwelche anderen Geräte gestört wurden.

Eine noch größere Bestätigung für mich war, dass ein von uns beauftragter Wissenschaftler bei der Privatfirma Light City Technologies Inc. mit einigen dieser Technologien gearbeitet hat. Damals gehörte er einem sehr prominenten Geheimdienst der US-Regierung an.

Der einzige Mensch außerhalb des Militärs oder der Regierung, mit dem ich je darüber gesprochen habe, ist Dr. Steven Greer. Und zwar, weil er sehr professionell an die Sache herangeht, wie wir es damals beim Militär ja auch taten.

Zusammenfassung von Teil 1

Die Beweise und die Zeugenaussagen bestätigen Folgendes:

- Dass wir tatsächlich von fortgeschrittenen, außerirdischen Zivilisationen besucht werden, und zwar schon seit geraumer Zeit.
- Dass UFOs und Außerirdische die geheimsten der in verschiedene Abteilungen aufgeteilten und offiziell geleugneten Projekte unter speziellem Zugriff (USAPs) innerhalb der USA und in vielen anderen Ländern sind.
- Dass diese Projekte sich in den USA und Großbritannien und anderswo außerhalb der Legalität bewegen, wovor Präsident Eisenhower schon 1961 gewarnt hat.
- Dass fortgeschrittene Raumschiffe außerirdischen Ursprungs, von einigen Geheimdiensten ETV genannt [für Extraterrestrial Vehicles: außerirdische Fluggeräte], mindestens seit den 1940er Jahren abgestürzt sind und geborgen und erforscht wurden – vielleicht sogar schon in den 1930er Jahren.

- Dass die Erforschung dieser Objekte (ebenso wie verwandte menschliche Erfindungen, die bis zu dem großartigen Nikola Tesla zurückreichen) zu bedeutenden technologischen Durchbrüchen bei der Energieerzeugung und Antriebstechniken geführt hat und dass diese Technologien auf einer neuen Physik beruhen, die weder fossile Brennstoffe noch ionisierende Strahlung benötigt, um große Energiemengen hervorzubringen.
- Dass gewisse supergeheime Projekte Zugang zu funktionsfähigen Antischwerkraft-Antriebssystemen und neuen Energieerzeugungssystemen haben, die eine neue menschliche Zivilisation ohne Not, Armut und Umweltschäden ermöglichen könnten, wenn man sie allgemein zugänglich machen und friedlichen Zwecken zuführen würde.

Auswirkungen auf den Menschen und die Umwelt

Wir haben Insider und Wissenschaftler identifiziert, die in offenen Anhörungen vor dem Kongress beweisen könnten, dass wir tatsächlich geheime Energieerzeugungs- und Antischwerkraft-Antriebssysteme besitzen. Diese könnten sämtliche aktuellen Formen der Energieerzeugung und der Transportsysteme vollständig und permanent ersetzen. Die Geräte nutzen das umgebende elektromagnetische Feld und die sogenannte Nullpunktenergie, um große Energiemengen ohne jede Umweltbelastung zu erzeugen. Im Prinzip generieren solche Systeme Energie, indem sie den überall gegenwärtigen Quantum-Vakuum-Energiezustand anzapfen – jene Grundenergie, der alle Energie und alle Materie entstammen. Dieser Energiezustand ist der Ausgangspunkt jeglicher Energie und Materie und lässt sich mit Hilfe einzigartiger elektromagnetischer Schaltkreise und Konfigurationen nutzen, wodurch gewaltige Energiemengen direkt aus dem uns umgebenden Raumzeitkontinuum generiert werden. Es handelt sich dabei weder um sogenannte Perpetuum Mobiles, noch verletzen die Apparate die Gesetze der Thermodynamik – sie zapfen lediglich ein rings um uns vorhandenes Energiefeld an, um Energie zu erzeugen.

Das bedeutet, dass solche Systeme weder Brennstoff noch Kernkraft benötigen. Sie benötigen auch keine zentralen Kraftwerke, keine Stromkabel und keine Multibilliarden Dollar teure Infrastruktur, und sie könnten selbst entlegene Gebiete in Indien, China, Afrika und Lateinamerika mit Strom versorgen. Diese Systeme sind unabhängig von zentralen Standorten: Man kann sie überall aufbauen, um die benötigte Energie zu erzeugen. Im Prinzip ist es die Lösung für die meisten Umweltprobleme, die unsere Welt bedrohen.

Man kann die Umweltvorteile einer solchen Entdeckung gar nicht hoch genug bewerten. Dennoch möchte ich hier einige auflisten:

- Mit der Abschaffung von Öl, Kohle und Gas als Energiequellen verschwindet zugleich die Luft- und Wasserverschmutzung, die durch den Transport und die Benutzung dieser Brennstoffe entsteht. Ölpest, globale Erwärmung, durch Luftverschmutzung erzeugte Krankheiten und saurer Regen können und müssen eliminiert werden.
- Die Erschöpfung von Ressourcen und die geopolitischen Spannungen aufgrund des Konkurrenzkampfes um die fossilen Brennstoffreserven werden beendet.
- Es existieren bereits Technologien, die die industriellen Belastungen sowohl der Luft als auch des Wassers eliminieren können, aber bisher gelten sie als zu kostenintensiv. Diese Rechnung ändert sich dramatisch, sobald der Industrie große Mengen kostenloser Energie zur Verfügung stehen (es müssten keine Brennstoffe mehr bezahlt werden, sondern nur noch die Geräte, die nicht teurer sind als jeder andere Generator). Diese Systeme erzeugen keinerlei Schadstoffe.
- Die Landwirtschaft, gegenwärtig sehr energieabhängig und umweltbelastend, kann umgewandelt werden, um saubere, schadstofffreie Energiequellen zu benutzen.

- Durch Entsalzungsanlagen kann Wüstenbildung rückgängig gemacht und die Landwirtschaft unterstützt werden. Derzeit sind solche Anlagen sehr energieintensiv und teuer, aber durch die Verwendung der neuen, schadstofffreien Energiesysteme könnten sie kosteneffizient arbeiten.
- Flugzeuge, Fernlastzüge und Intercity-Transportsysteme werden durch neue Energie- und Antriebstechnologien ersetzt (Antischwerkraftsysteme ermöglichen geräuschlose Oberflächenbewegungen). Es entsteht keine Umweltverschmutzung und aufgrund der geringen Ausgaben für die Energie werden die Kosten beträchtlich sinken. Überdies können auch die städtischen Massentransportnetze diese Systeme nutzen, um geräuschlosen, effizienten Transport anzubieten.
- Jegliche Lärmbelästigung durch Flugzeuge, Lastwagen und andere Transportmittel wird durch den Gebrauch dieser geräuschlosen Apparate verschwinden.
- Es werden keine öffentlichen Stromnetze mehr gebraucht, da jedes Haus, jedes Büro und jede Fabrik ein Gerät zur Verfügung hat, das soviel Energie wie nötig erzeugt. Das bedeutet: Hässliche Stromleitungen, die anfällig für Sturm- und andere Schäden sind, werden der Vergangenheit angehören. Unterirdische Gasleitungen, die hin und wieder reißen oder lecken und Erde und Wasser vergiften, werden absolut überflüssig sein.
- Atomkraftwerke werden stillgelegt werden können und auch die nötige Technik, um die Standorte zu dekontaminieren, wird zur Verfügung stehen. Es existieren bereits jetzt geheime Technologien, die Atommüll neutralisieren können.

Wir zerstören systematisch unseren Planeten und damit auch uns selbst. Das können und müssen wir besser machen. Die alternativen Technologien existieren und wenn sie frei zugänglich würden, wäre unsere Umwelt gerettet, unsere Welt ein besserer Ort und die Ökonomie um viele Billiarden Dollar reicher, von denen nicht nur die Rüstungsindustrie profitieren würde, sondern die Allgemeinheit.

TEIL 2

Unmittelbare Begegnungen der fünften Art (CE-5)

Von Menschen herbeigeführte friedliche Kontakte mit Außerirdischen

»Die Gesamtzahl aller denkenden Geister

im Universum ist eins.«

– Erwin Schrödinger (1887-1961) –

Österreichischer Physiker, einer der Begründer der Quantentheorie
und Physik-Nobelpreisträger des Jahres 1933

»Ich glaube fest daran, dass es im Weltraum

Außerirdische gibt und dass sie unseren Planeten besuchen.

Sie sehen vielleicht anders aus als wir,

aber ich habe das starke Gefühl,

dass ihre mentalen Fähigkeiten die unseren weit übersteigen.«

– Senator Barry Goldwater (1965) –

Unmittelbare Begegnungen (CE-5)

In UFO-Studien wird eine »direkte Begegnung«, also ein »Close Encounter«, als ein Ereignis definiert, bei dem eine Person ein unidentifiziertes Flugobjekt sieht. Dr. J. Allen Hynek, Physikprofessor an der Staatlichen Universität Ohio, wurde vom Militär als Leiter des *Project Blue Book* ausgewählt. Später gab er zu, Ziel des Projektes sei die Verunglimpfung aller legitimen Sichtungen gewesen. Er kam auf die Idee, solche Begegnungen in drei Gruppen einzuteilen – zweifellos wurde er nicht zuletzt deshalb als technischer Berater für Steven Spielbergs Film *Unheimliche Begegnung der dritten Art* engagiert.[43]

Unmittelbare Begegnungen der ersten Art: Sie steht für visuelle Sichtungen eines unidentifizierten Flugobjekts, das weniger als hundertfünfzig Meter weit entfernt zu sein scheint und sowohl kantige Extensionen als auch viele Details aufweist.

Unmittelbare Begegnungen der zweiten Art: Ein UFO-Ereignis, das angeblich physische Auswirkungen hat. Diese können sich als Funktionsstörungen eines Fahrzeugs oder eines elektronischen Gerätes äußern oder als eine Reaktion bei Tieren oder in Form körperlicher Auswirkungen wie Lähmungen, Hitze oder Unbehagen seitens der Zeugen oder als physische Spuren, etwa als Abdrücke im Erdboden, oder als verbrannte oder anderweitig beeinflusste Vegetation oder in Form von chemischen Rückständen.

---

[43] Der Originaltitel des Films lautet *Close Encounters of the Third Kind*, also »Unmittelbare oder Beinahe-Begegnungen der dritten Art«. – *Der Verlag*

Unmittelbare Begegnungen der dritten Art: UFO-Begegnungen, bei denen ein bewegungsfähiges Wesen anwesend ist. Dazu zählen menschenähnliche Wesen, Roboter oder auch Menschen, die anscheinend in einem UFO mitreisen oder als Piloten dienen.

Unmittelbare Begegnungen der vierten Art: Sie wurden von Hyneks Mitarbeiter Jacques Vallée als UFO-Ereignis definiert, bei dem die Zeugen eine Veränderung ihres Erlebens der Wirklichkeit erfahren.

Unmittelbare Begegnungen der fünften Art: Nach meiner eigenen Definition handelt es sich dabei um ein hybrides Prototyp-Projekt, das sowohl wissenschaftliche Forschungen als auch diplomatische Bemühungen um die Kontakte zwischen den Rassen beinhaltet. Bei einem solchen UFO-Ereignis führen die Menschen selbst mittels bewusster, freiwilliger, proaktiver, kooperativer Kommunikation einen friedlichen, bilateralen Kontakt mit den Außerirdischen herbei.

Monterrey, Mexiko

Im Dezember 1994 erfuhren die Mitglieder des CSETI (Center for the Study of Extraterrestrial Intelligence: Zentrum für das Studium außerirdischer Intelligenz) und ich, dass in den Bergen in der Umgebung der Metropole Monterrey in Mexiko starke außerirdische Aktivitäten stattfanden. Wir kontaktierten Señor Santiago Yturria Garza, einen Ermittler, der viele Sichtungen gefilmt hatte. Santiago und seine Freundin, die TV-Talkshow-Moderatorin Diana Pela Chapa, waren seit den 1970er Jahren an der Untersuchung verdächtiger Flugkörper und Außerirdischer beteiligt und organisierten alles für uns.

Wir fuhren zum Stadtrand und hinauf in die Berge. Wir waren zu viert, dazu kamen der Fahrer und dessen Frau. Wir folgten dem CE-5-Protokoll und es dauerte nicht lange, bis ein scheibenförmiges Objekt erschien. Es handelte sich um ein plötzlich aufgetauchtes Schiff, das auf einem schroffen Gipfel über uns zu ruhen schien. Kein Mensch konnte dort hinaufklettern. Nach einigen Minuten flutete ein elektrisches, kobaltblaues Licht von dem Gerät den Abhang hinunter. Dieses »flüssige Licht« bewegte sich wie Tentakel und wand sich um unsere Füße. Wäh-

rend dies geschah, signalisierten wir dem außerirdischen Fluggerät, dass wir mit den Insassen kommunizieren wollten.

Der mexikanische Fahrer beobachtete das alles von weiter unten. Er war von dem, was er sah, so überwältigt, dass er schreiend zurück zu unserem Fahrzeug lief, einstieg, die Fenster schloss, die Türen versperrte und wegfahren wollte. Zum Glück überredete ihn seine Frau zum Bleiben.

Ein Zentrum für das Studium außerirdischer Intelligenz

Im Jahre 1990 gründete ich das Center for the Study of Extraterrestrial Intelligence (CSETI). Unser Ziel war es, ein neues Paradigma für die Etablierung eines friedlichen Kontaktes zwischen Menschen und Außerirdischen zu entwickeln.

Die Bemühungen der Regierung um einen friedlichen Kontakt begannen und endeten 1954, als Präsident Eisenhower sich in der Nähe des Air-Force-Stützpunkts Edwards (Muroc) mit außerirdischen Wesen traf. Ein europäisches Verteidigungsministerium hat mir ein Dokument geschickt, in dem bestätigt wird, dass dieses Treffen tatsächlich stattfand.

Jede weitere Kommunikation wurde höchstwahrscheinlich von der Rüstungsindustrie verhindert, die nichts über UFOs und Außerirdische an die Öffentlichkeit dringen lassen wollte. Wie ein Elefant im Porzellanladen übernahm diese Industrie das Projekt Majestic-12, wodurch zukünftigen Präsidenten und dem Kongress der Zugang zu Technologien verwehrt wurde, die auf der ganzen Welt zu großen Fortschritten geführt hätten.

Die Rüstungsindustrie konnte jedoch nicht verhindern, dass Zivilisten von sich aus Kontakt zu den Außerirdischen suchten. Die ultimative Enthüllung besteht darin, dass Millionen von Menschen offenen, friedlichen Kontakt herstellen und darüber in den sozialen Medien berichten!

Im Jahre 1991 hatten wir die Initiative CE-5 (Unmittelbare Begegnungen der fünften Art) entwickelt: eine Reihe diplomatischer Verhaltensvorgaben, die die Außerirdischen im Rahmen des universalen Friedens zu einem offenen Kontakt mit uns einladen. Seitdem haben Tausende von Menschen davon gehört und in kleinen Gruppen auf der ganzen Welt direkten Kontakt zu Außerirdischen initiiert und erlebt. Sie agieren in Realzeit als zivile Botschafter des Friedens und der offenen Kommunikation.

Zivilisten stellen Kontakt her.

Nicht die U.N.

Nicht die Außenministerien der Vereinigten Staaten, der europäischen Länder oder anderer Nationen auf der Erde.

Und mit Sicherheit auch nicht die geheime Regierung, eine intrigante, von der Rüstungsindustrie dominierte Gruppe, die seit 1947 von der Geheimhaltung profitiert.

Wie ist es einer zivilen Koalition ohne finanzielle Grundlage gelungen, Kommunikationswege mit zahllosen außerirdischen Spezies zu etablieren, während das Oval Office dies nicht konnte?

Es fängt im Bewusstsein an.

Um erfolgreich eine friedliche Kommunikation zwischen den Spezies zu etablieren, war es zunächst erforderlich, gewisse Schlüsselfragen zu stellen und zu beantworten:

- Wie ist es möglich, innerhalb der Lebensspanne einer biologischen Lebensform gewaltige interstellare Entfernungen zurückzulegen und irgendwo anzukommen?
- Wie kommuniziert man über so große Entfernungen hinweg in Realzeit mit dem eigenen Heimatplaneten?

Falls eine außerirdische Lebensform von einem Sternensystem stammt, das 1.000 Lichtjahre entfernt ist (die Definition eines Lichtjahrs ist die Entfernung, die ein Lichtstrahl innerhalb eines Jahres zurücklegt, wobei die Lichtgeschwindigkeit knapp 300.000 Kilometer pro Sekunde beträgt), würde diese tausend Jahre brauchen, um auf der Erde anzukommen, und weitere tausend Jahre für die Heimreise. Das wären also zweitausend Jahre für die Hin- und Rückreise – in etwa die Zeit, die seit Christi Geburt vergangen ist. Überdies ist eine Distanz von tausend Lichtjahren innerhalb unseres Teils der Milchstraße relativ wenig, denn der Durchmesser dieser Galaxis wird auf etwa 100.000 Lichtjahre geschätzt.

Nun wollen wir uns der Kommunikation zuwenden. Falls dieser Außerirdische Radio-, Mikro- oder Fernsehwellen oder irgendein anderes derzeit auf der Erde beliebtes elektromagnetisches Signal benutzt, dann würde es (mit Lichtgeschwindigkeit, auf die auch Signale wie Radiowellen und dergleichen beschränkt sind) tausend Jahre dauern, bis eine Nachricht zu Hause ankäme, und weitere tausend Jahre, bis die Antwort des Heimatplaneten einträfe.

Das wären abermals zweitausend Jahre.

Offensichtlich muss eine Zivilisation, die zwischen den Sternen reist, Technologien entwickelt haben, die nicht auf die Reichweite unserer irdischen Möglichkeiten im einundzwanzigsten Jahrhundert beschränkt sind.

Deshalb darf man wohl davon ausgehen, dass UFOs, die außerirdischen Ursprungs sind, nicht unsere heutigen, irdischen Technologien benutzen – und wenn wir versuchen, dies innerhalb der Parameter unserer aktuellen wissenschaftlichen Kenntnisse zu verstehen, dann erwartet uns eine große Enttäuschung. Wir werden 99,9 Prozent der Daten übersehen und die Entdeckungen im Nebel unseres beschränkten Horizontes verborgen bleiben.

In meiner Kindheit fanden zwei wichtige Ereignisse statt, die mir dabei halfen zu verstehen, wie fortgeschrittene Zivilisationen transdimensional durch unsere Milchstraße reisen und kommunizieren können. Das erste Ereignis, das ich kurz in meiner Einführung erwähnte, war meine erste UFO-Sichtung, die ich als Neunjähriger in Charlotte, North Carolina, erlebte. In den Wochen, die auf dieses Ereignis folgten, hatte ich eine Reihe luzider Träume und nächtlicher Begegnungen mit Wesen, die definitiv nicht von der Erde stammten.

Auf der Suche nach mehr Wissen studierte ich Sanskrit und las die Veden, die uralte, heilige Literatur Indiens. Ich befasste mich mit Meditation und dem Konzept der Transzendenz, dem sich meine Seele ohne Weiteres anpasste. In meiner Freizeit unternahm ich lange Fahrradausflüge aufs Land. Dort legte ich mich in irgendein Feld und meditierte. Manchmal stellte ich fest, dass mein Bewusstsein meinen Körper verließ, um andere Teile von Charlotte oder andere Gebiete auf der Welt zu beobachten. Während mehrerer dieser außerkörperlichen Erfahrungen »drang ich sogar in den Weltraum vor«.

Beim ersten dieser lehrreichen Ereignisse lernte ich, über die selbst auferlegten Grenzen unserer physischen Dreidimensionalität hinauszublicken und das grenzenlose Bewusstsein in unserem Inneren zu benutzen.

Beim zweiten Ereignis erhaschte ich einen Blick darauf, was uns auf der anderen Seite erwartet.

Als ich siebzehn war, erlitt ich eine schwere Verletzung am linken Schenkel. Eine heftige Infektion setzte ein und breitete sich von meinem Bein ausgehend im ganzen Körper aus. Ich wurde septisch, das heißt, mein Blut war infiziert, und ich bekam hohes Fieber. Ich taumelte auf den Tod zu, ohne den Ernst meiner Lage ganz zu begreifen. Ich erlebte eine Nahtoderfahrung und fand mich plötzlich von meinem Körper befreit wieder.

Mein Bewusstsein wurde in die Tiefen des Alls getragen, an einen Ort, an dem ich mich bereits zuhause fühlte, und ich erlebte das, was ich heute als »kosmisches Bewusstsein« bezeichnen würde. Meine Individualität verblasste und floss in das grenzenlose, reine, unendliche Bewusstsein ein ... Es gab keine Dualität mehr. Die Situation schien eine Ewigkeit anzudauern – in diesem Seinszustand gibt es keinen Sinn für das Vergehen der Zeit. Ich konnte die gesamte Schöpfung sehen, die ganze gewaltige Ausdehnung des Kosmos, und es war unbeschreiblich schön. Aus der Sicht unserer begrenzten Dreidimensionalität war ich gestorben, aber daran war nichts Furchterregendes – nur ein unendliches Bewusstsein, tiefe Freude und die Wahrnehmung einer endlosen, vollkommenen Schöpfung.

Schließlich näherten sich zwei funkelnde Lichter von den Sternen. Sie erschienen wie strahlende Lichtpunkte: reine, bewusste Energie. Als sie näher kamen, erlebte ich einen Zustand des Einsseins mit ihnen. Es war unfassbar schön. Es fand eine nonverbale Kommunikation statt. Stellen Sie sich vor, dass Sie, statt das Wort »Apfel« zu sagen, einfach das Bild eines Apfels empfangen. Innerhalb dieses Bewusstseinszustandes ist nämlich die reine Grundidee des Apfels enthalten – seine Essenz. Auf diese Weise wurden mir Informationen übermittelt, und ich bin sicher, dass außerirdische Zivilisationen auf diesem Weg innerhalb eines Augenblicks über große Entfernungen hinweg kommunizieren. Dennoch wird die Kommunikation auch durch sehr fortgeschrittene Elektronik unterstützt.

Diese Nahtoderfahrung hat nicht nur mein Leben verändert, sondern mich auch auf das vorbereitet, was noch kommen sollte.[44] Ich lernte nicht nur, dass man den Tod nicht zu fürchten braucht, sondern auch,

---

[44] Siehe Teil 3: *Der Weg zur Offenlegung.*

dass es den Tod in Wirklichkeit gar nicht gibt. Es gibt lediglich eine interdimensionale Transformation von einem Zustand in einen anderen … in einen Zustand, der sowohl unseren außerirdischen Besuchern als auch jedem von uns offen steht.

Die Kreaturen von anderen Planeten, die derzeit die Erde besuchen, unterscheiden sich zwar zweifellos physisch auf sehr profunde Weise vom Menschen, aber sie sind dennoch bewusste, intelligente Wesen. Alle selbstwahrnehmenden Lebewesen im Universum sind durch eine bewusste Intelligenz miteinander verbunden – und dies ist die höchste Gemeinsamkeit, auf der sich eine tragfähige Beziehung zwischen unterschiedlichen Lebensformen aufbauen lässt. Wir Menschen sind bewusst und wach, und andere höhere Lebensformen sind ebenfalls bewusst und wach. Vielleicht haben wir sonst nicht allzu viel gemeinsam, aber wir teilen diese universale Konstante mit allen intelligenten, bewussten Wesen, seien sie nun Menschen oder Außerirdische.

Bewusstsein, beziehungsweise die universale, bewusste Intelligenz, ist also der erste Grundstein, wenn es um den Aufbau einer interplanetarischen Einigkeit geht.

Ein Universum – ein Volk

Genau wie es ein einziges Wesen gibt, das eine Schöpfung manifestiert, ist auch ein einziges Wesen die Quelle aller bewussten Lebewesen, ob nun auf der Erde oder anderswo. Die große universale Intelligenz hat allen bewussten Wesen einen Strahl dieses Lichtbewusstseins geschickt, der uns auf subtile Weise durchdringt, so dass wir alle miteinander und mit dieser unendlichen Wahrnehmung vereint sind.

Aus diesem Grund behaupte ich, dass die Realität des Menschen und die der anderen, außerirdischen Völker ein und dieselbe ist. Wenn wir uns auf die Unterschiede konzentrieren, die zwischen uns bestehen, dann sind wir unterschiedlich und nicht miteinander verwandt – doch aus der Sicht der Einheit sind unsere Ähnlichkeiten stärker als das, was uns voneinander unterscheidet, und wir sind einander gar nicht fremd, sondern artgleich.

Deshalb müssen wir in unsere innere Realität hineinblicken, denn dort finden wir nicht nur die Einheit mit unseren Mitmenschen, sondern auch die Einheit mit anderen intelligenten Lebewesen im Universum. Die oberflächlichen Unterschiede mögen uns verwirren, aber unsere essenzielle Einheit im Bewusstsein wird uns nie im Stich lassen.

Denn es gibt nur ein einziges Universum, bewohnt von einem einzigen Volk – und dieses Volk sind wir.

Interstellare Reisen – Abschied vom alten Denkschema

Viele Menschen haben mich gefragt, wie oft ich denn ein UFO gesehen hätte. Ich antworte ihnen, dass ich nie ein UFO gesehen habe, denn es gibt keine UFOs. Dieser Begriff wurde von denjenigen geprägt, die genau wussten, um was für Fluggeräte es sich handelte, und unsere Denkweise damit »konditionieren« wollten.

Es gibt zwei Kategorien von Fluggeräten. Erstens ein ETV, wie die NSA es bezeichnet, ein Extraterrestrial Vehicle oder außerirdisches Fluggerät. Zweitens ein ARV, kurz für Alien Reproduction Vehicle oder Nachbau eines außerirdischen Fluggeräts. Letztere sind vom Menschen hergestellte, fortgeschrittene Antischwerkraft-Fluggeräte, die wie »UFOs« aussehen.

Weder ETVs noch ARVs fliegen im normalen, aerodynamischen Sinn. Sie benutzen Feldantriebssysteme, die schon in den 1920er Jahren von T. Townsend Brown entwickelt wurden und von 1947 an nach dem Vorbild abgestürzter ETVs hergestellt wurden. Sie benutzen den sogenannten Biefeld-Brown-Effekt, der elektromagnetische und magnetische Hochspannungs-Fließphänomene erzeugt. Dadurch wird das Objekt schwerelos und kann quasi ohne jede Masse schweben und sich bewegen. Fortschrittliche Wissenschaftler, die an Geheimprojekten arbeiten, besitzen dieses Wissen mindestens schon seit sechzig Jahren, wenn nicht noch länger. Deshalb sage ich den Leuten, dass ich nie ein »UFO« gesehen habe. Wir haben jedoch Tausende von Sichtungen und Interaktionen mit außerirdischen Fluggeräten und ihren Insassen erlebt.

Ich hatte auch einige Begegnungen mit ARVs. Wir haben beides gesehen und es ist wichtig, zwischen ihnen zu unterscheiden. Falls Sie jemals ein Fluggerät sehen und sich fragen, was es ist, das eine oder das andere: ETVs sind elegante, glatte, nahtlose Fluggeräte, die zu einer augenblicklichen Phasenverschiebung fähig sind. Häufig leuchten sie und scheinen eine nahtlose, glatte, solide Oberfläche zu haben, die kein Licht reflektiert. ARVs dagegen sind nicht zu einer Phasenverschiebung fähig, reflektieren das Licht ganz normal und weisen sichtbare Verschraubungen und Nähte auf.

Wie können außerirdische Fluggeräte mitsamt ihren Insassen die gewaltigen Entfernungen in der Raumzeit des Weltalls überbrücken? Sie zapfen das Nullpunktfeld an[45] und benutzen die oben erwähnten elektromagnetischen und magnetischen Hochspannungs-Fließphänomene, die ein Objekt gewichtslos machen und es quasi ohne jede Masse schweben lassen – und dann stellt sich heraus, dass die vermeintliche Rigidität des Weltraums ziemlich flexibel wird und sogar weitgehend umgangen werden kann, sobald man die Frequenzverschiebung zur anderen Seite der Lichtmauer einleitet.

In einer Quantenbewegung wechseln das außerirdische Fluggerät und seine Insassen mittels der Phasenverschiebung, wie oben skizziert, in eine feiner strukturierte Kosmologie und existieren daraufhin innerhalb eines Aspekts oder einer Dimension, die örtlich weniger festgelegt ist, non-lokaler, als das materielle Universum, das die moderne Wissenschaft kennt. Somit ist das oft beobachtete Phänomen des Verschwindens und blitzartigen Wiederauftauchens dieser Objekte in beträchtlicher Entfernung der Tatsache zuzuschreiben, dass sie durch gezielte Phasenverschiebung aus dem starren Materie-Aspekt der Raumzeit in einen anderen Zustand wechseln können, der non-lokal ist, nicht örtlich fixiert. Laut meinen eigenen Beobachtungen und der Dinge, die ich darüber gehört habe, geschieht dies durch eine komplexe Interaktion zwischen starken, rotierenden, elektromagnetischen Feldern, dem Schwerkraftfeld und der Massenträgheit, die dem Fluggerät buchstäblich durch einen Quantensprung eine Phasenverschiebung ermöglichen.

Befindet sich das Fluggerät auf dieser (unserer) Seite der Lichtmauer, dann ist es sichtbar, genau wie jedes andere, aus solidem Material herge-

45 Siehe in Teil 1: »Nullpunktenergie«.

stellte Objekt, aber es kann auf eine Weise navigieren, die sich scheinbar über Masse, Massenträgheit und Schwerkraft hinwegsetzt. (Unsere Zeugen berichten von UFOs, die mit Geschwindigkeiten von über 6.000 Stundenkilometern über den Himmel jagen, abrupt anhalten und scharfe 90-Grad-Wendungen ausführen – ein Flugmanöver, bei dem unter normalen Umständen sämtliche Insassen aufgrund der enormen Gravitationskräfte zerquetscht würden.)

Hat das Fluggerät die Phasenverschiebung auf die andere Seite des Kreuzungspunktes zwischen Licht und Materie vollzogen, scheint es verschwunden zu sein. Aber es ist nicht verschwunden. Während es sich in diesem Bereich des Energiespektrums (oder in dieser Dimension) befindet, kann das Fluggerät innerhalb des materiellen Universums schweben und sich wesentlich schneller als mit Lichtgeschwindigkeit bewegen. Die Geschwindigkeit ist nicht relativistisch – zumindest, wenn sie auf unserer Seite der Lichtmauer gemessen wird. Dennoch kann das Objekt nicht augenblicklich tausend Lichtjahre überspringen, denn während es sich in diesem Aspekt des materiellen Kosmos bewegt, kommt ein Element des »Widerstandes« ins Spiel. Anders gesagt: Eine Komponente des Objektes haftet sozusagen am Unterbauch des materiellen Kosmos, und dieser Faktor der kosmischen Haftung verhindert, dass die Reise über gewaltige interstellare Entfernungen augenblicklich vollzogen wird.

Da das außerirdische Fluggerät an einer Art Kreuzungspunkt der Aspekte (oder Dimensionen) operiert, kann es von einer Seite zur anderen überwechseln. Es kann sich sogar teilweise in beiden zugleich befinden. So kann ein ETV beispielsweise über dem Harvard Institut schweben, ohne entdeckt zu werden, bis es vollständig auf die materielle Seite übergewechselt ist und damit sichtbar wird – vorausgesetzt, die Leute innerhalb des Gebäudes machen sich die Mühe, aus dem Fenster zu sehen ... Aber das heißt natürlich noch lange nicht, dass sie auch darüber berichten werden.

Interstellare Kommunikation – außerhalb des alten Paradigmas denken

Um die interstellare Kommunikation zu verstehen, lege ich hier Faktoren der Gleichung zur universalen Komponente des Bewusstseins vor.

So, wie ich gelernt habe, den Kosmos zu verstehen, ist die Grundlage jeglicher Existenz – jedes Atoms, jedes Sterns, jedes Moleküls und jeder Person – eine nicht örtlich begrenzte Essenz, non-lokal, die an jedem Punkt in Zeit und Raum gegenwärtig, aber durch keinen Aspekt des Raumes, der Zeit oder der Materie gebunden ist. Diese Essenz ist wach, intelligent und besitzt Wissen. Sie ist sich ihrer selbst bewusst. Sie besitzt Denkvermögen. Sie hat das Gewahrsein des Erwachten und ist die undifferenzierte, reine Intelligenz und das Bewusstsein des Universums. Sie ist in jedem Grashalm vorhanden und durchdringt die Weite des Weltraums bis zu den äußersten Enden des Universums – und doch lässt sie sich nicht teilen oder an einem bestimmten Punkt im Raum, in der Zeit oder in der Materie lokalisieren. Die Struktur der Existenz bedingt, dass diese nicht räumlich begrenzte, bewusste und intelligente Komponente des Seins unveränderbar ist und weder von der Relativität beeinflusst wird noch von Veränderungen im Raum, in der Zeit, in der Materie und so weiter.

Dieses Bewusstsein ist seiner Natur nach unteilbar und an jedem Punkt in Zeit und Raum anwesend, dabei aber durch keinen Aspekt des Raums oder der Zeit gebunden oder begrenzt. Das bedeutet, dass mit Hilfe dieser Eigenschaft weit entfernte Punkte in Raum und Zeit zugänglich gemacht werden können. Überdies kann aufgrund der oben beschriebenen Eigenschaften sowie der vereinenden Natur dieses Bewusstseinszustandes, der die Voraussetzung für das zugrundeliegende Gewahrsein ist, jede individuelle Person Vorahnung, Inspiration, Fernwahrnehmung und dergleichen erleben.

Man kann dies leichter annehmen, wenn man die Kosmologie akzeptiert hat, die all dem zugrunde liegt: Bewusstsein ist niemals geteilt, es ist überall vorhanden, es wird nie durch Raum oder Zeit begrenzt, und doch ist es paradoxerweise an jedem Punkt innerhalb der Raumzeit gegenwärtig – in jedem Atom und überall in jeder Galaxis. Somit ist der Schnittpunkt von Bewusstsein und Materie entscheidend, aber daran ist nichts Kompliziertes oder Schwieriges. Man muss nur innerhalb dieses Nexus arbeiten, um Ereignisse in Gang zu bringen.

Nun wollen wir zu unserem Hautproblem zurückkehren, und das ist die interstellare Kommunikation über die gewaltigen Entfernungen des Weltraums hinweg.

Außerirdische elektronische Kommunikationssysteme sind durch eine Schnittstelle mit dem Bewusstsein, den Gedanken und der computergesteuerten Telemetrie verbunden. Jahrzehntelang haben Menschen von als telepathisch bezeichneten Erfahrungen berichtet, die sie mit UFOs gemacht haben. Diese Berichte wurden verächtlich abgetan. Sobald solche Darstellungen zugegeben werden, schreien die Wissenschaftler entsetzt auf und lehnen den ganzen Fall ab. Doch leider schütten sie damit das Kind mit dem Bad aus. Dr. Jahn, der im PEAR arbeitet, dem Princeton Engineering Anomalies Research, einem Forschungslabor für technische Anomalien der Universität Princeton, sowie Dr. Dossey und andere haben demonstriert, dass Bewusstsein und Gedanken Materie und sogar technologische Systeme beeinflussen können.[46]

Nach 52-jährigen Erfahrungen mit diesem Phänomen ist nun offensichtlich, dass die außerirdischen Kommunikationsprotokolle keine AT&T-Mikrowellensysteme benutzen, um in Realzeit über interstellare Entfernungen hinweg zu kommunizieren. Sie benutzen Systeme, die so fortgeschritten sind, dass sie direkt mit Gedanken und Bewusstsein interagieren und dadurch keine lokalen Energiespektren anzapfen, so dass sie die lineare Raumzeit umgehen können.

Verwechseln Sie diese Systeme bitte nicht mit den aktuellen menschlichen Experimenten, die Gehirnwellenaktivitäten in Computer einspeisen: Diese Systeme benutzen nach wie vor elektromagnetische Energie, die sich nur mit Lichtgeschwindigkeit bewegt. Die hier erwähnten außerirdischen Systeme arbeiten vielmehr auf der anderen Seite der Lichtmauer und benutzen eine Technologie, die direkt mit Gedanken und Bewusstsein gekoppelt wird. Mit Hilfe eines solchen Systems kann Information augenblicklich über räumliche Entfernungen von Millionen Lichtjahren hinweg übertragen werden, da es sich der nicht räumlich begrenzten Eigenschaften von Bewusstsein, Gedanken und Energie bedient. Bei diesen Kommunikationssystemen gibt es auch keine Realzeit-Verzögerungen aufgrund des oben erwähnten Haftungsfaktors. Im Prinzip handelt es sich um sub-elektromagnetische und sub-materielle Energiespektren, die aber dennoch vollkommen real und physisch vor-

[46] Siehe hierzu die Forschungen des PEAR Laboratory zum Zufallszahlengenerator auf www.princeton.edu/~pear/experiments.html.

handen sind. Der Begriff »metaphysisch« wäre in diesem Zusammenhang unkorrekt und auch zeitlich irreführend: Vor fünfhundert Jahren hätten auch ein Hologramm oder eine Taschenlampe auf menschliche Augen metaphysisch oder übernatürlich gewirkt.

Dies ist der wichtigste Punkt: Die Energie und die Energiespektren, von denen hier die Rede ist, treten innerhalb der Schöpfung auf völlig natürliche Weise auf. Sie befinden sich überall, rings um uns und auch in unserem Inneren.

Daran ist nichts »Abwegiges«.

Auch nichts Übernatürliches.

Und erst recht nichts Metaphysisches. Es ist vielmehr ein Gebiet, das von der modernen Wissenschaft noch nicht erforscht und verstanden wurde. Die fortgeschrittenen außerirdischen Zivilisationen mit ihrer interstellaren Kompetenz haben es jedoch sehr wohl verstanden.

Es gibt zahllose, teilweise Jahrzehnte alte Berichte von ganz normalen Menschen, die eines der außerirdischen Fluggeräte gesehen und nur durch ihre Gedanken direkt mit ihm interagiert haben. Zum Beispiel denkt jemand: »Oh, ich wünschte, es würde sich nach rechts bewegen!«, und dann bewegt sich das Flugobjekt nach rechts. Oder das Objekt entfernt sich und der Mensch denkt: »Ich wünschte, es würde umkehren und zurückkommen!«, worauf das Objekt sofort anhält, umkehrt und zurückkommt.

Eine Handvoll derartiger Berichte könnte man als Zufall abtun. Aber die große Anzahl muss rein empirisch zu dem Schluss führen, dass diese Objekte telemetrische Fähigkeiten besitzen und eine Schnittstelle zu gezielten Gedanken herstellen können.

Diese Art außerirdischer Technologien werden generell als »vom Bewusstsein unterstützte Technologien« (CAT: consciousness assisted technologies) und »durch Technologie unterstütztes Bewusstsein« (TAC: technology assisted consciousness) bezeichnet.

CAT ist der Vorgang, bei dem sich ein Individuum oder eine Gruppe mittels des Bewusstseins oder gedanklich mit einem Empfangsgerät verbindet oder dieses unterstützt.

Als TAC wird der Vorgang bezeichnet, bei dem ein Gerät das Bewusstsein oder die Gedanken eines Individuums oder einer Gruppe verstärkt, projiziert oder unterstützt.

Wir kennen zum Beispiel einen früher bei den Bell-Forschungslaboratorien für Technologie beschäftigten Wissenschaftler, der vor über dreißig Jahren an einem geheimen Forschungsprojekt arbeitete. Damals gab ihm ein General ein Kommunikationsgerät der Außerirdischen. Der Wissenschaftler erhielt den Auftrag, das Gerät zu erforschen und nachzubauen – er sollte es auseinandernehmen und feststellen, wie es funktionierte.

Er erzählt folgende Geschichte:

Als er das runde Objekt von der Größe einer Grapefruit erhielt, das eine dunkle, strukturierte Oberfläche besaß, begann das Gerät, direkt in seine Wahrnehmung und seine Gedanken »hinein zu sprechen«. Er erschrak sehr – besonders, weil das Gerät ihm mitteilte, die Menschen, die ihn mit seiner Erforschung beauftragt hatten, trügen Bosheit im Herzen, und er möge das Objekt bitte zerstören!

Nachdem er sich mit der Frage herumgeschlagen hatte, was er nun tun sollte, überhitzte der Wissenschaftler das Gerät »versehentlich« während eines Experiments, so dass es, zumindest materiell, vernichtet wurde. Aber kurz vor der endgültigen Zerstörung hörte er einen letzten Gedanken: »Danke …«

Ich weiß, dass das sehr seltsam klingt. Aber schließlich sind oft sogar die seltsamsten Dinge wahr, und dieser Bericht, so eigenartig er auch sein mag, entspricht der Wahrheit. Vielleicht haben Sie jetzt den Wunsch, mit Lichtgeschwindigkeit vor derartiger Information zu fliehen und sich wieder den guten, alten Radiosignalen zuzuwenden. Aber die Zukunft ist schon da, und wenn wir nicht weise mit ihr umgehen, werden sich andere – wie der General, der dem Wissenschaftler ursprünglich das Gerät gegeben hatte – der Zukunft bemächtigen und sie in eine Richtung steuern, die wir nicht einschlagen wollen.

Die Initiative CE-5

Wir haben unsere Initiative zur Kommunikation zwischen Menschen und Außerirdischen mit dem erklärten Ziel gegründet, friedlichen Kontakt und gute Beziehungen zu diesen höher entwickelten Lebensformen herzustellen. Während der Begegnungen folgen wir zahllosen Protokollen, von denen einige auf der Hand liegen und praktikabel sind, andere dagegen experimentell. Das Center for the Study of Extraterrestrial Intelligence (CSETI) hat buchstäblich Tausende von Stunden mit Tausenden von Wesen unter den Sternen verbracht und Interaktionen erlebt, die man nur als außergewöhnlich bezeichnen kann. Wir haben zwar auch interessante Fotos und Videos von Fluggeräten und Außerirdischen gemacht, die auftauchen und wieder verschwinden, aber die wirklich erstaunlichen Erlebnisse ließen sich nicht fotografieren oder filmen. Die besten Ergebnisse waren überhaupt nicht messbar. Das liegt daran, dass die großartigsten Ereignisse auf einer Ebene auftraten, die man nicht der normalen Wirklichkeit zuordnen kann. Vieles ist auf beiden Seiten der Lichtmauer geschehen, aber das Interessanteste passierte auf der anderen Seite.

In einem der kontroversesten Protokolle geht es um eine Gruppe, die sich Zugang zu einem nicht lokalisierten Bewusstsein verschafft, indem sie (mithilfe des Bewusstseins) durch Fernwahrnehmung ein physisch nicht sichtbares, außerirdisches Fluggerät entdeckt, das sich entweder in großer Entfernung befindet oder sich zwar in der Nähe aufhält, aber innerhalb des menschlichen Sehspektrums aufgrund der Phasenverschiebung unsichtbar ist.

Fernwahrnehmung

Fernwahrnehmung ist ein kontrollierter und erlernbarer, mentaler Vorgang, der es dem Beobachter erlaubt, ein Zielobjekt auch in Einzelheiten zu beschreiben, das für unsere normalen Sinne nicht erfassbar ist, weil es zu weit entfernt ist, sich auf einer anderen Zeitschiene befindet oder optisch abgeschirmt ist. So kann man einen Beobachter zum Beispiel auffordern, einen Ort auf der anderen Seite der Erde zu beschreiben, den er oder sie noch nie besucht hat.

Es gibt eine Theorie darüber, warum dies physikalisch möglich ist, aber sie wird von vielen nicht anerkannt. Ironischerweise wurde Fernwahrnehmung zuerst zu Spionagezwecken in Labors entwickelt, die vom Militär und den Geheimdiensten der USA finanziert wurden.

Sobald jemand seine Fernwahrnehmung auf ein außerirdisches Fluggerät oder eine außerirdische Lebensform fixiert hat, kehrt sich der Vorgang um und der Außerirdische wird mittels visueller Vektorgedanken zur CSETI-Forschungseinrichtung dirigiert. Der außerirdischen Lebensform werden also der Standort mit den entsprechenden Koordinaten auf einer mentalen »Landkarte« sowie eine Einladung dorthin gesendet.

Für viele mag das vollkommen lächerlich klingen, aber diese Technik führt häufig dazu, dass ein außerirdisches Objekt plötzlich unmittelbar über unseren Köpfen auftaucht. Bei diesem Protokoll werden Lichter sowie Laser- und Radiosignale benutzt, aber das Wichtigste dabei ist die »CAT«-Technik (und oft antworten die Außerirdischen darauf mit Hilfe ihrer »TAC«-Technik).

Interaktionskategorien

Wir haben die von uns erlebten Kontakte in folgende Grundkategorien eingeteilt, die die weiter oben erwähnten, außerirdischen Techniken bestätigen:

- Das plötzliche Auftauchen eines großen, strukturierten Fluggerätes (Scheiben, dreieckige Formen etc.), die aus dem Nichts erscheinen und dann innerhalb von Sekunden oder gar Sekundenbruchteilen wieder verschwinden, aber von vielen Menschen gesehen wurden.
- Ein länger andauerndes Erscheinen von Objekten, die teils mehrere Minuten sichtbar bleiben und dann wieder verschwinden (indem sie mit Hilfe der Phasenverschiebung den Bereich der menschlichen, materiellen Wahrnehmungsfähigkeit verlassen).
- Intelligente Sonden, die aus kugelförmigen Objekten in verschiedener Farbe bestehen, sogenannte Orbs, tauchen auf und schließen sich vielleicht sogar der Gruppe an. Möglicherweise werden sie durch eine Intelligenz gesteuert, sind aber selbst ebenfalls bewusst und intelligent (fortgeschrittene Künstliche Intelligenz). Normalerweise sind sie völlig oder fast durchsichtig – rote, blaue, grüne oder goldene Orbs, deren Größe zwischen fünfzehn Zentimetern und einem halben bis einem Meter variiert. Sie interagieren auf bewusste Weise mit der Gruppe und verschwinden dann wieder. Höchstwahrscheinlich handelt es sich dabei um Beispiele für »TAC«-Technologie, die das Be-

wusstsein und die Gedanken (und sogar die Persönlichkeit) eines Außerirdischen an Bord des Fluggerätes technologisch unterstützt und auf kontrollierte Weise in die Gruppe projiziert.

- Anomales Piepen oder andere hohe Töne mit omnidirektionalen Eigenschaften, die sich anhören, als kämen sie aus allen Richtungen zugleich. Diese treten besonders häufig als Reaktion auf die routinemäßig von unserem Standort durch Radiowellen ausgesandten CSETI-Piepgeräusche auf.
- Anomale elektromagnetische Auswirkungen auf Geräte, Autos und dergleichen. Häufig funktionieren unsere Geräte nämlich nicht mehr, wenn sich ein außerirdisches Fluggerät nähert. Dies geschah zum Beispiel 1993 in Mexiko, als sich ein etwa zweihundertfünfzig Meter großes, dreieckiges Objekt, das sich bis auf ein leises Flüstern völlig lautlos bewegte, unserer Gruppe näherte. Sämtliche Kameras und auch alle anderen elektronischen Geräte funktionierten nicht mehr. Andere Auswirkungen sind das Auslösen von Radar- oder Lasersensoren, der Ausfall oder das Fehlfunktionieren von Elektronik in Autos sowie die Manifestation elektrostatischer Energie auf der Haut oder der Kleidung der Anwesenden. Oft hat sich die Nadel meines Kompasses gegen den Uhrzeigersinn gedreht, wenn sich ein Fluggerät näherte, das sich ebenfalls gegen den Uhrzeigersinn drehte. Statt nach Norden ausgerichtet zu bleiben, drehte sich der Kompass um 160 Grad und wies anschließend fast drei Monate lang nach Süden.
- Schnell umgesetzte Interaktionen. Häufig entdeckt die Gruppe mehrere Objekte, die zunächst Satelliten zu sein scheinen, aber auf gezielte Gedanken oder Signale reagieren. Zum Beispiel kann ein hoch fliegendes Objekt, sobald ein Gedankenbefehl ausgesandt wurde, anhalten oder seine Richtung abrupt ändern. Satelliten dagegen ziehen sich nicht zurück und biegen auch nicht plötzlich nach rechts ab oder senken sich abrupt, und sie werden nicht heller, wenn sie mit Menschen auf dem Erdboden interagieren. Derartige Phänomene wurden während zahlloser Forschungsereignisse bei CSETI von Hunderten von Menschen bezeugt.
- Materielle Interface-Phänomene. Diese können auftreten, wenn sich ein außerirdisches Objekt sehr knapp jenseits des Kreuzungspunktes von Licht und Materie befindet und anfängt, in unsere Dimension

einzusickern. Oft beobachtet das Team dann stroboskopartig aufblitzende Entladungen ringsum. Die Gestalt eines außerirdischen Flugobjekts oder sogar eines außerirdischen Individuums flackert diffus auf und bildet dann eine Art schimmerndes, elektronisches Hologramm. Teilnehmer an diesen unmittelbaren Begegnungen haben berichtet, dass sie ganz sacht von jemandem berührt wurden, obwohl sie nur ein schwaches, schimmerndes Leuchten sehen konnten. Dauert ein derartiges Ereignis länger, tritt eine ungewöhnliche Ausdehnung oder Kontraktion der Raumzeit auf: Die Zeit scheint entweder still zu stehen oder extrem schnell zu vergehen, wobei der die Gruppe umgebende Raum schärfer definiert erscheint. Solche Begegnungen können sehr kurz sein oder länger als zwei Stunden andauern.

Ein Beispiel: 1998 befand sich eine unserer Gruppen in England in der Nähe von Alton Barnes, als plötzlich ein sehr großes, rundes Fluggerät in unseren Kreis eindrang und innerhalb von Sekunden wieder verschwunden war – doch es senkte sich mit einem schimmernden Funkeln rings um uns herab, so dass wir uns in gewisser Weise innerhalb des Schiffes befanden. Neben jedem Teilnehmer befanden sich plötzlich leuchtende, außerirdische Gestalten! Während dieses Phänomens stieg unsere Umgebungstemperatur um mindestens zwölf Grad! Alle Teilnehmer sahen sowohl das Objekt als auch die Lebensformen – aber sie schienen nicht ganz greifbar und solide zu sein, da sie sich nur teilweise in unserer Dimension befanden.

- Luzide Traumzustände im Zusammenhang mit außerirdischen Fluggeräten und/oder Personen. Da ihre Technologie es den Außerirdischen erlaubt, sich nahtlos zwischen den höheren Dimensionen zu bewegen, ist es nichts Ungewöhnliches, wenn menschliche Individuen im Traumzustand detaillierte Interaktionen erleben. Meiner Meinung nach ist die häufigste Form einer Interaktion zwischen Außerirdischen und individuellen Menschen kein physischer Kontakt, sondern eine Begegnung in luziden Träumen. Es sind zwar physische Kontakte vorgekommen, aber diese bergen gewisse Gefahren für die interstellaren Besucher. Sobald man akzeptiert hat, dass das astrale Spektrum das von den Außerirdischen bevorzugte Terrain ist, um ihre interstellare Kommunikation und ihre Reisen zu ermöglichen – und dieselbe Ebene wird während luzider Träume aktiviert oder benutzt –, ist es leicht einzusehen, warum so viele Leute von derartigen Erlebnissen berichten.

- Außerirdische Flugkörper können feste Materie durchdringen. Mehr als einmal haben wir (tagsüber) beobachtet, dass ein völlig solide wirkendes Fluggerät direkt durch einen Berg hindurch flog, ohne mit ihm zu kollidieren. Ermöglicht wird dies durch eine Frequenzverschiebung des Materials, aus dem der Flugkörper besteht, denn dadurch kann er die für uns normale, dichte, solide Materie ohne Beeinträchtigung durchdringen. Eine Frequenzverschiebung erlaubt es einem festen Objekt, ein anderes zu passieren, ohne mit ihm zu interagieren. Vergessen Sie nicht, dass das, was wir »feste Materie« nennen, größtenteils gar nicht fest ist, sondern hauptsächlich aus Zwischenräumen besteht. Diese Tatsache ist schon seit Jahrzehnten bekannt und viele Menschen lehnen deshalb »geisterhafte« Phänomene oder Poltergeister rundweg ab. In Wahrheit handelt es sich dabei um einen Aspekt der außerirdischen Technologie, der sich auf eine tiefere oder grundlegendere Existenzebene auswirkt und die Frequenz der Materie selbst verändern kann (auf ähnliche Weise können sie auch Raum-Zeit-Relationen verändern). Mitarbeiter geheimer Militärprojekte haben bezeugt, dass in ihren Experimenten schon seit mindestens 1953 Objekte materialisiert und dematerialisiert sowie durch abgeschirmte Räume transportiert worden sind.[47]

Die Liste könnte noch viel länger sein, aber die oben beschriebenen Einzelheiten reichen schon aus, um den Lesern einen Eindruck davon zu geben, wie ungewöhnlich sich außerirdische Technologien auswirken können. Auch kann man dadurch verstehen, warum außerirdische Ereignisse mit astralen Phänomenen verwechselt werden können, die zwar mit Außerirdischen nichts zu tun haben, sich aber dennoch teilweise ähnlich manifestieren. Kein Wunder, dass unsere zeitgenössische Literatur voll ist mit Berichten von Außerirdischen, Engeln, Geistern und seltsamen Phänomenen sämtlicher Couleur, die alle in einen Topf geworfen werden. Immerhin würde der moderne Mensch Leuten, die vor ein paar

[47] Siehe dazu das Buch *Disclosure: Military and Government Witnesses Reveal the Greatest Secrets in Modern History* von Dr. Steven M. Greer.

hundert Jahren lebten, ebenfalls recht übernatürlich erscheinen! Stellen Sie sich nur vor, dass sie im Jahr 1692 einer Gemeindeversammlung in Salem, Massachusetts, mit einem Handy in der Tasche beiwohnen, begleitet von einem Hologramm und mit einem Satellitenfernseher im Gepäck, und dass Sie draußen vor der Kirchentür ihren Range Rover geparkt haben! Sie würden augenblicklich als Hexe oder Hexer auf dem Scheiterhaufen verbrannt!

Jedenfalls ist es wichtig, nicht zu vergessen, dass der Kosmos viele Existenzebenen enthält. Es gibt astrale und kausale Welten und es gibt fremde Wesen, die nicht unbedingt Außerirdische sind. Und es gibt Außerirdische, die sich gewisse Aspekte des physischen Kosmos zunutze machen und Schnittstellen mit diesen feinstofflichen Ebenen verwenden. Man sollte auch nicht vergessen, dass nicht alle Außerirdischen so weit entwickelt sind. Wenn wir uns die Milliarden von Galaxien vor Augen führen, von denen jede Milliarden von Sternen umfasst, dann ist es mehr als wahrscheinlich, dass einige Außerirdische sich auf der Ebene der Höhlenmenschen befinden, während andere in etwa auf unserer Evolutionsstufe sind und wieder andere uns in ihrer Entwicklung um Jahrmillionen voraus sind.

Eines steht jedenfalls fest: Außerirdische Technologien, die weit über Radiosignale und Verbrennungsmotoren hinaus gehen, existieren. Sie sind hier, sie sind vielleicht überall, rings um uns herum. Wir sollten unser Denken erweitern und unsere Augen öffnen, um diese einzigartige Gelegenheit wahrzunehmen, die direkt vor uns schwebt – auf der anderen Seite unseres Wahrnehmungsschleiers, jenseits der Lichtmauer.[48]

Falls Sie sich einer unserer CE-5-Gruppen anschließen möchten, können Sie unter www.ETContactNetwork.com herausfinden, welche Teams sich in Ihrer Nähe befinden. Die CSETI-Training-App, inklusive eines vollständigen CE-5-Trainingsprogramms, finden Sie in Ihrem App Store. Mehr unter www.SiriusDisclosure.com/ET-Contact-tool.

---

[48] Lesen Sie dazu am besten das nur auf Englisch vorliegende Buch *Extraterrestrials and the New Cosmology* von Dr. Steven M. Greer, siehe www.Sirius.Disclosure.com, Stichwort »Papers«.

TEIL 3

Der Weg zur Offenlegung

Vom Landarzt zum Präsidentenberater

»Das UFO-Phänomen existiert
und wir müssen es sehr ernst nehmen.«

– Michail Gorbatschow –

ehemaliger Präsident der Sowjetunion

Die Akte Steven M. Greer

Hintergrund:

- Gründer des Orion Project (Orionprojekt)
- Gründer des Disclosure Project (Offenlegungsprojekt)
- Gründer des Center for the Study of Extraterrestrial Intelligence (CSETI), des Zentrums für das Studium außerirdischer Intelligenz

Nur der Vollständigkeit halber: Ich hatte nie das Ziel, Präsidenten und Generaldirektoren zu beraten, und ganz bestimmt habe ich nicht mit Todesdrohungen gerechnet oder damit, dass Menschen, die mir sehr nahe stehen, zu Schaden kommen könnten. Ich arbeitete Vollzeit als Notarzt und Traumaspezialist in einer Notfallpraxis in North Carolina und ich liebte meinen Beruf. Meditation zu benutzen, um einen friedlichen Kontakt zwischen Menschen und interstellaren Besuchern herzustellen … Meine ursprüngliche Absicht war lediglich, unseren Besuchern zu zeigen, dass die menschliche Rasse nicht nur aus Militärs besteht, die sie abschießen wollen.[49]

Wie in Teil 2 bereits erwähnt, gründete ich 1990 CSETI, das Zentrum für das Studium außerirdischer Intelligenz. Es war eine echte Volksbewegung, die die Regierungen umging und deren Mitglieder als selbsternannte Diplomaten einen friedlichen Kontakt mit diesen Zivilisationen etablieren wollten – ganz ähnlich wie die ebenfalls als Diplomaten agierenden Mitglieder der Bewegung *Ärztinnen und Ärzte in sozialer Verantwortung*, die in den dunkelsten Tagen des Kalten Krieges in der Sowjetunion gegründet wurde.

[49] Siehe in Teil 1: »Roswell (FBI-Dokument)«.

Ein frühes, erfolgreiches CE-5-Ereignis erlebten wir im Februar 1992. Wir waren eine Gruppe von etwa fünfzig Menschen und hatten uns an einem Strand in der Nähe von Pensacola, Florida, versammelt. Zwei unserer Teilnehmer waren Piloten bei der Air Force, einer war ein Colonel. An diesem Abend nahmen wir Kontakt zu vier außerirdischen Fluggeräten auf und sandten ihnen unsere Koordinaten. Daraufhin materialisierten sie sich und wir konnten sie filmen – sie kamen uns sehr nah, aber damals waren die Nachtsichtkameras noch nicht besonders gut.

Die Geschichte geriet auf die Titelseite der Tageszeitung von Pensacola. Unter den Tausenden von Lesern war auch John Petersen vom Arlington Institut. Er galt als einer der führenden Futurologen der Welt und sein Buch *The Road to 2015: Profiles of the Future* (»Der Weg zum Jahr 2015: Zukunftsprofile«) erhielt vom CHOICE Academic Review den Preis für das herausragendste wissenschaftliche Buch des Jahres 1995. Ein Abschnitt darin handelte von Menschen, die sich um Kontakt mit Außerirdischen bemühen.

Auch der ehemalige Chef des militärischen Geheimdienstes, der zu der Intrigenschmiede MAJIC gehörte, las den Artikel. Plötzlich hatte ich die Aufmerksamkeit einiger sehr ernst zu nehmender, nationaler Sicherheitsleute auf mich gezogen.

Etwa einen Monat nach der direkten Begegnung in Pensacola wurde ich zu einer Konferenz in Atlanta eingeladen. Naiv wie ich war dachte ich, es handele sich um eine UFO-Konferenz. Als ich dort ankam, wurde mir klar, dass viele Teilnehmer zu MJ-12[50] gehörten und dass sogar die ehemaligen Chefs des Militärgeheimdienstes, der NSA und der DIA anwesend waren – eine Menge hochrangiger Spionagefachleute. Sie traten sehr aggressiv an mich heran und fragten mich: »Was zum Teufel haben Sie sich dabei gedacht?« Ich antwortete: »Sie können gern alles darüber lesen, ich habe keine Geheimnisse.« Ich erklärte ihnen, dass ich dabei war, Protokolle zu entwickeln und ein Team zusammenstellte, um Kontakt mit diesen Zivilisationen aufzunehmen, ohne die Regierung einzuschalten, da diese kompromittiert sei. Sie informierten mich, dass mich das nichts anginge, und befahlen mir, meine Bemühungen einzustellen. Ich sagte: »Versuchen Sie doch, mich

[50] Siehe in Teil 1: »Majestic-12«.

aufzuhalten.« Um drei Uhr morgens kam es in einem Hotelzimmer beinahe zu Handgreiflichkeiten zwischen uns.

Kurz darauf schickte ein hochrangiger CIA-Mann einen vertrauenswürdigen Abgesandten in einem Privatjet nach North Carolina, um mich zu besuchen. Die Familie dieses Mannes hatte das California Institute of Technology gegründet, eine der renommiertesten Universitäten Amerikas. Er sagte: »Dr. Greer, führen Sie Ihre Pläne aus und geben Sie nicht auf. Irgendjemand muss das tun, was Sie versuchen, denn das Ganze ist völlig außer Kontrolle geraten – und vor allem muss jemand ein Kontakt-Protokoll erarbeiten, denn im Augenblick ist unser System funktionsunfähig.« Ich erklärte ihm, ich sei nur ein Landarzt und würde dieser Aufgabe in meiner knappen Freizeit zwischen Noteinsätzen und der Erziehung meiner vier Kinder nachkommen. Und die ganze Zeit dachte ich: »Warum bittet dieser Mann *mich*, etwas zu unternehmen? Warum unternehmen sie nicht selbst etwas?«

Das war meine Einweihung in die seltsame Welt der Geheimprojekte. Ich fühlte mich wie Alice in der Kaninchenhöhle.

Ein paar Monate später wurde William Jefferson Clinton zum 42. Präsidenten der Vereinigten Staaten gewählt. Fast sofort kontaktierten mich Leute, die mit ihm befreundet waren. Sie sagten: »Der Präsident hat großes Interesse an dieser Sache.« Webster Hubble war der dritthöchste Mann im Justizministerium, bevor er aufgrund anderer Probleme verurteilt wurde, und schrieb in seinem Buch, dass Clinton drei Dinge wissen wollte, als er sein Amt übernahm: Wer hat Marilyn Monroe wirklich umgebracht? Wer hat Jack Kennedy umgebracht? Und was steckt hinter den UFO-Berichten? Anscheinend wurden Untersuchungen über diese Themen angestellt, doch die Ergebnisse waren nicht zufriedenstellend, was bedeutet, dass die Ermittler angelogen wurden. Ungefähr zu dieser Zeit traten einige Militärs an mich heran, die eine Offenlegung befürworteten. Sie hatten entweder auf Kriegsschiffen oder auf strategisch wichtigen Air-Force-Stützpunkten, wo Atomwaffen stationiert waren, Erlebnisse mit UFOs gehabt und boten mir ihre Unterstützung an.

Einer dieser Männer war ein Commander der Navy und hatte enge Verbindungen zum Pentagon. Als er vor meiner Tür stand, war mein erster Gedanke, er sei ein Spion. Doch dann stellte sich heraus, dass er ein sehr aufrichtiger Mensch war und alles tat, was in seiner Macht stand, um mir bei der Organisation einer Reihe von Hintergrund-Briefings im Pentagon zu helfen. Wir vereinbarten ein Treffen, um über die Zusammenstellung eines Teams zu diskutieren, das den richtigen Leuten innerhalb der Regierung Informationen geben und sie ermutigen sollte, die Geheimhaltung aufzugeben. Vergessen Sie nicht, dass dies in den Jahren 1992 und 1993 geschah, als ich noch dachte, wir hätten eine funktionsfähige, rechtsstaatliche Regierung. Seitdem habe ich gelernt, dass das alles nur Schönfärberei ist und dass ein paralleler Regierungsprozess existiert, der völlig unabhängig von unseren gewählten Volksvertretern operiert.

Jedenfalls kam unser Treffen zustande und wir beschlossen, gewisse Leute in Schlüsselpositionen der US-Regierung zu kontaktieren, um den Konflikt zwischen den CSETI-Kontaktteams und der Air Force sowie anderen militärischen Einrichtungen abzubauen, damit wir einander nicht behinderten. Für mich war das der einzige Zweck dieses Treffens: Ich wollte dafür sorgen, dass wir nicht zwischen allen Stühlen landeten … und dass nicht »versehentlich« Schüsse fielen. Tatsächlich stießen wir jedes Mal, wenn sich unsere CE-5-Gruppen versammelten, auf Militärflugzeuge und -hubschrauber und alle möglichen anderen militärischen Einheiten, die an unseren Kontaktorten auftauchten. Dies ist bis heute so geblieben. Ich wollte lediglich die Sicherheit meiner Leute gewährleisten.

Mein Militärberater traf sich mit Admiral Cramer, damals Chef der Spionageabteilung der Vereinigten Stabschefs. Nachdem wir uns unterhalten hatten, entschied er, dass wir uns mit der Spionageabteilung von Wright-Patterson treffen sollten – jenem Air-Force-Stützpunkt, zu dem die Überreste des Roswell-Wracks transportiert worden waren. Das war im September 1993. Während das Treffen arrangiert wurde, kontaktierten mich zwei einflussreiche Personen. Boutros Boutros-Ghali trat über einen Freund des UN-Generalsekretärs an mich heran. Die zweite Person war Laurance Rockefeller.

Laurance war innerhalb der Rockefeller-Familie der König der Philosophen. David Rockefeller war aufgrund seiner Chase Manhattan Bank der Mann mit dem Geld, sein Neffe Jay Rockefeller war Vorsitzender im Spionageausschuss des Senats. Laurance wusste, dass das, was wir taten, tatsächlich funktionierte, denn er hatte seine Leute zu den CE-5-Protokollen geschickt und sie hatten erlebt, wie die außerirdischen Fluggeräte auftauchten und wieder verschwanden. Er lud mich auf seine Ranch ein, die J. Y. Ranch in Wyoming, wo die Clintons ihren Urlaub verbrachten. Man bat mich, im September 1993 dorthin zu fahren und den Anwesenden Informationen über unsere CE-5-Initiative zu geben.

Die Gruppe, die ich dort antraf, war sehr vielschichtig. Der Milliardär Robert Bigelow, Chef der Firma Bigelow Aerospace, war ebenso anwesend wie viele Leute aus unterschiedlichen Bereichen der UFO-Subkultur. Einige standen unseren Bemühungen positiv gegenüber, andere waren unglaublich feindselig. Später fand ich heraus, dass die Unfreundlichen für die Geheimdienste tätig waren.

Irgendwann im Laufe dieses Wochenendes fragte man mich, woran ich gerade arbeitete. Ich sagte: »Wir haben ein Projekt ins Leben gerufen, das Informationen an wichtige, hochrangige Angehörige der Clinton-Regierung und des Pentagons und auch an einige Kongressmitglieder vermitteln wird, um die Geheimhaltung dieser Thematik aufzuheben und die Regierung dazu zu bringen, ihre Strategie zu ändern, denn wir haben gehört, dass der neue Präsident der Idee positiv gegenüber steht.«

Man hätte eine Stecknadel fallen hören können! Laurance Rockefeller fragte mich, was ich als Nächstes vorhatte, und ich sagte: »Nach dieser Zusammenkunft reise ich direkt zum Air-Force-Stützpunkt Wright Patterson weiter, um den dortigen Colonel der Foreign Technology Division in Kenntnis zu setzen, der Air-Force-Abteilung für fremde Technologien. Und in ein paar Monaten werde ich Präsident Clintons CIA-Chef informieren.«

Laurance Rockefeller und seine Gäste waren schockiert. Laurance wollte sich zwar beteiligen, aber nur hinter den Kulissen. Er bot mir an, den Präsidenten und seine Frau auf seine Ranch einzuladen, wo Laurance ihnen die besten erhältlichen Fotos von UFOs und die anderen von uns gesammelten Beweise vorlegen wollte.

Unterdessen besuchte die Frau des UN-Generalsekretärs eine Veranstaltung, auf der ich eine Rede über Außerirdische und UFOs hielt. Mrs. Boutros-Ghali war von dem Thema so fasziniert, dass sie ein Treffen in der UN organisieren wollte. Dort sollte ich viele mit ihr befreundete hohe Diplomaten kennenlernen, die ebenfalls dafür waren, die Geheimhaltung zu beenden und friedliche interplanetarische Kontakte einzuleiten. Auch hier war es unser Ziel, den Führungspersönlichkeiten dieser Welt, dem Präsidenten und seinen Beratern, sowie den wichtigsten Kongressmitgliedern akkurate Informationen zur Verfügung zu stellen. Wir dachten uns sogar die perfekte Tarngeschichte für sie aus, um zu erklären, warum diese Informationen so lange vor der Öffentlichkeit geheim gehalten worden waren, nämlich, dass die Staatschefs der Welt einfach das Ende des Kalten Krieges hatten abwarten wollen, bevor sie bekannt machten, dass die Erde von interstellaren Zivilisationen besucht wurde und dass unsere Wissenschaftler sogar viele ihrer Technologien nachgebaut hatten.

Im Herbst 1993 wurde ich eingeladen, in der Colorado State University einen Vortrag zu halten. Gastgeber der Veranstaltung waren der Astronaut Brian O'Leary[51] und Maury Albertson, einer der Gründer des Friedenscorps. Vor etwa achthundert Menschen erläuterte ich unser gesamtes Manifest, das die Offenlegung befürwortete und Vorschläge beinhaltete, wie das am besten vor sich gehen könnte. Am Ende der Rede bemerkte ich einen kahlköpfigen Mann, der am hinteren Ende des Raumes darauf wartete, mit mir zu sprechen. Er sagte: »Dr. Greer, ich glaube, ich kann Ihnen bei Ihrer Aufgabe helfen. Mein Name ist John Petersen, und ich kenne einige Leute in Washington, die gern mehr darüber wüssten, aber nicht die richtigen Antworten bekommen.« Ich nahm an, es handele sich dabei um irgendwelche Assistenten eines niedrigrangigen Kongressabgeordneten, doch dann überraschte er mich, indem er mir erklärte, es ginge um James Woolsey, den Chef der CIA. Die beiden Männer waren eng befreundet und Petersen meinte, Woolsey würde ein Briefing begrüßen.

Das Treffen wurde für den 13. Dezember 1993 geplant. Die Tarngeschichte dafür war eine Dinnerparty, die in Petersens Haus in Arlington stattfinden sollte. Der CIA-Direktor und seine Frau Dr. Sue Woolsey, die leitende Geschäftsführerin der National Academy of Sciences, sollten ebenso daran teilnehmen wie meine Frau Emily und ich. Wir organisierten also ein Kindermädchen und flogen zu der Zusammenkunft nach Washington. Ich begann, indem ich dem Direktor eine Mappe mit Bildern, Fotos und Dokumenten zeigte. Er sagte, er wisse, dass UFOs real seien, und es stellte sich heraus, dass er und seine Frau, als sie noch jünger waren, eine Sichtung in New Hampshire gehabt

[51] Siehe im vorliegenden Buch die »Anerkennung für Steven M. Greer« durch den Apollo-Astronauten Brian O'Leary.

hatten. Er wollte wissen, warum niemand bereit war, mit ihm und Präsident Clinton darüber zu sprechen.

Mein erster Gedanke war, ich sei hier in eine Falle getappt. Drei Stunden später war ich jedoch davon überzeugt, dass er tatsächlich nichts von den Geheimprojekten wusste und dass sowohl er als auch der Präsident von CIA-Mitgliedern, die ihre Informationen auch intern aufgespalten hatten, hintergangen wurden. In diesem Augenblick begriff ich, dass es in unserem Land schon vor Jahrzehnten ganz im Stillen einen Umsturz gegeben hatte – eine Tatsache, über die weder die *New York Times* noch die *Washington Post* jemals berichten würden, weil es der größte Skandal aller Zeiten war.

Ich hatte eine Informationsschrift zu dem Treffen mitgebracht, in der beschrieben wurde, was der Präsident und seine Mitarbeiter tun mussten, um die Geheimhaltung zu beenden. Diese gab ich dem CIA-Direktor zum Abschied. Woolsey sah mich an und sagte: »Wie können wir etwas offenlegen, zu dem wir keinen Zugang haben?« Das war eine sehr beunruhigende Frage. Wenn wir versuchten, unser Anliegen zu erzwingen, würde die größte Verfassungskrise in der Geschichte der Vereinigten Staaten ans Licht kommen. Kein Präsident gibt gern zu, dass wichtige Dinge vor ihm geheim gehalten werden. Üblicherweise teilen sie diese Art von Aktivitäten in Kategorien wie »geheim«, »streng geheim« oder »höchste Geheimhaltungsstufe« ein und haben keine Ahnung davon, dass es innerhalb dieser Einteilungen streng voneinander getrennte Unterabteilungen gibt. Offiziell geleugnete Projekte unter speziellem Zugriff sind nur den direkten Mitarbeitern selbst bekannt, und das schließt den Präsidenten der Vereinigten Staaten aus.

Ich möchte Ihnen ein Beispiel dafür geben, wie sogar ein hochrangiger Amtsträger über die wahren Aktivitäten seiner eigenen Abteilung im Ungewissen gehalten werden kann. Am 10. September 2001, dem Tag vor dem elften September, verkündete Donald Rumsfeld, dass der Verbleib von zwei Komma drei Billiarden Dollar aus dem Budget des Verteidigungsministeriums ungeklärt sei. Dies hatte sich herausgestellt, weil der Vize-Verteidigungsminister kürzlich eine Rechnungsprüfung angeordnet hatte. Denken Sie einen Moment lang darüber nach. Der Krieg im Irak kostete die amerikanischen Steuerzahler eine Billiarde Dollar, und nun erklärte Verteidigungsminister Rumsfeld, dass mehr als das Doppelte dieser Summe nicht etwa vermisst wurde, sondern dass ihr Verbleib ungeklärt sei.

Ich kenne den Wirtschaftsprüfer, der die Finanzen der Firma Northrop Grumman überwacht. Genau wie bei Lockheed Martin arbeitet man auch dort an vielen Geheimprojekten, die mit Antischwerkraftantrieben zu tun haben. Falls es sich um eine USAP-Abteilung mit einem Milliardenbudget handelt, wird man dem Wirtschaftsprüfer sagen, er müsse keine Kenntnisse darüber besitzen, was da im Einzelnen vorging – und dann stempelt dieser den Finanzbericht einfach als überprüft ab. Die Wirtschaftsprüfer haben keine Ahnung, wo diese Gelder sind und wozu sie verwendet werden. Sie fließen sozusagen zur Vordertür herein und verschwinden spurlos aus dem Fenster und niemand weiß, wo sie schließlich verbleiben.

Anfang Februar 1994 kam ein Freund des Präsidenten zum Abendessen zu uns. Man hatte mir gesagt, er hätte eine Menge Spendengelder für Clinton gesammelt. Wir saßen am Tisch und aßen, und plötzlich wandte er sich vor meiner Frau und meinen Kindern an mich und sagte: »Der Präsident und seine Mitarbeiter unterstützen Ihre Vorschläge aus der Informationsschrift sehr, aber er befürchtet, dass er wie John F. Kennedy endet, wenn er Ihren Rat befolgt.«

Ich fing an zu lachen – ich dachte, er mache einen Scherz. Doch er unterbrach mich und sagte: »Nein, Dr. Greer, das ist kein Witz.« Wir gingen in meine Bibliothek, um unter vier Augen miteinander zu reden, und dort sagte er mir, der Präsident und seine Leute seien davon überzeugt, er werde einem Attentäter zum Opfer fallen, wenn er das Thema UFOs weiter verfolgte. Ich hörte mir das an und dachte: »Okay, und was soll ich nun tun? Ich gehöre ja keinem Geheimdienst an.« Er meinte: »Nein, sie wollen, dass Sie sich weiter dafür einsetzen … Machen Sie weiter, stellen Sie die Beweise zusammen.« Mit anderen Worten: Präsident Clinton befürchtet, ermordet zu werden, wenn er versucht, das Thema UFOs und Außerirdische offenzulegen, aber ich bin entbehrlich?

Laurance Rockefeller vertrat denselben Standpunkt. Für ihn sei es zu gefährlich, denn die reichen Mitglieder seiner Familie, die im Ölgeschäft waren, seien jetzt schon wütend auf ihn, weil er dieser Sache nachging. Er würde unsere Bemühungen unterstützen und dafür sorgen, dass die Clintons auf seiner Ranch das Informationsmaterial erhielten – ein Treffen, das schließlich Mitte der 1990er Jahre auch stattfand. Der Präsident war fasziniert, aber seine Frau Hillary erstickte seinen Enthusiasmus im Keim. Sie hatte zuviel Angst.

Als ich begriffen hatte, dass der Präsident niemals eine entsprechende Verfügung unterzeichnen würde, beschloss ich, mich an potenzielle Verbündete in beiden Kongressen zu wenden und außerdem an Augenzeugen innerhalb des Militärs und der Regierung, denn ich glaubte, je größer die Gruppe war, desto geringer wurde die Gefahr – nicht nur für meine Bundesgenossen, sondern auch für mich selbst. Zwischen 1995 und 1998 identifizierten wir mehrere Dutzend potenzieller Zeugen, die Zugang zu höchsten Geheimhaltungsstufen besaßen. Wenn sie eine Vorladung erhielten, würden sie unter Eid aussagen, was sie über UFOs und die Vertuschungen dieses Themas wussten.

Ich werde häufig gefragt, wie wir es schaffen, unsere Augenzeugen innerhalb des Militärs davon zu überzeugen, sich zu erkennen zu geben und auszusagen, obwohl sie der Armee einen Eid geleistet hatten, Stillschweigen zu bewahren. Dafür fanden meine Verbündeten beim Militär eine Lösung. Sie rieten mir, einen sogenannten UNOD-Brief zu verfassen.

UNOD ist eine Abkürzung für »Unless Otherwise Directed«: »außer, es liegen anderslautende Befehle vor«. In dem von uns entworfenen Brief stand, dass die offiziell geleugneten Projekte unter speziellem Zugriff existierten und illegal betrieben wurden, dass sie schon seit den 1950er Jahren verfassungswidrig waren und dass der Präsident und andere uns bekannte Schlüsselfiguren sowie die Aufsichtsgremien des Kongresses belogen worden waren. Außerdem wurde darin erwähnt, dass ähnliche illegale Programme auch in Großbritannien und in anderen Ländern, wo ich Informationsvorträge gehalten hatte, existierten. Deshalb waren wir zu dem Schluss gekommen, dass das Gesetz zur nationalen Sicherheit und der Eid der Verschwiegenheit mit seinen Geheimhaltungsverpflichtungen null und nichtig waren und dass jede Person, die Kenntnisse von Dokumenten, Materialien oder Beweisstücken besaß, die in irgendeiner Weise mit UFOs und Außerirdischen zu tun hatten, diese Informationen an die Öffentlichkeit weitergeben konnte, ohne sich einer Gesetzesübertretung schuldig zu machen. Da es keine anderslautenden Befehle gab, waren wir entschlossen, die Enthüllung der UFO-Zeugenaussagen und aller damit zusammenhängenden Dokumente weiter voranzutreiben.

Um uns legal abzusichern, übersandten wir diesen UNOD-Brief dem Präsidenten, dem Justizminister, dem Pentagon, der CIA, dem FBI und der NSA – im Grunde dem ganzen Buchstabensalat der Geheimdienste. Wir schickten ihn per Einschreiben, um sicherzustellen, dass er auch wirklich angekommen war. Danny Sheehan, der Verfassungsanwalt, der den Silkwood-Fall verhandelt und die *New York Times* im Fall der Pentagon-Papiere vertreten hatte, half mir unentgeltlich bei den verfassungsrechtlichen Fragen. Der Brief entlastete jeden Mann und jede Frau, die an diesen Projekten mitgearbeitet hatten, sei es nun in einer Privatfirma, beim Geheimdienst oder beim Militär, von jeglicher Schuld der Gesetzesübertretung im Zusammenhang mit dem Schweigegelübde. Wir benutzten dieses Dokument, um sämtliche Augenzeugen und Hinweisgeber, die bereit waren, im Rahmen des *Disclosure Project* (Offenlegungsprojektes) auszusagen, zu schützen. Bis heute wurde kein einziger dieser Zeugen angeklagt, belästigt oder verletzt. Wir rufen noch viele tausend weitere Menschen dazu auf, sich ebenfalls als Zeugen zu melden!

CSETI: Center for the Study of Extraterrestrial Intelligence

November 1996
an: Präsident William Jefferson Clinton
von: Dr. Steven Greer, Direktor des CSETI
Betreff: Geplante Enthüllung des Themas UFOs und Außerirdische, Treueide auf die nationale Sicherheit

Die Initiative CSETI Starlight hat nun mehrere Dutzend ehemaliger und aktueller Mitglieder des Militärs, der Geheimdienste und der privaten Rüstungsindustrie gefunden, die sich als Zeugen für mit UFOs und Außerirdischen verbundene Ereignisse und der entsprechenden Projekte zur Verfügung stellen. Wie in mehreren Dokumenten und Briefings (siehe Anlagen) dargelegt, ist es unsere Absicht, diesen wichtigen Zeugen in naher Zukunft offene, öffentliche Aussagen zu diesem Thema zu ermöglichen.

Im Sommer 1995 ersuchten wir den Präsidenten, Schritte einzuleiten, um diese Zeugenaussagen zuzulassen, ohne dass die Zeugen zivile, militärische oder andere Sanktionen befürchten mussten. Seitdem ist die Anzahl aussagebereiter Zeugen exponentiell gestiegen. Einige unter ihnen sind schon älter und leiden unter ernsten medizinischen Problemen.

Es ist uns ein Anliegen, dass diese patriotischen und mutigen Helden, die darauf brennen, ihren Mitbürgern die Wahrheit über dieses Thema zu enthüllen, ihre Informationen nicht mit ins Grab nehmen müssen. Deshalb bitten wir Sie um eine eindeutige Stellungnahme zur Redefreiheit dieser Zeugen.

In den letzten drei Jahren haben wir festgestellt, dass Kongressmitglieder, Mitglieder der Exekutive sowie militärische und geheimdienstliche Führungspersönlichkeiten über dieses wichtige Thema nicht in Kenntnis gesetzt wurden und dass die entsprechenden Operationen im Rahmen offiziell geleugneter Projekte unter speziellem Zugriff stattfinden – die meisten davon im privaten Sektor der Rüstungsindustrie. Diese werden offenbar auf verfassungswidrige Weise finanziert und kontrolliert.

Solange diese Tatsachen nicht zu unserer Zufriedenheit geregelt werden, betrachten wir diese Operationen und alle damit zusammenhängenden sogenannten Treueide als illegal und somit als für die oben genannten Zeugen nicht bindend.

Deshalb werden wir, *außer, es liegen anderslautende Befehle vor*, ab dem 1. Januar 1997 eine Reihe von Anhörungen organisieren, die diesen Zeugen offene, öffentliche Aussagen ermöglichen. Falls wir nichts von Ihnen hören oder falls Sie uns Ihre Zustimmung geben, werden wir von diesem Datum an eine öffentliche Enthüllung vorantreiben. Nur dann, wenn Sie uns explizit darauf hinweisen, dass die Zeugen des Sachverhalts UFO/Außerirdische nach wie vor zu Stillschweigen verpflichtet sind, werden wir unsere Enthüllungspläne ändern. Wie bereits in vorangegangenen Briefings und Dokumenten erwähnt, die wir Mitgliedern der Regierung, des Militärs, des Kongresses und anderen Personen zukommen ließen, besteht unser Ziel in einer wissenschaftlich fundierten und zukunftsweisenden Offenlegung, die Hoffnung weckt. Wir haben nicht die Absicht, unser Land oder die Welt zu destabilisieren, sondern wollen die eindeutigen Gefahren minimieren, die durch den gegenwärtigen, geheim gehaltenen Umgang mit diesem Thema entstanden sind. Wir erbitten Ihren Rat, Ihre Unterstützung und Ihre Hilfe bei diesem Enthüllungsprozess, der erwiesenermaßen zu den wichtigsten Ereignissen des zwanzigsten und frühen einundzwanzigsten Jahrhunderts zählt.

Zeugenaussagen werden beinhalten, aber nicht beschränkt sein auf:

- Bergung funktionsunfähiger außerirdischer Objekte und außerirdischer Lebensformen
- Nachbauprojekte außerirdischer Technologien
- Rekognoszierung und Ortung von UFOs/außerirdischen Fluggeräten
- Verdeckte, mit dem Thema zusammenhängende Projekte
- Bestätigung von Begegnungen zwischen Militärs und UFOs
- Struktur und Umfang der mit dem Thema verbundenen Desinformationsprogramme

Wir hoffen, in dieser Angelegenheit baldmöglichst von Ihnen zu hören.

Vielen Dank für Ihre Berücksichtigung dieses Ersuchens um eine Klarlegung der rechtlichen Situation dieser Zeugen im Zusammenhang mit öffentlichen Zeugenaussagen im Laufe des Jahres 1997.

Mit vorzüglicher Hochachtung,

Dr. Steven Greer

Direktor des CSETI

In jüngerer Zeit hat man mich gefragt, warum Edward Snowden nicht ebenfalls diese Strategie anwandte. Snowdens Fehler lag darin, dass er Dinge enthüllte, die legal waren – auch wenn sie noch so sehr an George Orwells Buch *1984* erinnern. Obwohl die von ihm enthüllten Programme an Orwells »Großen Bruder« erinnern, wurden sie dennoch vom Präsidenten und dem Senatsausschuss für geheimdienstliche Informationen kontrolliert. Hätte er seine Enthüllungen auf abgestrittene und illegale Operationen beschränkt, hätte er keine rechtlichen Probleme gehabt.

Meiner Meinung nach wusste er das ganz einfach nicht – er war jung und hatte schlechte Ratgeber. Die Journalisten und die anderen Leute, die mit ihm zusammenarbeiteten, verstanden die Struktur des Systems nicht gut genug. Als Whistleblower ist man zwar berechtigt, illegale Programme publik zu machen, nicht aber legale, egal wie unerhört diese auch sein mögen. Natürlich gibt es noch viel mehr potenzielle Zeugen, die sich aus Angst vor einer Gefährdung ihrer Familien niemals melden werden. Bei solchen Verhaltensweisen denkt man normalerweise an organisiertes Verbrechen – und genau darum handelt es sich ja auch tatsächlich. Um organisiertes Verbrechen.

Viele Leute, die wir kontaktierten, weil sie in die USAPs verwickelt waren, sagten mir: »Ich möchte, dass die Wahrheit ans Licht kommt, aber ich möchte auch noch weitere dreißig Tage lang die freie Luft der Erde atmen.« Ihre Angst war größer als ihr Pflichtbewusstsein und sie hatten das Gefühl, wenn sie eine Aussage machten, käme das ihrem Todesurteil gleich.

Im August 1996 traf ich den Kongressabgeordneten Christopher Cox, der später in George W. Bushs Regierung Chef der Sicherheits- und Austauschkommission war. Dieser sehr intelligente Mann, der in Harvard studiert hatte, vertrat den Regierungsbezirk Orange County in Kalifornien und saß in einer Reihe wichtiger Gremien. Ein Freund von mir, der CSETI unterstützte und dem Management von IBM in Orange County angehörte, kannte den Abgeordneten Cox und bat mich, ihm ein Briefing zu geben.

Kurz nach dem Beginn dieses Treffens sagte Cox: »Ich zweifle nicht daran, dass all dies wahr ist, aber ich habe noch nie davon gehört, obwohl ich einigen ziemlich wichtigen Gremien angehöre.« Also erzählte ich ihm von Menschen, denen ich begegnet war und die man ebenfalls im Unklaren gelassen hatte, obwohl sie aufgrund ihrer Positionen Bescheid hätten wissen müssen. Ich erklärte ihm, dies sei ein häufig auftretendes Problem.

Dann bat er mich um eine Liste der Einrichtungen und Firmen, die mit dem Themenbereich UFOs arbeiteten.

Im Anschluss an unsere Unterredung schickte ich dem Kongressabgeordneten Cox den Brief und die Liste, die Sie in Anhang 13 finden.[52] Letztere ist inzwischen aktualisiert worden.

Im Jahr 1997 organisierten wir im Westin Hotel von Georgetown ein diskretes Treffen, an dem außer unserer Gruppe auch einige Kongressmitglieder teilnahmen. Dan Burton, Kongressabgeordneter und Vorsitzender des Reform- und Kontrollgremiums im Repräsentantenhaus, erschien ebenfalls. Er war interessiert, weil einer seiner engsten Freunde vor einigen Jahren in Indiana ein UFO gesehen und ihm davon erzählt hatte. Burton war ein sehr aktiver Mann und wollte alles haben, was wir zu dem Thema zusammengetragen hatten. Aber einige Zeit später trat jemand offenbar mit Drohungen an ihn heran und er zog sich zurück.

Zwischen 1998 und 2000 sammelten wir immer mehr Menschen um uns, die an teils streng geheimen Militäroperationen mitgewirkt hatten. Ich reiste um die ganze Welt, um sie zu befragen. Insgesamt habe ich Zeugenaussagen von 110 Stunden Dauer aufgenommen, die ich später auf vier Stunden zusammen schnitt, so dass sie auf zwei DVDs von je zwei Stunden Länge passten. Sie können diese über unsere Webseite bestellen. Es gibt ungeheuer viel Material, und es ist alles auf Digitalfilm festgehalten. Damals filmte ich meistens selbst, denn wir hatten nicht genügend Ressourcen für eine professionellere Verfahrensweise.

Alles, was wir besaßen, widmeten wir dem *Disclosure Project.*

Das Disclosure Project (Offenlegungsprojekt)

Am 9. Mai 2001 lud ich zu einer Konferenz mit dem Titel *Disclosure Project* in den nationalen Presseclub in Washington, D.C., ein. Ich prä-

[52] Die Abschrift des Briefes und der Liste an den Kongressabgeordneten wurden für die deutsche Ausgabe des vorliegenden Buches übersetzt. – *Der Verlag*

sentierte der Öffentlichkeit die Aussagen von über zwanzig Zeugen aus dem Militär- und Regierungsbereich sowie der privaten Rüstungsindustrie, die eindeutige Begegnungen mit UFOs und/oder Außerirdischen gehabt hatten. Wir übertrugen die Veranstaltung live im Internet – über 250.000 Menschen warteten online auf den Beginn der Konferenz. Selbst der nationale Presseclub hatte bei seinem nächstgrößeren Ereignis lediglich 25.000 Menschen mobilisieren können.

Doch auch die Intrigenschmiede stand bereit: Die erste Stunde der Live-Übertragung wurde laut Aussage des Präsidenten von ConnectLive, der Firma, die alle Internetsendungen des nationalen Presseclubs ausstrahlt, durch »elektronische Störungen« beeinträchtigt. Dennoch wurde die Sendung zum bis dahin meistgesehenen Ereignis in der Geschichte des Internets. Die Firma, die die Internet-Ausstrahlung im nationalen Presseclub arrangierte, hatte es angeblich mit so vielen Zuschauern zu tun, dass das ganze System zusammenbrach, so dass sie auf sämtliche T-1-Leitungen in Washington zurückgreifen musste.

Letzten Endes haben über 800 Millionen Menschen auf der ganzen Welt die Übertragung gesehen. Unterdessen trat man jedoch Schritt für Schritt an die Medien heran und legte ihnen nahe, jegliche Weiterverbreitung sofort zu unterbinden.

Vier Monate später kam der 11. September.

Im Laufe dieser Entwicklungen habe ich eine Menge gelernt. Zum Beispiel habe ich gelernt, dass man von Menschen in Machtpositionen nicht erwarten kann, dass sie die Hand beißen, die sie füttert. Die meisten Leute in den Großfirmen und in der Politik werden niemals etwas tun, das sie persönlich stark gefährdet, und sie werden sich auch nicht für etwas einsetzen, das ihre Karriere ruinieren könnte, wenn ihre Beteiligung daran publik würde. Aus all dem habe ich geschlossen, dass das Volk es selbst tun muss.

Wir, das Volk, müssen es tun.

»Falls es eine echte Bedrohung aus dem Weltraum gäbe, hätten wir davon erfahren, sobald wir die ersten Atomwaffen zündeten und die ersten bemannten Weltraumflüge unternahmen.«

– Dr. Steven M. Greer –

Aktivist für den Einstieg ins Handeln

TEIL 4

Kosmische Täuschungen

Der ultimative Fehlalarm

»Die Nationen der Erde werden sich vereinen müssen,
denn der nächste Krieg wird ein interplanetarischer Krieg sein.
Eines Tages werden die Nationen der Erde
eine gemeinsame Front gegen den Angriff von Bewohnern
anderer Planeten bilden müssen.«

– General Douglas MacArthur –

»Vielleicht brauchen wir eine universale Bedrohung von außen,
damit wir das Band erkennen, das uns alle miteinander verknüpft.
Manchmal denke ich daran, wie schnell unsere weltweiten
Unterschiede verschwinden würden, wenn wir uns
einer außerirdischen Bedrohung gegenüber sähen,
die nicht von dieser Welt stammt.«

– Präsident Ronald Reagan –

in einer Rede vor den Vereinten Nationen, 1987

Wir lassen uns nicht noch einmal täuschen

Zeugenaussagen

- Dr. Carol Rosin, Fairchild Industries und Pressesprecherin Wernher von Brauns
- Richard Doty, Special Agent des Air Force Office of Special Investigations (AFOSI: Air-Force-Büro für Sonderermittlungen)

Kommentar von Dr. Steven M. Greer

Was jetzt folgt, sind genau die Dinge, die den Hass allzu vieler Leute auf mich lenken! Man hat mir gesagt, wenn ich diese Dinge publik mache, werde ich mich wirklich in Gefahr begeben … denn jetzt trete ich Menschen auf die Zehen, die eschatologische Fantasien hegen, weil sie sich endlosen Krieg wünschen.

Eschatologie ist die Lehre vom Ende der Welt. Den Kern dieser geheimen Gruppen bilden Leute, die sich danach sehnen, einen Flächenbrand herbeizuführen, der dem biblischen Armageddon gleicht.

Star Wars – Krieg der Welten. Ihr bevorzugtes Konzept ist es, dass Menschen sich miteinander vereinen, um einem gemeinsamen Feind entgegen zu treten … aber hier geht es nicht nur um ein Land oder eine Subkultur oder eine Religion, sondern um den gesamten Planeten. Würden sie wirklich versuchen, einen Krieg gegen zahllose Außerirdische vom Zaun zu brechen, von denen jede einzelne Rasse, wenn sie das wollte, die Erde schon vor langer Zeit hätte zerstören können? Jede interstellare Zivilisation muss Technologien besitzen, die die Wasserstoffbombe so lächerlich aussehen lassen wie Pfeil und

Bogen. Wären die Außerirdischen uns feindlich gesinnt, dann wüssten wir das inzwischen.

Hüten Sie sich vor dem falschen Großalarm!

Um gezielt einen falschen Großalarm auszulösen, muss eine verdeckte Operation ein Ereignis herbeiführen, das so wirkt, als hätte die Gegenseite (der Feind) zuerst angegriffen. In Wahrheit ist jedoch der ganze Angriff inszeniert. Die Geschichte ist voller Beispiele für derartige gezielt vorgetäuschte Alarmsituationen – von der Explosion der U.S.S. *Maine* in kubanischen Gewässern über den Reichstagsbrand, den Hitler 1933 den Kommunisten in die Schuhe schob, bis hin zu den Ereignissen im Golf von Tonkin, die Präsident Lyndon Johnson dazu brachten, Krieg in Vietnam zu führen. Der Krieg im Irak wurde erzwungen, indem wissentlich falsche Geheimdienstberichte publik gemacht wurden, laut denen Saddam Hussein Massenvernichtungswaffen besaß!

Seit 1992 haben mich mindestens ein Dutzend hochrangiger Insider vor dem nächsten groß angelegten Scheinalarm gewarnt – und im Vergleich dazu wären die Ereignisse vom 9. September lediglich ein kleiner Blechschaden!

Zunächst hatte ich diese Warnungen abgetan, wie Sie es sicher auch getan hätten, denn ich dachte, das sei einfach zu wahnsinnig, um wahr zu sein. Dann trat Dr. Carol Rosin, eine unserer Zeuginnen im *Disclosure Project*, mit derselben Warnung an mich heran – doch diesmal berief sie sich auf Dr. Wernher von Braun, den Luft- und Raumfahrtingenieur und Erfinder der V-2-Rakete, der nach dem Zweiten Weltkrieg aus Nazi-Deutschland rekrutiert worden war.

Zeugenaussage

Dr. Carol Rosin war die erste Frau, die ins Generalmanagement von Fairchild Industries berufen wurde. Außerdem war sie während Wernher von Brauns letzter Lebensjahre seine Pressesprecherin. In Washington, D.C., gründete sie das Institute for Security and Cooperation in Outer Space (Institut für Sicherheit und Kooperation im Weltraum) und sprach mehrmals vor dem Kongress über Weltraumwaffen.

Ich bin Beraterin für Raketenabwehr und Weltraumwaffen. Ich habe viele Firmen, Organisationen und Regierungsbehörden unterwiesen, sogar die Geheimdienste. Ich war Beraterin des Konzerns TRW, als dort die MX-Rakete entwickelt wurde – ein weiteres Waffensystem, das wir gar nicht brauchen.

Als ich zwischen 1974 und 1977 Managerin von Fairchild Industries war, lernte ich Dr. Wernher von Braun kennen. Damals hatte von Braun Krebs im Endstadium. An dem Tag, an dem ich ihm zum ersten Mal begegnete, hingen Schläuche aus seiner Hüfte, aber er trommelte dennoch mit den Fingern auf seinem Schreibtisch und sagte zu mir: »Sie werden bei Fairchild arbeiten und dafür verantwortlich sein, dass keine Waffen im Weltraum stationiert werden.« Die Art, wie er das sagte, und die Intensität in seinen Augen waren sehr eindrucksvoll.

Als es ihm so schlecht ging, dass er nicht mehr reden konnte, bat er mich, als Sprecherin für ihn zu fungieren, und diese Aufgabe habe ich bis zu seinem Tod 1997 vier Jahre lang erfüllt.

Am Interessantesten für mich war die Strategie der Panikmache, von der er sagte, man verwende sie dazu, die Entscheidungsträger und die Öffentlichkeit zu manipulieren. Er bezeichnete diejenigen, die sich dieser Strategie bedienten, als die eigentlichen Feinde.

Im Jahr 1974 waren die Russen der klar definierte Feind. Man sagte uns, sie besäßen »Killersatelliten« und würden über uns herfallen, um uns zu kontrollieren. Als ich in den frühen 1970er Jahren nach Russland reiste, stellte ich fest, dass es dort gar keine Killersatelliten gab. Es war eine Lüge. In Wahrheit wünschten sich die russischen Staatschefs und das russische Volk Frieden. Sie wollten mit den Vereinigten Staaten und mit den Völkern der Erde kooperieren.

Von Braun sagte, der nächste definierte Feind würden die Terroristen sein, dicht gefolgt von den »Verrückten« aus den Drittweltländern. Heute nennen wir sie »problematische Nationen«.

Im Jahr 1977 nahm ich bei Fairchild Industries an einer Konferenz teil, die im sogenannten »Kriegsraum« stattfand. Die Teilnehmer waren Menschen, die das »Drehtürspiel« spielten: Sie arbeiteten als Berater in der Industrie und/oder dem Militär oder den Geheimdiensten und ihre Tätigkeit führte wie eine Drehtür unweigerlich zu einer Position in der Regierung. Umgekehrt galt natürlich dasselbe.

An den Wänden hingen viele Grafiken, die Feinde identifizierten. Diese trugen so obskure Namen wie Saddam Hussein und Gaddafi. Das waren damals die Feinde der Zukunft – und wir würden die Weltraumwaffen bauen, um ihnen entgegenzutreten. 25 Milliarden Dollar wurden im Hinblick auf einen zukünftigen Krieg im Persischen Golf in die Weltraumwaffen investiert, damit die Machthaber der Öffentlichkeit und den Entscheidungsträgern in Washington die nächste Waffengeneration schmackhaft machen konnten.

Ich stand auf und sagte zu allen Anwesenden: »Entschuldigen Sie, aber warum reden wir über diese potenziellen Feinde und wollen sogar Weltraumwaffen bauen, um uns gegen sie zu verteidigen, obwohl wir genau wissen, dass sie zu diesem Zeitpunkt überhaupt nicht unsere Feinde sind?«

Niemand antwortete. Die Konferenz ging einfach weiter, als hätte ich gar nichts gesagt.

Da hatte ich genug. Ich musste meine Position aufgeben. Ich konnte nicht länger in dieser Industrie arbeiten.

Im Jahr 1990 saß ich in meinem Wohnzimmer und überprüfte die Gelder, die für die Entwicklung und Erforschung von Weltraumwaffen genehmigt worden waren. Ich stellte fest, dass es sich genau um dieselbe Summe handelte: 25 Milliarden Dollar. Ich sagte zu meinem Mann: »Jetzt werde ich hier sitzen bleiben und die CNN-Nachrichten verfolgen und darauf warten, dass der Krieg ausbricht.«

Mein Mann versetzte, ich sei nun wohl endgültig durchgedreht. Meine Freunde sagten: »Diesmal gehst du wirklich zu weit. Es wird keinen Krieg im Persischen Golf geben. Niemand spricht über einen Krieg im Persischen Golf.«

Ich entgegnete: »Es wird einen Krieg geben, und ich werde hier sitzen und darauf warten, dass er ausbricht.«

Und dann passierte es, genau nach Fahrplan.

Zur Propaganda des Golfkrieges gehörte die veröffentlichte Information, dass die Vereinigten Staaten sehr erfolgreich beim Abschießen der russischen Scud-Raketen gewesen seien. Neue Budgets wurden aufgrund dieses Erfolges bewilligt. Später fand ich heraus, dass das alles eine Lüge gewesen war, die dazu diente, mehr Geld für den Bau von Waffen bewilligt zu bekommen.

Von Brauns nächster Feind waren Asteroiden. Als er das erste Mal davon sprach, kicherte er in sich hinein. Auf die Asteroiden, sagte er, würde die Bedrohung durch Außerirdische folgen, und das würde endgültig zur Panik führen.

In all den Jahren, in denen ich ihn kannte, erinnerte er mich immer und immer wieder daran. »Vergiss es nicht, Carol: Die nächste Karte, die ausgespielt wird, sind die Außerirdischen. Wir werden Weltraumwaffen gegen Außerirdische bauen müssen, und das alles aufgrund einer Lüge.« Er hatte zu viel Angst, um mir Einzelheiten zu nennen, und ich hätte sie damals bestimmt ohnehin nicht aufnehmen können. Aber es stand außer Frage, dass dieser Mann Bescheid wusste und in alles eingeweiht war – und zwar, weil er diese Kenntnisse benötigte, wie ich später erfuhr.

Schließlich sagte mir von Braun, dass nun eine Beschleunigungsphase eingetreten sei und dass es Menschen gebe, die wirklich davon überzeugt seien, ein Armageddon herbeiführen zu müssen, damit wir diese Kriege führen könnten.

Zeugenaussage

Richard Doty war Special Agent bei der Spionageabwehr der Air Force und gehörte dem Air-Force-Büro für Sonderermittlungen (AFOSI) an. Er war auf dem Air-Force-Stützpunkt Kirtland in Neumexiko, dem Air-Force-Stützpunkt Nellis (der sogenannten Area 51) und andernorts stationiert und konzentrierte seine Arbeit acht Jahre lang auf UFOs und Außerirdische.

Was getürkte Meldungen und Warnungen angeht und inszenierte Ereignisse, die so wirken sollten, als seien Außerirdische im Spiel – ja, das Büro für Sonderermittlungen, die OSI, hat so etwas getan. Da gab es eine in Fort Belvoir stationierte Spezialtruppe, ein Zweig der 7602nd Air Intel Wing, des 7602. Spionagegeschwaders, die sind ins Feld gegangen und haben solche Dinge inszeniert. Sie setzten Leute ein, die körperlich irgendwie deformiert waren, also Behinderte, und die sollten dann die Beobachter dazu bringen zu glauben, sie seien Außerirdische. Genauere Einzelheiten kann ich nicht nennen, weil es immer noch … na ja, das Programm ist so supergeheim. Wahrscheinlich wird so etwas noch immer gemacht. Ich zweifle jedenfalls nicht daran.

Da gab es einmal eine ungeheuer geheime Operation in Tacoma, Washington – ich glaube, das war 1986 oder 1987. Das Ganze spielte sich auf einem Navy-Stützpunkt in Seattle ab, ich glaube, auf dem Navy-Air-Force-Stützpunkt Whidby Island.

Einige Zivilisten hatten es irgendwie geschafft, auf den Stützpunkt zu kommen und Dinge gesehen, die sie nicht hätten sehen dürfen. Darauf rückte die Truppe aus und besuchte diese Leute zuhause und jagte ihnen schreckliche Angst ein. Sie haben ein Außerirdischen-Ereignis inszeniert. Zusammen mit gewissen Dingen, die wir taten, um Leute zu rekrutieren, gehört dies zu den heikelsten Themen.

Das inszenierte Außerirdischen-Ereignis. Das ist heikel, sehr heikel.

Und was den auf einer Lüge beruhenden Großalarm angeht … Das ist supergeheim, darüber wird absolut nicht geredet. Ich glaube nicht, dass ich davon sprechen sollte.

Kommentar von Dr. Steven M. Greer

Richard Doty fühlte sich sehr unbehaglich, als wir über getürkte Großalarme redeten, aber dennoch hat er bestätigt, dass so etwas geschieht.

Ein getürkter Zwischenfall, der so wirkt, als würden Menschen von Außerirdischen angegriffen, klingt zugegebenermaßen zunächst absurd – bis man folgende Tatsachen berücksichtigt:

1. Die Rüstungsindustrien, die die USAPs leiten, haben eine Flotte nachgebauter außerirdischer Fluggeräte finanziert, die nur ein Experte vom Original unterscheiden könnte. Diese vom Menschen gebauten UFOs sind auf den Air-Force-Stützpunkten Edwards und Nellis gelagert sowie auf dem Testgelände Dugway, in Pine Gap in Australien und auf vielen anderen supergeheimen, unterirdischen Stützpunkten, die mit dem Geld der Steuerzahler finanziert wurden.

2. Die Rüstungsindustrien, die die USAPs betreiben, haben auch »Lebensformen« erschaffen und programmiert, die genau wie echte Außerirdische aussehen. Diese »biologischen Einheiten« haben Schaltkreise in ihrem Nervensystem. Die Implantate wurden unter anderem von EG&G hergestellt. Derzeit befinden sich diese vom Menschen erschaffenen »Außerirdischen« in Dulce, Neumexiko, im australischen Pine Gap und an anderen Orten. All das wurde ebenfalls mit Steuergeldern bezahlt.

Es ist viel besser, die Öffentlichkeit jetzt zu alarmieren als abzuwarten, bis die Intrigenschmiede den ersten Akt ihres getürkten Außerirdischen-Ereignisses inszenieren und wichtige Städte mit elektromagnetischen Waffen zerstören. Es ist höchst zweifelhaft, dass während der folgenden Massenhysterie irgendeine Nachrichtenagentur es wagen würde, die Vermutung auszusprechen, in Wahrheit seien wir Menschen die »bösen Außerirdischen«.

Ein getürkter »Unabhängigkeitstag«, wie in dem gleichnamigen Film *Independence Day*?

Warum sollte jemand, der halbwegs bei Verstand ist, eine getürkte außerirdische Invasion inszenieren, den größten Krieg in der Geschichte unseres Planeten vom Zaun brechen und dabei Millionen oder wahrscheinlich Milliarden von Menschen töten?

Erstens sind diese Leute nicht bei Verstand, sondern Soziopathen.

Zweitens ist Krieg extrem profitabel und kontrolliert die Bevölkerung – insbesondere ein entsetzlicher Angriff dieser Art.

Drittens wollen die religiösen Fanatiker unter ihnen die Wiederkunft Jesu erzwingen.

Wie können wir sie aufhalten, bevor so etwas geschieht?

Wir enthüllen den Plan JETZT.

Weltraumwaffen wurden bereits stationiert, und zwar im Rahmen eines Geheimen Weltraumprogramms, das seit den 1960er Jahren existiert. Die nachgebauten UFOs sind fertig gestellt und einsatzbereit. Holografische Weltraumprojektionstechnologien wurden stationiert und getestet und können jederzeit aktiviert werden. Und die wichtigsten Medien sind nichts als Schachfiguren, die ihre Befehle von der rechten Hand des Königs empfangen.

Falls es eine *echte* Bedrohung aus dem Weltraum gäbe, hätten wir davon erfahren, sobald wir die ersten Atomwaffen zündeten und die ersten bemannten Weltraumflüge unternahmen. Die Tatsache, dass wir trotz der unfassbar dummen und grob fahrlässigen Aktionen einer unkontrollierten, illegalen, geheimen Gruppe immer noch die freie Luft dieser Erde atmen, beweist eindeutig die Zurückhaltung und die friedlichen Absichten unserer Besucher. Die Bedrohung geht allein vom Menschen aus. Und wir Menschen müssen dieser Bedrohung begegnen, sie zügeln und die gegenwärtige Sachlage des Krieges, der Zerstörung und der geheimen Manipulationen offenlegen, um eine Epoche dauerhaften Friedens einzuleiten.

Ein Krieg im Weltraum, der die Kriege auf der Erde ersetzt, ist keine Evolution, sondern kosmischer Wahnsinn. Eine durch diese Angst vereinte Welt ist schlimmer als eine Welt, die durch Unwissenheit zerrissen ist. Die Zeit für den großen Sprung, der uns aus unserer Furcht und Unwissenheit in eine Zukunft des universalen Friedens führen wird, ist gekommen! Diese Zukunft gehört uns, sobald wir uns für sie entscheiden.[53]

---

[53] Siehe in Teil 1: »USAPs – Unacknowledged Special Access Projects: Offiziell geleugnete Projekte unter speziellem Zugriff« – Pawelecs Zeugenaussage. Dort finden Sie Informationen über Implantate, die bei solchen vorgetäuschten Alarmsituationen eingesetzt werden können.

TEIL 5

Ein Aktionsplan

Die Zukunft sichern, die wir uns wünschen

Aufruf zum Handeln

Es gibt vieles, was Sie und Ihre Freunde tun können, um die Offenlegung und die Bewegung »Freie Energie« zu fördern.

- Abonnieren Sie bei www.SiriusDisclosure.com unseren kostenlosen Rundbrief, der Sie über wichtige Ereignisse informiert.
- Teilen Sie dieses Buch und den Film *Unacknowledged* mit anderen. Veranstalten Sie eine Filmvorführung in Ihrer Wohnung, in einem Bürgerzentrum oder an anderen geeigneten Orten.
- Unterstützen Sie das Disclosure-Projekt und die Freie Energie-Bewegung finanziell bei www.SiriusDisclosure.com. Wenn jeder lediglich zehn Euro beisteuern würde, hätten wir genug Geld für ein Forschungslabor, um die freie Energie, die die Erde retten kann, allgemein zugänglich zu machen.
- Falls Sie selbst oder einer Ihrer Bekannten beim Militär, in den Geheimdiensten oder in der Rüstungsindustrie beschäftigt sind und Kenntnisse über Programme und Operationen besitzen, die mit UFOs und Außerirdischen oder mit dem Thema freie Energie/Antischwerkraft zu tun haben, dann wenden Sie sich bitte vertrauensvoll an: Witnesses@SiriusDisclosure.com. Man kann Sie nicht anklagen, wenn Sie aussagen, da die USAPs illegal betrieben werden und sich außerhalb des Verfassungsrechtes bewegen.[54] Falls Sie Regierungsdokumente oder anderes Material im Zusammenhang mit UFOs/Außerirdischen besitzen, dann wenden Sie sich bitte an uns, damit diese Beweismittel publik gemacht werden können.
- Falls Sie oder jemand in Ihrem Bekanntenkreis ein freies Energiesys-

[54] Siehe den »UNOD-Brief« in Teil 3: *Der Weg zur Offenlegung*.

tem besitzen, das den Kriterien des Disclosure-Projekts entspricht (Einzelheiten unter »New Energy« auf der Symbolleiste der Sirius-Disclosure-Webseite), dann kontaktieren Sie uns bitte sofort unter www.energy@SiriusDisclosure.com.

- Falls Sie direkten Zugang zu einem Kongress- oder Parlamentsmitglied oder einer anderen Person an höherer Regierungsstelle besitzen, dann informieren Sie die Betreffenden über dieses Thema. Selbst etwas so Einfaches wie die Übersendung dieses Buches und einer DVD des Films *Unacknowledged* an Ihren zuständigen Kongress- oder Senatsabgeordneten oder ein anderes Regierungsmitglied kann etwas Wichtiges bewirken. Zu einer Lawine gehören viele Schneeflocken … Information und Beharrlichkeit sind die Antwort!
- Bilden Sie ein Netzwerk mit Gleichgesinnten in Ihrem Lebensumfeld und stellen Sie ein eigenes Team zusammen, um weitere Whistleblower aus der Regierung aufzuspüren, die bereit sind, die Wahrheit zu bezeugen.
- Werden Sie Mitglied einer CE-5-Gruppe. Kontaktieren Sie ein Team in Ihrer Nähe über www.ETcontactNetwork.com. Kaufen Sie in Ihrem App Store eine Trainingsapplication mit dem kompletten CE-5-Trainingsprogramm. Unter www.SiriusDisclosure.com/ET-contact-tool/Disclosure finden Sie Millionen von Menschen, die außerirdische Zivilisationen friedlich auf der Erde willkommen heißen und ihre Kontaktaufnahmen dokumentieren wollen, um sie der ganzen Welt zu zeigen. Mit Hilfe der App können Sie die entsprechenden Leute finden oder selbst ein CE-5-Kontaktteam bilden. Wenn wir alle Aktivisten wären und daran arbeiten würden, die illegale Geheimhaltung zu beenden, würde die Offenlegung heute noch Realität.

Danke für Ihre Hilfe und Unterstützung!

Dr. Steven Greer

Der Fonds New Earth Incubator

Konzept und Vorschlag von Dr. Steven Greer

Konzept

Seit über hundert Jahren haben die Forschritte im Bereich elektromagnetischer Systeme zur Erschaffung von Energiegeneratoren des Typs »overunity« (mehr Energieleistung als vom Menschen eingespeist) geführt, die das Nullpunktenergiefeld und das Quantenvakuum nutzen. Diese Errungenschaften wurden durch verschiedene, teils legale und teils illegale Taktiken unterdrückt. Bis heute ist es keinem Erfinder, keiner Firma und keinem Forschungsteam gelungen, diese Hürden zu überwinden.[55]

Da bisher weder die Weltregierungen noch die Großfirmen eine Bereitschaft zur Offenlegung dieser Technologien signalisieren, brauchen wir, um dieses Ziel zu erreichen, ein neues, privates Konsortium. Ganz ähnlich wie das von DARPA entwickelte Internet würde dieses Konsortium eine neue, simple Energietechnologie entwickeln, die sich unterschiedlichsten Erfordernissen anpassen kann, um saubere, unbegrenzte, sichere und im Prinzip kostenlose Energie bereitzustellen. So gesehen springen wir da ein, wo die Abläufe der Regierungen und Großfirmen gescheitert sind. Das Bedürfnis danach ist gewaltig und die Zeit wird knapp.

Wer dafür Gelder zur Verfügung stellt, wird zu Wohlstand kommen, indem er Gutes tut. Es gibt Tausende von möglichen Anwendungen dieser Technologie und man kann sie zu Geld machen, indem man Produkte entwickelt, um sie anschließend zu patentieren und zu verkaufen. Aber die zugrunde liegende Technologie muss, wie das Internet, frei zur Verfügung stehen, für jeden offen sein und in Realzeit offengelegt werden.

[55] Siehe auch auf www.SirusDisclosure.com die Menüpunkte *The Orion Project* und *ET Evidence/Energy Suppression.*

Wir müssen in großen Perspektiven denken. Auf der Erde gibt es knapp acht Milliarden Menschen, fast eine Milliarde Autos sowie ungefähr eine Milliarde Privathäuser und Firmen, und sie alle benötigen Energie. Das Nullsummenspiel der Geheimhaltung und der verweigerten Patente, das die meisten technologischen Neuanfänge blockiert, ist der falsche Ansatz und hat im Zusammenhang mit der Nullpunktenergie bereits auf spektakuläre Weise versagt. Wir dürfen diese Fehler nicht wiederholen.

Aus diesem Grund brauchen wir einen neuen, kreativen Ansatz.

Wir legen ein radikal neues Forschungs- und Entwicklungsprogramm vor, das die folgenden, miteinander verzahnten Strategien beinhaltet:

- Ein nicht an einem bestimmten Standort zentriertes Forschungs- und Entwicklungsprogramm, das in Realzeit durch das Internet verbunden ist und auf diesem Weg die gemeinsame Nutzung aller Forschungsergebnisse, elektromagnetischer Frequenzen, Materialien, Problemlösungen und so weiter gewährleistet.
- Open Source. Zu diesem Zeitpunkt sollen weder Zertifikate über »geistiges Eigentum« noch Patente angestrebt werden, denn dadurch fällt es den Forschern leichter, ihre Ergebnisse miteinander zu teilen und einander Feedback zu geben. Es soll nichts zurückgehalten werden. Sämtliche Entwicklungen, Schaltkreise und praktischen Durchbrüche sollen in Realzeit der Öffentlichkeit und den anderen Forschern zugänglich gemacht werden.
- Live-Stream-Übertragung. Sämtliche Labors werden sich vierundzwanzig Stunden täglich und an sieben Tagen pro Woche darum bemühen, diesen Prozess aufrecht zu erhalten und einander ihre Ergebnisse, ihre Erfolge und Misserfolge mitzuteilen. Jeglicher Versuch, einen Durchbruch zu verheimlichen, wird durch diese Verpflichtung und durch das Open-Source-Konzept verhindert.
- Zeitgleich mit den Forschungs- und Entwicklungsbemühungen muss die Öffentlichkeit mit Hilfe der Presse und sämtlicher verfügbaren Medien informiert werden, damit das Bewusstsein der Allgemeinheit geschult und darauf vorbereitet wird, dieses neue Energie-Paradigma zu verarbeiten und anzunehmen. (Dazu sind Public Relations sowie ein steter Nachrichtenfluss, Dokumentationen und Networking in

den sozialen Medien nötig.) Jede radikal neue Technologie braucht Medien, die darüber Bericht erstatten, und darf nicht nur Wissenschaftler und Gesetzgeber erreichen, sondern muss auch die Öffentlichkeit auf dem Laufenden halten.

Ziel

Unser Ziel ist es, ein stabiles Multi-Kilowatt-Gerät des »over-unity«-Typs herzustellen, das ausreicht, um ein Wohnhaus, eine Firma oder ein Auto mit Energie zu versorgen. Das ideale System wäre ein kompaktes Gerät ohne bewegliche Teile, das aus kostengünstigen, leicht erhältlichen Komponenten besteht. Radioaktive, giftige und potenziell gefährliche Materialien werden vermieden.

Während der ersten Phase des Projekts werden wir uns NICHT um die Herstellung von EMG-Systemen, also Systeme für die elektromagnetische Schwerkraftkontrolle, bemühen, da diese *zum heutigen Zeitpunkt* ein militärisches und nationales Sicherheitsrisiko darstellen, denn alle EMG-Systeme können problemlos in Raketenträger- oder Raketenabwehrsysteme umgewandelt werden, was aufgrund der aktuellen, geopolitischen Situation auf der Erde potenziell sehr gefährlich wäre. Die Grundlagenforschung, einschließlich geprüfter elektromagnetischer Frequenzen und Spannungen, die wichtigsten Materialien und die Anwendungspläne werden der Öffentlichkeit, den Wissenschaftlern und den Medien direkt mitgeteilt, um unabhängige Überprüfungen und Reproduzierbarkeit zu gewährleisten.

Unser Ziel ist es, innerhalb von zwei Jahren einen voll funktionsfähigen, robusten Prototypen herzustellen, der im Endeffekt die Abhängigkeit von Erdöl, Gas, Kohle, Atomkraft, Windhydroelektrik sowie geothermalen und solaren Energiesystemen, die gegenwärtig auf der Erde benutzt werden, beendet. Auch Übergangstechnologien, die bereits existierende, auf fossilen Brennstoffen beruhende Verbrennungsmotoren und dergleichen umwandeln können (zum Beispiel die Stan-Myer-Wasserbrennstoffzelle), sollen entwickelt werden.

Finanzierung

Die Finanzierung soll entweder durch ein Konsortium aus VC-Kapitalgebern und Unternehmensengeln oder durch einen einzigen Kapitalgeber gewährleistet werden. Einfach ausgedrückt wird das Risiko umso größer, je weniger Finanzen für das Projekt zur Verfügung stehen. Wenn man ein solches Unterfangen unterfinanziert, entstehen zahlreiche Fehlerquellen auf den verschiedensten Ebenen.

Ein Grundbudget von 100 bis 200 Millionen Dollar würde den Erfolg sowohl im technischen und strategischen Bereich als auch an der Public-Relations-Front garantieren. Das Projekt könnte zwar auch mit weniger Geld Erfolg haben, aber je weniger Kapital zur Verfügung steht, desto größer wird das Risiko. Jede Interessengruppe der Erde, die mit Energie und der makroökonomischen Ebene zu tun hat, wird das Projekt unterminieren wollen, und darauf sollten wir vorbereitet sein.

Kontrolle

Um das gesamte Projekt zu leiten, muss ein Vorstand eingesetzt werden, aber jedes unabhängige Labor braucht außerdem einen Direktor, der solide Referenzen in den Bereichen Wissenschaft und Geschäftsführung mitbringen muss, aber auch Spielraum für kreative Ideen lässt. Strategisch wäre es außerdem wichtig, eine kontrollierende Rechtsinstanz einzusetzen, die sich an die oben umrissenen Grundregeln hält: polyzentrische Struktur, Informationsfluss der Daten und Forschungsergebnisse in Realzeit, vollständige Transparenz, Einbindung der Öffentlichkeit in Form von Livestreaming sowie intensive Public Relations und öffentliche Aufklärung.

Jeglicher Versuch, die oben erwähnten Grundsätze (Open Source, massive Public Relations und Livestreaming) zu verändern oder zu untergraben, würde mit an Sicherheit grenzender Wahrscheinlichkeit zum Misserfolg führen und wäre für alle Beteiligten verhängnisvoll. Sämtliche in der Vergangenheit unternommenen Projekte, die ihre Geschäftsgeheimnisse streng bewahrten oder um eines besonders hohen Schutzgrades willen verschiedene Patente anmeldeten und ihre Technologien damit verschleierten oder sich allgemein um Diskretion und Geheimhaltung bemühten, sind fehlgeschlagen. Wir kennen (aus jüngster Zeit) viele Beispiele für strategische Fehler, die im Rahmen von gut finanzierten, aber fehlgeleiteten Bemühungen gemacht wurden. Geheimprojekte und ihre Chefs aus der Großindustrie *haben sich die Geheimhaltung und die Nacht zu eigen gemacht*, und deshalb müssen wir uns das Licht der Transparenz und der Offenlegung zu eigen machen.

Wenn wir Glück haben, wird die Erde die zwanzig Jahre noch überdauern, die nötig sind, um diese neue Energietechnologie zu entwickeln, herzustellen und global einzusetzen. Bis zum Jahr 2036 müssen sämtliche Energien, die für Transport, Stromversorgung und sonstige Bedürfnisse benötigt werden, aus dieser Quelle kommen. Selbst wenn heute ein voll funktionsfähiges ZPE-System (Zero Point Energy: Nullpunktenergie) enthüllt würde, bliebe uns kaum noch genügend Zeit, es umzusetzen, denn es würde sehr lange dauern und wäre sehr kostenintensiv, die gesamte Infrastruktur, einschließlich sämtlicher Auto- und Lastwagenmotoren und dergleichen, zu ersetzen. Es dauert zwischen fünfzehn und dreißig Jahren, robuste, industrielle Schwerbetriebsgeräte auszuwechseln. Wir haben buchstäblich keine Zeit mehr!

Die gute Nachricht ist, dass die Erde eine lebendige Biosphäre ist und Selbstheilungskräfte besitzt, die erstanlich widerstandsfähig sind, sobald die Menschen sie nicht mehr missbrauchen. Planetarische Schäden, die durch die Industrialisierung der letzten 150 Jahre entstanden sind, können schnell behoben werden, denn viele neue Energietechnologien lassen sich spezifisch zur Beseitigung chemischer und radioaktiver Abfallprodukte einsetzen. Während die Energiekosten effektiv auf Null sinken, kann das Recycling die 100-Prozent-Marke erreichen.

Schließlich muss auch ein Generaldirektor des gesamten Projektes eingesetzt werden, der für die strategische Sicherheit und den Gesamterfolg bürgt. Das größte Problem wird darin bestehen, alle benötigten Stellen zu besetzen, und dies ist ein weiterer Grund dafür, dass der Fonds von Anfang an mit Hilfe einer professionell durchgeführten, flächendeckenden PR-Kampagne öffentlich lanciert werden muss – und zwar schon bevor das erste Labor gebaut wird. Wenn wir uns zusammenschließen, um dieses große Ziel zum Wohl der Menschheit und unseres Planeten zu erreichen, werden wir vielleicht noch zu unseren Lebzeiten eine neue Zivilisation hier auf Erden erleben, die in Harmonie mit der Natur lebt und Jahrtausende lang in nachhaltiger, umweltverträglicher Weise funktionieren kann.

Wenn Sie mehr Informationen wünschen

oder sich beteiligen wollen, kontaktieren Sie uns bitte unter

www.SiriusDisclosure.com

UFOs – Fotos und Zeichnungen

Drei unerklärliche, bernsteinfarbene Orbs über Phoenix

McMinnville, Oregon, 11. Mai 1950. (Foto: Paul Trent)

Santa Fé. (Foto: Ivy Blank/CE-5)

Das Fluggerät wurde von einem Regierungsangestellten des Staates Wisconsin gesichtet. Es schwebte geräuschlos über dem Highway CV, vierundzwanzig Kilometer nordwestlich von Madison, Wisconsin. Das Objekt hatte einen Durchmesser von etwa zwölf Meter und war knapp dreißig Meter lang. Laut des Augenzeugen ähnelte die Unterseite des Fluggeräts der »Rückseite eines Kühlschranks – als seien da Kondensatleitungen, die in verschiedene Richtungen verliefen«. Nachdem das Fluggerät über das Auto des Zeugen hinweg geglitten war, flog es mit ungeheurer Geschwindigkeit fort, ohne einen Überschallknall zu erzeugen.

Illustration von Michael Schratt

Madison, Wisconsin: Schwarzes Dreieck

(gesichtet am 22. November 1985)

ARV – Alien Reproduction Vehicle
Nachbau eines außerirdischen Fluggeräts

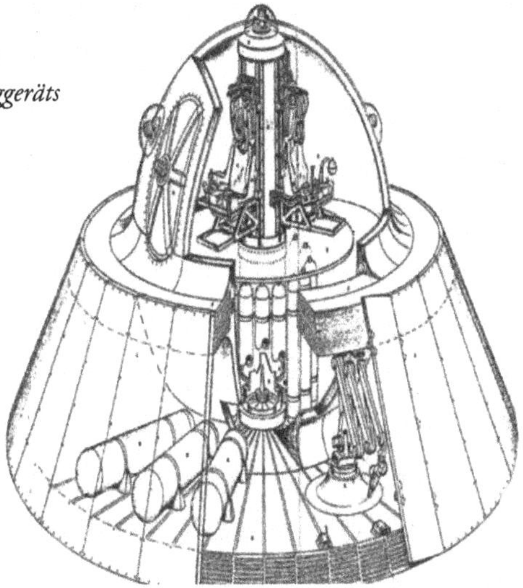

Zeichnung von
Mark McCandlish

Costa Rica, fotografiert von einem Aufklärungsflugzeug der Regierung

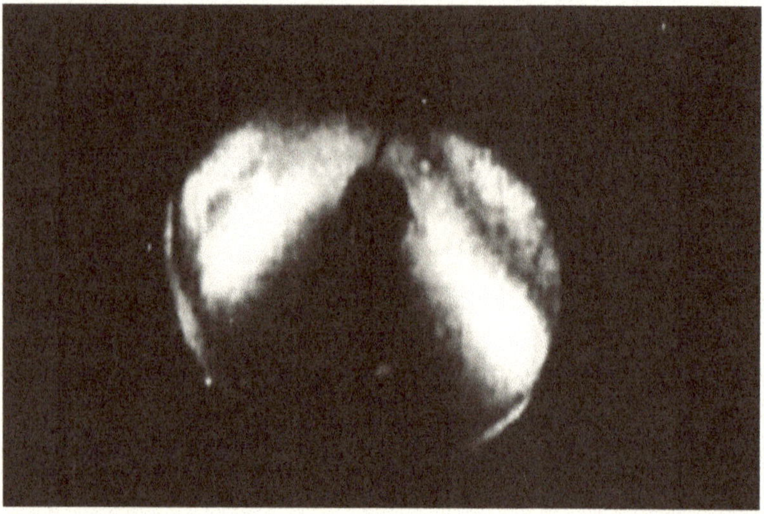

Costa Rica, fotografiert von einem Aufklärungsflugzeug der Regierung (Vergrößerung)

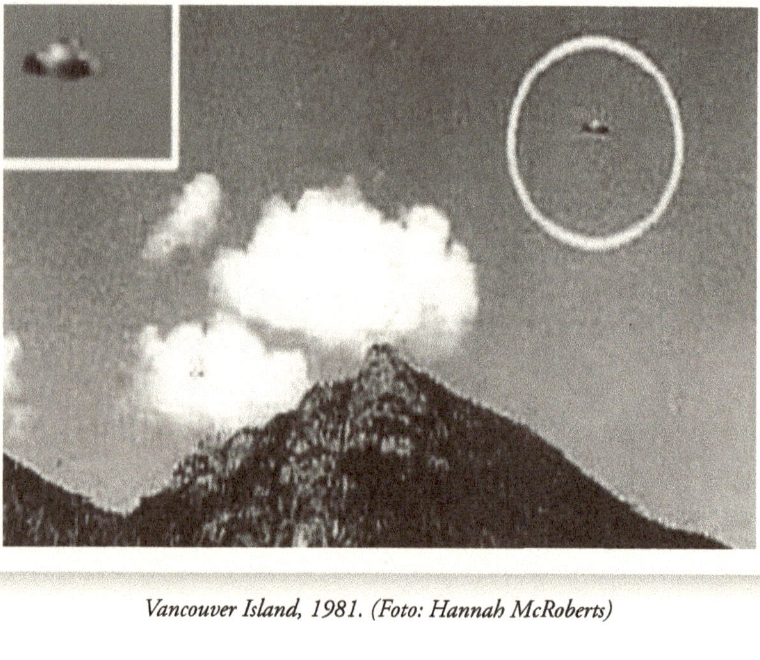

Vancouver Island, 1981. (Foto: Hannah McRoberts)

Anhänge

Anhang 1

Liste der Zeugen

A. H. (anonym) – Firma Boeing
Arneson, Dwynne – Lieutenant Colonel, U.S. Air Force
B. (Dr.) – Wissenschaftler und Ingenieur, arbeitete an streng geheimen Projekten
Bethune, Graham – Navy-Befehlshaber und Pilot
Brown, Charles – Lieutenant Colonel, *Project Grudge*
Callahan, John – ehemaliger Abteilungsleiter der FAA
Cooper, Gordon – Astronaut
Corso sen., Philip – Colonel der USAI und National Security Council
Corso jr., Philip – Geheimdienst der U.S. Army
Dedrickson, Ross – Colonel, U.S. Air Force
Doty, Richard – Special Agent, Air-Force-Büro für Sonderermittlungen
Filer, George A. – Major, Nachrichtenoffizier der Air Force
Hare, Donna – NASA-Auftragnehmerin von Philco Ford
Hill-Norton (Lord) – ehemaliger britischer Verteidigungsminister
Jacobs, Robert – Professor, ehemaliger Lieutenant der U.S. Air Force
Maynard, John – Defense Intelligence Agency (DIA)
McDow, Merle Shane – U.S. Navy Atlantic Command
Mitchell, Edgar – Apollo-Astronaut
Morris, Dan – Master Sergeant, NRO-Agent, kosmische Sicherheitsfreigabe
Pawelec, William John – U.S. Air Force, Computer- und Programmierungsspezialist
Phillips, Don – U.S. Air Force, Auftragnehmer bei Lockheed Skunkworks und der CIA
Pope, Nick – britischer Verteidigungsminister
Rosin, Carol – Fairchild Industries, Pressesprecherin für Wernher von Braun

Salas, Robert – Captain, U.S. Air Force
Schratt, Michael – Militärhistoriker, Spezialgebiet Luft- und Raumfahrt
Sheehan, Daniel – Anwalt
Smith, Michael – U.S. Air Force, Radarlotse
Stone, Clifford – Sergeant, Bergungseinheit der U.S. Army
W. H. – Sergeant der U.S. Air Force, technische Abteilung
Warren, Larry – Sicherheitsoffizier, Air-Force-Stützpunkt Bentwaters, Großbritannien
Weygandt, John – Lance Corporal, Marineinfanterist
Wolfe, Karl W. – U.S. Air Force
Wood, Robert – Luft- und Raumfahrtingenieur, McDonnell Douglas Aerospace

Anhang 2

Offizielle Dokumente der US-Regierung

000909

UNCLASSIFIED

PRIORITY

OCT1 MSG654 PAGE 01 267 0813

15. (C) THIS REPORT FORWARDS INFORMATION CONCERNING THE SIGHTING OF AN UFO IN IRAN ON 19 SEPTEMBER 1976.

P 230810Z SEP 76
FM JCS
INFO RUSHC/SECSTATE WASH DC
RUFAIIF/C I A
RUFOTAH/NSA WASH DC
RUFADWW/WHITE HOUSE WASH DC
RUFFHOA/CSAF WASH DC
RUFNAAA/CNO WASH DC
RUFADWD/CSA WASH DC
P 230630Z SEP 76
FM USDAO TEHRAN
TO RUFKJCS/DIA WASHDC
INFO RUFKUCS/SECDEF DEPSECDEF WASHDC
RUFRBAA/COMIDEASTFOR
RUDOECA/CINCUSAFE LINDSEY AS GE/INCF
RHFRAAB/CINCUSAFE RAMSTEIN AB GE/INOCN
RUSNAAA/EUDAC VAIHINGEN GER
RUSNAAA/USCINCEUR VAIHINGEN GER/ECJ-2
BT
C O N F I D E N T I A L 1235 SEP76
THIS IS IR 6 846 0139 76
1. (U) IRAN
2. REPORTED UFO SIGHTING (U)
3. (U) NA
4. (U) 19 & 20 SEP 76
5. (U) TEHRAN, IRAN; 20 SEP 76
6. (U) F-6
7. (U) 6 846 0008 (NOTE RO COMMENTS)
8. (U) 6 846 0139 76
9. (U) 22SEP 76
10. (U) NA
11. (U) "INITIATE" IPSP PT-1440.
12. (U) USDAO, TEHRAN, IRAN
13. (U) FRANK B. MCKENZIE, COL, USAF, IDA-T
14. (U) NA
15. (C) THIS REPORT FORWARDS INFORMATION CONCERNING THE SIGHTING OF AN UFO IN IRAN ON 19 SEPTEMBER 1976.

A. AT ABOUT 1230 AM ON 19 SEP 76 THE [redacted] RECEIVED FOUR TELEPHONE CALLS FROM CITIZENS LIVING IN THE SHEMIRAN AREA OF TEHRAN SAYING

PRIORITY UNCLASSIFIED

PRIORITY   UNCLASSIFIED   17

CTI   MSG654   PAGE   02 267   0813

HAT THEY HAD SEEN STRANGE OBJECTS IN THE SKY. SOME REPORTED
KIND OF BIRD-LIKE OBJECT WHILE OTHERS REPORTED A HELICOPTER
WITH A LIGHT ON. THERE WERE NO HELICOPTERS AIRBORNE AT THAT
TIME. [redacted]
[redacted] AFTER HE TOLD THE CITIZEN IT WAS ONLY
STARS AND HAD TALKED TO MEHRABAD TOWER HE DECIDED TO LOOK FOR
HIMSELF. HE NOTICED AN OBJECT IN THE SKY SIMILAR TO A STAR
BIGGER AND BRIGHTER. HE DECIDED TO SCRAMBLE AN F-4 FROM
SHAHROKHI AFB TO INVESTIGATE.
B. AT 0130 HRS ON THE 19TH THE F-4 TOOK OFF AND PROCEEDED
TO A POINT ABOUT 40 NM NORTH OF TEHRAN. DUE TO ITS BRILLIANCE
THE OBJECT WAS EASILY VISIBLE FROM 70 MILES AWAY.
AS THE F-4 APPROACHED A RANGE OF 25 NM HE LOST ALL INSTRUMENTATION
AND COMMUNICATIONS (UHF AND INTERCOM). HE BROKE OFF THE
INTERCEPT AND HEADED BACK TO SHAHROKHI. WHEN THE F-4 TURNED
AWAY FROM THE OBJECT AND APPARENTLY WAS NO LONGER A THREAT
TO IT THE AIRCRAFT REGAINED ALL INSTRUMENTATION AND COM-
MUNICATIONS. AT 0140 HRS A SECOND F-4 WAS LAUNCHED. THE
BACKSEATER ACQUIRED A RADAR LOCK ON AT 27 NM, 12 O'CLOCK
HIGH POSITION WITH THE VC (RATE OF CLOSURE) AT 150 NMPH.
AS THE RANGE DECREASED TO 25 NM THE OBJECT MOVED AWAY AT A
SPEED THAT WAS VISIBLE ON THE RADAR SCOPE AND STAYED AT 25NM
C. THE SIZE OF THE RADAR RETURN WAS COMPARABLE TO THAT OF
A 707 TANKER. THE VISUAL SIZE OF THE OBJECT WAS DIFFICULT
TO DISCERN BECAUSE OF ITS INTENSE BRILLIANCE. THE
LIGHT THAT IT GAVE OFF WAS THAT OF FLASHING STROBE LIGHTS
ARRANGED IN A RECTANGULAR PATTERN AND ALTERNATING BLUE, GREEN,
RED AND ORANGE IN COLOR. THE SEQUENCE OF THE LIGHTS WAS SO
FAST THAT ALL THE COLORS COULD BE SEEN AT ONCE. THE OBJECT
AND THE PURSUING F-4 CONTINUED ON A COURSE TO THE SOUTH OF
TEHRAN WHEN ANOTHER BRIGHTLY LIGHTED OBJECT, ESTIMATED TO BE
ONE HALF TO ONE THIRD THE APPARENT SIZE OF THE MOON, CAME
OUT OF THE ORIGINAL OBJECT. THIS SECOND OBJECT HEADED STRAIGHT
TOWARD THE F-4 AT A VERY FAST RATE OF SPEED. THE PILOT
ATTEMPTED TO FIRE AN AIM-9 MISSILE AT THE OBJECT BUT AT THAT
INSTANT HIS WEAPONS CONTROL PANEL WENT OFF AND HE LOST ALL
COMMUNICATIONS (UHF AND INTERPHONE). AT THIS POINT THE PILOT
INITIATED A TURN AND NEGATIVE G DIVE TO GET AWAY. AS HE
TURNED THE OBJECT FELL IN TRAIL AT WHAT APPEARED TO BE ABOUT
3-4 NM. AS HE CONTINUED IN HIS TURN AWAY FROM THE PRIMARY
OBJECT THE SECOND OBJECT WENT TO THE INSIDE OF HIS TURN THEN
RETURNED TO THE PRIMARY OBJECT FOR A PERFECT REJOIN.
D. SHORTLY AFTER THE SECOND OBJECT JOINED UP WITH THE
PRIMARY OBJECT ANOTHER OBJECT APPEARED TO COME OUT OF THE

PRIORITY   UNCLASSIFIED

58
PRIORITY

UNCLASSIFIED

DCT1 HS6654 PAGE 03 267 0833

OTHER SIDE OF THE PRIMARY OBJECT GOING STRAIGHT DOWN, AT A GREAT RATE OF SPEED. THE F-4 CREW HAD REGAINED COMMUNICATIONS AND THE WEAPONS CONTROL PANEL AND WATCHED THE OBJECT APPROACH THE GROUND ANTICIPATING A LARGE EXPLOSION. THIS OBJECT APPEARED TO COME TO REST GENTLY ON THE EARTH AND CAST A VERY BRIGHT LIGHT, OVER AN AREA OF ABOUT 2-3 KILOMETERS.

THE CREW DESCENDED FROM THEIR ALTITUDE OF 26M TO 15M AND CONTINUED TO OBSERVE AND MARK THE OBJECT'S POSITION. THEY HAD SOME DIFFICULTY IN ADJUSTING THEIR NIGHT VISIBILITY FOR LANDING SO AFTER ORBITING MEHRABAD A FEW TIMES THEY WENT OUT FOR A STRAIGHT IN LANDING. THERE WAS A LOT OF INTERFERENCE ON THE UHF AND EACH TIME THEY PASSED THROUGH A MAG. BEARING OF 150 DEGREE FROM EHRABAD THEY LOST THEIR COMMUNICATIONS (UHF AND INTERPHONE) AND THE INS FLUCTUATED FROM 30 DEGREES - 50 DEGREES THE ONE CIVIL AIRLINER THAT WAS APPROACHING MEHRABAD DURING THIS SAME TIME EXPERIENCED COMMUNICATIONS FAILURE IN THE SAME VICINITY (KILO ZULU) BUT DID NOT REPORT SEEING ANYTHING.

WHILE THE F-4 WAS ON A LONG FINAL APPROACH THE CREW NOTICED ANOTHER CYLINDER SHAPED OBJECT (ABOUT THE SIZE OF A T-BIRD AT 10M) WITH BRIGHT STEADY LIGHTS ON EACH END AND A FLASHER IN THE MIDDLE. WHEN QUERIED THE TOWER STATED THERE WAS NO OTHER KNOWN TRAFFIC IN THE AREA.. DURING THE TIME THAT THE OBJECT PASSED OVER THE F-4 THE TOWER DID NOT HAVE A VISUAL ON IT BUT PICKED IT UP AFTER THE PILOT TOLD THEM TO LOOK BETWEEN THE MOUNTAINS AND THE REFINERY.

C. DURING DAYLIGHT THE F-4 CREW WAS TAKEN OUT TO THE AREA IN A HELICOPTER WHERE THE OBJECT APPARENTLY HAD LANDED. NOTHING WAS NOTICED AT THE SPOT WHERE THEY THOUGHT THE OBJECT LANDED (A DRY LAKE BED) BUT AS THEY CIRCLED OFF TO THE WEST OF THE AREA THEY PICKED UP A VERY NOTICEABLE BEEPER SIGNAL. AT THE POINT WHERE THE RETURN WAS THE LOUDEST WAS A SMALL HOUSE WITH A GARDEN. THEY LANDED AND ASKED THE PEOPLE WITHIN IF THEY HAD NOTICED ANYTHING STRANGE LAST NIGHT. THE PEOPLE TALKED ABOUT A LOUD NOISE AND A VERY BRIGHT LIGHT LIKE LIGHTENING. THE AIRCRAFT AND AREA WHERE THE OBJECT IS BELIEVED TO HAVE LANDED ARE BEING CHECKED FOR POSSIBLE RADIATION [redacted] MORE INFORMATION WILL BE FORWARDED WHEN IT BECOMES AVAILABLE.

~~[illegible]~~
RT
#9712
PTCCZYUW RUFKJCS9712 2670810 0130-CCCC 2670814

PRIORITY

UNCLASSIFIED

Anhang 3

Bericht über die UFO-Sichtung im Iran, September 1976

DEPARTMENT OF DEFENSE

JOINT CHIEFS OF STAFF

MESSAGE CENTER

001083

PAGE 2 [redacted] 12841

12. (U) USDAO, TEHRAN, IRAN
13. (U) FRANK B. MCKENZIE, COL, USAF, DATT
14. (U) NA
15. [redacted] THIS REPORT FORWARDS INFORMATION CONCERNING THE SIGHTING OF AN UFO IN IRAN ON 19 SEPTEMBER 1976.

A. AT ABOUT 1230 AM ON 19 SEP 76 THE IMPERIDAL IRANIAN AIR FORCE (IIAF) COMMAND POST RECEIVED FOUR TELEPHONE CALLS FROM CITIZENS LIVING IN THE SHEMIRAN AREA OF TEHRAN SAYING THAT THEY HAD SEEN STRANGE OBJECTS IN THE SKY. SOME REPORTED A KIND OF BIRD-LIKE OBJECT WHILE OTHERS RIPORTED A HELICOPTER WITH A LIGHT ON. THERE WERE NO HELICOPTERS AIRBORNE AT THAT TIME. THE COMMAND POST CALLED BG YOUSEFI, ASSISTANT DEPUTY COMMANDER OF OPERATIONS. AFTER HE TOLD THE CITIZEN IT WAS ONLY STARS AND HAD TALKED TO MEHRABAD TOWER HE DECIDED TO LOOK FOR HIMSELF. HE NOTICED AN OBJECT IN THE SKY SIMILAR TO A STAR BIGGER AND BRIGHTER. HE DECIDED TO SCRAMBLE AN F-4 FROM SHAHROKHI AFB TO INVESTIGATE.

B. AT 0130 HRS ON THE 19TH THE F-4 TOOK OFF AND PROCEEDED TO A POINT ABOUT 40 NM NORTH OF TEHRAN. DUE TO ITS BRILLIANCE THE OBJECT WAS EASILY VISIBLE FROM 70 MILES AWAY. AS THE F-4 APPROACHED A RANGE OF 25 NM HE LOST ALL INSTRUMENTATION AND COMMUNICATIONS (UHF AND INTERCOM). HE BROKE OFF THE INTERCEPT AND HEADED BACK TO SHAHROKHI. WHEN THE F-4 TURNED AWAY FROM THE OBJECT AND APPARENTLY WAS NO LONGER A THREAT TO IT THE AIRCRAFT REGAINED ALL INSTRUMENTATION AND COMMUNICATIONS. AT 0140 HRS A SECOND F-4 WAS LAUNCHED. THE BACKSEATER ACQUIRED A RADAR LOCK ON AT 27 NM, 12 O'CLOCK HIGH POSITION WITH THE VC (RATE OF CLOSURE) AT 150 NMPH. AS THE RANGE DECREASED TO 25 NM THE OBJECT MOVED AWAY AT A SPEED THAT WAS VISIBLE ON THE RADAR SCOPE AND STAYED AT 25NM.

C. THE SIZE OF THE RADAR RETURN WAS COMPARABLE TO THAT OF A 707 TANKER. THE VISUAL SIZE OF THE OBJECT WAS DIFFICULT TO DISCERN BECAUSE OF ITS INTENSE BRILLIANCE. THE LIGHT THAT IT GAVE OFF WAS THAT OF FLASHING STROBE LIGHTS ARRANGED IN A RECTANGULAR PATTERN AND ALTERNATING BLUE, GREEN, RED AND ORANGE IN COLOR. THE SEQUENCE OF THE LIGHTS WAS SO FAST THAT ALL THE COLORS COULD BE SEEN AT ONCE. THE OBJECT AND THE PURSUING F-4 CONTINUED ON A COURSE TO THE SOUTH OF TEHRAN WHEN ANOTHER BRIGHTLY LIGHTED OBJECT, ESTIMATED TO BE ONE HALF TO ONE THIRD THE APPARENT SIZE OF THE MOON, CAME OUT OF THE ORIGINAL OBJECT. THIS SECOND OBJECT HEADED STRAIGHT TOWARD THE F-4 AT A VERY FAST RATE OF SPEED. THE PILOT ATTEMPTED TO FIRE AN AIM-9 MISSILE AT THE OBJECT BUT AT THAT

PAGE 2 [redacted] 0211010

001084

DEPARTMENT OF DEFENSE

JOINT CHIEFS OF STAFF

MESSAGE CENTER

PAGE 12843

INSTANT HIS WEAPONS CONTROL PANEL WENT OFF AND HE LOST ALL
COMMUNICATIONS (UHF AND INTERPHONE). AT THIS POINT THE PILOT
INITIATED A TURN AND NEGATIVE G DIVE TO GET AWAY. AS HE
TURNED THE OBJEAZ FELL IN TRAIL AT WHAT APPEARED TO BE ABOUT
3-4 NM. AS HE CONTINUED IN HIS TURN AWAY FROM THE PRIMARY
OBJECT THE SECOND OBJECT WENT TO THE INSIDE OF HIS TURN THEN
RETURNED TO THE PRIMARY OBJECT FOR A PERFECT REJOIN.

D. SHORTLY AFTER THE SECOND OBJECT JOINED UP WITH THE
PRIMARY OBJECT ANOTHER OBJECT APPEARED TO COME OUT OF THE
OTHER SIDE OF THE PRIMARY OBJECT GOING STRAIGHT DOWN, AT A
GREAT RATE OF SPEED. THE F-4 CREW HAD REGAINED COMMUNICATIONS
AND THE WEAPONS CONTROL PANEL AND WATCHED THE OBJECT APPROACH
THE GROUND ANTICIPATING A LARGE EXPLOSION. THIS OBJECT APPEARED
TO COME TO REST GENTLY ON THE EARTH AND CAST A VERY BRIGHT
LIGHT OVER AN AREA OF ABOUT 2-3 KILOMETERS.
THE CREW DESCENDED FROM THEIR ALTITUDE OF 26M TO 15M AND
CONTINUED TO OBSERVE AND MARK THE OBJECT'S POSITION. THEY
HAD SOME DIFFICULTY IN ADJUSTING THEIR NIGHT VISIBILITY FOR
LANDING SO AFTER ORBITING MEHRABAD A FEW TIMES THEY WENT OUT
FOR A STRAIGHT IN LANDING. THERE WAS A LOT OF INTERFERENCE
ON THE UHF AND EACH TIME THEY PASSED THROUGH A MAG. BEARING
OF 150 DEGREE FROM EHRABAD THEY LOST THEIR COMMUNICATIONS (UHF
AND INTERPHONE) AND THE INS FLUCTUATED FROM 30 DEGREES - 50 DEGREES.
THE ONE CIVIL AIRLINER THAT WAS APPROACHING MEHRABAD DURING THIS
SAME TIME EXPERIENCED COMMUNICATIONS FAILURE IN THE SAME
VICINITY (KILO ZULU) BUT DID NOT REPORT SEEING A?YTHING.
WHILE THE F-4 WAS ON A LONG FINAL APPROACH THE C?EW NOTICED
ANOTHER CYLINDER SHAPED OBJECT (ABOUT THE SIZE OF A T-BIRD
AT 10M) WITH BRIGHT STEADY LIGHTS ON EACH END AND A FLASHER
IN THE MIDDLE. WHEN QUERIED THE TOWER STATED THE?I WAS NO
OTHER KNOWN TRAFFIC IN THE AREA. DURING THE TIME THAT THE
OBJECT PASSED OVER THE F-4 THE TOWER DID NOT HAV? A VISUAL
ON IT BUT PICKED IT UP AFTER THE PILOT TOLD THEM TO LOOK
BETWEEN THE MOUNTAINS AND THE REFINERY.

E. DURING DAYLIGHT THE F-? CREW WAS TAKEN OUT TO THE
AREA IN A HELICOPTER WHERE THE OBJECT APPARENTLY HAD LANDED.
NOTHING WAS NOTICED AT THE SPOT WHERE THEY THOUG IT THE OBJECT
LANDED (A DRY LAKE BED) BUT AS THEY CIRCLED OFF TO THE
WEST OF THE AREA THEY PICKED UP A VERY NOTICEABLE BEEPER
SIGNAL. AT THE POINT WHERE THE RETURN WAS THE LEODEST WAS
A SMALL HOUSE WITH A GARDEN. THEY LANDED AND ASK?D THE PEOPLE
WITHIN IF THEY HAD NOTICED ANYTHING STRANGE LAST NIGHT. THE
PEOPLE TALKED ABOUT A LOUD NOISE AND A VERY BRIGHT LIGHT
LIKE LIGHTENING. THE AIRCRAFT AND AREA WHERE THE OBJECT IS
BELNEVED TO HAVE LANDED ARE BEING CHECKED FOR POSSIBLE RADIATION.
RO COMMENTS: ACTUAL INFORMATION CONTAINED IN THIS REPORT
WAS OBTAINED FROM SOURCE IN CONVERSATION WITH A SUB-SOURCE, AND
IIAF PILOT OF ONE OF THE F-4S. MORE INFORMATION WILL BE
FORWARDED WHEN IT BECOMES AVAILABLE.

BT
#0373
ANNOTES
JEP 117

Anhang 4

Bericht über die UFO-Sichtung auf einem Navy-Air-Force-Stützpunkt, 1951

UNCLASSIFIED

FLEET LOGISTIC AIR WING, ATLANTIC/CONTINENTAL
AIR TRANSPORT SQUADRON ONE
U. S. NAVAL AIR STATION
PATUXENT RIVER, MARYLAND

UNCLASSIFIED

10 February 1951

MEMORANDUM REPORT to: Commanding Officer, Air Transport Squadron ONE

Subj: Report of Unusual Sighting on Flight 125/9 February 1951

1. I, Graham E. BETHUNE, was Co-Pilot on Flight 125 from Keflavik, Iceland to Naval Air Station, Argentia on the 10th of February 1951. At 0035Z I sighted and observed the following object:

SIGHTED

4 TO 5 MILES

While flying in the left seat at 10,000 feet on a true course of 230 degrees at a position of 49-50 North 50-03 West, I observed a glow of light below the horizon about 1,000 to 1,500 feet above the water. Its bearing was about 2 O'Clock. There was no overcast, there was a thin transparent ground scuds at about 2,000 feet altitude. After examing the object for 20 to 30 seconds I called it to the attention of Lieutenant KINGDON in the right hand seat. It was under the thin scuds at roughly 30 to 40 miles away. I asked "What is it, a ship lighted up or a city, I know it can't be a city because we are over 250 miles out". We both observed its course and motion for about 4 or 5 minutes before calling it to the attention of the other crew members. Its first glow was a dull yellow. We were on an intercepting course. Suddenly its angle of attack changed, its altitude and size increased as though its speed was in excess of 1,000 miles per hour. It closed in so fast that the first feeling was we would collide in mid air. At this time its angle changed and the color changed. It then was definately circular and redish orange on its primiter. It reversed its course and tripled its speed until it was last seen disappearing over the horizon. Because of our altitude and misleading distance over water it is almost impossible to estimate its size, distance and speed. A rough estimate would be at least 300 feet in diameter, over 1,000 miles per hour in speed and approached within 5 miles of the aircraft.

(500 FEET)

/s/Graham E. BETHUNE
LT, U. S. Naval Reserve.

ENCLOSURE (4)

UNCLASSIFIED

DOWNGRADED AT 3 YEAR INTERVALS
DECLASSIFIED AFTER 12 YEARS.
DOD DIR 5200.10

Anhang 5

Kanadisches Verkehrsministerium, 1950, W. B. Smith-Dokument

TOP SECRET

CONFIDENTIAL

DEPARTMENT OF TRANSPORT

INTRA-DEPARTMENTAL CORRESPONDENCE

OTTAWA, Ontario, November 21, 1950.

YOUR FILE	SUBJECT	OUR FILE
	Geo-Magnetics	(R.ST.)

Downgraded to CONFIDENTIAL See Memo 15/1/69 CR

MEMORANDUM TO THE CONTROLLER OF TELECOMMUNICATIONS:

For the past several years we have been engaged in the study of various aspects of radio wave propagation. The vagaries of this phenomenon have led us into the fields of aurora, cosmic radiation, atmospheric radio-activity and geo-magnetism. In the case of geo-magnetics our investigations have contributed little to our knowledge of radio wave propagation as yet, but nevertheless have indicated several avenues of investigation which may well be explored with profit. For example, we are on the track of a means whereby the potential energy of the earth's magnetic field may be abstracted and used.

On the basis of theoretical considerations a small and very crude experimental unit was constructed approximately a year ago and tested in our Standards Laboratory. The tests were essentially successful in that sufficient energy was abstracted from the earth's field to operate a voltmeter, approximately 50 milliwatts. Although this unit was far from being self-sustaining, it nevertheless demonstrated the soundness of the basic principles in a qualitative manner and provided useful data for the design of a better unit.

The design has now been completed for a unit which should be self-sustaining and in addition provide a small surplus of power. Such a unit, in addition to functioning as a 'pilot power plant' should be large enough to permit the study of the various reaction forces which are expected to develop.

We believe that we are on the track of something which may well prove to be the introduction to a new technology. The existence of a different technology is borne out by the investigations which are being carried on at the present time in relation to flying saucers.

While in Washington attending the NARB Conference, two books flying objects were of extra-terrestrial origin and might well be space ships from another planet. Smith claimed that the preliminary studies of one saucer which fell into the hands of the United States Government indicated that they operated on some hitherto unknown magnetic principles. It appeared to me that our own work in geo-magnetics might well be the linkage between our technology and the technology by which the saucers are designed and operated. If it is assumed that our geo-magnetic investigations are in the right direction, the theory of operation of the saucers becomes quite straightforward, with all observed features explained qualitatively and quantitatively.

I made discreet enquiries through the Canadian Embassy staff in Washington who were able to obtain for me the following information:

a. The matter is the most highly classified subject in the United States Government, rating higher even than the H-bomb.

b. Flying saucers exist.

c. Their modus operandi is unknown but concentrated effort is being made by a small group headed by Doctor Vannevar Bush.

d. The entire matter is considered by the United States authorities to be of tremendous significance.

I was further informed that the United States authorities are investigating along quite a number of lines which might possibly be related to the saucers such as mental phenomena and I gather that they are not doing too well since they indicated that if Canada is doing anything at all in geo-magnetics they would welcome a discussion with suitably accredited Canadians.

While I am not yet in a position to say that we have solved even the first problems in geo-magnetic energy release, I feel that the correlation between our basic theory and the available information on saucers checks too closely to be mere coincidence. It is my honest opinion that we are on the right track and are fairly close to at least some of the answers.

Mr. Wright, Defence Research Board liaison officer at the Canadian Embassy in Washington, was extremely anxious for me to get in touch with Doctor Solandt, Chairman of the Defence Research Board, to discuss with him future investigations along the line of geo-magnetic energy release. I do not feel that we have as yet sufficient data to place before Defence Research Board which would enable a program to be initiated within that organization, but I do feel that further research is necessary and I would prefer to see it done within the frame work of our own organization with, of course, full co-operation and exchange of information with other interested bodies.

I discussed this matter fully with Doctor Solandt, Chairman of Defence Research Board, on November 20th and placed before him as much information as I have been able to gather to date. Doctor Solandt agreed that work on geo-magnetic energy should go forward as rapidly as possible

(3)

and offered full co-operation of his Board in providing laboratory facilities, acquisition of necessary items of equipment, and specialized personnel for incidental work in the project. I indicated to Doctor Solandt that we would prefer to keep the project within the Department of Transport for the time being until we have obtained sufficient information to permit a complete assessment of the value of the work.

30D

It is therefore recommended that a PROJECT be set up within the frame work of this Section to study this problem and that the work be carried on a part time basis until such time as sufficient tangible results can be seen to warrant more definitive action. Cost of the program in its initial stages are expected to be less than a few hundred dollars and can be carried by our Radio Standards Lab appropriation.

Attached hereto is a draft of terms of reference for such a project which, if authorized, will enable us to proceed with this research work within our own organization.

D.M.A.
Concur
[illegible] 2?/11/50

W. B. Smith
(W.B. Smith)
Senior Radio Engineer

Go ahead with it & keep me posted from time to time G. P. Edwards 2/12/50

WBS/CC

Anhang 6

US-amerikanisches Verkehrsministerium/ Flugverkehrsamt, Japan Airlines, 1986

U.S. Department of Transportation
Federal Aviation Administration

Memorandum

Anchorage ARTCC
5400 Davis Hwy.
Anchorage, Alaska

Subject: INFORMATION: Transcription concerning the incident involving Japan Airlines Flight 1628 on November 18, 1986 at approximately 0218 UTC.

Date: January 9, 198

From: Quentin J. Gates
Air Traffic Manager,
ANC ARTCC

Reply to Attn. of:

To:

This transcription covers the time period from November 18, 1986, 0214 UTC t November 18, 1986, 0259 UTC.

Agencies Making Transmissions	Abbreviations
Japan Airlines Flight 1628	JL1628
Anchorage ARTCC Combined Sector R/D15	R/D15
Anchorage ARTCC Sector D15	D15
Anchorage ARTCC Sector R15	R15
Regional Operations Command Center	ROCC
United Airlines Flight 69	UA69
TOTEM71	TOTEM
Fairbanks Approach Control	APCH

I hereby certify that the following is a true transcription of the recorde conversations pertaining to the subject incident:

Anthony M. Wylie
Quality Assurance Specialist
Anchorage ARTCC

Unidentified Traffic Sighting
by Japan Airlines Flight 1628
November 18, 1986
ANC ARTCC
DRAFT

U.S. Department of Transportation
Federal Aviation Administration

Memorandum

Subject: INFORMATION: Unidentified Traffic Sighting by Japan Airlines

Date: DEC 18 1986

From: Air Traffic Manager, Anchorage ARTCC, ZAN-1

Reply to Attn. of:

To: Manager, Air Traffic Division, AAL-500
ATTN: Evaluation Specialist, AAL-514

The attached chronology summarizes the communications and actions of Japan Airlines Flight 1628 on November 18, 1986.

Radar data recorded by Anchorage Center does not confirm the presence of the traffic reported by Flight 1628. No further information has been received from civil or military sources since the date of the sightings.

Major Johnson of the Elmendorf Regional Operations Command Center (ROCC) is checking their records and the operations personnel for further details. He will forward any additional information to Anchorage Center as soon as possible.

Should you have any questions or need additional information, contact Tony Wylie, Quality Assurance Specialist, 269-1162.

Original signed by

Quentin J. Gates

Attachment

DRAFT

Unidentified Traffic Sighting
by Japan Airlines Flight 1628
November 18, 1986
ANC ARTCC
DRAFT

The following is a chronological summary of the alleged aircraft sightings by Japan Airlines Flight 1628, on November 18, 1986:

All times listed are approximate UTC unless otherwise specified.

0219 - The pilot of JL1628 requested traffic information from the ZAN Sector 15 controller. When the controller advised there was no traffic in the vicinity, JL1628 responded that they had same direction traffic, approximately 1 mile in front, and it appeared to be at their altitude. When queried about any identifiable markings, the pilot responded that they could only see white and yellow strobes.

0225 - JL1628 informed ZAN that the traffic was now visible on their radar, in their 11 o'clock position at 8 miles.

0226 - ZAN contacted the Military Regional Operations Control Center, (ROCC), and asked if they were receiving any radar returns near the position of JL1628. The ROCC advised that they were receiving a primary radar return in JL1628's 10 o'clock position at 8 miles.

DRAFT

0227 - The ROCC contacted ZAN to advise they were no longer receiving any radar returns in the vicinity of JL1628.

0231 - JL1628 advised that the "plane" was "quite big", at which time the ZAN controller approved any course deviations needed to avoid the traffic.

0232 - JL1628 requested and received a descent from FL350 to FL310. When asked if the traffic was descending also, the pilot stated it was descending "in formation".

0235 - JL1628 requested and received a heading change to two one zero. The aircraft was now in the vicinity of Fairbanks and ZAN contacted Fairbanks Approach Control asking if they had any radar returns near JL1628's position. The Fairbanks Controller advised they did not.

0236 - JL1628 was issued a 360 degree turn and asked to inform ZAN if the traffic stayed with them.

0238 - The ROCC called ZAN advising they had confirmed a "flight of two" in JL1628's position. They advised they had some "other equipment watching this", and one was a primary target only.

0239 - JL1628 told ZAN they no longer had the traffic in sight.

0242 - The ROCC advised it looked as though the traffic had dropped back and to the right of JL1628, however, they were no longer tracking it.

0244 - JL1628 advised the traffic was now at 9 o'clock

0245 - ZAN issued a 10 degree turn to a northbound United Airlines flight, after pilot concurrence, in an attempt to confirm the traffic.

0248 - JL1628 told ZAN the traffic was now at 7 o'clock, 8 miles.

0250 - The northbound United Flight advised they had the Japan Airlines flight in sight, against a light background, and could not see any other traffic.

0253 - JL1628 advised they no longer had contact with the traffic.

A subsequent review of ANC ARTCC's radar tracking data failed to confirm any targets in close proximity to JL1628.

PERSONNEL STATEMENT

FEDERAL AVIATION ADMINISTRATION

Anchorage Air Route Traffic Control Center

The following is a report concerning the incident to aircraft JL1628 on November 18, 1986 at 0230 UTC.

My name is Carl E. Henley (HC) I am employed as an Air Traffic Control Specialist by the Federal Aviation Administration at the Anchorage Air Route Traffic Control Center, Anchorage, Alaska.

During the period of 2030 UTC, November 17, 1986, to 0430 UTC, November 18, 1986 I was on duty in the Anchorage ARTCC. I was working the D15 position from 0136 UTC, November 18, 1986 to 0230 UTC, November 18, 1986.

At approximately 0225Z while monitoring JL1628 on Sector 15 radar, the aircraft requested traffic information. I advised no traffic in his vicinity. The aircraft advised he had traffic 12 o'clock same altitude. I asked JL1628 if he would like higher/lower altitude and the pilot replied, negative. I checked with ROCC to see if they had military traffic in the area and to see if they had primary targets in the area. ROCC did have primary target in the same position JL1628 reported. Several times I had single primary returns where JL1628 reported traffic. JL1628 later requested a turn to heading 210°, I approved JL1628 to make deviations as necessary for traffic. The traffic stayed with JL1628 through turns and decent in the vicinity of FAI I requested JL1628 to make a right 360° turn to see if he could identify the aircraft, he lost contact momentarily, at which time I observed a primary target in the 6 o'clock position 5 miles. I then vectored UA69 northbound to FAI from ANC with his approval to see if he could identify the aircraft, he had contact with the JL1628 flight but reported no other traffic, by this time J11628 had lost contact with the traffic. Also a military C-130 southbound to EDF from EIL advised he had plenty of fuel and would take a look, I vectored him toward the flight and climbed him to FL240, he also had no contact.

Note: I requested JL1628 to identify the type or markings of the aircraft. He could not identify but reported white and yellow strobes. I requested the JL1628 to say flight conditions, he reported clear and no clouds.

Carl E. Henley

November 19, 1986

DRAFT

PERSONNEL STATEMENT

FEDERAL AVIATION ADMINISTRATION
Anchorage Air Route Traffic Control Center

January 9, 1987

The following is a report concerning the incident involving aircraft JL1628 north of Fairbanks, Alaska on November 18, 1986 at 0218 UTC.

My name is Samuel J. Rich (SR). I am employed as an Air Traffic Control Specialist by the Federal Aviation Administration at the Anchorage Air Route Traffic Control Center, Anchorage, Alaska.

During the period of 0035 UTC, November 18, 1986, to 0835 UTC, November 18, 1986, I was on duty in the Anchorage ARTCC. I was working the D15 position from 0230 UTC, November 18, 1986, to 0530 UTC, November 18, 1986.

I returned from my break at approximately 0218 UTC to relieve Mr. Henley on the sector R/D15 position. In the process of relieving Mr. Henley I heard the pilot of JL1628 ask if we had any traffic near his position. I continued to monitor the position as Mr. Henley was too busy to give me a relief briefing. I monitored the situation for approximately twelve minutes at which time I assumed the D15 position and Mr. Henley moved to the R15 position. During the twelve minute period I heard the JL1628 pilot report the color of the lights were white and yellow. After the radar scale was reduced to approximately twenty miles I observed a radar return in the poition the pilot had reported traffic.

After assuming the D15 position I called the ROCC at approximately 0230 UTC to ask if they had any military traffic operating near JL1628. The ROCC said they had no military traffic in the area. I then asked them if they could see any traffic near JL1628. ROCC advised that they had traffic near JL1628 in the same position we did.

I asked ROCC if they had any aircraft to scramble on JL1628, they said they would call back. I received no further communication regarding the request for a scramble.

DRAFT

Samuel J. Rich
Air Traffic Control Specialist
Anchorage ARTCC

PERSONNEL STATEMENT

FEDERAL AVIATION ADMINISTRATION
Anchorage Air Route Traffic Control Center

January 9, 1986

The following is a report concerning the incident to Japan Airlines Flight 1628 (JL1628) North of Fairbanks, Alaska on November 18, 1986 at 0218 UTC.

My name is John L. Aarnink (AA). I am employed as an Air Traffic Control Specialist by the Federal Aviation Administration at the Anchorage Air Route Traffic Control Center (ARTCC), Anchorage, Alaska. During the period of 2230 UTC, November 17, 1986 to 0630 November 18, 1986 I was on duty in the Anchorage ARTCC. I was working the C15 position from approximately 0218 UTC, November 18, 1986 to 0250 UTC, November 18, 1986.

I was on my way to take a break when I noticed the unusual activity at the Sector 15 positions. I plugged into the C15 position and assisted them by answering telephone lines, making and taking handoffs and coordinating as necessary. As to the specific incident, I monitored the aircrafts transmissions and observed data on the radar that coinsided with information that the pilot of JL1628 reported. I coordinated with the ROCC on the BRAVO and CHARLIE lines. They confirmed they also saw data in the same location. At approximately abeam CAWIN intersection, I no longer saw the data and the pilot advised he no longer saw the traffic. I called the ROCC and they advised they had lost the target. I then unplugged from the position and went on a break.

John L. Aarnink
Air Traffic Control Specialist
Anchorage ARTCC

DRAFT

Anhang 7

Department of Air Force, 1980, Colonel Charles Halt, Fall Bentwaters

DEPARTMENT OF THE AIR FORCE

APO NEW YORK

001055

CD

13 Jan 81

Unexplained Lights

RAF/CC

1. Early in the morning of 27 Dec 80 (approximately 0300L), two USAF security police patrolmen saw unusual lights outside the back gate at RAF Woodbridge. Thinking an aircraft might have crashed or been forced down, they called for permission to go outside the gate to investigate. The on-duty flight chief responded and allowed three patrolmen to proceed on foot. The individuals reported seeing a strange glowing object in the forest. The object was described as being metalic in appearance and triangular in shape, approximately two to three meters across the base and approximately two meters high. It illuminated the entire forest with a white light. The object itself had a pulsing red light on top and a bank(s) of blue lights underneath. The object was hovering or on legs. As the patrolmen approached the object, it maneuvered through the trees and disappeared. At this time the animals on a nearby farm went into a frenzy. The object was briefly sighted approximately an hour later near the back gate.

2. The next day, three depressions 1 1/2" deep and 7" in diameter were found where the object had been sighted on the ground. The following night (29 Dec 80) the area was checked for radiation. Beta/gamma readings of 0.1 milliroentgens were recorded with peak readings in the three depressions and near the center of the triangle formed by the depressions. A nearby tree had moderate (.05-.07) readings on the side of the tree toward the depressions.

3. Later in the night a red sun-like light was seen through the trees. It moved about and pulsed. At one point it appeared to throw off glowing particles and then broke into five separate white objects and then disappeared. Immediately thereafter, three star-like objects were noticed in the sky, two objects to the north and one to the south, all of which were about 10° off the horizon. The objects moved rapidly in sharp angular movements and displayed red, green and blue lights. The objects to the north appeared to be elliptical through an 8-12 power lens. They then turned to full circles. The objects to the north remained in the sky for an hour or more. The object to the south was visible for two or three hours and beamed down a stream of light from time to time. Numerous individuals, including the undersigned, witnessed the activities in paragraphs 2 and 3.

CHARLES I. HALT, Lt Col, USAF
Deputy Base Commander

Document #5

Anhang 8

Südafrikanische Luftwaffe, 1989, UFO-Absturz und anschließender Bericht

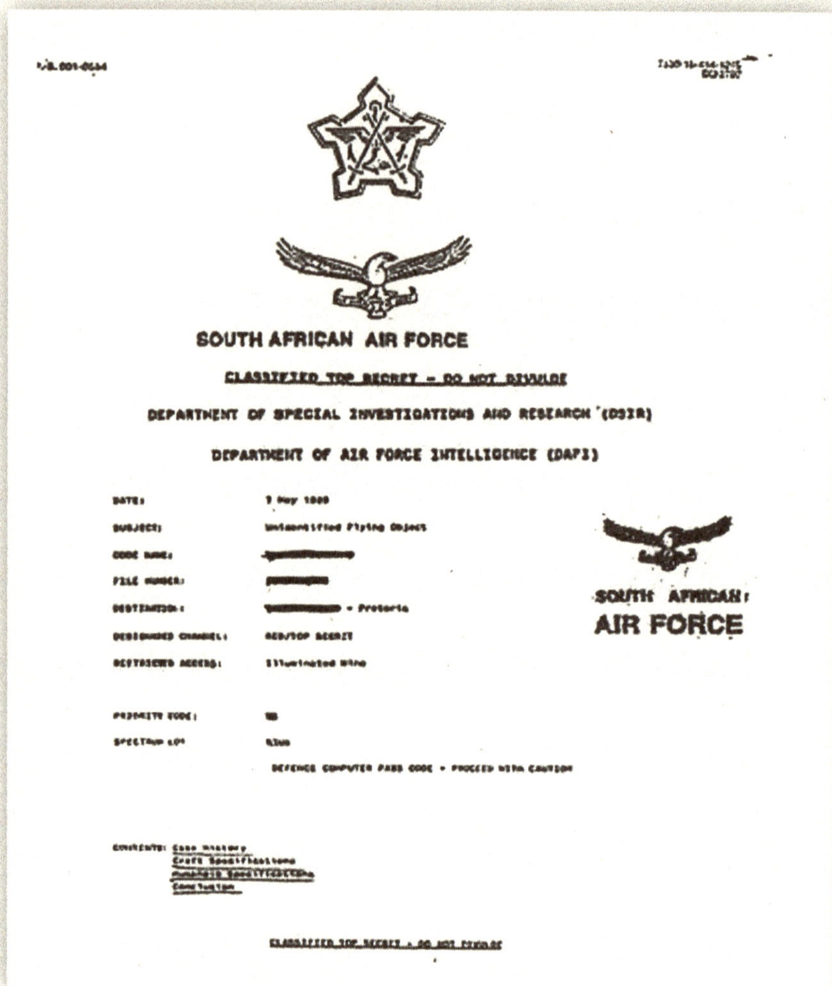

During the first week in July I received correspondence from Mr.X which stated that a UFO had crashed in the Kalahari Desert and had been recovered by a team of South African Military personnel to a secret Air Force base. He also informed me that two live alien entities had been found in the craft. The information also stated that a group of American Military personnel had arrived and had taken over the investigation. He stated that he would forward a copy of the Official South African Top Secret document to me but would send it later in a letter which would not contain any details of the sender in case the letter was intercepted.(Slide 2)

A week later I received the document which consisted of five pages and was headed with the South African Air Force crest. Every page of the document was marked Top Secret. (Slide 3)

The story told by the document was as follows:

(Slide 4, 5, 6, 7, 8.
At 1.45pm. on the 7th. May, 1989 a Naval Frigate of the South African navy was at sea when it contacted Naval Headquarters to report an unidentified flying object on their radar scope, heading towards the South African continent in a North Westerly direction at a calculated speed of 5746 nautical miles per hour. This message was acknowledged and confirmed that the object was also being tracked by airborn radar and military ground radar installations.

The object entered South African airspace at 1.52pm. and at this time radio contact was attempted but to no avail. As a result two Mirage jet fighters were scrambled on an intercept course.

At 1.59pm. Squadron leader ------- the pilot of one of the Mirage fighters stated over the intercom that they had radar and visual confirmation of the craft. The order was given to arm and fire the Thor 2 experimental laser canon. This was done.
(Thor 2 is a Top Secret experimental beam weapon)

The Squadron Leader reported several blinding flashes eminating from the object which had started wavering and it started to decrease speed and altitude at the rate of 3000 feet per minute. It eventually crashed at a 25 degree angle into the dessert in Botswana

A recovery team was dispatched to the crash site where it was found that the UFO was embedded in the side of a large crater in the sand. The sand in the vicinity of the object was fused together due to the intense heat. One telescopic leg protruded from the side of the craft as if caused by the impact.

Large recovery helecopters were flown to the site and the first one reaching the scene overflew the object at a height of 300 feet and immediately stalled and crashed. Five crew members were killed. It was found that vehicles approaching the object also developed engine trouble due to an intense electro magnetic field coming from the object.

Eventually a paint like compound was received at the site and painted on the object which appeared to neutralise the magnetic field.

The object was eventually conveyed to an Air Force Base and was taken to the sixth level underground. At this time it was totally intact. Whilst this was going on the American Team from Wright Patterson AFB arrived.

Whilst the recovery team and scientists were mulling over the object their attention was suddenly attracted to a noise from the side of the craft. They noticed that an opening had appeared in the side. It was a doorway but had only opened to a small gap. Attempts were made to open the door but without success so hydraulic pressure gear was used to force the door open.

As soon as the door opened two small alien entities staggered out and were immediately arrested by security personnel present. A makeshift medical holding area was set up. One of the entities appeared to be seriously injured but doctors withdrew when one of them was attacked by one of the aliens. The attacked doctor received severe deep scratches to the face and chest from the claws of the alien. (Slide 8) Arrangements were made for the UFO and the aliens to be transported to Wright Patterson AFB, Dayton Ohio, USA.

The cargo was flown out in two Galaxy C2 Aircraft on the 23rd. June 1989 accompanied by the American Air Force personnel.

As a result of this information a person who will remain unnamed telephoned the South African AFB where the Mirage Fighters had been scrambled. This man was a Private Investigator in America for many years and therefore well versed in speaking American. He asked to be connected to Squadron Leader .... the conversation went as follows:

Is that Squadron Leader ....

REPLY Yes.

QUESTION. This is General Brunel speaking from Wright Patterson. I have the document in front of me code named ....

REPLY. Yes.

QUESTION. I am confused, this document does not say how many times you fired at the object.

REPLY. Who did you say you were sir.

QUESTION. General Brunel, surely Squadron Leader it's a straight forward question, how many times did you fire at the darn thing.

REPLY. I fired once sir, could you hang on so that I can go to a safe phone.

QUESTION. That won't be necessary Squadron Leader, you have told me what I wanted to know goodbye.

In the meantime military personnel were contacted in America to try to find out what was happening at Wright Pattterson AFB.

REPLY. Can't get any information about arrival of UFO but established that Wright Patterson was put on Red Alert on 23rd. June, 1989. (This is the day the UFO was proported to be shipped to Wright Patterson.)

On July 31st. this year our informant arrived in this country and by prior arrangement took up temporary residence with Dr. Henry. He informed us that he was on route to Wright Patterson AFB on a military mission and would depart on the 6th.August. He contacted the South African Embassy from Dr Henry's home to let them know where he was staying in case they needed to contact him. He later made a sworn statement to us confirming his story. (Slide 9)

He had photographs taken with us (Slide 10. 11. 12.)

We were informed that various hiroglyphics were found inside the craft and stated that the military had been able to decipher them. (Slide 13) Dr. Will talk about this.

He also did a drawing of the interior of the craft and the general layout

He also showed us and permitted us to photograph two NASA passes which were for his use at Wright Patterson AFB

At this time we made contact with a second intelligence officer in South Africa who spoke to Dr. Henry personally. This officer told us that he had seen and had access to a series of black and white photographs of the captured aliens and their craft and a 50 page telex message from Wright Patterson AFB relating to the recovery of the UFO. He stressed how dangerous it would be to get the papers but stated that he would forward a set of the black and white photographs and a copy of the telex as soon as he was able.

One of the named American personnel who was present at the retrieval was later spoken to at Wright Patterson AFB by Dr Henry at the OSI department. (Henry Will speak about this)

Anhang 9

Air-Force-Stützpunkt Malmstrom, Bericht über UFO-Aktivität, 1967

INFORMATION

UNCLASSIFIED PRIORITY

1009 25 MAR 67 13 21z 24 Mar 67 Belt, Montana

FTD-

PTTU JAW RUWTFHA6257 0841255-UUUU--RUEDFIA.
ZNR UUUUU ZFH-1 RUWTFHA
DE RUCSBB 165 0841225
ZNR UUUUU
P 251224Z MAR 67
FM 341SMW MALMSTROM
TO RUWRNLR/ADC ENT
RUWMBOA/28 AD MALMSTROM
RUEDFIA/FTD WRIGHT PATTERSON
RUEDHQA/CSAF WASHINGTON
RUEDHQA/OSAF WASHINGTON
BT
UNCLAS ZIPPO 2414 MAR 67/SUBJ: PRELIMINARY UFO REPORT.
FTD FOR TDETR. CSAF FOR AFRDC. OSAF FOR SAF-OI.

3-ETR 056

BETWEEN THE HOURS 2100 AND 0400 MST NUMEROUS REPORTS WERE RECEIVED BY MALMSTROM AFB AGENCIES OF UFO SIGHTINGS IN THE GREAT FALLS, MONTANA AREA.
REPORTS OF A UFO LANDING NEAR BELT, MONTANA WERE RECEIVED FROM SEVERAL SOURCES INCLUDING DEPUTIES OF CASCADE COUNTY SHERIFF'S OFFICE. INVESTIGATION IS BEING CONDUCTED BY LT COL LEWIS CHASE PHONE: DUTY EXT 2215, HOME 452-1135

UNCLASSIFIED PRIORITY

THIS DOCUMENT RETAINS IT ORIGINAL CLASSIFICATION. THE ONLY PORTION OF THIS DOCUMENT CONSIDERED DECLASSIFIED [illegible]
PAGES:

[illegible]
[illegible]
ZNY SSSSS
P 172235Z MAR 67
FM SAC
TO [illegible]/OOAMA [illegible]
INFO [illegible]/15AF
[illegible] MALMSTROM [illegible]
[illegible]/AFPRO BOEING [illegible] WASH
[illegible]/BSD NORTON AFB CALIF
BT
S E C R E T [illegible]
ACTION: OOAMA [illegible] INFO: 15AF (DM4C), 341SMW [illegible], BOEING AFPRO [illegible] ENGINEERING [illegible]
SUBJECT: LOSS OF STRATEGIC ALERT, ECHO FLIGHT, MALSTROM AFB. (U)

* ALL TEN MISSILES IN ECHO FLIGHT AT MALMSTROM LOST STRAT ALERT WITHIN TEN SECONDS OF EACH OTHER. THIS INCIDENT OCCURRED AT 0845L ON 16 MARCH 67. AS OF THIS DATE, ALL MISSILES HAVE BEEN RETURNED TO STRAT

PAGE 2 RUCSAAA8196 S E C R E T
ALERT WITH NO APPARENT DIFFICULTY. INVESTIGATION AS TO THE CAUSE OF THE INCIDENT IS BEING CONDUCTED BY MALMSTROM TEAM. TWO FTTS HAVE BEEN RUN THROUGH TWO MISSILES THUS FAR. NO CONCLUSIONS HAVE BEEN DRAWN. THERE ARE INDICATIONS THAT BOTH COMPUTERS IN BOTH C&C'S WERE UPSET MOMENTARILY. CAUSE OF THE UPSET IS NOT KNOWN AT THIS TIME. ALL OTHER SIGNIFICANT INFORMATION AT THIS TIME IS CONTAINED IN ABOVE REFERENCED MESSAGE.
FOR OOAMA. THE FACT THAT NO APPARENT REASON FOR THE LOSS OF TEN MISSILES CAN BE READILY IDENTIFIED IS CAUSE FOR GRAVE CONCERN TO THIS HEADQUARTERS. WE MUST HAVE AN IN-DEPTH ANALYSIS TO DETERMINE CAUSE AND CORRECTIVE ACTION AND WE MUST KNOW AS QUICKLY AS POSSIBLE WHAT THE IMPACT IS TO THE FLEET, IF ANY. REQUEST YOUR RESPONSE BE IN KEEPING WITH THE URGENCY OF THE PROBLEM. WE IN TURN WILL PROVIDE OUR FULL COOPERATION AND SUPPORT.
FOR OOAMA AND 15AF WE HAVE CONCURRED IN A BOEING REQUEST TO SEND TWO ENGINEERS, MR. R.E [illegible] AND MR. V. N. DUTTON TO MALMSTROM TO COLLECT FIRST HAND KNOWLEDGE OF THE PROBLEM FOR POSSIBLE ASSISTANCE IN LATER ANALYSIS. REQUEST COOPERATION OF ALL CONCERNED TO PROVIDE THEM ACCESS TO AVAILABLE INFORMATION, I.E., CREW COMMANDERS LOG ENTRIES, MAINTENANCE FORMS, INTERROGATION OF KNOWLEDGEABLE PEOPLE, ETC

PAGE 3 RUCSAAA8196 S E C R E T
SECURITY CLEARANCES AND DATE AND TIME OF ARRIVAL WILL BE SENT FROM THE AFPRO BY SEPARATE MESSAGE.
FOR 15AF. OOAMA HAS INDICATED BY TELECON THAT THEY ARE SENDING ADDITIONAL ENGINEERING SUPPORT. REQUEST YOUR COOPERATION TO INSURE MAXIMUM RESULTS ARE OBTAINED FROM THIS EFFORT. [illegible]

* ALL TEN MISSILES IN ECHO FLIGHT AT MALSTROM'S LOST STRAT ALERT WITHIN TEN SECONDS OF EACH OTHER. THIS INCIDENT OCCURRED AT 05:45L ON 16 MARCH 1967. AS OF THIS DATE, ALL MISSILES HAVE BEEN RETURNED TO STRAT.

[illegible]3 JAV RUCSA[illegible]-SSSS--RUWNBOA.
[illegible]Y SSSSS
P 172259Z MAR 67
FM SAC
TO RUWNBBA/OOAMA HILL AFB UTAH
INFO RUWNBHA/15AF
RUWNBOA/341SMW MALMSTROM AFB MONT
RUWNBAA/AFPRO BOEING CO SEATTLE WASH
RUWJABA/BSD NORTON AFB CALIF
BT

DECLASSIFIED
IAW EO 12958 by [illegible]
Date: 18 JAN 1996
Reviewer: [illegible]

S E C R E T DM 82752 MAR 67.
ACTION: OOAMA (OOMQE.TOCHE-COL DAVENPORT). INFO: 15AF (DM4C), 341SMW (DCM). BOEING AFPRO (D.J. DOWNEY, MINUTEMAN ENGINEERING) BSD ([illegible])
SUBJECT: LOSS OF STRATEGIC ALERT, ECHO FLIGHT, MALSTROM AFB. (U)
REF: MY SECRET MESSAGE DM73 82751, 17 MAR 67, SAME SUBJECT.
ALL TEN MISSILES IN ECHO FLIGHT AT MALMSTROM LOST STRAT ALERT WITHIN TEN SECONDS OF EACH OTHER. THIS INCIDENT OCCURRED AT 0845L ON 16 MARCH 67. AS OF THIS DATE, ALL MISSILES HAVE BEEN RETURNED TO STRAT

PAGE 2 RUCSAAA8196 S E C R E T
ALERT WITH NO APPARENT DIFFICULTY. INVESTIGATION AS TO THE CAUSE OF THE INCIDENT IS BEING CONDUCTED BY MALMSTROM TEAM. TWO FITTS HAVE BEEN RUN THROUGH TWO MISSILES THUS FAR. NO CONCLUSIONS HAVE BEEN DRAWN. THERE ARE INDICATIONS THAT BOTH COMPUTERS IN BOTH G&C'S WERE UPSET MOMENTARILY. CAUSE OF THE UPSET IS NOT KNOWN AT THIS TIME. ALL OTHER SIGNIFICANT INFORMATION AT THIS TIME IS CONTAINED IN ABOVE REFERENCED MESSAGE.
FOR OOAMA. THE FACT THAT NO APPARENT REASON FOR THE LOSS OF TEN MISSILES CAN BE READILY IDENTIFIED IS CAUSE FOR GRAVE CONCERN TO THIS HEADQUARTERS. WE MUST HAVE AN IN-DEPTH ANALYSIS TO DETERMINE CAUSE AND CORRECTIVE ACTION AND WE MUST KNOW AS QUICKLY AS POSSIBLE WHAT THE IMPACT IS TO THE FLEET, IF ANY. REQUEST YOUR RESPONSE BE IN KEEPING WITH THE URGENCY OF THE FROBLEM. WE IN TURN WILL PROVIDE OUR FULL COOPERATION AND SUPPORT. *
FOR OOAMA AND 15AF WE HAVE CONCURRED IN A BOEING REQUEST TO SEND TWO ENGINEERS, MR. R.E RIGERT AND MR. V. H. DUTTON TO MALMSTROM TO COLLECT FIRST HAND KNOWLEDGE OF THE PROBLEM FOR POSSIBLE ASSISTANCE IN LATER ANALYSIS. REQUEST COOPERATION OF ALL CONCERNED TO PROVIDE THEM ACCESS TO AVAILABLE INFORMATION, I.E., CREW COMMANDERS LOG ENTRIES, MAINTENANCE FORMS, INTERROGATION OF KNOWLEDGEABLE PEOPLE, ETC.

GROUP-4
DOWNGRADED AT 3 YEAR INTERVALS:
DECLASSIFIED AFTER 12 YEARS

PAGE 3 RUCSAAA8196 S E C R E T
SECURITY CLEARANCES AND DATE AND TIME OF ARRIVAL WILL BE SENT FROM THE AFPRO BY SEPARATE MESSAGE.
FOR 15AF. OOAMA HAS INDICATED BY TELECON THAT THEY ARE SENDING ADDITIONAL ENGINEERING SUPPORT. REQUEST YOUR COOPERATION TO INSURE MAXIMUM RESULTS ARE OBTAINED FROM THIS EFFORT. GP74. Bcasmc-67-437
BT

* THE FACT THAT NO APPARENT REASON FOR THE LOSS OF TEN MISSILES CAN BE READILY IDENTIFIED IS CAUSE OF GREAT CONCERN TO THIS HEADQUARTERS

Anhang 10

Air-Force-Stützpunkt Malmstrom, Bericht über UFO-Aktivität, 1975

UFO Sighting - Malmstrom Air Force Base

b. 24th NORAD Region Senior Director's Log (Malmstrom AFB, Montana).

7 Nov 75 (1035Z) - Received a call from the 341st Strategic Air Command Post (SAC CP), saying that the following missile locations reported seeing a large red to orange to yellow object: M-1, L-3, LIMA and L-6. The general object location would be 10 miles south of Moore, Montana, and 20 miles east of Buffalo, Montana. Commander and Deputy for Operations (DO) informed.

7 Nov 75 (1203Z) - SAC advised that the LCF at Harlowton, Montana, observed an object which emitted a light which illuminated the site driveway.

7 Nov 75 (1319Z) - SAC advised K-1 says very bright object to their east is now southeast of them and they are looking at it with 10x50 binoculars. Object seems to have lights (several) on it, but no distinct pattern. The orange/gold object overhead also has small lights on it. SAC also advises female civilian reports having seen an object bearing south from her position six miles west of Lewistown.

7 Nov 75 (1327Z) - L-1 reports that the object to their northeast seems to be issuing a black object from it, tubular in shape. In all this time, surveillance has not been able to detect any sort of track except for known traffic.

7 Nov 75 (1355Z) - K-1 and L-1 report that as the sun rises, so do the objects they have visual.

7 Nov 75 (1429Z) - From SAC CP: As the sun rose, the UFOs disappeared. Commander and DO notified.

8 Nov 75 (0635Z) - A security camper team at K-4 reported UFO with white lights, one red light 50 yards behind white light. Personnel at K-1 seeing same object.

8 Nov 75 (0645Z) - Height personnel picked up objects 10-13,000 feet, Track J330, EKLB 0648, 18 knots, 9,500 feet. Objects as many as seven, as few as two A/C.

8 Nov 75 (0753Z) - J330 unknown 0753. Stationary/seven knots/ 12,000. One (varies seven objects). None, no possibility, EKLB 3746, two F-106, GTF, SCR 0754. NCOC notified.

8 Nov 75 (0820Z) - Lost radar contact, fighters broken off at 0825, looking in area of J331 (another height finder contact).

8 Nov 75 (0905Z) - From SAC CP: L-sites had fighters and objects; fighters did not get down to objects.

8 Nov 75 (0915Z) - From SAC CP: From four different points: Observed objects and fighters; when fighters arrived in the area, the lights went out; when fighters departed, the lights came back on; to NCOC.

8 Nov 75 (0953Z) - From SAC CP: L-5 reported object increased in speed - high velocity, raised in altitude and now cannot tell the object from stars. To NCOC.

8 Nov 75 (1105Z) - From SAC CP: E-1 reported a bright white light (site is approximately 60 nautical miles north of Lewistown. NCOC notified.

9 Nov 75 (0305Z) - SAC CP called and advised SAC crews at Sites L-1, L-6 and M-1 observing UFO. Object yellowish bright round light 20 miles north of Harlowton, 2 to 4,000 feet.

9 Nov 75 (0320Z) - SAC CP reports UFO 20 miles southeast of Lewistown, orange white disc object. 24th NORAD Region surveillance checking area. Surveillance unable to get height check.

9 Nov 75 (0320Z) - FAA Watch Supervisor reported he had five air carriers vicinity of UFO, United Flight 157 reported seeing meteor, "arc welder's blue" in color. SAC CP advised, sites still report seeing object stationary.

9 Nov 75 (0348Z) - SAC CP confirms L-1, sees object, a mobile security team has been directed to get closer and report.

9 Nov 75 (0629Z) - SAC CP advises UFO sighting reported around 0305Z. Cancelled the flight security team from Site L-1, checked area and all secure, no more sightings.

TERRENCE C. JAMES, Colonel, USAF
Director of Administration

Cy to: HQ USAF/DAD
HQ USAF/JACL

10 Nov 75 (0125Z) - Received a call from SAC CP. Report UFO sighting from site K-1 around Harlowton area. Surveillance checking area with height finder.

10 Nov 75 (0153Z) - Surveillance report unable to locate track that would correlate with UFO sighted by K-1.

10 Nov 75 (1125Z) - UFO sighting reported by Minot Air Force Station, a bright star-like object in the west, moving east, about the size of a car. First seen approximately 1015Z. Approximately 1120Z, the object passed over the radar station, 1,000 feet to 2,000 feet high, no noise heard. Three people from the site or local area saw the object. NCOC notified.

12 Nov 75 (0230Z) - UFO reported from K01. They say the object is over Big Snowy mtn with a red light on it at high altitude. Attempting to get radar on it from Opheim. Opheim searching from 120° to 140°.

12 Nov 75 (0248Z) - Second UFO in same area reported. Appeared to be sending a beam of light to the ground intermittently. At 0250Z object disappeared.

12 Nov 75 (0251Z) - Reported that both objects have disappeared. Never had any joy (contact) on radar.

13 Nov 75 (0951Z) - SAC CP with UFO report. P-SAT team enroute from R-3 to R-4 saw a white lite, moving from east to west. In sight approx 1 minute. No determination of height, moving towards Brady. No contact on radar.

19 Nov 75 (1327Z) - SAC command post report UFO observed by FSC & a cook, observed object travelling NE between M-8 and M-1 at a fast rate of speed. Object bright white light seen 45 to 50 sec following terrain 200 ft off ground. The light was two to three times brighter than landing lights on a jet.

------------LAST ENTRY PERTAINING TO THESE INCIDENTS------

Anhang 11

UFO-Aktivitäten bei Oak Ridge, Tennessee, 1950

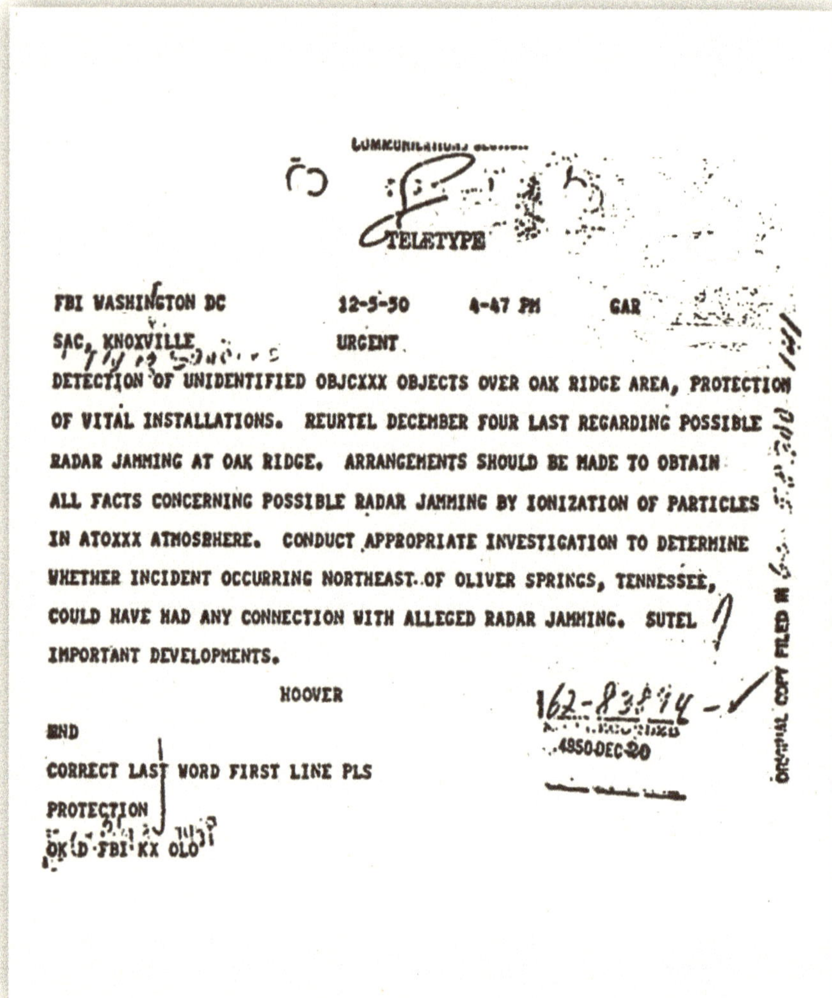

TELETYPE

FBI WASHINGTON DC   12-5-50   4-47 PM   GAR

SAC, KNOXVILLE   URGENT

DETECTION OF UNIDENTIFIED OBJCXXX OBJECTS OVER OAK RIDGE AREA, PROTECTION OF VITAL INSTALLATIONS. REURTEL DECEMBER FOUR LAST REGARDING POSSIBLE RADAR JAMMING AT OAK RIDGE. ARRANGEMENTS SHOULD BE MADE TO OBTAIN ALL FACTS CONCERNING POSSIBLE RADAR JAMMING BY IONIZATION OF PARTICLES IN ATOXXX ATMOSBHERE. CONDUCT APPROPRIATE INVESTIGATION TO DETERMINE WHETHER INCIDENT OCCURRING NORTHEAST OF OLIVER SPRINGS, TENNESSEE, COULD HAVE HAD ANY CONNECTION WITH ALLEGED RADAR JAMMING. SUTEL IMPORTANT DEVELOPMENTS.

HOOVER

END

CORRECT LAST WORD FIRST LINE PLS

PROTECTION

OK D FBI KX OLO

162-83894

4950 DEC 20

ORIGINAL COPY FILED IN

* Objects observed following MX 776A test of 27 April 1950

2nd Lt [redacted] — EEOSIR — 15 May 50 — 1

1. According to conversation between Col. Baynes and Capt. Bryant, the following information is submitted directly to Lt. Albert.

2. Film from station F10 was read, resulting in azimuth and elevation angles being recorded on four objects. In addition, size of image on film was recorded.

3. From this information, together with a single azimuth angle from station M7, the following conclusions were drawn:

a. The objects were at an altitude of approximately 150,000 feet.

b. The objects were over the Holloman range between the base and Tularosa Peak.

c. The objects were approximately 30 feet in diameter.

d. The objects were traveling at an undeterminable, yet high speed.

WILBUR L. MITCHELL — WLM/rd
Mathematician — ext 172
Data Reduction Unit

C
O
P
Y

* Objects observed following MX 776A test of 27 April 1950.

From the Blue Book Microfilm Record

UNCLA...

00.92/1 — 31 May 50

JUL 13 1950

...JECT: Aerial Phenomena

Commanding Officer
AF Cambridge Research Laboratory
Attn: Base Directorate, Geophysical Research
230 Albany St.,
Cambridge, Massachusetts

1. Per request of Dr. A. O. Mirarchi, during recent visit this base, the following information is submitted.

2. Sightings were made on 27 April and 24 May 1950 of ...ial phenomena during morning daylight hours at ... station. ... sightings were made by ..., Inc., personnel while ...aged in tracking regular projects with Askania Photo-...odolites. It has been reported that objects are sighted ...some number; as many as eight have been visible at one time. ... individuals making these sightings are professional observers ...refore I would rate their reliability superior. In both ...es photos were taken with Askanias.

3. The Holloman AF Base Data Reduction Unit analyzed the ... April pictures and made a report, a copy of which I am ...closing with the film for your information. It was believed ...t triangulation could be effected from pictures taken on ... May because pictures were taken from two stations. The ...ms were rapidly processed and examined by Data Reduction. ...ever, it was determined that sightings were made on two ...fferent objects and triangulation could not be effected. A ...port from Data Reduction and the films from the sighting are ...closed.

4. There is nothing further to report at this time.

Incls:
Incl #1-Data Red Rpt #1
Incl #2-Data Red Report #2
Incl #3-Film, P-10, 24 May 50
"Film, P-1, 24 May 50
"Film, P-10, 27 Apr 50
Incl #4-Map of ... Range

DOWNGRADED ...
DECLASSIFIED ...
DOD DIR 5200.10

UNCLA...

...msaid ...reports on UFO sighting

Called Mirarchi ... 617595 1722 Long distance!

where are They?

Anhang 12

Bericht vom Air-Force-Stützpunkt Kirtland, 1980

COMPLAINT FORM HQ 1105

ADMINISTRATIVE DATA

TITLE: KIRTLAND AFB, NM, 8 Aug – 3 Sep 80. Alleged Sigthings of Unidentified Aerial Lights in Restricted Test Range.

DATE: 2 – 9 Sept 80

TIME: 1200

PLACE: AFOSI Det 1700, Kirtland AFB, NM

HOW RECEIVED: X IN PERSON | TELEPHONICALLY | IN WRITING

SOURCE AND EVALUATION: MAJOR ERNEST E. EDWARDS

Commander, 1608 SPS, Manzano Kirtland AFB, NM

PHONE: 4-7516

SUMMARY OF INFORMATION

1. On 2 Sept 80, SOURCE related on 8 Aug 80, three Security Policemen assigned to 1608 SPS, KAFB, NM, on duty inside the Manzano Weapons Storage Area sighted an unidentified light in the air that traveled from North to South over the Coyote Canyon area of the Department of Defense Restricted Test Range on KAFB, NM. The Security Policemen identified as: SSGT STEPHEN FERENZ, Area Supervisor, AIC MARTIN W. RIST and AMN ANTHONY D. FRAZIER, were later interviewed separately by SOURCE and all three related the same statement: At approximately 2350hrs., while on duty in Charlie Sector, East Side of Manzano, the three observed a very bright light in the sky approximately 3 miles North-North East of their position. The light traveled with great speed and stopped suddenly in the sky over Coyote Canyon. The three first thought the object was a helicopter, however, after observing the strange aerial maneuvers (stop and go), they felt a helicopter couldn't have performed such skills. The light landed in the Coyote Canyon area. Sometime later, three witnessed the light take off and leave proceeding straight up at a hight speed and disappear.

2. Central Security Control (CSC) inside Manzano, contacted Sandia Security, who conducts frequent building checks on two alarmed structures in the area. They advised that a patrol was already in the area and would investigate.

3. On 11 Aug 80, RUSS CURTIS, Sandia Security, advised that on 9 Aug 80, a Sandia Security Guard, (who wishes his name not be divulged for fear of harassment), related the following: At approximately 0020hrs., he was driving East on the Coyote Canyon access road on a routine building check of an alarmed structure. As he approached the structure he observed a bright light near the ground behind the structure. He also observed an object he first thought was a helicopter. But after driving closer, he observed a round disk shaped object. He attempted to radio for a back up patrol but his radio would not work. As he approached the object on foot armed with a shotgun, the object took off in a vertical direction at a high rate of speed. The guard was a former helicopter mechanic in the U.S. Army and stated the object he observed was not a helicopter.

4. SOURCE advised on 22 Aug 80, three other security policemen observed the same

DATE FORWARDED HQ AFOSI: HQ 1105 10 Aug 80

AFOSI FORM 96 ATTACHED: ☐ YES ☐ NO

DATE: 9 Sept 80 | TYPED OR PRINTED NAME OF SPECIAL AGENT: RICHARD C. DOTY, SA

SIGNATURE: Richard C. Doty

DISTRICT FILE NO.: 8017893-0/22

AFOSI FORM 1

CONTINUED FROM COMPLAL F.RM 1, DTD 9 Sept 80

aerial phenomena described by the first three. Again the object landed in Coyote Canyon. They did not see the object take off.

5. Coyote Canyon is part of a large restricted test range used by the Air Force Weapons Laboratory, Sandia Laboratories, Defense Nuclear Agency and the Department of Energy. The range was formerly patrolled by Sandia Security, however, they only conduct building checks there now.

6. On 10 Aug 80, a New Mexico State Patrolman sighted a aerial object land in the Manzano's between Belen and Albuquerque, NM. The Patrolman reported the sighting to the Kirtland AFB Command Post, who later referred the patrolman to the AFOSI Dist 17. AFOSI Dist 17 advised the patrolman to make a report through his own agency. On 11 Aug 80, the Kirtland Public Information office advised the patrolman the USAF no longer investigates such sightings unless they occur on an USAF base.

7. WRITER contacted all the agencies who utilized the test range and it was learned no aerial tests are conducted in the Coyote Canyon area. Only ground tests are conducted.

8. On 8 Sept 80, WRITER learned from Sandia Security that another Security Guard observed a object land near an alarmed structure sometime during the first week of August, but did not report it until just recently for fear of harassment.

9. The two alarmed structures located within the area contains HQ CR 44 material.

Anhang 13

Offizieller Brief und Bericht an den Kongressabgeordneten Christopher Cox, 1996 (Abschrift und eigener Anhang)

Datum: 30. August 1996
An: Abgeordneter Christopher Cox
Von: Dr. Steven M. Greer, int. Direktor des Zentrums für das Studium außerirdischer Intelligenz (CSETI)

Sehr geehrter Herr Abgeordneter Cox,

besten Dank dafür, dass Sie trotz Ihres intensiven Arbeitstages wertvolle Zeit erübrigt haben, um sich am 19. dieses Monats mit Mr. ________ und mir zu treffen. Wir hoffen, dass Sie Gelegenheit hatten, einige Sachinhalte zur UFO/ETI-Thematik durchzusehen. Zögern Sie bitte nicht, sich mit uns in Verbindung zu setzen, falls Sie weitere Fragen oder Anmerkungen haben.

Auch begrüßen wir Ihr Angebot, mit Hilfe geeigneter Kontakte bei den Nachrichtendiensten des Kongresses spezifische Erkundigungen einzuziehen. Gemäß Ihrer Anfrage habe ich seit unserem Treffen Informationen über einige Projekte und Einrichtungen gesammelt, die der Forschung und Weiterentwicklung außerirdischer Technologie dienen. Wir hoffen, dass diese Informationen Ihnen helfen werden, Ihre Untersuchungen so spezifisch wie möglich anzustellen.

Informierte Personen, mit denen ich gesprochen habe, deuteten an, dass wahrscheinlich weder ein offizieller Überblick über diese Programme noch offizielle Kenntnisnahmen zu finden sein werden – nicht einmal im Rahmen geheimdienstlicher Einsatzbesprechungen in gesicherter Umgebung (dem »Tank«). Natürlich stellt sich somit die Frage, wie derart teure Forschungen und Entwicklungen beeinflusst werden könnten. Weiter unten sind einige Finanzierungsmöglichkeiten aufgeführt, die von Militär- und Geheimdienstangehörigen, mit denen wir in diesem Bereich zusammengearbeitet haben, als wahrscheinlich erachtet wurden.

Ich bezweifle, dass diese Projekte auf offizieller und rechtlicher Grundlage anerkannt werden. Diese Annahme beruht auf folgenden Fakten:

- CIA-Direktor Jim Woolsey wurde über kein einziges derartiges Projekt informiert. Man lud mich nach Washington ein, um ihn darüber zu informieren, weil er wusste, dass diese Dinge real existieren, obwohl er offiziell keinerlei diesbezügliche Informationen erhalten konnte.
- Dick D'Amato, Hauptberater und Ermittler des Haushaltausschusses des Senats, sagte uns 1994, dass er trotz seiner Top-Secret-Sicherheitsfreigabe und Vorladungsvollmacht nicht in diese Vorgänge eindringen konnte, obwohl er wusste, dass es sich um laufende Projekte handelte, und ahnte, wo er mit seiner Suche hätte ansetzen können. Er sagte: »Dies ist die Mutter aller Geheimprojekte. Viel Glück …«
- Ein Vier-Sterne-General der Stabschefs wusste nichts über diese Projekte. Nachdem ihn ein Mitglied unseres Teams darüber informiert hatte, erkundigte er sich über gewisse Kanäle und erhielt die Zusicherung, dass sie nicht existierten. Daraufhin befragte er einen ehemaligen Kollegen und Ex-Kommilitonen von der Militärakademie West Point, der gegenwärtig für einen

bedeutenden Militärauftragnehmer arbeitet. Dieser bestätigte, dass solche Projekte existieren, und nannte ihm deren Standorte. Der General war zu Recht überrascht und beunruhigt.

- Ein ähnlicher Mangel an Information herrscht auch auf den höchsten Ebenen des Weißen Hauses.
- Der britische Fünf-Sterne-Admiral Lord Hill-Norton, ehemaliger Chef des britischen Verteidigungsministeriums und des britischen Militärgeheimdienstes MI5, versicherte uns, dass er in beiden Kapazitäten nie über solche Projekte informiert worden ist, obwohl er inzwischen weiß, dass sie existieren.

Natürlich haben wir die Geheimdienstkomitees des Kongresses noch nicht befragt, werden dies jedoch, wie Sie vorgeschlagen haben, nachholen.

Aufgrund unserer bisherigen Erfahrungen wären wir allerdings überrascht zu erfahren, dass man dort über diese Thematik aufgeklärt wurde, obwohl die Möglichkeit selbstverständlich besteht.

Eine unserer Quellen bei der Air Force hat uns informiert, dass Projekte mit höchster Geheimhaltungsstufe genauere Untersuchungen vermeiden können, indem sie ihre Finanzierung in anderen Projekten »verstecken«. Zum Beispiel könnte eine Milliarde Dollar für geheime Weltraumforschung und -entwicklung zur Verfügung gestellt werden, wobei gewisse Projekte als Empfänger der Gelder angegeben würden. In Wirklichkeit würden den »anerkannten« Geheimprojekten jedoch nur 600 Millionen zugeteilt, während man die übrigen 400 Millionen in »nicht anerkannte« Projekte leitet.

Viele dieser Projekte sind zum großen Teil durch multimilliardenschwere militärische Auftragnehmerfirmen »privatisiert« worden. Forschung und Entwicklung im außerirdischen Bereich werden durch »Profite« oder Einnahmen finanziert, die in lukrativen Regierungsverträgen »anerkannter« Projekte verankert sind.

Auf diese Weise entsteht eine indirekte Quelle staatlicher Finanzierung, da die Gelder für die UFO/ET-Forschung über die »Profite und Betriebskosten« legitimer Projekte abgezweigt werden.

Diese Projekte haben internationalen Umfang und übersteigen sowohl die Grenzen als auch die Kontrolle der US-Regierung. Entsprechend entstammt die Finanzierung sowohl internationalen beziehungsweise ausländischen als auch einheimischen Quellen.

Ein Mitglied der »Kontrollgruppe«, die sich mit dieser Thematik beschäftigt, hat uns gesagt, dass es »kreative Möglichkeiten« gibt, solche Projekte aus dem internationalen Währungssystem zu finanzieren. Eine dieser Methoden besteht darin, Finanzmittel aus Transaktionen abzuzweigen, indem die kleineren Dezimalbeträge (.00099) zum Zwecke weiterer Finanzierungen in gesicherten Konten deponiert werden. Die genannte Person leitet eine international bedeutende Supercomputerfirma und versichert, dass so etwas mit Hilfe der aktuellen Supercomputertechnologien unschwer machbar ist.

Mehr als eine Quelle hat ausgesagt, dass gewisse illegale Tätigkeiten des Militärs und der CIA, wie zum Beispiel Drogenhandel, als Einnahmequellen zur Finanzierung hochgeheimer Projekte genutzt worden sind.

Ich hoffe, dass die hier beigefügte Liste der Einrichtungen und Projekte bei Ihren Nachforschungen hilfreich sein wird. Sie ist keineswegs umfassend, beinhaltet aber die besten Informationen, die unser Team bislang sammeln konnte.

Bitte zögern Sie nicht, mich jederzeit zu kontaktieren, falls Sie Fragen oder Anregungen haben.

Mit freundlichen Grüßen,

Dr. Steven M. Greer

CSETI-Direktor

Anhang

Projekte und Einrichtungen, die mit UFOs/ Außerirdischen im Zusammenhang stehen

Air-Force-Stützpunkt Edwards und zugehörige Einrichtungen:

Regierungseinrichtungen

Air-Force-Stützpunkt Edwards
Haystack Butte
China Lakes
Air-Force-Stützpunkt George
Air-Force-Stützpunkt Norton
Observatorium Table Top Mountain (NASA)
Blackjack Control

Luft- und Raumfahrt-Anlagen

Northrop »Anthill«, Tejon-Ranch
McDonnell Douglas, Llano-Werk
Lockheed Martin, Helendale-Werk
Phillips Labs, Anlage North Edwards

Komplex Nellis

Area 51/S4
Pahute Mesa und Area 19
Groom Lake

Anlagen in Neumexiko

Los Alamos National Laboratories
Air-Force-Stützpunkt Kirtland
Sandia National Laboratories (SNL), Defense Nuclear Agency
Phillips Labs
Manzano Mountain Waffendepot und unterirdischer Komplex
Testgelände Coyote Canyon (grenzt nördlich an Manzano)
White-Sands-Komplex

Arizona

Fort Huachuca, unterirdische Lagerungsanlage
NSA- und Army-Spionagekomplex nahe bei Fort Huachuca
(unterirdische Lagerung von außerirdischen Fluggeräten und Alien-Lebensformen, bei denen eine Autopsie durchgeführt wurde)

Andere

Cheyenne Mountain Colorado Deep Space Network, Spezialkonsole zur Verfolgung von UFOs
Lawrence Livermore Labs
Pine Gap – unterirdische Anlage in Australien, betrieben von Majestic (USA) und Australien
Unterirdische Anlage Redstone Arsenal – Alabama
Unterirdische Anlage Utah, südwestlich von Salt Lake City, nur auf dem Luftweg zugänglich
Testgelände Dugway bei Provo – klassifizierter Luftraum

Regierungsbehörden der Vereinigten Staaten, die involviert waren oder sind:

Alle Aktivitäten werden in streng voneinander getrennte Abteilungen aufgespalten und an höchst geheime USAPs delegiert. Das bedeutet, dass niemand ihr Vorhandensein zugeben wird – nicht einmal jemandem gegenüber, der einen höheren Rang bekleidet.

AFOSI (Air Force Office of Special Investigations)
CIA
DARPA
DIA
FBI
NASA
NRO (National Reconnaissance Office)
NSA (National Security Agency)
Militärgeheimdienste der Army, Air Force und Navy
Raumfahrt-Kommandozentralen
sowie weitere

Privatfirmen, deren Beteiligung angenommen wird:

BDM
Bechtel Corporation
Booz-Allen & Hamilton Inc.
Boeing Aerospace
EG&G
E-Systems
Lockheed Martin (verschiedene Einrichtungen, darunter das Forschungszentrum in Denver)
McDonnell Douglas
MITRE Corporation
Northrop Aerospace
Phillips Labs
Raytheon
Rockwell International
SAIC (Science Applications International Corporation)
TRW
Village Supercomputing, Phoenix, Arizona
Wackenhut Corporation
sowie weitere Firmen

Danksagung

Ich möchte Steve Alten, Tim Schulte, Barbara Becker und den Mitarbeitern des Verlags A&M Publishing für ihre Hilfe bei der Entstehung dieses Buches danken, einer wahren Sisyphos-Arbeit des Schreibens und Redigierens. Aus vielen tausend Interviews, Mitschriften und Regierungsdokumenten haben wir die besten und repräsentativsten Beispiele ausgewählt, um die Arbeitsweise der USAPs, offiziell geleugneter Projekte unter speziellem Zugriff, aufzudecken und zu enthüllen, was sie verbergen – und vor allem, WARUM.

Ich möchte auch den mutigen Männern und Frauen danken, die uns im Rahmen des *Disclosure Project* (Offenlegungsprojekts) von den Erfahrungen berichteten, die sie während ihrer Dienstzeit beim Militär oder in der Regierung machten, obwohl ihre Tätigkeit der höchsten Geheimhaltungsstufe unterlag. Indem sie sich bei uns meldeten und der Öffentlichkeit enthüllten, was sich in der sorgfältig verborgenen Welt der mit UFOs befassten USAPs abspielt, haben diese Zeugen großen Mut und echten Patriotismus bewiesen. Wir schulden ihnen unseren Dank für das Geschenk, das sie der Menschheit damit gemacht haben.

Vielen Dank nicht zuletzt den fünftausend Menschen, die mit ihrer großzügigen Massenförderung sowohl dieses Buch als auch den Film *Unacknowledged* ermöglicht haben.

Besonderer Dank gebührt überdies Alexander S. C. Rower, dem Gesundheitswissenschaftler und Arzt Dr. Sekai Chideya, aber auch Guilerme Feltre, David G. und J. Z. Knight.

Schließlich möchte ich meiner Frau Emily danken, ohne deren Liebe und Unterstützung weder dieses Buch noch das gesamte *Disclosure Project* existieren würden. Seit 27 Jahren ist Emily die heimliche Heldin all dieser Bemühungen und hat an meiner Seite das große Werk selbstlos und liebevoll unterstützt. Danke!

Dr. Steven M. Greer

Empfehlungen

Frühere Bücher von Steven M. Greer

- *Extraterrestrial Contact: The Evidence and Implications* (1999)
- *Disclosure: Military and Government Witnesses Reveal the Greatest Secret in Modern History* (2001)
- *Hidden Truth: Forbidden Knowledge* (2006); dt. Ausgabe: *Verborgene Wahrheit, verbotenes Wissen*, Mosquito Verlag, Potsdam 2007
- *Contact: Countdown to Transformation* (2009; auch als DVD)

Die US-Bücher sind erhältlich auf www.SiriusDisclosure.com.

Weitere Zeugenaussagen, nähere Erörterungen des falschen Alarms sowie eine Demaskierung des nationalen Sicherheitsstaates finden Sie auf www.youtube.com/SDisclosure:

- Individuelle Zeugenaussagen
- »Exposé of the National Security State«
- »The Cosmic False Flag«

Beachten Sie bitte auch den Dokumentarfilm *Unacknowledged*, in dem Dr. Greer im Gespräch mit zahlreichen Zeugen und Insidern die wahren Zusammenhänge erläutert. Er kann, mit deutschen Untertiteln versehen, auf Netflix gestreamt werden.

Über den Autor

Dr. Steven M. Greer ist Gründer des *Disclosure Project* oder »Offenlegungs-Projekts«, des Zentrums für die Erforschung Extraterrestrischer Intelligenz (CSETI), des Orion-Projekts sowie der Firma Sirius Technology Advanced Research. Er gab seinen Beruf als Traumatologe und seine Position als Vorsitzender der Abteilung für Notfallmedizin am Caldwell Memorial Hospital in North Carolina auf, um die Aufdeckung echter alternativer Energiequellen voranzutreiben, ist aber weiter lebenslanges Mitglied von Alpha Omega Alpha, der angesehensten medizinischen Ehrengesellschaft der USA. Seit über zwanzig Jahren bringt er jetzt Wissenschaftler, Erfinder und Führungskräfte der Gesellschaft zusammen, um neue Energiesysteme mit sauberer Technologie zu entwickeln. Er gilt als eine der weltweit größten Koryphäen für den strategischen Prozess der Umwandlung unserer kohlenstoffbasierten Zivilisation in eine, die sich langfristig und nachhaltig innovativer Wissenschaften und Technologien bedient.

Im Mai 2001 leitete er die bahnbrechende Offenlegungs-Kampagne des Nationalen Presseclubs, einer Washingtoner Organisation für öffentliche Zusammenkünfte von Medienexperten mit geladenen Rednern. Über zwanzig Whistleblower aus Kreisen des Militärs, der Regierung, von Geheimdiensten und Unternehmen gaben Auskunft zur Existenz außerirdischer Lebensformen, die unseren Planeten besuchen, und zum erfolgten Nachbau der Energie- und Antriebssysteme ihrer Flugobjekte. Online nahmen über 250.000 Menschen live daran teil und über eine Milliarde Menschen hörten mittlerweile den Webcast der Pressekonferenz sowie die Berichterstattung durch BBC, CNN, CNN Worldwide, *Voice of America* und die »Prawda«, auch in China und Lateinamerika. Seitdem hat er mehr als vierhundert Militärangehörige, Wissenschaftler und Zivilisten mit höchster Geheimhaltungsstufe dazu gebracht, ihr Wissen über die größte Vertuschung der Menschheitsgeschichte offenzulegen und aus erster Hand über die verschwiegene Realität außerirdischer Besucher auf unserem Planeten zu berichten. Er setzt sich dafür ein, dass die nachgebaute außerirdische Technologie so schnell wie möglich zu zivilen Zwecken freigegeben und friedlich genutzt wird, bevor möglicherweise ein vorgetäuschter Alien-Angriff als Anlass für ein hartes Durchgreifen der Gesetzgeber dient.

Dr. Greer verfasste fünf Bücher zu diesem Thema und lehrt Gruppen auf der ganzen Welt, wie man unabhängig von Regierungsbehörden friedlichen Kontakt mit außerirdischen Zivilisationen aufnimmt. Er hat auch zwei Filme zur Offenlegungs-Thematik produziert, neben »Sirius« (2013) die preisgekrönte Dokumentation »Unacknowledged«, die auf dem vorliegenden *New York Times*-Bestseller beruht. Im Laufe seines Wirkens haben ihn auf CBS, BBC, dem Discovery Channel, dem History Channel, in der TV-Reihe »Ancient Aliens«, der Aufklärungs-Doku »Thrive« und vielen Nachrichtensendungen Millionen Menschen weltweit gesehen und gehört. Seine Botschaft ist die Hoffnung, dass neue Energiesysteme schnell und leicht verfügbar sein werden, zur Schaffung einer nachhaltigen, friedlichen Zivilisation auf der Erde, deren Verwendung von Hightech im Einklang mit der Umwelt steht.

– ***www.siriusdisclosure.com*** –

Register

T

U